Todesengel von Föhr

Heike Denzau, Jahrgang 1963, ist verheiratet und hat zwei Töchter. Diverse Kurzgeschichten wurden in Anthologien veröffentlicht. Ihr Kriminalroman »Die Tote am Deich« war nominiert für den Friedrich-Glauser-Preis 2012 in der Sparte Debüt. Ihr Krimi »Marschfeuer« erschien im März 2012. »Tod in Wacken«, der dritte Krimi um die Itzehoer Kommissarin Lyn Harms, erschien im März 2013. Heike Denzau lebt und arbeitet in dem kleinen Störort Wewelsfleth in Schleswig-Holstein. Einen der Schauplätze dieses Romans – die Nordseeinsel Föhr – kennt die Autorin seit mehr als zwanzig Jahren, in denen sie dort ihren Urlaub verbrachte.

Dieses Buch ist ein Roman. Handlungen und Personen sind frei erfunden. Ähnlichkeiten mit lebenden oder toten Personen sind nicht gewollt und rein zufällig.

HEIKE DENZAU

Todesengel von Föhr

MYSTERY THRILLER

emons:

Bibliografische Information der Deutschen Nationalbibliothek
Die Deutsche Nationalbibliothek verzeichnet diese Publikation
in der Deutschen Nationalbibliografie; detaillierte bibliografische
Daten sind im Internet über http://dnb.d-nb.de abrufbar.

© Emons Verlag GmbH
Alle Rechte vorbehalten
Umschlagmotiv: photocase.com/Mella
Umschlaggestaltung: Tobias Doetsch
Gestaltung Innenteil: César Satz & Grafik GmbH, Köln
Druck und Bindung: CPI – Clausen & Bosse, Leck
Printed in Germany 2014
ISBN 978-3-95451-251-5
Mystery Thriller
Originalausgabe

Unser Newsletter informiert Sie
regelmäßig über Neues von emons:
Kostenlos bestellen unter
www.emons-verlag.de

Mors certa, hora incerta.
Der Tod ist gewiss, die Stunde ungewiss.

EINS

Den Deckel der Mappe vor sich langsam schließend, sah er auf. Seine Finger krallten sich um das feine Leder. Sein Blick umfasste die schweigenden Personen am Tisch, die ihn unverwandt ansahen.

Ein kollektives Zucken fuhr durch die Runde, als er die Mappe mit einem Wutschrei über den Tisch warf. »Wo, verdammt noch mal, wo ist sie? Wo steckt sie? Ja, jetzt glotzt ihr, aber neue Erkenntnisse schafft ihr nicht heran.«

Betreten sah die Runde sich an.

»Und wenn die Angaben der Ahnen doch falsch sind?«, wagte einer der Männer einen Einwand. »Vielleicht sind sie einem Irrtum erlegen und –«

»Nein!«, stoppte er den Redner laut. »Nein.« Das zweite Nein war ruhiger. Tief durchatmend sammelte er sich. »Sie haben sich nicht geirrt. Der Fehler muss bei uns liegen. Wir haben etwas oder, besser gesagt, *jemanden* übersehen. Überprüft alle Frauen und die Kinder noch einmal. Ich weiß, dass wir sie schon hundertmal überprüft haben«, fuhr er seinen Nachbarn zur Linken an, der zum Sprechen ansetzte. »Dann überprüft sie eben zweihundertmal! Verstanden?«

»Alle sind seit zwei Jahren unter ständiger Beobachtung«, wagte der Mann trotzdem Widerspruch. »Und es gibt nicht eine einzige Auffälligkeit. Bei keiner. Es wird dieses … dieses Kind sein. Wir werden nie etwas aus ihr herausbekommen. Also, warum tust du es nicht endlich?«

Er sah den Sprecher an. »Weil ich weiß, dass sie es nicht ist. Das Spiel wäre viel zu einfach, wenn es so wäre.« Er lachte höhnisch. »Und ein teuflisches Spiel ist niemals einfach.«

★★★

»Glück gehabt, Kätzchen«, murmelte Kyra, während sie den kleinen Zeitungsartikel noch einmal las. »Ohne die Feuerwehr hättest du bis zum Sankt-Nimmerleins-Tag auf dem Baum gehockt.«

Sie fuhr zweimal mit dem Klebestift über die Rückseite des Artikels und klebte ihn mittig in die obere Hälfte der Tagebuchseite. Dann griff sie zu ihrem alten Füller und schrieb schwungvoll darunter:

28. Dezember 1999
Im Büro war heute der Teufel los. Schon wieder eine Überstunde.
Mittagessen mit Doro beim Italiener. Tiramisu war aus!!!
Abends beim Heimkommen über Gundel Gaukeley geärgert.
Soll sie das Treppenhaus doch selbst putzen!
Einziger Lichtblick heute: In der Glotze gibt's Pastewka als Brisko Schneider.
Muss morgen unbedingt für die Party einkaufen. 35 Leute eingeladen!
Und keiner (!) hat abgesagt! Scheiße, wo lass ich all die Leute?

Kyra gähnte herzhaft und klappte das Tagebuch zu. Es hatte seinen Umfang seit der ersten Eintragung im Januar verdoppelt, denn sie hatte nicht nur jeden Tag einen positiven Zeitungsartikel hineingeklebt, sondern alles, was 1999 erinnerungswürdig gewesen war:

Die »Matrix«-Kinokarte wegen des süßen Keanu Reeves. Die »Zauberflöte«-Opernkarte. Den Nachruf auf Forrest Mars, den Erfinder des Mars-Riegels, und ein – natürlich leeres – Mars-Papier zu dessen Ehren. Das Tischkärtchen mit ihrem Namen von der Hochzeit einer Kollegin, obwohl die sie an den Sammelsuriumtisch zu den ungeliebten Familienmitgliedern, nervigen Nachbarn und dem Pastor gesetzt hatte. Den Bierdeckel aus ihrer Stammkneipe mit den zwölf Hennessy-Strichen. Und natürlich unzählige kleine Sam-Türzettelchen.

Samuel Bach, kurz Sam genannt, war Oberkommissar bei der Hamburger Kripo und wohnte seit knapp zwei Jahren auf derselben Etage des Mietshauses in der Itzehoer Lindenstraße, direkt Kyra gegenüber. Aber er war viel mehr als ein Nachbar. Er war ein Freund, quasi das männliche Pendant zu ihrer besten Freundin Doro.

»Ja doch«, brummte Kyra, als es an der Tür klingelte. Kurz-lang-kurz. Sam.

Kyra schlurfte zur Tür.

»Hallo, Kleine! Hier sind die Bücher, die du haben wolltest. ›Weit wie das Meer‹ von Sparks war leider vergriffen. Ich frage mich, was die Frauen daran finden.« Sam marschierte an ihr vorbei in den Wohnraum, warf die Bücher auf den kleinen Korbtisch und ließ sich in den alten Ledersessel fallen.

»Nimm doch Platz«, murmelte Kyra und riss ihm ihr Rotweinglas aus der Hand, das er gerade an seine Lippen setzte. »Ich hasse es, wenn jemand aus meinem Glas trinkt«, sagte sie. »Das weißt du ganz genau.«

»Bin ich jemand?«, fragte Sam gespielt beleidigt, stand aber auf und holte sich ein Glas aus dem alten Vertiko. Kyra schenkte ihm zwei Fingerbreit von dem Chianti Classico ein.

»Mehr gibt's heute nicht. Bin hundemüde«, sagte sie und ließ sich auf das karierte Sofa fallen.

»Schlechte Laune? Der D-Day rückt näher, man merkt's«, sagte Sam, griff sich die Flasche und schenkte sein Glas voll.

Kyra warf ihm einen giftigen Blick zu. »Ich werde in vier Tagen dreißig! Ich bin Single. Ich bin kinderlos. Eine Partnerschaft ist nicht in Sicht. Ein nerviger Nachbar säuft gerade meinen Rotwein leer. Da darf man doch wohl mal ein wenig genervt sein, oder?«

Sam lachte auf und rückte seine Brille zurecht. Dann sagte er ernst: »Ich liebe dich auch, wenn du dreißig bist.«

»Nur schade, dass der einzige Mann, der mich liebt, schwul ist«, murmelte Kyra.

»Ja, man kann nicht alles haben«, sagte Sam und griff nach der Fernbedienung. »Und jetzt wird 'ne Runde gelacht. In der Glotze gibt's Brisko.«

Als Kyra am nächsten Abend nach Hause kam, unterhielt sich Sam im Treppenhaus mit Evelyn Kessow, die über ihnen in der dritten Etage des Mehrfamilienhauses wohnte. Als Evelyn Kyra die Treppe heraufkommen sah, verabschiedete sie sich mit einem Lächeln von Sam. Kyra wurde mit einem kühlen Nicken bedacht. Sie zog hinter Evelyns Rücken eine Fratze.

»Ich glaube, Gundel Gaukeley steht auf dich«, flüsterte sie Sam zu, während Evelyns schlanke Waden in den schwarzen Pumps langsam ihren Blicken entschwanden. »Du solltest ihr sagen, dass du in deinen Kollegen von der Spurensicherung verliebt bist.«

»Ich frage mich, was du gegen sie hast«, antwortete Sam. »Sie ist eine überaus kluge, kultivierte und gepflegte Frau.«

»Sie ist eine humorlose, kalte Hexe. Und sie hat diesen Blick. Ich habe immer das Gefühl, sie durchbohrt mich.«

Sam wirkte betreten, und Kyra betrachtete ihn. Er war ein attraktiver Mann. Kein Schönling, eher markant. Seine großen Ohren und die dominante Nase ließen ihn ein wenig wie den jungen Ben Kingsley aussehen.

»Hast du alles für deine Party zusammen?«, fragte Sam und nahm ihr eine voll bepackte Tüte aus dem Arm, damit sie ihre Tür aufschließen konnte.

»Ich hoffe. Allein das wäre ein Grund, unbedingt einen Mann im Haus zu haben. All die vielen Bierkisten, Sektkartons ...«

»Entschuldige mal«, entrüstete Sam sich, »bin ich etwa kein Mann? Immerhin habe ich dir die Kisten gestern alle hochgebuckelt.«

Kyra lachte. »Entschuldige, Sam, ich nehme deine Hilfe wirklich als zu selbstverständlich hin. Aber du weißt schon, wie ich es meine. Ich möchte einen eigenen Mann. Einen, der mir gehört. Einen, der mich mit Haut und Haaren und Seele liebt.« Dann fügte sie schelmisch hinzu: »Wir wollen also beide das Gleiche. Nur dass ich nicht auf einen bestimmten Mann fixiert bin. Bist du denn noch immer keinen Schritt weiter bei deinem Kollegen?«

»Themenwechsel!«, sagte Sam ruhig, aber bestimmt und ging ins Wohnzimmer. »Hat Elvis heute schon seinen Drink bekommen?«

Kyra sah zu dem Kaktus, der in der Ecke beim Fenster stand. »Ups, nein, er sieht schon ganz verdurstet aus.«

Sam nahm den kleinen Porzellanfingerhut, der auf der Fensterbank lag, tauchte ihn in die Wasserschale daneben und goss den Inhalt mit einem »Prost!« in den Blumentopf.

»Ich habe heute mit meiner Mutter telefoniert«, rief Kyra aus der Küche. »Sie kommt erst am Neujahrstag. Das Reinfeiern will sie uns *Jungen* überlassen. Schön, nicht? Sie findet mich jung.«

»Sie ist ja auch deine Mutter«, rief Sam laut zurück. »Mütter finden einen immer jung und toll und brillant.« Ein Murmeln aus der Küche, das verdächtig nach »Arschloch« klang, lockte ein Lächeln auf Sams Lippen. Mit dem Zeigefinger fuhr er über eine Reihe bunter Buchrücken, die auf einem Holzregal in Reih und Glied standen. »Wird sie dir ein neues Tagebuch mitbringen?«, rief er noch einmal laut Richtung Küche und zuckte zusammen, als Kyra neben ihm sagte:

»Schrei nicht so. Ich bin doch nicht taub. … Na, das will ich doch hoffen, dass sie mir das Tagebuch für das neue Jahr schenkt. Das macht sie immerhin seit zwölf Jahren.« Kyra blickte nun ebenfalls zum Holzregal. Zwölf dicke Tagebücher von völlig unterschiedlichem Aussehen zeugten von ihrer Schreiblust.

»Und, welchen Artikel klebst du heute ein?«, fragte Sam und griff nach der Zeitung, die Kyra auf den Esstisch geworfen hatte.

»Den da«, antwortete Kyra, schlug eine Seite auf und deutete auf eine kleine Anzeige unter der Rubrik Flohmarkt.

»Das ist eine Verkaufsanzeige, kein Artikel«, sagte Sam. »Ich denke, du klebst nur positive Zeitungsberichte ein?«

»Diese Anzeige ist in der Tat kein Artikel, aber sie steht in der Zeitung und ist überaus positiv. *Sehr* positiv sogar.«

»Toll«, sagte Sam nur mäßig begeistert, nachdem er den Text gelesen hatte. »Jemand verkauft seine Micky-Maus-Hefte.«

»Nicht irgendwelche Hefte, mein lieber Sam. Er verkauft die Taschenbücher aus den Siebzigern. Ich habe ihn gleich angerufen. Er hat Band sechzehn, der mir noch fehlt. ›Donald in Tausendundeiner Nacht‹. Er wird ihn mir zusenden.«

»Wie viel zahlst du für den Schund?«

»Das, was es mir wert ist, Herr Oberlehrer! Nur weil du der Reich-Ranicki unter Hamburgs Polizeibelegschaft bist, muss ich noch lange nicht nur Nobelpreisträger-Schinken lesen. Ich mag nun mal diese PENG-BUMM-KNALL-Sprechblasen. Hier!«, Kyra warf Sam eines der Comic-Heftchen zu, die zu einem großen Haufen getürmt neben dem Sofa lagen, »da kannst du dir die Original-Hexe Gundel Gaukeley angucken. Das ist die schwarzhaarige Ente, die auf Onkel Dagoberts Goldtaler scharf ist.«

»Man könnte meinen, du wirst nicht drei*ßig*, sondern drei*zehn*«, sagte Sam kopfschüttelnd.

★★★

»Und, graut dir schon vor Mitternacht?«, fragte Dorothea Niclas, während sie mit einem knallgrünen Plastikspieß erst eine Weintraube, dann ein Käsequadrat aufpickte und beides zusammen in den Mund steckte. Sofort bestückte sie den Spieß erneut und stellte ihn diesmal auf eine gläserne Platte, auf der bereits fünfzig weitere Exemplare thronten.

»Du bist eklig, Doro«, rief Kyra aus. »Du kannst doch nicht deinen angesabberten Spicker noch mal benutzen!« Sie nahm den Spieß wieder herunter, steckte ihn der Freundin in den Mund und warf das leere Stäbchen anschließend in den Mülleimer.

»Weiß doch keiner«, schmatzte Doro achselzuckend.

»Ich weiß es. Und das genügt. Und, um auf deine Frage zurückzukommen: Nein, mir graut nicht vor Mitternacht. Denn ich bin froh, wenn ich endlich dreißig bin. Dann hört das dumme Gefrage auf.«

»So, fertig«, sagte Doro und stellte die Platte zu den Brothäppchen auf den Tisch, ohne auf Kyras Kommentar einzugehen, den diese mehr als laut von sich gegeben hatte. »Hast du noch Luftschlangen oder Luftballons zum Dekorieren?«, fragte sie stattdessen. »In zwei Stunden kommen deine Gäste.«

»Shit, hab ich vergessen«, murmelte Kyra. »Ich hab nur Papphütchen besorgt. Aber warte mal, irgendwo in der Rumpelkammer müssten noch Luftballons von einem Pfadfinder-Flohmarkt in der Nieblumer Kirche rumliegen.«

Die Rumpelkammer, die ihrem Namen alle Ehre machte, wurde augenblicklich von Kyra durchforstet. Nach ein paar Minuten, die sie brauchte, um über Putzutensilien, Kisten, Bücherstapel, zweckentfremdete, dick befüllte Mülltüten und ausgediente Kleinmöbel in die hintere Raumecke zu gelangen, schwenkte sie triumphierend eine alte Bananenkiste. »Hier müssten sie drin sein«, rief sie Doro zu und kämpfte sich durch das Gerümpeldickicht zurück.

Kyra kippte den Inhalt der Kiste kurzerhand auf den Küchenfußboden und durchwühlte die alten Sachen, zum größten Teil Bücher, bis sie die Tüte mit den Luftballons fand. Doro schnappte sich einen roten Ballon und blies ihn auf. »KEINEM VON UNS IST GOTT FERN« prangte in fetten Lettern auf der prallen Birne.

»Ich sagte ja: Kirche!«, grinste Kyra und räumte die Bücher wieder in die Kiste, während Doro den roten Ballon im Wohnzimmer an die Lampe band.

Kyra wollte die Kiste in die Kammer zurückstellen, als ihr Blick noch einmal über die Buchrücken der aussortierten Exemplare glitt. Auf einem dicken ledernen Einband blieb ihr Blick haften. Sie griff nach dem Buch und stutzte. Es hatte keinen Titel. Es gab keine Beschriftung, keinen Autor.

»Komisch«, murmelte sie. Sie konnte sich nicht erinnern, es aussortiert, geschweige denn überhaupt besessen zu haben. Als sie es flüchtig von hinten durchblätterte, blitzten ihr nur unbeschriebene Seiten entgegen. Sie schlug das Buch zu und betrachtete es noch einmal von allen Seiten. Das raue braungraue Leder sah irgendwie antik aus, aber die Buchseiten wirkten taufrisch. Kyra überlegte noch einmal. Sie musste es auf dem Flohmarkt aus Versehen eingesteckt haben. Vielleicht hatte es einem der Kinder gehört, mit denen sie in der Föhrer St.-Johannis-Kirche den Stand betrieben hatte.

»Muss ich alle Ballons allein aufpusten?«, rief Doro aus dem Wohnzimmer. »Das schaffe ich nicht. Ich bin schließlich Raucher.«

»Wie? Ja ... entschuldige«, rief Kyra zurück und sprang auf. Sie strich noch einmal mit der Hand über das leicht raue Leder des Buches. Es war zu besonders, um in der alten Bananenkiste zu schmoren.

Ein künstlicher Hustenanfall im Wohnzimmer ließ sie auflachen. »Ich komme ja schon«, rief sie fröhlich, legte das Buch auf das kleine Küchenregal über dem Kühlschrank und eilte ihrer Freundin zu Hilfe.

Gegen dreiundzwanzig Uhr war die Party in vollem Gange, aber es trafen immer noch Gäste ein.

»Hi, Kyra, du Ärmste! Hoffentlich erlebst du deinen Geburtstag noch.« Mit diesen Worten stürzte eine aufgetakelte Brünette auf Kyra zu und umarmte sie kurz.

»Warum sollte sie ihren Geburtstag nicht mehr erleben?«, hakte Sam irritiert nach, der neben Kyra stand.

»Na, ihr wisst schon«, kreischte die Brünette in die Runde. »Millennium! Der Weltuntergang! Also, mich gruselt's ein bisschen, wenn ich all diese mystischen Dinge höre.«

»Trink einen Cocktail, Babsi, und mach halblang«, sagte Doro stockernst. »Das einzig Mystische, was ich kenne, ist die Klospülung in Kyras Bad. Kettenzug mit Plastikgriff!«

Die Runde brach in helles Gelächter aus.

»Ich mag meine Ziehkette«, verteidigte Kyra ihr Spülsystem. »Es ist doch herrlich altmodisch.«

»Ja, aber vor allen Dingen ist dein Griff morgen voller Bakterien«, flüsterte Sam Kyra ins Ohr und deutete in die Menge. »All diese vielen Leute! Und ihre Hände waschen sie erst *nach* dem Spülen.«

»Iih«, kreischte Kyra los und knuffte ihren Ellenbogen in Sams Seite. »Du bist fies. So empfindlich bin ich nun auch wieder nicht. Du übertreibst immer so schrecklich.«

»Ich übertreibe?«, lachte Sam. »Wer putzt denn seine Fliesenfugen mit der Zahnbürste?«

Kyra bedachte Sam mit einem vernichtenden Blick, antwortete aber nicht, da Babsi sie gerade kichernd anstupste: »Ich glaube, Doro ist voll. Sie tanzt gerade mit einem Kaktus zu ›Love Me Tender‹.«

»Was? Sie tanzt mit Elvis?«, kreischte Kyra los.

»Nun, es ist sein Lied«, sagte Sam trocken. »Also, warum soll er nicht tanzen?«

Aber Kyra war schon auf der kleinen Tanzfläche, nahm Doro den Kakteentopf ab und stapfte damit Richtung Schlafzimmer.

»Ein bisschen plemplem ist unser Geburtstagskind schon, oder?«, fragte Babsi Doro, als die sich wieder in die kleine Runde gesellte. »Sie tut ja fast so, als wäre dieser komische Kaktus ein Mensch.«

»Nun, die Pflanze ist immerhin der wiedergeborene Elvis«,

grinste Doro. »Zumindest hat das Kyras Tante behauptet. Tante Almut hatte die ganze Wohnung voller Grünzeug, und sie war fest davon überzeugt, dass jede ihrer Pflanzen ein wiedergeborener Mensch ist.«

»Musst du jedem diesen Schwachsinn erzählen?«, fiel Sam Doro ins Wort, aber die plapperte munter weiter.

»… merkwürdigerweise tummelten sich in Tante Almuts Blumentöpfen aber nur amerikanische Stars. Lustig, nicht?«

»Mach dich nicht immer über Tante Almut lustig«, wandte sich Kyra, die die letzten Worte gehört hatte, mit einem schiefen Lächeln an Doro. »Sie war eine sehr liebenswürdige alte Dame mit einem kleinen Spleen.«

»Kleiner Spleen?«, kreischte Babsi los. »Für mich klingt das nach handfester Psychose. Sie ist doch bestimmt in der Klapse gelandet, oder?«

»Nein, das ist sie nicht«, sagte Kyra ernst, »denn sie hatte einen wundervollen Ehemann. Nach sehr unfruchtbaren medikamentösen Therapien hat er sie einfach so genommen, wie sie war. Er hat sie geliebt, auch wenn sie sich mit ihren Pflanzen unterhalten hat.«

»Und wieso ist dieser Elvis jetzt bei dir?«, kam die Frage von der kichernden Babsi.

»Kyra hat ihn geerbt. Weil Tante Almut von einem Lastwagen überfahren wurde«, übernahm Doro wieder das Gespräch. »Diese Geschichte ist so unglaublich, ich muss sie einfach erzählen. Ich darf doch, Kyra?« Allerdings wartete sie Kyras Antwort gar nicht ab. »Tante Almut ging mit ihrem Mann spazieren, als ein Lastwagenfahrer die Kontrolle über sein Gefährt verlor. Er erwischte Tante Almut frontal. Sie war sofort tot. Und mit ihr starben Rock Hudson und Marilyn Monroe, die sie in einem Korb bei sich hatte, um ihnen ein wenig frische Luft zu gönnen.«

Babsi hatte mit offenem Mund zugehört. Dann tippte sie sich grinsend mit dem Zeigefinger gegen die Stirn. »Ihr wollt mich doch verarschen! Und ich falle fast noch darauf rein.« Sie drehte sich um, ging hüftschwingend zur Tanzfläche und suchte sich einen Tanzpartner.

»Man kann's ihr nicht verübeln, dass sie es nicht glaubt«,

murmelte Sam. »Aber das Leben schreibt nun mal die besten Geschichten.«

Kyra war dankbar, dass das Thema Psychose abgehandelt war. Es bereitete ihr Unwohlsein, weil es Tage gab, an denen sie fürchtete, wie Tante Almut zu enden. Tage, an denen sie Dinge verzweifelt suchte, von denen sie glaubte, genau zu wissen, wohin sie sie gelegt hatte. Nächte, in denen wirre Träume sie heimsuchten und schweißgebadet erwachen ließen.

Natürlich hatten auch Tausende andere Menschen Alpträume, in denen sie sich verfolgt oder beobachtet fühlten, aber hatten diese Menschen auch den fremden Geruch in der Nase, wenn sie erwachten? Kyra seufzte. Die Alpträume hatten im vergangenen Jahr an Häufigkeit zugenommen.

»Alles klar bei dir?« Sam sah sie forschend an.

Kyra nickte. »Alles bestens.« Sie würde sich nicht ihre Party von trübseligen Gedanken verderben lassen. »Auf geht's, Sam! Du siehst aus, als würdest du unbedingt eine Polonaise anführen wollen.« Das Würgegeräusch aus seinem Mund ignorierend, schob sie ihn zur Musikanlage.

Um vier Uhr dreißig geleitete Kyra ihre beiden letzten Gäste zur Tür. Doro und Sam.

»Danke für euer Angebot, aber ich habe keine Lust mehr auf Aufräumen. Lieber steh ich morgen eine Stunde früher auf«, sagte sie gähnend.

»Wohl eher drei Stunden«, meinte Sam, nachdem er noch einen Blick auf das Chaos in der Wohnung geworfen hatte.

»Schlaf schön, du Dreißigjährige«, verabschiedete Doro sich und schmatzte zwei feuchte Küsse auf Kyras Wangen. »War 'ne tolle Party.« Dann wandte sie sich Sam zu, nahm seinen Kopf in beide Hände, drückte ihm einen dicken Kuss auf die Lippen und sagte bedauernd: »Schade, dass du schwul bist, Sammylein, sonst hätte ich dich jetzt noch vernascht.« Schließlich trollte sie sich mit einem lauten »Frohes neues Jahr!« Richtung Treppe.

Sam blickte ihr kopfschüttelnd hinterher. »Noch ein Grund, der *für* das Schwulsein spricht.«

Kyra gab ihm lachend einen Kuss und schob ihn zu seiner

Wohnungstür. Nachdem er aufgeschlossen hatte, drückte sie sich an ihm vorbei und betrat noch vor ihm seine Wohnung. Sam blickte ihr irritiert hinterher. »Ähm, willst du mich jetzt auch vernaschen?«

»Keine Sorge, mein Liebster«, kam es gedämpft aus dem Schränkchen unter der Spüle, in dem Kyras Kopf jetzt steckte. »Ich suche nur etwas zum Desinfizieren. Mein Sagrotan ist leer, und ich muss noch meinen Klogriff putzen.«

Drei Minuten später stand Kyra wieder in ihrer Wohnung. Ohne Spray und mit Sams Kommentar im Ohr: Es gibt Menschen, die auch ohne Desinfektionsmittel überleben.

Sie drehte den Schlüssel ihrer Wohnungstür herum und lehnte sich einen Moment gegen das lackierte Holz. Dann ging sie mit langsamen Schritten zu dem CD-Player und würgte Lou Bega und seinen »Mambo No. 5« ab. Die ersehnte Stille wurde durchbrochen von einem leisen, aber kontinuierlichen Geräusch. Kyra folgte dem Laut. Jemand hatte ein Bierglas auf der Fensterbank abgestellt und umgestoßen. Der Gerstensaft tröpfelte auf die Dielenbretter. Kyra starrte auf die Lache. Das leise Plopp-Plopp strapazierte ihre Gehörgänge mehr als die laute Partymusik. Mit langsamen Schritten lief sie durch ihre Wohnung, von Raum zu Raum.

Ein Laut wie das Winseln eines Welpen zwang sich durch ihre Kehle, während ihr heiß die Tränen in die Augen schossen. Es war so still. Selbst der Bierrest auf der Fensterbank hatte sein monotones Ploppen eingestellt. Das Gefühl der Einsamkeit ließ Kyra nach Luft schnappen.

Wo war der Mann, mit dem sie jetzt über das aufgeweichte Konfetti in den halb vollen Sektgläsern lachen konnte? Der sich über den Gestank der überquellenden Aschenbecher, die ihre Freunde hinterlassen hatten, aufregte. Der ihr half, die Chipsreste aus der Sofaritze zu pulen. Der all das nicht tat, sondern sie einfach über seine Schulter warf und zum Bett trug, um sie leidenschaftlich zu lieben. Wo war er?

Tränenblind ging Kyra zu ihrem kleinen Sekretär und öffnete die obere Schublade. Sie nahm ihr Tagebuch zur Hand und schlug die nächste leere Seite auf. Es würde die letzte Eintragung in diesem Buch sein. Die letzte Eintragung für 1999. Das neue Jahr hatte zwar schon begonnen, aber es war noch keine Zeit gewesen, um einen Eintrag zu machen und den Artikel vom 31.12., den sie am Morgen ausgesucht hatte, einzukleben.

Mit dem Handrücken wischte sie die Tränenspuren von ihren Wangen und fixierte den kleinen Bericht, ohne ihn noch einmal zu lesen.

Während sie mit dem Füller das Datum in die obere rechte Ecke schrieb, liefen die Tränen erneut. Sie bemühte sich nicht, sie zurückzuhalten. Im Gegenteil, es brach förmlich aus ihr heraus. Sie weinte laut und heftig, und ihre Hand zitterte, aber sie schrieb. Sie musste einfach schreiben.

30 Jahre! Und ich bin so einsam wie nie. Oder: wie immer. Was ist nur los?
Bin ich so anders als die anderen Frauen? Ich verstehe es einfach nicht.
Ich möchte doch nur einen Menschen, der zu mir gehört. Zu dem ich gehöre.

Kyra wischte über die feuchten Flecken, die ihre Tränen auf dem Papier hinterließen. Die krakeligen Zeilen verschwammen vor ihren Augen. Sie stand abrupt auf und ging zu dem kleinen Tisch, auf dem die Weinbrandflasche stand. Sie setzte einfach die Flasche an die Lippen und nahm einen tiefen Schluck. Der Hennessy brannte sich durch ihre Kehle. Dann ging sie zum Fenster und riss es weit auf. Die frische Luft jagte einen Schauer über ihren Nacken, aber sie blieb stehen und atmete tief ein und aus. Gedämpfte Musik war zu hören. Irgendwo wurde noch gefeiert. Kyra schloss das Fenster erst wieder, als die Kälte sie schüttelte. Die Tränen waren versiegt. Sie ging zurück an den Sekretär und las die Zeilen, die sie bereits geschrieben hatte. »Es reicht!«, brummelte sie, ließ einen kleinen Absatz und schrieb weiter:

Vorsatz für 2000: Ich werde Sex haben! Ich werde mit einem Mann schlafen.
Und wenn ich mir einen kaufen muss! Ich will nicht mehr anders sein.

Und dann wird der Bann gebrochen sein. Ich werde einen Freund haben. Ich werde geliebt werden. Ich werde heiraten. Ich werde fünf Kinder haben.

Kyra stieß einen hoffnungsvollen Seufzer aus. Sie fühlte sich erleichtert. Alles würde gut werden. So ein Jahrtausendwechsel musste doch zu etwas gut sein.

Sie las noch einmal den letzten Absatz und machte aus der Fünf eine Zwei. »Wir wollen doch nicht übertreiben, Kyra Althoff«, sagte sie lächelnd in die Stille und klappte das Tagebuch zu. Sie legte es nicht in die Schublade des Sekretärs zurück, sondern schob auf dem Regal über dem Sekretär die Donald-Duck-Spardose, die als Buchstütze diente, zur Seite und reihte das Buch in die Flotte der anderen beschriebenen Tagebücher ein. Sie drückte Donalds mit Fünf-Mark-Stücken prall gefülltes Entenhinterteil wieder dagegen und stand gähnend auf.

Auf der Suche nach einem sauberen Glas tapste sie in die Küche und füllte, als sie keines fand, ihren Kaffeebecher mit Mineralwasser. Während sie in kleinen Schlucken trank, fiel ihr Blick auf das Buch aus der Rumpelkammer, das sie auf dem Küchenregal abgelegt hatte. Sie griff danach und schlug den Deckel auf. Dann die erste Seite. Überrascht starrte sie auf das Papier. Die Seite war nicht leer. Ein Zeitungsartikel prangte in der Mitte. Ein Artikel, der genauso aussah wie die, die sie jeden Tag aus der »Nordschau« ausschnitt. Aber der Artikel in dem dicken Lederbuch war nicht von der Art, die Kyra bevorzugte. Ganz im Gegenteil. Es war der Bericht über einen Unglücksfall:

VIER TOTE BEI ZUGUNGLÜCK IN DER SCHWEIZ

Kyra las den Text auf die Schnelle quer. Aufgrund einer defekten Signalanlage war ein Güterzug in einen voll besetzten Personenzug gerast.

»Schrecklich«, murmelte sie und blätterte durch die anderen Seiten, aber die waren leer. Sie klappte das Buch zu und betrachtete es nachdenklich. Wem mochte es gehört haben? Noch einmal strich sie mit der Hand über das leicht raue Leder und legte es dann gähnend zurück auf das Küchenregal, um ungewaschen und todmüde in ihr Bett zu sinken.

★★★

Kyra brauchte mehrere Sekunden, um das Geräusch, das sie geweckt hatte, einordnen zu können. Sie setzte sich senkrecht im Bett auf, als es erneut an der Tür klingelte. Ihr Blick glitt automatisch zum Wecker. Zwölf Uhr achtundzwanzig. Gähnend schlurfte sie zur Tür und warf dabei missmutige Blicke von einer Ecke zur anderen. Es gab noch viel zu tun, bevor ihre Mutter um sechzehn Uhr eintreffen würde.

»Mama!«, stieß Kyra überrascht aus, als sie die Tür öffnete.

»Ich habe einen früheren Zug genommen«, sagte Ellen Althoff lächelnd und drückte ihrer Tochter einen abgedeckten Kuchenteller in die Hand. Dann nahm sie ihre Tasche und ein in knallrotes Geschenkpapier gewickeltes Päckchen vom Boden auf und trat ein.

Kyra strahlte. Sie hob die Alufolie ein Stückchen vom Kuchenteller, schnupperte genießerisch und fragte hoffnungsvoll: »Apfel-Streusel?«

»Natürlich, mit Föhrer Äpfeln«, sagte Ellen. Die beiden Frauen lächelten sich an. Dann legten beide aus den Händen, was sie darin hielten, und umarmten sich lange. »Herzlichen Glückwunsch, mein Liebling«, sagte Ellen Althoff und drückte Kyra einen Kuss auf die Stirn. »Ich wünsche dir alles erdenklich Liebe für dein neues Lebensjahr. Mögen sich alle deine Wünsche für das Jahr 2000 erfüllen.«

Zwei Stunden nach Ellen Althoffs Ankunft sah Kyras Wohnung aus, als hätte nie eine Party stattgefunden.

»Ach, Mama, du bist doch die Beste.« Kyra ließ sich zufrieden auf das Sofa plumpsen. »Ohne dich hätte ich noch nicht einmal die Hälfte geschafft. Dafür lade ich dich heute Abend schick zum Essen ein. Vier Gänge. Ich habe uns einen Tisch im ›Dückerstieg‹ reserviert.«

»Ich hatte gehofft, dass du dich nicht selbst an den Herd stellst«, sagte Ellen, »denn wenn ich mich recht entsinne, sind das Einzige, was du überhaupt kochen kannst, Spaghetti mit Tomatensoße. Oder hast du dein Repertoire inzwischen erweitert?«

»Na, hör mal«, stieß Kyra empört aus. »Ich kann noch Spiegeleier und Bratwurst und ... und bestimmt noch mehr, wenn ich nur einmal Zeit zum Kochen hätte.«

»Ersetze das Wort ›Zeit‹ durch ›Lust‹, dann glaube ich dir«, sagte Ellen lächelnd. »Aber nun pack endlich dein Geschenk aus. Ich bin gespannt, was du sagst.«

Kyra sprang auf, holte das Päckchen und stellte es vor sich auf den gelaugten Kieferntisch. Als der Schleifenknoten Widerstand leistete, griff sie kurzerhand zur Schere und durchtrennte die Satinschleife mit einem schnellen Schnitt.

Ellen Althoff schüttelte bedauernd den Kopf. »Typisch«, sagte sie. »Die schöne Schleife! Du hättest sie noch einmal verwenden können.«

Kyra sah sie nur verständnislos an und warf das rote Geschenkpapier zusammengeknüllt neben den Tisch.

»Oh Mama, das ist wirklich schön. So edel.« Kyra hielt ein Kosmetiktäschchen aus weichem cremefarbenen Leder in der Hand und betrachtete es mit einem Lächeln.

»Öffne es«, sagte Ellen gespannt. »Es ist noch etwas drinnen.«

Kyra zog den Reißverschluss auf und holte einen Umschlag und ein weiteres, kleines Päckchen heraus. Sie entfernte die Silberfolie des Päckchens, öffnete die Verpackung und drehte den Verschluss des Parfümflakons auf. »Hmm, Chanel No. 5«, sagte sie genießerisch und verteilte eine großzügige Menge über Handgelenke und Dekolleté. »Danke, Mama.«

»Nun öffne doch endlich den Umschlag, Kind«, sagte Ellen lachend. »Darin ist doch das Hauptgeschenk.«

Kyra öffnete neugierig das Kuvert, zog die Karte heraus und las den Text. Sie hatte Tränen in den Augen, als sie ihre Mutter ansah. »Eine Woche Rom? Für zwei Personen? Ach, Mama, du musst mir doch nicht so viel schenken. Das ... das ist doch viel zu viel!«

Ellen Althoff setzte sich neben Kyra auf das Sofa und nahm sie in den Arm. »Warum nicht, mein Schatz? Geld ist doch nicht alles. Außerdem ist es ein runder Geburtstag. Man wird nicht alle Tage dreißig. Und eins sage ich dir gleich: Die zweite Person werde nicht ich sein. Nimm mit, wen du möchtest. Doro oder Sam oder Mister XY. Hauptsache, du hast deinen Spaß.«

Es kostete Kyra einige Mühe, die Tränen niederzukämpfen, die nach den Worten ihrer Mutter erneut in ihre Augen geschossen waren. Wenn es Mister XY doch nur geben würde!

Einen Moment war sie versucht, sich in die Arme ihrer Mutter zu werfen, zu sagen: Ich bin so allein, Mama! Aber sie tat es nicht. Ihr Kummer würde auch Ellens Kummer werden. Und warum sollte sie noch jemanden unglücklich machen? Also lächelte sie und sagte: »Sam nehme ich lieber nicht mit. Der schnappt mir all die süßen Italiener vor der Nase weg. Warum willst du nicht mitkommen? Wir hätten bestimmt eine schöne Zeit in Rom. Und du bist doch auch Single, genau wie ich.«

Ellen Althoffs Gesicht nahm eine zarte Röte an. Sie griff verlegen nach ihrem Wasserglas und drehte es in den Händen, ohne einen Schluck zu trinken. »Das ... äh, stimmt nicht so ganz, mein Schatz. Ich wollte es dir gerade erzählen. Es gibt da ... Hermann.«

Kyras Augenbrauen ruckten nach oben. »Hermann? Wer ist Hermann?«

»Hermann Potsiek«, kam es fast ängstlich aus Ellens Mund. »Du kennst ihn. Die Potsiek-Räucherfisch GmbH in Wyk.« Sie blickte Kyra an, und nach einem Moment des Zögerns setzte sie hinterher: »Wir ... wir sind zusammen.«

Kyra starrte ihre Mutter an. Ellen nahm die Hand ihrer Tochter und sagte leise: »Sei mir nicht böse, Schatz. Aber Agnes und dein Vater, sie sind schon so lange tot. Und ich war so allei–« Ellen Althoff kam nicht dazu, den Satz zu beenden, denn Kyra brach von einer Sekunde zur nächsten in Tränen aus.

»Schatz, es tut mir so leid«, stotterte Ellen. »Wenn ich gewusst hätte, dass es dich so aufregt ...«

»Ach, Mama«, lachte Kyra unter Tränen und riss ihre Mutter in die Arme. »Ich bin dir doch nicht böse. Das ... das ist doch herrlich! Ich freu mich so für dich. Ich freue mich wirklich. Endlich hast du jemanden gefunden, der dein Leben teilt. Mein Gott, das ist so schön, Mama.«

Erleichtert ließ sich Ellen Althoff in die Kissen zurücksinken. »Deine Tränen haben mich etwas irritiert.«

»Na, hör mal«, tat Kyra entrüstet, während sie mit den Handrücken über ihre feuchten Wangen wischte. »Bei so einer Nachricht werde ich doch mal Gefühle zeigen dürfen. Ich bekomme einen Stiefvater. Noch dazu einen stinkreichen. Gehört dem nicht halb Föhr? Richte ihm meine allerliebsten Grüße aus. Er ist mir herzlich willkommen, wenn er mir ab sofort wöchentlich eine Ladung Räucheraal liefert. Natürlich unentgeltlich.«

»Du bist unmöglich«, lachte Ellen Althoff auf. »Aber nett unmöglich. Ich freue mich, dass du so reagierst.«

Jetzt sah Kyra ihre Mutter ernst an. »Du bist seit zwölf Jahren allein, Mama. Es gibt nichts, was ich dir mehr gönne als einen neuen Partner. Und ich bin sicher, dass Aggi und Papa sich mit uns freuen. … Heute Abend spendiere ich eine Flasche Champagner!«

»Boah, das war wieder mal herrlich«, schwärmte Kyra und rieb sich den Bauch, als sie wieder in der Wohnung waren. »Die glacierte Meeräsche war exzellent. Ich werde sie in meinem Tagebuch erwähnen.«

Ellen starrte Kyra an. »Tagebuch«, sagte sie bestürzt. »Ich habe dir gar kein Tagebuch geschenkt. Wie konnte ich das vergessen?«

»Du hast mir diese wunderschöne Rom-Reise geschenkt, Mama«, tröstete Kyra sie. »Da werde ich mir wohl mal selbst ein Tagebuch kaufen können. Obwohl … vielleicht muss ich mir gar keines kaufen. Ich habe vorgestern in der Rumpelkammer ein leeres Buch entdeckt. Das wäre ein perfektes Tagebuch. Es hat so einen schönen antiken Ledereinband.«

»Wenn du meinst«, sagte Ellen und schüttelte den Kopf, während sie in die kleine Küche ging, um die leeren Gläser in die Spüle zu stellen. »Dass mir das passiert! Ich schenke dir immer ein Tagebuch.«

»Bring mir das Buch aus der Kammer doch gleich mit«, rief Kyra ihrer Mutter hinterher. »Es liegt auf dem kleinen Regal, direkt neben der Teekanne.«

»Hier liegt kein Buch auf dem Regal«, rief Ellen Althoff einen

Augenblick später Richtung Wohnzimmer, »und auch sonst sehe ich hier kein Buch.« Sie kam zurück ins Wohnzimmer.

»Ist egal«, sagte Kyra gähnend. »Dann hole ich den Eintrag nach, wenn ich das Buch gefunden habe. Komisch, ich hätte geschworen, dass ich es auf das Küchenregal gelegt habe.«

Sie schlurfte ins Bad, das ungute Gefühl, wieder einmal etwas verlegt zu haben, verdrängend. Morgen war schließlich auch noch ein Tag zum Suchen. Ein weiterer Tag in ihrem ereignislosen Leben.

ZWEI

»Sei heute Nacht bei mir. Schenke *mir* deine Gedanken. Nicht ihr. Bitte, wenigstens für diesen Moment.« Die Arme der Frau schlangen sich von hinten um den Bauch des Mannes. Sie presste ihre Lippen auf seinen nackten Rücken, ließ ihre Zunge langsam sein Rückgrat hinaufwandern, während ihre Finger gierig über seinen Körper strichen.

Er rührte sich nicht, sondern starrte aus dem schmalen Fenster in die sternenklare Nacht. Auf das im Mondlicht glitzernde Wasser des Flusses. Die Hitze ihrer nackten Brüste nahm er genauso wenig wahr wie ihr Hände.

»Ich will nicht glauben, dass unsere Informationen falsch sind«, stieß er aus und hieb seine Faust an die Fensterlaibung. »Sie muss dort gewesen sein. Wir müssen sie finden! Ich will sie. Ich will sie so sehr!«

Langsam wandte er sich um, sah der Frau vor sich in die dunklen Augen. »Ich träume davon, wie sich ihr warmer Körper unter mir windet, während ich es aus ihr herausstoße. Und dann wache ich auf, und mir wird bewusst, dass ich diese Lust niemals ausleben darf. Dass ihr Leib tabu ist, solange wir nicht zurückgeholt haben, was unserem Herrn gehört.«

»Aber wenn es uns gelingt, dann kannst du dich auch ihres Körpers bedienen.« Ihre Stimme war heiser vor Erregung, während ihre Finger über seinen erigierten Penis strichen. »Aber bis es so weit ist ... Nimm mich!« Mit zwei Schritten war sie am Bett und bot ihm ihren nackten, sich auf schwarzem Satin räkelnden Körper dar. »Bitte!«

Sekunden später war er in ihr. Wieder und wieder stieß er mit geschlossenen Augen in sie hinein. Brutal, voll gieriger Lust.

Und sie genoss es, trotz des Wissens, dass diese Lust nicht ihr galt.

★★★

»Ein frohes neues Jahr euch allen«, rief Kyra fröhlich, als sie am Montag das Büro der kleinen Werbeagentur in der Itzehoer Kaiserstraße betrat, nachdem sie ihre Mutter zum Bahnhof gebracht hatte.

»Ach, Frau Althoff gibt sich auch noch mal die Ehre«, brummte der alte Wiegand, ohne von seinem Computer-Bildschirm aufzublicken. Kyra machte Schielaugen und trat Doro unter deren Schreibtisch gegen das Schienbein, die in haltloses Kichern ausgebrochen war.

»Ich habe bereits vor einer Woche mitgeteilt, dass ich heute Morgen Überstunden abfeiere«, sagte Kyra laut und vernehmlich und ließ sich in ihren Schreibtischstuhl fallen.

Oskar Wiegand warf ihr einen übellaunigen Blick zu. Kyra hatte sich auch nach fünf Jahren noch nicht daran gewöhnt, dass die motorische Koordination seiner Augen äußerst fehlerhaft war. Sie wusste nie, in welches Auge sie blicken sollte, wenn sie ihn ansah.

»Und, hast du schön in das neue Jahrtausend reingefeiert, Oskar?«, fragte sie und entschied sich für das linke Auge. »So mit Party und allem Drumherum?«

»Sehe ich so aus?«, grummelte er und wandte seine Aufmerksamkeit wieder dem Computer zu. »Silvester ist ein Tag wie jeder andere. Um zehn lag ich im Bett.«

»Ich auch«, rief Doro dazwischen. »Um zehn Uhr morgens!«

Auf Kyras erstaunten Blick hin flüsterte sie: »Erzähle ich dir in der Mittagspause. Als ich bei dir weg bin, habe ich auf dem Nachhauseweg noch einen süßen Typen getroffen.«

Kyra schüttelte fassungslos den Kopf. Im Gegensatz zu ihr zog Doro andauernd irgendwelche Männer an Land.

»Einen wunderschönen guten Morgen, holde Maiden! Wie ich sehe, habt ihr die Geburtstags-Neujahrs-Fete gut überstanden. War echt 'ne tolle Party, Kyra.« Ein Rotschopf mit Spitzbart grinste fröhlich über den Tresen. »Dir natürlich auch einen schönen guten Morgen und ein fröhliches Neues, holder Oskar.«

Oskar grunzte nur.

Kyra winkte dem jungen Grafiker fröhlich zu. »Guten Morgen, Bernd. Hat Babsi dich noch abgeschleppt?«

Mit verzerrten Lippen schüttelte er den Kopf. »Meine Fresse, die war echt anhänglich. Aber ich konnte mich absetzen, ohne dass sie es mitgekriegt hat. Wir sehen uns.« Bernd Wagner verschwand hinter der Tür zu der hauseigenen kleinen Druckerei.

Doro kaute auf ihrem Bleistift herum und sah Kyra an. »Eigentlich ist Bernd ja ganz süß. Hat der eigentlich eine Freundin?«

»Kundschaft!«, erklang Oskars Brummstimme.

Kyra sprang auf und trat an den Tresen, vor dem zwei Jugendliche – Junge und Mädchen – standen.

»Lasst mich raten«, sprach Kyra die beiden fröhlich an, »ihr möchtet Verlobungskarten drucken lassen.«

Der Junge bekam rote Flecken am Hals und trat einen Schritt von seiner Begleitung weg. »Nee. Äh ... wir sind nicht zusammen.«

Kyra zwinkerte ihm zu. »War doch nur ein kleiner Scherz. Was kann ich für euch tun?«

»Können wir bei Ihnen im Frühling die Karten für unseren Abi-Ball drucken lassen?«

»Natürlich. Wir drucken alles.«

»Wir haben aber nicht so viel Geld zur Verfügung«, schwächte das Mädchen ab. »Und 'ne Idee, wie sie aussehen sollen, haben wir auch nicht. Gibt's da Muster?«

Kyra beugte sich über den Tresen. »Beim Druckpreis kann ich nicht viel machen. Aber dafür designe ich euch die Karten, wenn ihr überhaupt keine Vorstellung habt. Ist das ein Angebot?«

Die beiden Schüler strahlten sie an. »Super. Wir kommen dann wieder, wenn es so weit ist. Danke schön.«

Kyra winkte ihnen hinterher. Sie liebte diesen Job. Es war faszinierend, wie unterschiedlich die Menschen waren, die Tag für Tag in die mit der Werbeagentur kombinierte Druckerei kamen.

»Mit Design verdienen wir unser täglich Brot«, kam es bissig über Oskar Wiegands Lippen, als Kyra zurückkam. »Ich hab genau gehört, dass du es kostenlos angeboten hast.«

»Du darfst mich gern als Grund angeben, wenn unsere Agentur Konkurs anmelden muss«, lächelte sie zuckersüß und setzte sich pfeifend hinter ihren Schreibtisch.

Als Kyra am Abend die Treppe zu ihrer Wohnung hinauflief, fiel ihr Blick gleich auf das gelbe Zettelchen an ihrer Tür.

Komm rüber, wenn du hungrig bist, Kleine.
Ich habe Chili gekocht.

Kyra lächelte. Sams Chili war unübertroffen. Schnell tauschte sie ihre enge braune Hose und die weiße Bluse gegen einen pinkfarbenen Schlabberpulli und ihre ausgebeulte khakigrüne Baumwollhose. Sie machte sich nicht die Mühe, Schuhe anzuziehen, sondern lief einfach in Ellens selbst gestrickten Strümpfen, zwei Halbliterflaschen Bier im Arm, über den Flur zu Sams Wohnung. Sam öffnete ihr mit dem Kochlöffel in der Hand.

»Meine Güte, hast du dich für mich so in Schale geworfen?«, sagte er grinsend, als sie vor ihm in seine kleine Küche lief. »Ich sollte meinen Smoking rausholen.«

»Es ist ein Privileg, zu dem Kreis zu gehören, der mich in meiner uralten Jogginghose sehen darf«, sagte Kyra, während sie in einer Schublade nach einem Flaschenöffner kramte.

»Jogging ist ein Attribut, das diese Hose wohl kaum verdient«, lästerte Sam und öffnete das Bier mit einem Messer. »Ich kann mich nicht entsinnen, dich jemals laufen gesehen zu haben.«

»Bei meinem Schulsport warst du ja auch nicht dabei«, sagte Kyra. »Und glaub mir, so alt ist diese Hose.«

Es klingelte an der Tür, als Kyra gerade den Tisch deckte. »Erwartest du noch jemanden?«, fragte sie.

Sam zog zwei Baguettes aus dem Backofen. »Nicht dass ich wüsste. Würdest du bitte mal öffnen?«

Kyra trottete zur Tür und öffnete sie schwungvoll.

Evelyn Kessows »Hallo« erstarb zusammen mit ihrem Lächeln, als sie Kyra erblickte. Ihre schmal gezupfte Augenbraue zog sich langsam in die Höhe, während sie sie musterte. »Frau Althoff«, sagte sie dann lächelnd und ging ein Stück zur Seite, »ich will Sie nicht aufhalten. Sie wollen anscheinend endlich das Treppenhaus putzen.«

Kyras Mund klappte auf und wieder zu, während sie spürte, wie ihre Wangen heiß wurden. Gundel Gaukeley gehörte ausdrücklich nicht zu dem Kreis, der sie in ihrem Feierabend-Outfit sehen durfte. Die Hexe sah aus, als sei sie einem Businesskatalog entstiegen. Enger grauer Rock, schwarze Bluse, schwarze Pumps. Ihr glänzendes schwarzes Haar hatte sie wie ein Hollywoodstar der fünfziger Jahre zu einer edlen Banane geformt. Wieder einmal fragte sich Kyra, was diese Frau hier verloren hatte. Äußerlich und dem Gebaren nach gehörte sie in eine Villa in London, Paris, Rom oder wenigstens in Blankenese. Auf jeden Fall nicht in dieses alte Mietshaus im kleinstädtischen Itzehoe.

»Ist Samuel da?«, fragte Evelyn jetzt zunehmend gereizter, weil Kyra immer noch in der Tür stand und schwieg.

»Küche«, sagte Kyra nur, aber da stand Sam schon neben ihr.

»Evelyn«, sagte er freudig, »komm doch rein. Möchtest du mit uns essen?« Er nahm die Hand der schwarzhaarigen Immobilienmaklerin und zog sie in die Wohnung.

Kyras Zeigefinger fuhr im Hintergrund über ihre Kehle, während sie die Zunge herausstreckte. Aber Evelyn schien ihr Empfinden zu teilen: »Danke, nein, Sam, mir ist heute nicht nach … Gesellschaft. Ich wollte mir nur das Buch holen, über das wir in der vergangenen Woche diskutiert haben.«

Als die Tür hinter Evelyn ins Schloss fiel, sagte Kyra: »Ich hasse sie. Hast du gesehen, wie sie von ihren Stilettos auf mich herabgeblickt hat? Ich kann nicht glauben, dass sie gesagt hat, ich sähe aus, als würde ich das Treppenhaus putzen wollen! Und ich kann nicht glauben, dass mir keine passende Antwort eingefallen ist.«

»Du kannst es ihr nicht verübeln«, meinte Sam, »du *siehst aus*, als würdest du das Treppenhaus putzen wollen.«

»Du bist ein Mann«, belehrte Kyra ihn. »Du wirst das Mysterium Frau nie verstehen. Selbstverständlich wusste sie, dass ich mit meinem Outfit nicht putzen wollte. Sie wollte mir nur das Gefühl der Minderwertigkeit geben.«

»Was ja wohl auch geklappt hat«, meinte Sam, »sonst würdest du dich nicht so aufregen. Nun, ich kann nur wiederholen: Ich mag Evelyn. Und sie hat ein tolles Parfüm.« Er schnupperte mit erhobener Nase Richtung Wohnungstür.

»Toll?«, sagte Kyra verächtlich, das Thema Evelyn abschließend. »Dieser schwüle Duft haut selbst hartgesottene Orientalen aus den Schnabelschuhen.«

Zwei Stunden später war Kyra wieder in ihrer Wohnung. Elvis bekam seine tägliche Fingerhutration Wasser. »So, und jetzt muss ich dieses vermaledeite Tagebuch suchen, das ich irgendwohin gelegt habe«, sagte sie zu dem Kaktus. »Ich bin schon zwei Tage im Verzug.«

Sie ging in die Küche und blieb kopfschüttelnd vor dem kleinen Regal stehen. Direkt neben der Teekanne, dort, wo sie es hingelegt hatte, lag das Buch aus der Rumpelkammer.

»Bist du blind, Mama?«, murmelte sie vor sich hin, griff nach dem Buch und nahm es mit ins Wohnzimmer. Sie setzte sich an den Sekretär und legte das Buch vor sich hin. Mit der Hand strich sie über den dicken ledernen Einband. Es war immer ein besonderer Moment, wenn der erste Eintrag in ein neues Tagebuch bevorstand. Ihr Blick glitt zu dem Holzregal über dem Sekretär. Zwölf Tagebücher standen dort. Elf davon beschrieben jeweils vom 1. Januar bis zum 31. Dezember. Nur das erste nicht. Es begann am 27. Oktober 1988. Dem Tag, an dem ihre Schwester Agnes und ihr Vater Reinhard beerdigt worden waren. Der Tag, an dem sie mit dem Schreiben angefangen hatte.

Kyra seufzte. Es tat nicht mehr so weh wie in den ersten Jahren. Die Zeit hatte tatsächlich heilende Kräfte. Eine Tatsache, die sie in den ersten Wochen und Monaten nach dem grässlichen Unfall vor über elf Jahren niemals für möglich gehalten hätte. Damals hatte der Schmerz in ihr gewütet wie ein Sturm in einem Pusteblumenfeld. Und wie ein kahler Stängel hatte sie sich auch gefühlt. Sämtliche Lebensfreude war davongestoben.

Heute hatte der Schmerz enorm an Kraft verloren. Sie konnte die Fotografien der beiden anschauen, ohne in Tränen auszubrechen. Die Sehnsucht aber war geblieben, besonders nach der Schwester.

Kyra griff nach dem mattsilbernen Rahmen, aus dem ihr ihre kleine Schwester mit blitzenden blauen Augen und Lachmund entgegenblickte. Die bis in alle Ewigkeit jung bleibende vierzehnjährige Agnes. »Ich liebe dich, Aggi«, sagte sie und formte ihre Lippen zu einem Kussmund, ohne sie auf die Fotografie zu pressen. Die Kälte des Glases schreckte sie ab, wollte nicht zu dem warmen Gefühl passen, das sie für alle Zeiten mit ihrer Schwester verband. Sie stellte den Rahmen zurück, und ihr Blick verharrte einen Moment auf der Fotografie an der anderen Seite des Sekretärs. »Dich liebe ich natürlich auch, Papa«, lächelte sie das Bild mit dem schmalgesichtigen Mann an, dessen braune Augen und kastanienfarbenes Haar sie geerbt hatte.

Sie sprang auf und kramte in ihrer Tasche nach der Zeitung. Schließlich brauchte sie noch die Artikel für den zweiten und dritten Januar. Für den ersten Januar hatte sie keinen Zeitungsbericht herausgesucht. Ihre erste Eintragung begann sie immer mit einem schönen Spruch oder einem Gedicht.

Wo Gott dich hinpflanzt, da sollst du blühen.

Eine Weisheit aus Afrika, die sie irgendwann im Herbst auf einem Kalenderblatt gelesen hatte. Damit würde sie heute das neue Tagebuch einweihen. Nicht weil sie besonders religiös war. Das Gegenteil war der Fall. Seit dem Unfall, der ihre halbe Familie ausgerottet hatte, war das Bildnis von einem Gott, der alle Menschen liebt und beschützt, verschwunden. Der Spruch gefiel ihr trotzdem. Das Wörtchen »Gott« konnte man auch durch »Leben« oder »Schicksal« ersetzen.

Kyra schob das antike Buch zur Seite. Zuerst wollte sie die Zeitung nach zwei passenden Artikeln durchblättern, bevor sie mit der Gestaltung der ersten Seite begann.

Als sie das Richtige gefunden und ausgeschnitten hatte, nahm sie das Buch aus der Kammer zur Hand und schlug die erste Seite auf. Die Seite mit dem Zeitungsartikel über das hässliche Zugunglück in der Schweiz. Sie griff zur Schere. Diese Seite musste natürlich weg. Bevor sie die Schere ansetzte, flog ihr Blick noch einmal über die Überschrift des Artikels. Irritiert legte sie die Schere zur Seite und las die fett gedruckten Lettern noch einmal konzentriert.

EIN TOTER BEI CHLORGASUNFALL

Sie überflog den Bericht. In einem bayerischen Erlebnisbad war aufgrund einer Störung in der Messregeltechnik Chlorgas ausgetreten, das einem Asthmatiker zum Verhängnis geworden war.

Das war nicht der Artikel, den sie in der Silvesternacht in dem Buch entdeckt hatte. Verwirrt blätterte Kyra die nächsten Seiten um. Aber alle waren schneeweiß und unbeschrieben.

Kein Artikel über ein Zugunglück in der Schweiz.

Kyra schüttelte den Kopf. Das war verrückt! Sie durchblätterte das gesamte Buch noch einmal von vorn bis hinten. Aber es gab nichts in dem Lederband außer dem Bericht über den Chlorgasunfall.

Kyra klappte das Buch zu. »Bin ich jetzt völlig blöde?«, murmelte sie vor sich hin und versuchte, sich an den Artikel über die Zugkollision zu erinnern. Hatte sie ihn vielleicht doch woanders gelesen? Es musste so sein. Außerdem war sie in der Nacht angetrunken und todmüde gewesen. Und doch blieb ein eigentümliches Gefühl zurück. Sie legte das lederne Buch zur Seite, ohne es noch einmal aufzuschlagen. Morgen würde sie sich in dem kleinen Schreibwarenladen in der Feldschmiede ein neues Tagebuch kaufen. Eines ohne schreckliche Zeitungsmeldungen.

Sie nutzte die Mittagspause des nächsten Tages, um ihren Vorsatz in die Tat umzusetzen. Sie entschied sich für ein Exemplar mit beigefarbenem Einband und Rosendekor. So wie alle übrigen ihrer Tagebücher hatte auch dieses kein Schloss. Wozu auch? Keiner der Menschen, die ihre Wohnung betraten, würde die Unverschämtheit besitzen, in ihren Aufzeichnungen zu blättern.

Noch in der Mittagspause schrieb sie den afrikanischen Spruch auf die erste Seite. Dann folgten die Erlebnisse des ersten Januar. Sie brauchte drei volle Seiten. Schließlich mussten die Silvesterparty, ihr Geburtstag und vor allem der Besuch ihrer Mutter erwähnt werden. Ein ganzer Absatz gebührte Hermann Potsiek, dem Mann, der dieses warme Leuchten in die Augen ihrer Mutter gezaubert hatte.

Auch der Eintrag für den zweiten Januar beanspruchte zwei

Seiten des neuen Tagebuches. Sie hatte mit ihrer Mutter am Sonntag einen langen Spaziergang an der Stör gemacht. Abends waren sie im Theater gewesen.

Die Seite des dritten Januar gestaltete sie mit einem Artikel über eine ehemalige Klassenkameradin, die ein Konzert in der Hamburger Musikhalle gab. Darunter schrieb sie:

3. Januar 2000
Toll! Kenne jemanden, der in der Musikhalle singt!
Habe heute Morgen gemütlich mit Mama gefrühstückt, bevor ich sie zur Bahn gebracht habe. Im Büro war's nett (trotz Schielauge!). Habe zwei Schüler glücklich gemacht. Abends bei Sam Chili gegessen. Oberlecker. Unfassbar blamiert vor Gundel Gaukeley! Sah aus wie die Putzfrau der Flodders!

Anschließend blätterte Kyra kurz die aktuelle Zeitung durch, die Doro ihr auf den Schreibtisch gelegt hatte. Schließlich brauchte sie noch einen Artikel für den heutigen vierten Januar. Als ihr Blick suchend über die letzte Seite, den »Rundblick«, glitt, blieb er an einem kleinen Artikel haften.

VIER TOTE BEI ZUGUNGLÜCK IN DER SCHWEIZ

Kyra kniff die Augen zusammen und las noch einmal die Überschrift, dann den Bericht. »Gibt es jetzt schon im Januar Sommerlöcher?«, fragte sie Doro, die irritiert den Kopf hob, »oder warum bringt die Presse Artikel, die lange out sind?«

»Was meinst du?«, fragte Doro.

»Na, hier, dieser Bericht über das Zugunglück«, sagte Kyra. »Die Meldung ist nicht frisch. Die habe ich schon vor Tagen gelesen.«

Doro war aufgestanden und sah ihrer Freundin über die Schulter. »Spinnst du?«, fragte sie Kyra. »Das ist doch erst gestern Morgen passiert. Kam doch auch laufend im Radio.«

Kyra starrte Doro an. Sie las den Bericht noch einmal. Das war der Artikel, den sie in der Silvesternacht in dem merkwürdigen Buch gesehen hatte. Ganz sicher.

»Als ich Silvester die Luftballons aus der Kammer geholt habe, habe ich in der Kiste ein Buch gefunden, in das dieser Artikel eingeklebt war«, sagte Kyra. »Das weiß ich genau.«

»Aber das kann nicht sein«, antwortete Doro. »Du hast selbst gesagt, dass die Kiste seit zwei Jahren in deiner Rumpelkammer lag. Es muss eine ähnliche Meldung gewesen sein. Du verwechselst das.«

»Muss wohl so sein«, murmelte Kyra, während sie immer noch auf den Artikel starrte. Irgendetwas Merkwürdiges passierte hier. Wieso tauchte der Artikel, den sie gestern Abend noch in dem alten Lederbuch gesucht und nicht gefunden hatte, heute in der Tageszeitung auf?

Als Kyra am Abend ihre Wohnung betrat, nahm sie sich nicht die Zeit, ihren Mantel auszuziehen. Den ganzen Nachmittag hatte das lederne Buch aus der Rumpelkammer ihre Gedanken beherrscht. Schnurstracks lief sie zum Sekretär, schlug das Buch auf und las den Artikel auf der ersten Seite. Ihre Nackenhaare stellten sich auf, während eine unsichtbare Kraft ihren Brustkorb zusammenzog.

ZWEI TOTE BEI HAUSBRAND

Sie knallte den Buchdeckel zu und sah sich in ihrem Wohnzimmer um. Was ging hier vor? Wer war hier gewesen? Wer klebte diese grausigen Artikel in das Buch? Und wo waren die Seiten mit den anderen Artikeln?

Mit den Spitzen von Daumen und Zeigefinger der linken Hand hob Kyra den Buchdeckel an und blätterte mit der rechten vorsichtig die erste Seite auf. Der Bericht über den Hausbrand sprang sie erneut an. Sie fuhr mit dem Finger an der Innenkante des Buches entlang. Nichts deutete darauf hin, dass eine Seite entfernt worden war. Auch der Versuch, den Artikel mit dem Fingernagel von der Seite zu lösen, scheiterte. Er löste sich nicht einen Millimeter. Schließlich fasste Kyra die Seite, um sie herauszureißen.

»Das gibt's doch nicht«, murmelte sie, während sie immer

mehr Kraft aufwand. »Ist diese verdammte Seite angeschweißt?« Verwirrt starrte sie das Buch an, dann stand sie auf und klingelte an Sams Wohnungstür. »Verflixt, Sam, wo steckst du?« Sie ging in ihre Wohnung zurück, als niemand öffnete.

Sie griff zum Telefon, wählte Doros Nummer und sprach auf den Anrufbeantworter: »Doro! Bitte, komm sofort zu mir, wenn du diese Nachricht hörst. Ich ... ich muss dir etwas zeigen. Bitte, komm!«

Als Doro eine Stunde später an der Tür klingelte, hatte Kyra sich gerade ihren dritten Hennessy eingeschenkt. »Was ist denn los?«, fragte sie, als sie von Kyra ins Wohnzimmer geschoben wurde.

»Es ist dieses merkwürdige Buch. Das aus der Kammer«, sagte Kyra. »Jemand klebt merkwürdige Artikel hinein. Und jeden Tag ist es ein anderer.«

»Spinnst du jetzt?«, fragte Doro und sah Kyra irritiert an. »Du bist doch hier der Artikeleinkleber. Und natürlich ist es jeden Tag ein anderer.«

Angewidert starrte Kyra das Buch auf dem Sekretär an. »Ich habe in dieses Buch nichts hineingeklebt. Und was mich am meisten irritiert, ist die Tatsache, dass ich Silvester den Artikel darin entdeckt habe, der in der ›Nordschau‹ stand. Du weißt schon, dieses Zugunglück.«

Doro schüttelte den Kopf. »Nun zeig mir dieses komische Buch schon.«

Kyra deutete auf den Sekretär. »Da liegt es. Schlag die erste Seite auf. Es ist ein Bericht über einen Hausbrand, bei dem es zwei Tote gegeben hat, eingeklebt.«

Doro sah zum Sekretär, dann wieder zu Kyra. »Wo liegt das Buch?«

»Na, da!«, kam es genervt über Kyras Lippen, und sie deutete noch einmal auf die Schreibfläche des Sekretärs.

»Sag mal, bist du voll?«, fragte Doro und ging zu dem zierlichen antiken Möbelstück. »Ich sehe hier kein Buch.«

»Mensch, hier!« Kyra griff nach dem Buch und hielt es Doro vor die Nase.

»Jetzt reicht's«, sagte Doro streng, während sie auf Kyras Hand starrte. »So witzig finde ich deine Albernheiten heute nicht. Wir hatten beide einen anstrengenden Bürotag. Also, was soll der Scheiß?«

»Mein Gott, du sollst doch nur einmal in dieses merkwürdige Buch schauen«, schrie Kyra ihre Freundin jetzt an und schlug die erste Seite auf. »Hier, lies!«

Doro starrte Kyra an. »Kyra, du machst mir Angst. Ehrlich. Ich sehe kein Buch, und ich weiß nicht, was du da faselst. Mein Gott, was ist denn los mit dir?«

Kyras Blick wanderte von Doros Gesicht zu dem Buch in ihrer rechten Hand. Sie wollte zu einer heftigen Erwiderung ansetzen, als ihr die Bemerkung ihrer Mutter einfiel.

»Hier liegt kein Buch auf dem Regal.« Das waren ihre Worte gewesen, als Kyra sie gebeten hatte, das Buch aus der Küche mitzubringen. Ihre Mutter hatte das Buch nicht gesehen. Obwohl es direkt neben der Teekanne auf dem Regal gelegen hatte.

Hölzern ging Kyra die beiden Schritte zum Sekretär zurück und ließ das Buch auf die Schreibfläche fallen. »Du siehst dieses Buch nicht?«, fragte sie dann leise, und ihr Blick klebte an Doros Gesicht. Dann nahm sie es noch einmal auf, hob die Arme und ließ es einfach vor sich auf den Boden fallen, wo es mit einem dumpfen Laut aufgeschlagen liegen blieb.

Doro hatte weder mit der Wimper gezuckt noch ihren Blick auf das Buch gelenkt. Sie starrte nur Kyra an.

Sie sieht es nicht. Sie kann es wirklich nicht sehen! Kyra spürte, wie sich der unsichtbare Gürtel wieder um ihre Brust legte. Das Atmen fiel ihr schwer. »Bitte, geh«, sagte sie zu Doro und starrte auf das Buch vor ihren Füßen.

»Ich geh doch jetzt nicht«, sagte Doro und packte Kyra am Arm. »Wir ... wir müssen das besprechen. Es kann doch nicht sein, dass du Dinge siehst, die nicht da sind. Ich weiß ja nicht, was du getrunken hast, aber Alkoholiker sehen manchmal so Sachen, na, so Tiere und so'n Zeugs. Du weißt schon. Weiße Mäuse. Kyra, ich mach mir wirklich Sorgen! Du hast heute Morgen schon so wirr geredet. Wegen des Artikels mit dem Zug. Ich würde dir ja gern helfen, aber ich weiß wirklich nicht, was ich jetzt tun soll.«

Doro zuckte hilflos mit den Schultern, dann lächelte sie Kyra aufmunternd an. »Bitte, geh zu einem Arzt. Gleich morgen. Vielleicht bist du nur ein bisschen überarbeitet. Bei Stress passieren doch die unmöglichsten Dinge.«

Kyra starrte in das besorgte Gesicht ihrer Freundin. Das Denken fiel ihr schwer. Die Gedanken irrten in einem Wattenebel umher und suchten vergeblich nach einem Ziel.

»Vielleicht hast du recht. Ich gehe morgen früh gleich zu einem Arzt«, sagte sie zu Doro und versuchte zu lächeln. »Und jetzt kannst du ruhig gehen. Ich habe nicht vor, aus dem Fenster zu springen.«

Beide Frauen starrten zum Fenster, und beider Blicke blieben an Elvis hängen. Doro sagte nichts, aber Kyra wusste, dass sie beide dasselbe dachten. Tante Almut! Die verrückte Tante Almut. Die Verwandte mit der Psychose.

Gott, bitte nicht! Kyra schloss einen Moment die Augen. Nicht ich. Bitte nicht ich!

★★★

Kyra starrte auf die Leuchtziffern ihres Weckers. Sechs Uhr vierzehn. Eine Minute noch, dann würde er klingeln. Sie wartete den Ton nicht ab, sondern ging in die Küche und stellte den Wasserkocher an. Sie hängte einen Beutel Fencheltee in den Becher mit dem Smiley-Motiv und ging ins Bad. Ein blasses Gesicht blickte sie aus dem Spiegel an. Komisch, sie sah gar nicht müde aus, obwohl sie die ganze Nacht kein Auge zugemacht hatte. Nur wirkten die dunklen Augen noch größer als gewöhnlich. Sie ging mit dem Kopf ganz nah an den Spiegel heran. Sah man Verrückten nicht an den Augen an, dass sie verrückt waren? Einen Moment versuchte sie, ihr Seelenleben hinter den weiten Pupillen zu ergründen. Ohne Ergebnis.

Sie ging zurück in die Küche, goss das kochend heiße Wasser in den Becher und rührte einen halben Teelöffel Honig hinein. Drei Minuten musste der Fencheltee ziehen.

Auf dem Weg ins Wohnzimmer atmete Kyra tief durch. Ihre Hände zitterten, als sie das Buch vom Fußboden aufsammelte. Unter ihren Fingerkuppen spürte sie die Rauheit des Leders.

Sie strich über die Ecken des Buches. Konnte sich ein nicht existierender Gegenstand so real anfühlen? Unmöglich! Sie nahm allen Mut zusammen und schlug die erste Seite auf.

»Oh Gott«, wimmerte sie und ging in die Knie, als sie die Überschrift des Zeitungsartikels las.

PATIENTIN STIRBT BEI EXPLOSION EINER SAUER-STOFFFLASCHE

»Was passiert hier?«, flüsterte sie und starrte auf die fett gedruckten Lettern. Sie ließ das Buch langsam aus ihren Händen gleiten und blickte sich im Zimmer um. Träumte sie das alles nur? Würde sie gleich aufwachen und feststellen, dass ein grässlicher Alptraum sie gefangen hielt?

»Nein!«, hallte ihre Stimme laut und kräftig im Zimmer wider. »Nein, ich träume nicht. Und ich bin auch nicht verrückt.« Sie griff wieder nach dem Buch. Entschlossen schlug sie die Seite erneut auf und las den Text. Eine Patientin in einem Krankenhaus im italienischen Sorrent war in ihrem Bett verbrannt. Ein Sauerstoffbehälter war explodiert und hatte das Zimmer in Brand gesetzt.

»Also gut«, murmelte Kyra, als sie das Buch zuschlug, »ein letzter Test. Irgendjemand muss dich doch sehen.« Hastig zog sie sich an und verließ mit dem Buch ihre Wohnung. Sie ging die paar Schritte zu Sams Tür und legte ihren Zeigefinger auf seinen Klingelknopf.

Sie drückte ihn nicht. Nein, nicht Sam! Sie würde seinen Blick nicht ertragen können, wenn er das Buch, wie Doro, auch nicht sehen würde. Kyra eilte die Treppenstufen hinab und riss die Haustür auf. Es war trotz der frühen Stunde schon einiges los auf der Straße, denn zweihundert Meter weiter lag die stark frequentierte Bushaltestelle Dithmarscher Platz. Sie sprach den erstbesten Passanten, einen älteren Herrn, an. »Entschuldigen Sie bitte, aber würden Sie das kurz für mich halten? Die Haustür klemmt, und ich brauche beide Hände zum Öffnen.«

Sie hielt ihm das Buch direkt vor die Brust, damit er es im Licht der Straßenlaterne sehen konnte.

»Was meinen Sie?«, fragte der alte Herr freundlich. »Was soll ich für Sie halten, junges Fräulein?«

»Dieses Buch hier«, versuchte Kyra noch einmal ihr Glück, obwohl sie bereits wusste, dass es vergeblich war. Sie hielt es diesmal direkt vor seine Augen.

Der Mann wich ein Stück zurück und starrte auf ihre Hände. Sein Lächeln verschwand. »Was wollen Sie von mir? Lassen Sie mich zufrieden!« Dann ging er weiter, sich noch einmal nach ihr umdrehend.

»Einen Versuch noch, sonst geh ich zum Arzt«, flüsterte Kyra in die kalte Morgenluft.

»Hi, ihr zwei«, sprach sie eine Minute später zwei Jungen an, die mit einer großen Brötchentüte an ihr vorbeiliefen, »was würdet ihr sagen? Welche Farbe hat dieses Buch?«

Die beiden Jungs blickten sich verdutzt an. »Welches Buch?«, fragte der Kleinere.

Kyra ging ins Haus, ohne noch ein Wort zu sagen.

Mehr als drei Stunden musste Kyra im Wartezimmer des Neurologen warten, bevor die Helferin sie zu dem Arzt führte.

»Herr Dr. Unruh, Frau Althoff!«, sagte die Arzthelferin mit einem bissigen Blick von Kyra zu dem Mann hinter dem grauen Kunststoffschreibtisch. »Die Dame ohne Termin und Überweisung.«

Kyra verkniff sich einen Kommentar. Sie war einfach nur dankbar, dass sie endlich jemandem ihr Problem schildern konnte.

»Setzen Sie sich bitte«, sagte der Arzt, ohne ihr die Hand zu reichen. Kyra, froh, dass er sie empfing, verzieh ihm diese Unhöflichkeit. Sie schätzte ihn auf Mitte fünfzig. Er war also kein Anfänger. Beruhigend. Kyra versuchte ein Lächeln. Er nicht. Er schrieb irgendetwas auf ein Formular und warf ihr hin und wieder einen kurzen Blick über seine halbe Brille zu.

»›Nomen est omen‹ trifft bei Ihnen wohl eher nicht zu«, wagte Kyra einen kleinen Scherz, da sie nicht wusste, ob sie einfach anfangen sollte zu erzählen oder auf seine Aufforderung warten sollte. Herr Dr. Unruh verzog keine Miene. Er schloss die Akte, an der er gearbeitet hatte, und nahm ein weißes Blatt Papier zur Hand.

»Was kann ich für Sie tun, Frau Althoff?«

Kyra schluckte. »Sie können mir sagen, dass ich nicht verrückt bin«, lachte sie künstlich. »Ich ... ich weiß gar nicht, wie ich anfangen soll. Es ... es ist so: Ich sehe etwas, was es gar nicht gibt.«

Dr. Unruhs Hand griff nach dem Bleistift auf seinem Tisch und flog über das Papier. »Was sehen Sie denn, Frau Althoff?«

»Ich ... ich sehe ein Buch. Ein Tagebuch. Also, eigentlich ist es gar kein Tagebuch. Nur für mich. Also, es sollte eigentlich ein Tagebuch werden, aber jetzt natürlich nicht mehr. Wegen der schrecklichen Artikel.«

»Sie sehen also ein Buch. Aber gleichzeitig glauben Sie, dass es dieses Buch nicht gibt? Habe ich Sie richtig verstanden?«

Kyra nickte.

»Aber wenn Sie es sehen, wird es doch auch da sein. Warum glauben Sie, dass es nicht da ist?«

»Nun, ich glaube ja, dass es da ist«, sagte Kyra und rückte ein Stück mit dem Stuhl Richtung Schreibtisch. »Aber die anderen nicht.«

»Ah«, sagte der Arzt, als sei ihm ein Licht aufgegangen, und blickte sie mit neu erwachtem Interesse an.

»Ich weiß ja, dass es verrückt klingt«, sagte Kyra. »Ich würde es ja selbst nicht glauben. Tatsache ist: Dieses Buch existiert. Aber anscheinend nur für mich.«

Der Bleistift flog über das Papier. »Haben Sie das Buch dabei?«, fragte Dr. Unruh.

Kyra zögerte nur einen Moment. »Ja«, sagte sie und öffnete ihren Rucksack. Sie holte das Buch heraus und legte es auf den Schreibtisch.

Der Arzt blickte auf den Tisch. »Da liegt es also«, sagte er nach einem Moment und lächelte sie das erste Mal an.

Und dieses Lächeln genügte, um Kyra zu zeigen, dass er das Buch nicht sah. Ihre kleine Hoffnung hatte sich zerschlagen. »Ich weiß natürlich, dass Sie es nicht sehen können«, sagte sie. »Aber für mich ist es existent.«

»Sie erwähnten Artikel. Schreckliche Artikel«, sagte Dr. Unruh nach einem Blick auf das Blatt Papier vor sich. »Was sind das für Artikel?«

»Es sind Zeitungsberichte über Unglücke«, fuhr Kyra mutig fort. »Jeden Tag ist es ein anderer. Silvester war es ein Artikel über ein Zugunglück, dann ein Chlorgasunfall, ein Brand, eine Explosion. Und jedes Mal sterben Menschen. Und gestern stand der Silvesterartikel tatsächlich in der Zeitung. Genau derselbe. Wie konnte ich Silvester etwas lesen, was noch gar nicht passiert war?«

»Haben Sie Silvester schön gefeiert?«, fragte Dr. Unruh, ohne auf das Gesagte einzugehen.

»Ja, habe ich«, antwortete Kyra irritiert. »Es war quasi meine Geburtstagsfeier. Ich bin am ersten Januar dreißig geworden.«

»Ah. Dreißig.« Der Bleistift kratzte über das Papier.

»Es macht mir nichts aus, dreißig zu sein.«

»Haben Sie bei der Feier Alkohol getrunken?«

»Hören Sie«, sagte Kyra gereizt, »ich bin keine Alkoholikerin, wenn Sie darauf hinauswollen.«

Dr. Unruh lächelte.

»Natürlich habe ich etwas getrunken«, fuhr Kyra fort, als er nichts sagte. »Ein paar Cocktails.«

Dr. Unruh lächelte weiter.

»Ja, gut, es waren vielleicht noch ein, zwei Hennessys dabei«, gab Kyra zu. »Aber das stecke ich locker weg. Ich habe schon ganz andere Mengen getrunken.«

Das Kratzen des Bleistifts war das einzige Geräusch im Raum.

Kyra schloss die Augen. Falsche Antwort. Wie blöd war sie eigentlich? Natürlich dachte er jetzt, dass sie eine Säuferin war. »Hören Sie«, versuchte Kyra das Gesagte abzuschwächen, »ich sehe keine weißen Mäuse. Ich trinke nicht regelmäßig. In keiner Weise. Das müssen Sie mir glauben.«

»Nehmen Sie Medikamente oder Drogen zu sich?«, fragte Dr. Unruh jetzt rundheraus.

Kyras lautes »Nein!« hallte durch den Raum. »Hören Sie«, fuhr sie fort, »ich weiß ja selbst nicht, was ich glauben soll. Dieses Buch ist ... so real. Aber wenn niemand es sieht, kann es doch nicht da sein! Können Sie mir nicht einfach ein paar Tabletten aufschreiben? Es gibt doch bestimmt ein Medikament für solche ... Sachen. Ich meine, es gibt doch bestimmt eine Menge

Menschen, die Dinge sehen, die es gar nicht gibt. Ich möchte doch nur, dass es aufhört und nicht so endet wie bei Tante Almut.«

»Tante Almut?« Die Unruh'schen Mundwinkel zuckten wieder nach oben.

Kyras Zähne bohrten sich in ihre Unterlippe. Irgendwie lief es nicht nach Plan.

»Nun, eigentlich ist Tante Almut die Tante meiner Mutter. Also meine Großtante. Sie war … sie hatte … nun, ich glaube, das, was sie hatte, würden Sie wahrscheinlich als Psychose bezeichnen«, stotterte Kyra. »Sie war fest davon überzeugt, dass in ihren Pflanzen die Seelen verstorbener Stars weiterlebten. James Dean, Marilyn Monroe und so weiter.«

Kratz, kratz. »Glauben Sie das auch?«

»Nein«, rief Kyra entsetzt aus. »Natürlich nicht. Elvis ist nur eine liebe Erinnerung an Tante Almut.«

»Elvis?«

Gott, sie war die personifizierte Dummheit! »Vergessen Sie's einfach, Doktor.«

»Haben Sie keine Angst. Erzählen Sie mir von Elvis. Wir wollen der Sache doch auf den Grund gehen. Darum sind Sie doch hier.«

»Hören Sie, ich will mit Ihnen nicht über meinen Kaktus reden. Ich will über das verdammte Buch hier reden!« Sie nahm das Buch vom Schreibtisch auf und klatschte es noch einmal auf die Platte. Dr. Unruh reagierte in keiner Weise.

»Elvis ist also ein Kaktus«, sagte er lächelnd, legte das voll beschriebene Papier zur Seite und nahm ein neues Blatt.

Kyra stand auf. »Ich fühle mich nicht ernst genommen«, sagte sie. »Sie wollen mich nicht verstehen. Ich bin eine ganz normale junge Frau. Jedenfalls fühle ich mich noch jung. Und bis vor ein paar Tagen hatte ich auch ein ganz normales Leben. Und nur weil ich einen Kaktus Elvis nenne, bin ich nicht verrückt. Tausende kindische Männer geben ihren Autos einen Namen.«

Dr. Unruhs Wangen färbten sich leicht rosa. »Sie werden hier ernst genommen, Frau Althoff«, sprach er sie nach einem Räuspern an. »Und dass Sie hierhergekommen sind, ist der erste Schritt zur … Behebung Ihres Problems. Glauben Sie mir. Lassen Sie uns einen neuen Termin vereinbaren. Wir können dann gemeinsam die weitere Vorgehensweise besprechen. Egal, ob ambulant oder stationär, bevor ich Ihnen ein Medikament verschreibe, muss ich mir ein genaueres Bild machen. Fürs Erste allerdings verschreibe ich Ihnen das hier. Da können wir nichts verkehrt machen.« Er kramte ein Rezeptformular aus seiner Schreibtischschublade, tauschte den Bleistift gegen einen Kugelschreiber und setzte ein paar Hieroglyphen auf das Papierstück.

Kyra traten die Tränen in die Augen. »Alles wird wieder gut, meinen Sie?«

»Aber natürlich, Frau Althoff.« Und das erste Mal lächelte er wie ein Mensch, nicht wie ein Arzt.

»Ja, ich habe am Montag den nächsten Termin«, sprach Kyra in den Telefonhörer. »Und morgen bin ich auf jeden Fall wieder im Büro. Zu Hause werde ich verrückt.« Sie stockte einen kleinen Moment und fügte hinzu: »Oder besser gesagt: noch verrückter. Also, bis morgen, Doro.«

Kyra stellte den Fernseher an. Sie konnte jetzt keine Stille ertragen. Dann ging sie zum Fenster, tauchte den Fingerhut in die Wasserschale und ließ Elvis seine tägliche Wasserration zukommen. Anschließend griff sie sich ihr Rosendekor-Tagebuch und schrieb sich ihren Kummer von der Seele. Es klingelte an der Tür, als Jo Brauner den Wetterbericht der Tagesschau ankündigte. Kurz-lang-kurz. Kyra stellte den Fernseher leise und ging langsam zur Tür. Vor dem großen Flurspiegel blieb sie kurz stehen und setzte ein Lächeln auf, von dem sie hoffte, dass Sam es als ihr normales Lächeln ansehen würde.

Als sie die Tür öffnete, ging Sam mit einem fröhlichen »Hallo, Kleine« an ihr vorbei und ließ sich im Wohnzimmer gewohnheitsmäßig im Ledersessel nieder. »Wie war dein Tag?«

Kyra lächelte immer noch ihr Spiegellächeln. »So lala«, sagte sie und sah Sam nicht in die Augen. »Sei mir nicht böse, Sam, aber ich habe wahnsinnige Kopfschmerzen. Ich möchte gleich ins Bett.«

Sam sprang auf. Sein jetzt ernster Blick glitt über ihr Gesicht. »Du siehst wirklich nicht gut aus, Kyra. Wirst du krank? Soll ich dir was aus der Apotheke holen?«

»Nein danke. Ich hab mir schon zwei Tabletten eingeworfen. Ich brauche nur ein bisschen Ruhe.«

Sam ging zur Tür. »Klingel, wenn du etwas brauchst.« Er nahm sie in die Arme und hielt sie einen wunderbaren warmen Moment fest. Als die Tür hinter ihm ins Schloss fiel, weinte Kyra.

Die Versuchung war groß gewesen, Sam alles zu erzählen. Aber er sollte sie nicht wie eine Verrückte behandeln. Sie wollte normal sein. Und für Sam war sie normal.

★★★

Der Vormittag des sechsten Januar brachte jede Menge Arbeit im Büro. Kyra war mehr als dankbar dafür. Es lenkte die Gedanken in eine positive Richtung.

In der Mittagspause legte Doro ihr die Zeitung auf den Tisch. »Steht nichts Gescheites drin«, schmatzte sie und biss noch einmal in ihr Quarkbrot.

Kyra starrte auf die »Nordschau«. Fast widerwillig griff sie danach. Sie blätterte oberflächlich die Seiten durch. Bei einem Bericht über zwei kleine Mädchen, die für einen guten Zweck in der Fußgängerzone Blockflöte gespielt hatten, zögerte Kyra kurz. Diesen Artikel hätte sie zweifellos für ihr Tagebuch ausgewählt. Aber sie würde keine Artikel mehr einkleben. Denn jeder Zeitungsausschnitt erinnerte sie unweigerlich an ihr Problem.

Sie faltete die Zeitung zusammen und steckte sie in ihre Tasche.

Als sie am Abend nach Hause kam, klebte ein kleiner gelber Sam-Zettel an ihrer Tür.

Quälen dich noch die Kopfschmerzen? Wenn nicht, lade ich dich ins Kino ein. »Die neun Pforten« mit Johnny Depp läuft noch. Melde dich!

Kyra nahm den Zettel ab und ging in ihre Wohnung, ohne bei Sam zu klingeln. Sie konnte nicht den Abend mit ihm verbringen, ohne mit ihrem Problem herauszuplatzen.

Im Schlafzimmer zog sie sich aus und schlüpfte – ignorierend, dass es noch nicht einmal achtzehn Uhr war – in ihren Pyjama. Sie schmierte sich ein Brot in der Küche, obwohl sie keinen Hunger verspürte. Im Gegenteil. Der Gedanke an Essen verursachte ihr Übelkeit. Aber sie zwang sich, das Käsebrot zu essen, denn sie hatte den ganzen Tag noch nichts zu sich genommen. Um sich abzulenken, zog sie die »Nordschau« aus ihrer Tasche und legte sie neben ihren Teller. Und während sie Bissen um Bissen hinunterwürgte, fiel ihr Blick auf einen kleinen Bericht auf der letzten Zeitungsseite.

EIN TOTER BEI CHLORGASUNFALL

Kyra griff sich mit der Hand an den Hals und las den Artikel, während ihr Herz rasend klopfte.

Zehn Kinder und fünf Erwachsene hatten in einem Schwimmbad im bayerischen Memdingen Chlorgas eingeatmet, das aufgrund einer Störung in der Messregeltechnik ausgetreten war. Einer der Erwachsenen, ein neunundfünfzigjähriger Mann, war kurz darauf im Krankenhaus verstorben. Sein Asthma war ihm zum Verhängnis geworden. Alle anderen hatten die Krankenhäuser schnell wieder verlassen können.

Das war der Artikel, den sie nach dem Chiliessen bei Sam in dem antiken Buch entdeckt hatte. Ein Würgereiz ließ sie aufspringen und zur Toilette laufen.

Ein paar Minuten später hatte sie ihren Mageninhalt wieder erbrochen. Apathisch kochte sie sich einen Fencheltee. Sie verzichtete auf den halben Löffel Honig. Stattdessen goss sie eine großzügige Menge Hennessy in den Becher mit der dampfenden Flüssigkeit.

Nach den ersten Schlucken fühlte sie sich ein wenig besser.

Sie setzte sich an den kleinen Tisch zurück und las noch einmal den Zeitungsbericht über das Chlorgasunglück. Dann fasste sie sich ein Herz und holte das antike Buch. Sie hatte es heute noch nicht aufgeschlagen. Kyra nahm noch einen tiefen Schluck von dem Tee-Cognac-Gemisch und schlug die erste Seite auf.

FÜNFZIG VERLETZTE BEI FÄHRUNGLÜCK IN BANG-LADESCH

Diesmal war sie kaum überrascht. Irgendwie war es klar gewesen, dass ein neuer Artikel auf der ersten Seite des Buches prangte.

»Beim Zusammenstoß von zwei Fähren im Golf von Bengalen wurden rund fünfzig Menschen verletzt«, las Kyra leise den Bericht, »elf Passagiere werden vermisst.« Wieder und wieder las sie den Artikel. Es gab keine Datumsangabe.

Eigentlich hatte es bei keinem Artikel in diesem merkwürdigen Buch eine Info über den Zeitpunkt des jeweiligen Unglücks gegeben. Sie überlegte krampfhaft. Den Artikel mit dem Zugunglück hatte sie am Neujahrstag in dem Buch entdeckt und drei Tage später in der »Nordschau« gelesen. Am zweiten Januar hatte sie das Buch nicht aufgeschlagen. Erst wieder am dritten Januar. Und da hatte sie den Bericht über den Chlorgasunfall darin entdeckt. Also vor genau drei Tagen. Kyras Magen zog sich zusammen. Jeweils drei Tage lagen zwischen dem Auftauchen der Artikel in dem Buch und dem Erscheinen in der Zeitung.

Aufgeregt sprang sie auf. Gab es ein System? Gab dieses Buch, wie unfassbar es auch sein mochte, Einblick in zukünftige Geschehnisse? In Form von Zeitungsartikeln? Kyra leerte ihren Becher in einem Zug, um sich noch einen Hennessy einzuschenken. Den Fencheltee ließ sie diesmal weg.

Mit gekreuzten Beinen hockte sie sich auf ihr Sofa, ihren zerkauten Füller zwischen den Zähnen, einen Collegeblock auf dem Oberschenkel. Sie listete die Artikel, die sie in dem alten Buch gelesen hatte, mit dem jeweiligen Datum auf. Daneben schrieb sie die Erscheinungsdaten der Artikel in der »Nordschau«. Zwei an der Zahl bisher.

Kyra starrte auf den Block. Würde morgen der Bericht über den Hausbrand, bei dem es zwei Tote gegeben hatte, in der Zeitung stehen? Gänsehaut überzog ihre Arme. Sie schrak zusammen, als es an der Tür klingelte. Sam.

Einen Moment war sie versucht, das Klingeln zu ignorieren, aber da sie das Notizzettelchen von der Tür abgenommen hatte, wusste Sam, dass sie zu Hause war.

Als sie die Tür öffnete, hielt sie das Pyjamaoberteil mit den Fingern zusammen, weil der erste und der dritte Knopf fehlten. Sie machte sich nicht die Mühe, ein gezwungenes Lächeln aufzusetzen. Dazu fehlte ihr die Kraft. »Wie du siehst, bin ich schon bettfertig. Mir geht's nicht gut«, sagte sie in Sams Lächeln hinein und brachte es damit zum Erlöschen. »Ich brauche etwas Ruhe.«

»Immer noch die Kopfschmerzen?« Sam hatte seinen Scanner-Blick aufgesetzt, und das gefiel ihr nicht. Gar nicht. Er hatte schon immer an ihrem Gesicht ihre Gefühlswelt ablesen können. Also galt es, ihn abzuschrecken.

»Ich menstruiere ganz fürchterlich. Ich kann eigentlich gar kein Blut mehr in mir haben.«

»Okay«, kam die Antwort, ein wenig verzögert, »sag mir Bescheid, wenn ich für eine Transfusion zur Verfügung stehen muss.«

Kyra brachte ein schiefes Grinsen zustande, warf ihm eine Kusshand zu und schloss die Tür.

Zurück auf dem Sofa versuchte sie, sich den Artikel über den Hausbrand in Erinnerung zu rufen. Kein leichtes Unterfangen. Eine überwältigende Müdigkeit verhinderte jede Konzentration, der Alkohol erschwerte zusätzlich das Denken. In welchem Ort hatte es noch gebrannt? Memdingen? Nein, das war der Chlorgasunfall. Wie war es zu dem Brand gekommen? Verdammt! Ihr Gehirn war leer.

Sie kroch in ihr Bett, rollte sich in die Bettdecke und war binnen Sekunden Morpheus' Gefangene.

Es war stockdunkel im Schlafzimmer, als sie die Augen aufschlug. Schreiend. Sie fror, und gleichzeitig fühlte sie Schweiß in ihrem Nacken. Ihr Herz raste, während sie sich aufsetzte und versuchte, sich an den Alptraum, der sie heimgesucht hatte, zu erinnern. Aber es wollte nicht gelingen, die Bilder zurückzuholen. Fast war es, als gäbe es gar keine Bilder. Mit zittrigen Händen tastete sie nach der Nachttischlampe. Es dauerte ein paar Sekunden, bis sie den Schalter am Kabel gefunden hatte. Sie wollte sich mit den Fingern in die Haare fahren, um die feuchten Haarsträhnen von ihrem Hals zu lösen, als sie bemerkte, dass ihr Pyjamaoberteil bis auf die unteren beiden Knöpfe geöffnet war. Ihre rechte Brust und die Schulter waren nackt. Die Bettdecke lag auf ihren Beinen.

Sie seufzte. Kein Wunder, dass sie fror und durch die Alpträume gleichzeitig schwitzte. Unbehaglich fuhr sie mit dem Oberteil über die sich feucht anfühlende Brustwarze. Mit zittrigen Fingern schloss sie den zweiten Knopf des Pyjamas, der sich durch das Herumwühlen im Bett gelöst haben musste. Sie sollte sich endlich dazu aufraffen, die fehlenden Knöpfe anzunähen.

Als sie am Morgen erwachte, stellte sie erstaunt fest, dass sie die Stunden nach dem schweren Traum ruhig durchgeschlafen hatte. In Jogginghose und Latschen lief sie zum nächsten Kiosk und kaufte die »Nordschau«. Noch in dem kleinen Laden blätterte sie hastig die Zeitungsseiten durch. Und wurde fündig.

ZWEI TOTE BEI HAUSBRAND.
Köln – Zwei junge Frauen sind gestern Morgen bei einem Brand in der Kölner Altstadt ums Leben gekommen. Drei junge Männer und eine weitere Frau, die sich auch in der Wohnung aufhielten, wurden mit schweren Rauchvergiftungen in ein Krankenhaus gebracht. Die Brandursache ist noch nicht bekannt. Der Sachschaden wird mit 200.000 DM beziffert.

»Ich muss etwas unternehmen«, flüsterte sie ins Nichts, als sie wieder zu Hause war. »Ich muss etwas tun.«

Sie warf die Zeitung in die Ecke, griff nach dem Collegeblock und überflog ihre Aufzeichnungen. Am fünften Januar war der Artikel mit der explodierten Sauerstoffflasche in dem antiken Buch aufgetaucht. Und Kyra wusste: Morgen, am achten Januar, würde genau dieser Bericht in der Zeitung stehen. Also war es eventuell noch nicht zu spät. Denn heute war der siebte Januar. Vielleicht war es noch nicht passiert.

Sie griff nach dem Telefon. »Doro? Ja, ich bin's. Nein, mir geht's so weit gut. Ja … Hör zu! Ich werde heute nicht ins Büro kommen. … Ich kann dir im Moment nicht mehr sagen. Die Krankmeldung reiche ich nach. … Nein, mach dir keine Sorgen. Es ist alles gut. Bis Montag.«

Kyras Herz raste. Aber wenigstens hatte sie jetzt ein Ziel vor Augen. Nur wie war der Weg dahin?

Sie versuchte krampfhaft, sich den Artikel mit der explodierten Sauerstoffflasche in Erinnerung zu rufen. Verdammt! Warum verschwanden diese Artikel immer aus dem Buch?

»Sorrent. Ja, es war in Sorrent. Ich bin mir sicher«, flüsterte Kyra aufgeregt. Mit zitternden Fingern griff sie zum Telefon. Sie musste es versuchen. So viele Krankenhäuser würde es in Sorrent schließlich nicht geben. Aber wen sollte sie jetzt anrufen? Italienisch sprechen konnte sie genauso gut wie Atomkerne spalten.

»Die Polizei! Ja, die muss sich darum kümmern«, sprach sie hoffnungsvoll ins Nichts. Sie wählte den Notruf, drückte aber den Ausknopf, bevor sich die Notrufzentrale meldete. Ein Gedanke schoss ihr siedend heiß durch den Kopf. Konnte man dort den Anruf zurückverfolgen? Sie hatte nämlich nicht vor, ihren Namen zu nennen. Schließlich war das Ganze absolut irreal.

Nun, sie würde es nicht darauf ankommen lassen. Sie zog sich an und lief zur nächsten Telefonzelle am Dithmarscher Platz.

»Hallo? Ich habe einen Notfall zu melden. Es wird etwas passieren. Ich meine … ich hoffe, es wird erst passieren. Vielleicht ist es schon passiert«, stammelte sie aufgeregt in den Hörer, »also, hören Sie gut zu: Im italienischen Sorrent wird in einem Krankenhaus eine Frau sterben, weil eine Sauerstoffflasche in ihrem Zimmer explodiert. Bitte, verhindern Sie das! Alarmieren Sie Ihre italienischen Kollegen. Die müssen sofort los und die Frau retten! … Welches Krankenhaus? Ich weiß es nicht … Meinen Namen? Ist doch egal. Bitte, Sie müssen sofort etwas unternehmen. Es wird heute passieren, denn morgen wird es bereits in der Zeitung stehen. Bitte! Das ist kein Scherz.«

Hektisch warf Kyra den Hörer auf die Gabel.

»Ich bin völlig bekloppt. Das glaubt mir doch keiner«, sagte sie zu ihrem Spiegelbild in der Zellenscheibe.

DREI

»Neuigkeiten?« Er löste seinen Blick von der Aussicht aus dem Fenster und drehte sich auf seinem Schreibtischstuhl herum, sodass er seinem Besucher in die Augen blicken konnte. Gespannt.

»Nicht bei den Kindern«, kam die Antwort des anderen. »Aber Kyra Althoffs Kontaktperson hat sich gemeldet. Kyra Althoff hat sich am Mittwoch krankgemeldet. Donnerstag war sie dann im Büro und Freitag wieder nicht.«

»Hmm ...« Er sah seinem Gegenüber in die Augen. »Sie war bisher selten krank. Dranbleiben. Und ich will eine tägliche Meldung! Nicht erst zwei Tage später.«

Der andere nickte entschuldigend. »Unser Kontakt musste beruflich am Mittwoch die Stadt verlassen. Er hat es erst heute erfahren, als er nachhakte, weil sie fehlte. Außerdem kann sie es nicht sein. Unsere Informationen ...«

»... könnten falsch sein! Bei dem Stand der Dinge müssen wir alles in Betracht ziehen.«

Die Augenbraue des anderen zuckte. Er trat an das Fenster und sah hinaus. Mühsam beherrscht presste er die nächsten Worte heraus. »Wie lange willst du *noch* warten? Glaub mir, es ist dieses Kind! Wenn wir Pech haben, wird es auch die übrigen Jahre keine Regung zeigen. Vielleicht ist es so gestört, dass es das Buch gar nicht sehen *kann*.«

»Wir haben noch Zeit. Warten wir es ab. Wenn wir keine neuen Erkenntnisse gewinnen, soll es geschehen.«

»Wenn es nach mir ginge, würden wir sie alle der Reihe nach —«

»Aber es geht nicht nach dir«, unterbrach er den Mann am Fenster zischend. »Wir halten uns an die Regeln. So wie es unsere Ahnen taten ... Und sei vorsichtig, was du in Zukunft von dir gibst. Ansonsten könnte ich mich gezwungen sehen, Maßnahmen zu ergreifen.«

Die Schultern des Mannes am Fenster versteiften sich. Langsam drehte er sich um. »Ich bin nicht der Einzige, der beginnt, sich

Sorgen zu machen. Unsere Leute halten sich noch zurück, aber ich fühle ein unterschwelliges Zweifeln. Du nicht?« Ohne den Mann am Schreibtisch anzusehen, ging er zur Tür. Dort drehte er sich noch einmal um.

»Tu es! Das würde sie beruhigen. Und mich auch.«

★★★

Als die Türklingel um zwanzig Uhr kurz-lang-kurz bimmelte, hockte Kyra mit angezogenen Knien auf ihrem alten Ledersessel und weinte. Laut. Anhaltend. Sie war mit den Nerven am Ende.

Den gesamten Nachmittag war sie zwischen ihrer Wohnung und der Telefonzelle gependelt. Immer wieder hatte sie telefoniert. Anonym. Mit der deutschen Botschaft in Rom, weil die sie wenigstens verstehen und vielleicht in Sorrent etwas unternehmen konnten. Dann wieder mit der Polizei und mit der deutschen Botschaft in Dhaka, in der Hoffnung, das Fährunglück in Bangladesch verhindern zu können.

Das Gespräch mit der Botschaft in Dhaka war grässlich verlaufen. Nach anfänglichen zweifelnden Nachfragen hatte man eindeutig versucht, das Gespräch in die Länge zu ziehen. Mehr über sie zu erfahren. Hielt man sie für eine Terroristin, eine Attentäterin? Konnte man sogar aus Südostasien Gespräche zurückverfolgen? Kyra hatte den Hörer aufgeschmissen und sich nicht mehr aus dem Haus getraut.

Nach drei Hennessy ging es ihr nicht besser. Im Gegenteil. Eins stand jetzt fest. Sie war verrückt. Geistesgestört. Ballaballa. Das antike Buch gab es gar nicht. Und somit auch keine Artikel.

Als es erneut nachhaltig an der Tür klingelte, schrie Kyra Richtung Flur: »Verdammt! Lass mich doch in Ruhe. Lasst mich alle in Ruhe!« Sie weinte auf und warf das Hennessy-Glas gegen die Wand.

»Kyra, wenn du nicht sofort die Tür öffnest, rufe ich die Feuerwehr und lasse sie öffnen«, kam es gedämpft durch die Wohnungstür.

Kyra sprang auf, rannte zur Tür, riss sie auf und schrie: »Verschwinde endlich, Sam! Hörst du? Lass mich doch endlich in

Ruhe. Geh! Geh und komm nie wieder an diese Tür, ich bin nämlich verrückt, weißt du!«

Sie warf die Tür wieder ins Schloss, rutschte mit dem Rücken an der Wand auf den Flurboden und weinte verzweifelt in ihren Ellenbogen.

»Kyra? Kyra, öffne die Tür! Ich bitte dich, rede mit mir. Was ist denn los?«

»Geh doch endlich«, wimmerte Kyra.

Es blieb ruhig vor der Tür. Kyra raffte sich auf und presste ihren Kopf gegen das kühle Holz. Ihr Leben war vorbei.

»Hast du das Buch gefunden?«

Langsam hob Kyra den Kopf. Das war Sams Stimme gewesen. Eindeutig. Er stand also noch vor der Tür. Aber sie musste sich verhört haben. Sie hatte verstanden: Hast du das Buch gefunden?

»Kyra, verdammt!«, klang es jetzt energisch durch das Holz, »mach endlich die Tür auf. Du hast das Buch gefunden. Ich weiß es!«

Kyras Hände zitterten ebenso wie ihre Stimme: »Wel... welches Buch meinst du?«

Wieder herrschte Schweigen auf der anderen Seite der Tür. Dann kam die gedämpfte Antwort: »Das unsichtbare Buch.«

Ihr Herz zitterte, ihre Seele. Einen kleinen Moment fühlte Kyra sich wunderbar leicht. Sie hatte Flügel. Alles war gut.

Aber das war nicht die Realität. Sam konnte nichts von dem Buch wissen. Es sei denn ...

»Samuel Bach!«, schrie Kyra, nachdem sie die Tür aufgerissen hatte, »das weißt du von Doro. Dieses alte Plappermaul hat mit dir gesprochen. Jetzt –«

Sam drückte ihr die Hand auf den Mund, schob sie in die Wohnung und schloss die Tür hinter sich. »Kyra. Sei jetzt endlich ruhig. Ich habe nicht mit Doro gesprochen. Ich habe sie seit deiner Geburtstagsfeier nicht mehr gesehen.«

Kyra starrte ihn verwirrt an. »Woher weißt du dann ...?«

Sam sagte nichts. Er sah sie nur an. Sein Blick glitt über ihr Gesicht. »Mein Gott, Kyra«, sagte er erschüttert und strich ihr eine tränenklebrige Haarsträhne von den Augen. »Hast du ... hast du es wirklich? Das Heilige Buch?«

Kyra starrte ihn aus weit aufgerissenen Augen an. Dann drehte sie sich um und ging langsam ins Wohnzimmer. Auf dem Weg dorthin begann sie zu kichern. Erst leise, dann hysterisch.

Sam folgte ihr und schüttelte sie. »Kyra!«

»Ich bin toootaaal beknackt«, sang Kyra und drehte sich um ihre Achse. »Total, total, total, lalalalala. Ich höre und sehe seltsame Dinge und ko-ho-homme in die Ka-la-lapse.«

Kyra sang und tanzte, und Sam packte sie an den Schultern. »Kyra, hör auf, bitte. Du bist nicht verrückt. Du siehst ein Buch. Und dieses Buch gibt es wirklich. Ich kann es nicht sehen. Kein anderer außer dir kann es sehen.«

Er schob sie zum Sofa und setzte sich neben sie. Er hielt sie immer noch an den Schultern. »Es ist unglaublich, Kyra, ich weiß es. Aber es ist die Realität. Unfassbar, aber wahr.«

Kyra wurde schwindlig. »Was redest du da nur, Sam? Was weißt du über dieses Buch? Und *woher* weißt du, verdammt noch mal, von diesem Buch?«

Sam ließ Kyra los. »Wo ist es?«, fragte er heiser und blickte sich wie suchend um, obwohl er gerade gesagt hatte, dass er es nicht sehen könne. Verwirrt wies Kyra zum Tisch.

Sam ging vor dem Tisch in die Knie und strich mit seinen Fingern ehrfurchtsvoll über die Tischplatte. Kyra erwartete, seine Finger über das Buch gleiten zu sehen, als seine Hand die Stelle erreichte, wo es lag, aber das, was sie zu sehen bekam, ließ ihre Nackenhaare sich aufstellen. Seine Finger glitten einfach durch das Buch hindurch, als sei es aus Gas und nicht aus Leder. Es stellte keinen Widerstand für ihn dar.

»Oh Gott«, wimmerte Kyra. Vorsichtig berührte sie mit ihrem Zeigefinger den Ledereinband. Nichts gab nach. Sie spürte das raue Material wie gehabt.

»Habe ich es berührt?«, fragte er.

»Dei… deine Hand ist einfach hindurchgeglitten … durch das Buch hindurch. Das … das gibt's doch nicht!« Fassungslos sah sie Sam an.

»Wirklich? Wahnsinn … Es ist aus braunem, leicht rauem Leder, nicht wahr? Braun mit einem Stich ins Graue, wie marmoriert«, sagte Sam aufgeregt, und seine Augen leuchteten.

Aus Kyras Mund kam ein Röcheln. »Du kannst es ja doch sehen.«

Sam schüttelte den Kopf. »Nein, aber andere Jungfrauen vor dir haben es beschrieben. Die Farbe ist immer die gleiche, nur die Form ändert sich.«

Kyra setzte sich stocksteif auf. »Was hast du da eben gesagt?« Frostige Kälte färbte ihre Stimme dunkel.

»Die Farbe ist immer die glei–«

»Ich rede nicht von der Farbe«, schnitt Kyra ihm das Wort ab. »Ich meine das andere. Das mit den Jungfrauen.«

Sam wirkte verlegen. »Kyra, nur Jungfrauen können dieses Buch sehen.«

Für ein paar Sekunden herrschte Stille. Dann lachte Kyra künstlich auf. »Du kannst doch nicht glauben, dass ich noch Jungfrau bin!«

»Ich glaube es nicht. Ich weiß es jetzt.«

»Du ... du ...«, brach es aus Kyra heraus. »Wie kannst du es wagen, so etwas zu behaupten?« Ihre zu Fäusten geballten Hände schlugen gegen Sams Brustkorb, während sie wieder zu weinen begann.

Die grässliche Tatsache, dass es mit den wenigen Männern in ihrem Leben, in die sie sich ernsthaft verliebt hatte, nie zum Sex gekommen war, war schon erniedrigend genug. Nicht einmal Doro hatte sie das anvertraut. Sie hatte nie das Bedürfnis verspürt, das traumatische Erlebnis, das zu dieser ungewollten Enthaltsamkeit geführt hatte, jemandem zu erzählen. Dass Sam jetzt wusste, dass sie noch Jungfrau war, war kaum zu ertragen.

Sam packte ihre Handgelenke. »Mein Gott, Kyra! Das ist doch jetzt nicht wichtig. Vielmehr –«

»Das ist nicht wichtig?«, heulte Kyra auf. »Es ist das Wichtigste auf der Welt, verdammt! Ich bin eine dreißig Jahre alte, kranke, kaputte, geistesgestörte Frau, die von keinem Mann geliebt wird. Und nie geliebt wurde.« Ihre Stimme wurde leiser. »Tja, was ist daran schon wichtig?«

»He«, sagte Sam leise und küsste abwechselnd ihre kleinen, immer noch geballten Hände, »es tut mir leid. Ich weiß, dass das alles zu viel für dich ist. Wie sollst du das auch begreifen können? ... Ich werde dir erzählen, was es mit diesem Buch auf sich hat. Und dann wirst du alles von einer anderen Warte sehen.«

Kyras starrte ihn mit großen Augen an. »Es ist tatsächlich da ... dieses Buch?«

Sam nickte. »Es ist genauso existent wie dieses Sofa, auf dem wir sitzen, wie der nasse Fleck an der Wand, wie du und ich.«

Kyra blickte zu der feuchten Tapete, an der der Hennessy in kleinen Rinnsalen herabgelaufen war. »Aber warum kann nur ich es sehen, Sam? Und wieso weißt du von diesem Buch? Woher?«

»Kyra, was ich dir jetzt sage, wird für dich nicht leicht sein. Aber wie auch immer du nachher über mich denkst, ich bin dein Freund. Wahrhaftig.«

»Sam, du machst mir Angst! Natürlich bist du mein Freund. Mein bester Freund. Ich würde dir mein Leben anvertrauen.«

Sam verzog die Lippen zu einem schiefen Grinsen und murmelte: »Warten wir's ab.« Er holte tief Luft.

»Es gibt eine uralte Legende, nur wenigen bekannt. Die Legende sagt, dass ein dunkler Engel zu der schwangeren Jungfrau Maria kam und ihr ein Buch überreichte, in dem sie das Schicksal ihres Sohnes erblicken konnte. Sie sah alles Leid, das Jesus erdulden musste, von der Geißelung bis zu seinem Tod am Kreuz. ›Du kannst ihm diesen Schmerz ersparen, Maria‹, sprach der Engel zu ihr, ›du allein! Sei die beste Mutter, die du sein kannst, und erspare deinem Sohn damit den Schmerz der Geburt und den Schmerz des Todes! Gib dein Leben hin. Für ihn.‹ Maria, von den grausamen Bildern in dem Buch verstört, bat um drei Tage Bedenkzeit, die ihr gewährt wurden.« Sams Blick war unverwandt auf die gegenüberliegende Wand gerichtet, während er weitererzählte.

»Als der dunkle Engel am dritten Tag erschien, um ihre Entscheidung zu hören, sprach Maria: ›Ich will die beste Mutter für mein Kind sein. Darum werde ich es unter Schmerzen gebären und es unter Schmerzen sterben lassen, denn das ist der Wille des HERRN.‹ – ›Ein HERR, der dein Kind sterben lässt! Schau in dieses Buch! Es zeigt dir den schrecklichen Tod deines Sohnes‹, versuchte der Dunkle es noch einmal und hielt es der Jungfrau vor Augen. Maria aber legte ihre Hand auf das Bildnis des gekreuzigten Jesus und sagte lächelnd: ›Der Tod, den dieses Buch zeigt, ist nicht das Ende!‹ Da erfasste den Engel eine ungeheure Wut, er entriss das Buch den Händen Marias und schleuderte es mit all seiner Kraft in den Himmel. Erst nach dreihundertdreiunddreißig Jahren fiel es zurück auf die Erde.«

Sam löste seinen Blick von der Wand und sah Kyra in die Augen. »Seitdem zeigt sich das Buch alle dreihundertdreiunddreißig Jahre einer Jungfrau«, fuhr er fort, »und diese auserwählte Jungfrau kann darin den Tod erblicken. Einen Tod, der allerdings nicht das Ende ist.«

Kyra starrte Sam mit offenem Mund an.

»Du bist diese Jungfrau, Kyra.«

»Du bist ja wahnsinnig«, sagte Kyra nach ein paar Sekunden.

»Noch wahnsinniger als ich.« Mit einem Zug stürzte sie den Weinbrand hinunter.

»Kyra, was siehst du in diesem Buch? Sind es Bilder? Etwas Geschriebenes? Sag es mir! Es hat auf jeden Fall etwas mit Toten zu tun.«

Etwas Hartes löste sich in Kyra. »Ach, Sam«, weinte sie erleichtert auf, »auf der ersten Seite des Buches erscheinen immer schreckliche Zeitungsberichte. Von grässlichen Unfällen, bei denen Menschen sterben.«

»Zeitungsberichte?«, fragte Sam ungläubig.

»Ja. Es scheint, als hätte sie jemand hineingeklebt. So wie ich meine Artikel immer in mein Tagebuch einklebe ... Ich wollte dieses Buch auch als Tagebuch benutzen.«

»Ja«, stieß Sam euphorisch aus, »ja, das macht Sinn. Dein Tagebuch, deine Artikel ... Die Botschaft erscheint also in Form von Zeitungsberichten. Wahnsinn!«

»Schön, dass du dich so freust«, murmelte Kyra. »Ich wünschte, ich könnte deinen Enthusiasmus teilen ... Was ist hier los, Sam? Und sag mir endlich, was du damit zu tun hast!«

Sam zuckte unter ihrem Schrei zusammen. Er wand sich. »Kyra, das, was ich dir jetzt sage, wird dir wahrscheinlich nicht gefallen. Vielmehr wirst du mich hassen, aber –«

»Sam!«

»Ja, ja, schon gut. Also, es ist kein Zufall, dass ich dein Nachbar bin. Ich habe die Wohnung neben dir gezielt ausgesucht.«

Kyra starrte Sam an. Ihre Stirn legte sich in Falten.

Sam fixierte einen Punkt an der Wand hinter Kyra. »Du warst am 8. Februar 1998 in der St.-Johannis-Kirche in Nieblum auf deiner Heimatinsel Föhr. Anlässlich eines Pfadfinderflohmarktes.«

»Ja«, sagte Kyra verwundert, »ich bin damals für meine kranke Mutter eingesprungen, die die Föhrer Pfadfinder-Kinder eigentlich begleiten wollte. Was hat das mit dem Buch zu tun?«

»Du hast das Buch an diesem Tag in der Kirche während des Flohmarktes an dich genommen.«

Kyra schloss aufstöhnend die Augen. »Die Bananenkiste ... das Buch ... Sam, ich habe dieses Buch Silvester in meiner Rumpelkammer entdeckt. Es war in einer Kiste mit alten Flohmarktbüchern. Ich muss es aus Versehen in der Kirche eingesteckt haben.«

Sam nickte. »So ist es wohl gewesen. Mein Gott, ich hätte wirklich nicht gedacht, dass du diejenige bist ... Wir waren davon überzeugt, dass eines der kleinen Pfadfindermädchen das Buch habe. Eure Gruppe war die einzige, die an diesem Tag Zugang zum Taufbecken der Kirche in Nieblum hatte, in dem das Buch 1674 deponiert wurde. Wir waren so ratlos, all die Zeit. Schließlich machte keines der Mädchen bis heute den Eindruck, als hätte sie ein unsichtbares Buch. Na ja, und du warst bis vor zwei Tagen ja auch ganz normal, äh, ich meine so wie immer.« Sam brach ab.

»Tja, wer rechnet auch schon mit einer so alten Jungfrau«, kam es bitter aus Kyras Mund.

Sam wollte zu einer Erwiderung ansetzen, aber Kyra gab ihm keine Chance. »Wer ist ›wir‹, Sam?«, fragte sie bestimmt. »Und, bitte ... was hat das alles mit mir zu tun? Was bedeuten diese Zeitungsberichte? Ich ... ich glaube, dass sie mir zukünftige Begebenheiten voraussagen. Kann das sein? Kann das wirklich sein?«

Sam schob seine Hornbrille ein Stück nach oben. »Dieses Buch zeigt wahrhaftig die Zukunft, Kyra. Eine noch veränderbare Zukunft. Das ist das Geheimnis des Buches, das Vermächtnis der Jungfrau Maria. Es zeigt den Tod, ja. Aber es muss nicht dazu kommen. Es muss nicht das Ende sein.«

Kyra raufte sich die Haare und schüttelte dabei den Kopf.

»Sam, das ist mir alles zu viel! Das alles ist völlig irrational ... Und doch muss ich es glauben.«

Plötzlich erstarrte sie. »Das Buch«, sagte sie und deutete mit zitterndem Zeigefinger auf den Tisch, »du glaubst wirklich ... Ich meine, du hast gesagt, ein dunkler Engel gab Maria das Buch. Es ist also eine Art teuflisches Buch?« Die letzten Worte kamen kaum hörbar aus ihrem Mund. Sie riss ihre Augen noch weiter auf und blickte Sam an. »Es gibt ihn wirklich? Den Teufel?« Die kleinen Härchen auf ihren Armen stellten sich auf.

»Ich bin nicht allwissend, Kyra«, sagte er vorsichtig, »es ist, wie gesagt, nur eine Legende. Aber in jeder Legende steckt Wahrheit, manchmal nur ein Funken. Fakt ist: Dieses einmalige, ungeheuerliche Buch existiert!«

»Das Buch des Teufels«, flüsterte Kyra und starrte es angewidert an. »Das Buch des Todes ... Ich werde es nie wieder anfassen. Niemals!«

»Oh doch, das wirst du«, sagte Sam bestimmt, »denn das Buch hat durch die Jungfrau Maria seine dunkle Macht verloren. Durch sie ist es quasi zu einem Buch des Lebens geworden. Und du, Kyra, bist eine der Erbinnen ihres Vermächtnisses. Du hast die Macht, das Schicksal der Menschen, die laut diesen Berichten zu Tode gekommen sind, zu beeinflussen. Zum Guten! Denn du hast es ja bereits selbst herausgefunden: Wenn der Artikel in dem Buch erscheint, leben diese Menschen noch. Und wir helfen dir, dafür zu sorgen, dass sie auch am Leben bleiben ... Kyra, glaubst du nicht, dass du langsam genug getrunken hast?«

Die Hennessy-Flasche klirrte leise am Schwenker, als Kyra mit zitternden Händen die goldfarbene Flüssigkeit einfüllte. »Ich habe noch nicht einmal die Hälfte von dem getrunken, was ich heute zu trinken gedenke«, sagte sie, nachdem sie die Flasche wieder auf den Tisch gestellt und den doppelstöckigen Cognac hinuntergestürzt hatte. »Und jetzt sag mir, verdammt noch mal, wer ›wir‹ ist.«

Sam zögerte. »Das sagen wir dir am besten gemeinsam. Ich bin selbst noch ganz perplex.«

Er ging zum Sekretär, griff nach Kyras Telefon und wählte eine Nummer.

»Wo rufst du an, Sam?«

Sams Blick glitt zur Zimmerdecke. Er deutete mit dem Daumen nach oben. Ein schräges Lächeln begleitete seine Aktion.

Kyra starrte ebenfalls Richtung Decke. Mit einem dumpfen Laut griff sie sich an die Kehle. »Du ... du rufst *oben* an? Er hat ein Telefon? Du hast die Nummer von ... Gott?«

Sam schien einen Moment irritiert. Dann brach er in schallendes Lachen aus. »Einen Moment bitte«, sagte er, immer noch lachend, in den Hörer.

Anscheinend hatte am anderen Ende jemand abgenommen. Und aufgrund seiner Reaktion war Kyra sich ziemlich sicher, dass es nicht Gott war. »Du erwartest von mir, dass ich glaube, dies ist das Buch irgendeines dunklen Engels«, sagte sie giftig und deutete auf den Tisch. »Also, wenn du Kontakte nach unten hast, warum nicht auch nach oben?«

Sam war wieder ernst. »Ich habe weder Kontakte zur Hölle noch zum Himmel. Ich bin ein ganz normaler Mensch. Ich weiß nur etwas, was andere nicht wissen. Hab ein bisschen Geduld, Kyra. Du wirst alles erfahren.« Er nahm die Hand, mit der er die Telefonmuschel zugedeckt hatte, herunter und sprach in den Hörer: »Komm bitte runter. Sofort! Ich bin bei Kyra. Sie ist die Jungfrau.«

Wie ein Kastenteufel schnellte Kyra vom Sofa und krallte ihre Hand in Sams Hemd. »Was tust du da?«, kreischte sie. »Wem erzählst du das? Bist du wahnsinnig? Was fällt dir ein ...?« Sie schlug mit ihren Fäusten auf seine Brust.

»Es tut mir leid, Kyra«, sagte er leise, ohne sich zu wehren, »aber es muss sein.«

Als die Türglocke keine zwei Sekunden später anschlug, drehte er sich um, lief durch den Flur und riss die Wohnungstür auf.

»Gundel Gaukeley«, flüsterte Kyra, die Sam auf dem Fuß gefolgt war.

»Kyra Althoff ist die Jungfrau. Ich fasse es nicht«, kam es aus dem Mund von Evelyn Kessow. »Mein Gott, Sam!«

Kyra war sprachlos. Die Schwarzhaarige betrat wie selbstverständlich ihre Wohnung und schloss hektisch die Tür hinter sich.

Sie betrachtete Kyra wie ein soeben neu entdecktes Säugetier und fiel drei Sekunden später Sam um den Hals.

Es brodelte in Kyra. Was fiel den beiden ein? Sie hatte in der letzten Woche die Hölle auf Erden erlebt, und die beiden tanzten vor Freude lachend auf ihrem Flur herum. Jetzt fasste Sam die Entenhexe sogar um die Taille und schwenkte sie im Kreis.

»Ich störe eure Party ja nur ungern«, zischte Kyra, »aber auf meinem Wohnzimmertisch liegt das Poesiealbum von Satan, und ich würde es gern weitergeben. Wie sieht's aus, Frau Kessow, Interesse?«

Ernüchtert stellte Sam Evelyn auf ihre eigenen Füße. Alle schwiegen. Für einen kurzen Moment. Dann begann Sam, hektisch auf Evelyn einzureden. Er berichtete in Kurzform, was er wusste.

»Die Nachrichten erscheinen in Form von Zeitungsartikeln?«, fragte Evelyn ungläubig zwischen seinen Erklärungen.

»Ja, Kyra wollte das Heilige Buch als Tagebuch nutzen. Und in ihre Tagebücher klebt sie seit Jahr und Tag positive Nachrichten in Form von Zeitungsberichten«, erklärte Sam. »Gerettete Kätzchen und so was.«

»Wie reizend«, sagte Evelyn und lächelte Kyra zuckersüß an.

Kyras Wutlava brodelte. Sie sah förmlich die Denkblase über der schwarzhaarigen Hexe, in der deutlich zu lesen stand: Du albernes kleines Gänschen!

»Das Heilige Buch passt sich immer seiner Besitzerin an«, fuhr Sam begeistert fort. »Es ist einfach unglaublich!«

»Ich trinke jetzt noch einen Cognac«, sagte Kyra gefährlich ruhig zu Sam, »in kleinen Schlückchen. Und genauso lange hast du Zeit, mir zu erklären, was hier los ist und was sie«, Kyra deutete auf Evelyn, »damit zu tun hat. Ansonsten nehme ich dieses verdammte Buch und werfe es hochkant aus dem Fenster.«

Kyra füllte ihr Glas, prostete den beiden wortlos zu und nahm den ersten, gar nicht so kleinen Schluck.

»Evelyn und ich gehören zu einer Gemeinschaft, die es sich zum Ziel gesetzt hat, das Vermächtnis der Jungfrau Maria zu bewahren«, begann Sam, während er langsam vom Schreibtisch zum Fenster lief. »Das heißt: Wir beschützen das Heilige Buch und vor allem … die Jungfrau. Also dich.«

Bevor Kyra, deren Augenbrauen sich bedrohlich zusammenzogen, etwas erwidern konnte, fuhr er schnell fort: »Diese Bruderschaft gibt es seit dem Jahr 333 nach Christi Geburt, dem Zeitpunkt, als das Buch der Legende nach zurück auf die Erde fiel. Fakt ist, dass es in dem Jahr zum ersten Mal auftauchte. Die damalige Jungfrau empfing die Nachrichten in dem Buch in Form von Zeichnungen. Nicht unlogisch, da sie vermutlich nicht lesen konnte. Das nächste Mal erschien das Buch im Jahr 666, dann 999. 1332 tauchten die Nachrichten das erste Mal in schriftlicher Form auf. Eine junge Adlige, des Lesens mächtig, empfing die Botschaften in Gedichtform. Sie selbst schrieb Gedichte. Du siehst also, Kyra, das Buch passt sich seinen Besitzerinnen an.«

»Eine mystische Metamorphose«, warf Evelyn mit glühenden Augen dazwischen und setzte, an Kyra gewandt, erklärend hinzu: »Eine Umwandlung.«

Kyra kippte den restlichen Weinbrand in ihren Schlund, um die Lava zu löschen. »Ich weiß, was eine Metamorphose ist«, zischte sie. »Das beste Beispiel sitzt vor mir. Erst Ente, dann Stilettohexe.«

Evelyn zog irritiert eine Augenbraue in die Höhe. »Wie bit–?«

»Ach, hör gar nicht hin«, fiel Sam Evelyn eilig ins Wort und warf Kyra einen bösen Blick zu. »Sie redet wirres Zeug. Sie ist angetrunken.«

»In der Tat«, sagte Kyra, erstaunt, dass er recht hatte. Ein wattiger Alkoholnebel breitete sich langsam in ihrem Kopf aus.

»1665 erschien das Buch abermals«, fuhr Sam fort, während er die Hennessy-Flasche hinter sich auf dem Sekretär deponierte. »Es gab seine Geheimnisse diesmal in Form von Kurzgeschichten preis.«

»Die Jungfrau schrieb also Kurzgeschichten«, folgerte Kyra.

Sam schüttelte den Kopf. »Nein, sie schrieb nicht. Sie las einfach nur. Auch im 17. Jahrhundert noch keine Selbstverständlichkeit. Vor allen Dingen nicht bei Frauen. Aber sie war die Tochter eines englischen Earls. Eine Familie, die sich Bildung leisten konnte.«

Kyras Kopf schwirrte. Je mehr Sam erzählte, desto mehr Fragen tauchten auf.

»Ja, und dreihundertdreiunddreißig Jahre später erschien das Buch erneut«, übernahm plötzlich Evelyn Kessow das Wort, »im Jahr 1998, in der Föhrer St.-Johannis-Kirche. Und die Jungfrau, die es an sich nahm, registrierte es nicht einmal.«

Kyra zuckte unter ihrem anklagenden Blick zusammen.

»Zwei ganze Jahre«, sagte Evelyn in einem Ton, der Kyra augenblicklich Schuld fühlen ließ. »Vergeudet! Zwei Jahre. So viele Menschenleben!«

Kyra zuckte erneut und suchte automatisch Sams Blick. Seine warmen Augen glitten besorgt über ihr Gesicht. Kyra meinte, etwas tiefgründig Verborgenes darin zu entdecken, und versuchte zu entschlüsseln, was es war. Sie blinzelte, um die Tränen zu vertreiben, die eine heiße Quelle ihr in die Augen trieb.

Sekunden später fühlte sie Sams Arme um sich. »Es wird alles gut«, flüsterte er in ihr Haar und streichelte ihren Kopf an seiner Brust. »Wein ruhig. Lass alles raus. Du hast so viel mitgemacht in der letzten Woche. Ich darf gar nicht daran denken, wie du dich gefühlt hast. Warum hast du nur nichts gesagt? Ich hätte dich schon viel eher erlösen können. Ich —«

»Sam«, erklang Evelyns Stimme, nicht unfreundlich, aber bestimmt. »Ich glaube, du solltest jetzt unsere Leute informieren. Es gibt viel zu tun ... Frau Althoff! Was steht heute in dem Buch? Bitte lesen Sie uns den genauen Text vor. Dann können wir handeln. Und erzählen Sie uns alles über die Berichte der letzten zwei Tage. Vielleicht schaffen wir es noch, die Ereignisse zu beeinflussen.«

Augenblicklich vermisste Kyra die Wärme, als Sams Arme sie losließen. Sie suchte seinen Blick. Was sie sah, war Leid. Mitleid.

»Wir kriegen das hin«, murmelte Sam, und es klang, als müsse er sich selbst Mut machen. »Wir sind bei dir.«

»Sam!«, sagte Evelyn noch einmal drängend. Die beiden blickten sich an. »Wir warten seit zwei Jahren auf diesen Tag«, sagte sie. »Jetzt ist es so weit.«

Sam atmete tief durch. »Du hast recht.« Ohne Kyra noch einmal anzublicken, verließ er die Wohnung.

»Selbstverständlich haben Sie viele Fragen«, wandte Evelyn sich nach einem Moment der Stille an Kyra, »und Sie werden auf alle eine Antwort bekommen. Aber ich bitte Sie, sagen Sie mir, was Sie in dem Buch sehen.« Evelyns Blick glitt durch die Wohnung. »Wo … wo ist es?«, fragte sie leicht heiser und mit der gleichen Aufregung wie zuvor Sam.

Kyra deutete auf den Tisch. Evelyns Hand zuckte vor. »Ich wünschte, ich könnte es sehen«, flüsterte sie, während ihre Hand über die Tischplatte glitt. »Was würde ich dafür geben!«

»Wie ungerecht die Welt doch ist«, lachte Kyra bitter auf. »Ich würde alles dafür geben, wenn ich es nicht sehen würde.«

Einen Moment wirkte Evelyn unsicher. »Lesen Sie bitte den heutigen Artikel vor«, sagte sie nach einem Räuspern. Kyra war sich sicher, dass sie eigentlich etwas anderes hatte sagen wollen.

»Wir können Menschenleben retten«, drängte Evelyn, als Kyra sich nicht rührte. »*Sie* können Menschenleben retten, Frau Althoff! Machen Sie sich das immer bewusst. Wenn Sie uns nicht sagen, was Sie sehen, können wir nichts unternehmen. Und das wollen Sie doch nicht, oder? Dass Ihretwegen Menschen sterben.«

Übelkeit stieg in Kyra empor. Ihre zitternden Finger näherten sich dem Buch, aber sie schaffte es nicht, es zu berühren. Ihr Hirn produzierte unablässig Bilder: ein schwarz gefiederter Engel, ein alptraumhaftes, gehörntes Antlitz, in unermesslicher Wut verzerrt. Ein zartes Frauengesicht mit lächelnden Augen. Eine schmale Hand, zärtlich über ein graubraunes Buch gleitend. Ein schwarz behaarter Arm, das Buch in einen dunklen, bedrohlichen Himmel werfend, begleitet von einem Donner und Blitz übertönenden Schrei.

»Sag ihr, dass sie endlich den Text vorlesen soll, Sam«, holte Evelyn Kessows gequälte Stimme Kyra in die Wirklichkeit zurück.

»Du bist wieder da«, stellte Kyra fast verwundert fest und lächelte Sam erleichtert an.

Evelyn verdrehte die Augen. »Bitte!«, sagte sie, und es klang, als würde sie gleich in Tränen ausbrechen.

»Lies es bitte, Kyra«, forderte Sam sie sanft auf. »Hab keine Angst vor dem Buch. Die Liebe hat alles Dunkle darin besiegt.«

Kyra atmete einmal tief durch. Dann griff sie nach dem Buch und legte es auf ihre Knie. Die Last schien sich verdoppelt zu haben. Sie schlug den Buchdeckel auf und warf einen schnellen Blick zu Sam und Evelyn. Beide starrten gefesselt auf ihre Knie.

»Wenn ich mir vorstelle, wie das für euch aussehen muss«, sagte sie mit einem matten Lächeln. »Ihr seht nur, wie ich mit meinen Händen in der Luft rumfuchtele. Komisch.«

»Nicht komisch«, murmelte Sam. »Eher faszinierend.«

»›Lokführer bei Zugunglück getötet‹«, las Kyra mit leiser Stimme die Schlagzeile. Sie hörte Papier rascheln und blickte auf. Evelyn hatte einen Block vor sich liegen – Sam musste ihn mitgebracht haben – und schrieb mit.

Kyra las den Artikel vor:

»Beim Zusammenstoß eines Güterzugs mit einer Rangierlok kurz hinter dem Bahnhof im österreichischen Bad Ischl wurde in der Nacht zu gestern ein Lokführer getötet. Der zweite erlitt schwere, aber nicht lebensgefährliche Verletzungen. Ein mit Kies beladener Güterzug fuhr ungebremst auf eine stehende Lok auf. Da der Streckenabschnitt wegen Schnee und Eis schwer zugänglich war, gestaltete sich die Bergung der Lokführer schwierig. Die Unglücksursache steht noch nicht fest.«

Kyra blickte auf. »Das war's.«

»Okay, das habe ich«, murmelte Evelyn, während sie noch schrieb. »Gut. Ich wiederhole noch einmal, Frau Althoff, und Sie vergleichen bitte, damit uns kein Fehler unterläuft.«

Evelyns geschäftsmäßiger Ton war Balsam für Kyras wunde Seele. Er zwang die absurde Situation in einen Rahmen, der Halt bot.

Evelyn notierte auch Kyras Aussagen zu dem Fährunglück in Dhaka und der Gasflaschenexplosion in Sorrent. Nach einem kurzen Blickkontakt mit Sam sprang sie auf und eilte aus der Wohnung.

»Sie telefoniert jetzt mit unseren Leuten«, sagte Sam mit einem Lächeln zu Kyra. »Alle brennen darauf, in Aktion treten zu können.«

»All diese Menschen in den Artikeln«, flüsterte Kyra, ohne auf seine Worte einzugehen, »vier Tote bei einem Zugunglück in der Schweiz, der tote Mann bei dem Chlorgasunfall, die beiden Frauen, die bei dem Hausbrand starben … Sie könnten alle noch leben, wenn ich reagiert hätte.«

»Hör auf damit, Kyra«, sagte Sam scharf. »Es ist nicht deine Schuld. Du konntest es nicht wissen. Du bist nicht das Schicksal. Du bist nur eine junge Frau, die jetzt helfen kann. Und das tust du. Verlange nichts Unmögliches von dir. … Es wird noch schwer genug.« Die letzten Worte flüsterte er.

Kyra legte das Buch, das noch immer auf ihren Knien lag, zurück auf den Tisch und blickte Sam an. Er hatte sein Gesicht in den Händen vergraben und massierte mit geschlossenen Augen seine Schläfen.

»Sag mal, was hast du eigentlich vorhin gemeint, als du sagtest, es ist kein Zufall, dass du mein Nachbar bist?«, fragte sie plötzlich, und Sams Kopf schoss hoch. »Du hast gesagt, du hattest den Auftrag, in meine Nähe zu ziehen.« Sie suchte seinen Blick, aber er sah sie nicht an. »Du … du hast dich mit mir angefreundet, weil du es solltest? Weil dir irgendjemand gesagt hat: ›Das könnte die Jungfrau sein. Finde es raus!‹ Ist es so, Sam? Darum bist du mein Freund? Darum *tust* du so, als wärst du mein Freund?« Kyras Stimme quoll über vor Bitterkeit. »Seit zwei Jahren spielst du mir etwas vor!«

»Kyra.« Sam sprang auf, setzte sich neben sie auf das Sofa und nahm vorsichtig ihre Hand. »Du weißt, dass es nicht so ist. Die Vorgabe war zwar da, ja. Aber meine … Freundschaft zu dir, meine Gefühle für dich sind wahrhaftig und nicht gespielt. So etwas kann man nicht spielen. Wir sind Seelenverwandte. Das hat nichts, aber auch rein gar nichts mit dem Heiligen Buch zu tun. Und du weißt das!«

»Pah«, grummelte Kyra und entriss ihm ihre Hand. So leicht würde sie es ihm nicht machen. »Spar dir deinen Hundeblick, Samuel Bach. Den kannst du dir für deine Komplizin aufsparen. Evelyn Kessow wohnt ja anscheinend auch nicht zufällig in diesem Haus.«

Sam verdrehte entnervt die Augen. »Komplizin! Evelyn ist eine ganz wunderbare Frau.« Kyras zur Grimasse verzerrtes Gesicht lockte ein Lächeln auf seine Lippen. »Gut, sie ist nicht immer einfach, aber sie weiß, was sie will. Sie lebt für dieses Buch, Kyra. Und ihre allerhöchste Priorität ist, das Heilige Buch und die Jungfrau zu schützen, um zukünftig so viele Menschenleben wie möglich zu retten.«

»Nenn mich nicht ›die Jungfrau‹«, fauchte Kyra dazwischen.

Sam lächelte jungenhaft. »Sorry.«

»Gibt es noch mehr Freunde und Bekannte von mir, die zu eurer …«, Kyra suchte nach dem passenden Wort, »Truppe gehören? Vielleicht Doro? Arbeitet sie nur mit mir zusammen, weil sie teuflische Bücher sucht?«

Sam schüttelte den Kopf. »Nein, sei nicht albern. Evelyn und ich gehören zu der ›Bruderschaft des Heiligen Buches der Jungfrau Maria‹. Wir nennen uns allerdings ›Firma‹. Zeitgemäßer und kürzer.«

Kyras Mundwinkel bogen sich nach unten. »Willst du behaupten, du bist so eine Art moderner Tempelritter? Samuel Bach auf der Suche nach dem Heiligen Gral! Oh, Verzeihung, nach dem Heiligen Buch.«

»Die Tempelritter suchen tatsächlich noch nach dem Gral. Aber das ist nicht unsere Baustelle.«

Kyras Augen erreichten Tennisballgröße. Er schien es tatsächlich ernst zu meinen!

»Uns interessiert nur das Heilige Buch«, fuhr Sam fort. »Und das müssen wir nicht mehr suchen. Wir wissen ja, wo es ist.«

»Allerdings«, sagte Kyra mit Blick auf den Tisch, »und ich würde gern langsam mal wissen, wie es weitergehen soll. Ich meine … wie lange soll ich hier die Seherin spielen? Es gibt doch jede Menge ›Jungfrauen‹. Vielleicht findet ihr zügig eine, die diesen Job übernehmen möchte. Ich würde nämlich gern so schnell wie möglich mein altes Leben zurückhaben.«

Augenblicklich veränderte sich Sams Gesichtsausdruck. In Kyras Hirn begannen die Alarmglocken zu läuten. Dieser Ausdruck von Leid – oder war es Mitleid? – lag wieder in seinem Blick. Sam sprang, augenscheinlich erleichtert, auf, als es an der Tür klingelte.

Evelyn sah regelrecht fröhlich aus, als sie mit Sam ins Wohnzimmer zurückkehrte.

»Das Zugunglück sollte kein Problem sein. Wir kennen Ort und Zeitpunkt des Unglücks. Für Sorrent können wir nur hoffen, dass Ihre Anrufe gefruchtet haben, Frau Althoff.« Evelyn stockte einen kleinen Moment. »Die Fähren in Dhaka sind natürlich eine Herausforderung. Im Golf von Bengalen verkehren nicht gerade wenige Fähren. Aber zumindest wissen wir, wo sie ausläuft. Nun denn, wir wollen beten, dass unsere Leute es schaffen.«

Kyra merkte, wie ihre Schultern sich nach Evelyns Worten hoben. Es war so unendlich schön, zu spüren, wie der Dämon Sorge zu schrumpfen begann. »Das hört sich gut an«, flüsterte sie und ließ sich aus lauter Dankbarkeit dazu herab, der Hexe ein kleines Lächeln zu schenken. Ein winzig kleines.

»Sie sehen, Frau Althoff, gemeinsam bekommen wir das hin«, sagte Evelyn, und Kyra fragte sich, ob das leichte Zucken der perfekt geschminkten Lippen eine Erwiderung ihres Lächelns sein sollte.

»Da wäre ich dann wieder bei meiner Frage«, sagte Kyra und hielt ihren Blick auf Sam gerichtet. »Wie lange soll das noch gehen? Es gibt genug Jungfrauen. Ihr findet hoffentlich schnell einen Ersatz für mich, jemanden, der geeigneter ist. Ich bin für diesen … diesen mystischen Kram nicht geschaffen.«

Evelyn blinzelte sie verwirrt an. Sam sagte immer noch keinen Ton. Als er die Hennessy-Flasche vom Sekretär nahm und den Cognacschwenker auf dem Tisch halb voll schenkte, plusterte sich der Dämon auf Kyras Schultern zu ungeahnter Größe auf.

»Es gibt keinen Ersatz«, sagte Evelyn erstaunt. »Ich dachte, Sie hätten das verstanden. Sie sind die einzige Jungfrau auf dieser Erde, die das Buch sehen kann, Frau Althoff. Es ist immer nur eine. Alle dreihundertdreiunddreißig Jahre. Mit ihrer ersten Berührung haben Sie das Buch auch für alle anderen Jungfrauen unsichtbar gemacht.«

Ein kalter Hauch wehte Kyras Rücken hinab. Das Lachen des Dämons. »Wie lange?«, flüsterte sie. »Ich meine … wie lange erscheinen denn diese Hiobsbotschaften noch in dem Buch? Ihr sagt, es taucht alle dreihundertdreiunddreißig Jahre auf. Aber für wie lange? Wie viele Tage noch?«

Sam schob Kyra das Glas zu. »Kyra, es sind drei plus drei plus drei, also insgesamt neun —«

»Noch neun Tage?«, fiel Kyra ihm ins Wort. Sie atmete einmal tief durch. »Okay ... okay, das steh ich durch. Ich krieg das hin. Ich werde dieses Buch aufschlagen und werde euch die Schreckensmeldungen vorlesen. Und dann werde ich versuchen, das alles zu vergessen.«

Sams Gesicht war genauso blass wie Kyras. »Du kannst die Nachrichten in dem Buch nur so lange sehen, wie du dir deine Jungfräulichkeit erhältst. Sobald du sie verlierst, verlierst du auch die Fähigkeit, in dem Buch zu lesen.«

Kyra lachte spöttisch auf. »Mein Vorsatz für dieses Jahr lautet zwar: Sex!-Egal-mit-wem!-Hauptsache-dass!, aber glaub mir, Sam, die nächsten neun Tage werde ich es durchaus noch schaffen, meine Unschuld zu bewahren.«

»Es sind neun Jahre, Kyra.«

Kyras Körper reagierte vor ihrem Verstand. Das Blut sackte in die Beine ab. Der Dämon auf ihren Schultern verlagerte zeitgleich sein Gewicht. Er schnürte ihr die Kehle ab. Sie bekam keine Luft mehr.

»Schock?«, hörte Kyra Evelyns ungläubig fragende Stimme durch das Rauschen in ihren Ohren.

»Ich hoffe nicht«, war Sams leise Antwort.

Kyra spürte, wie ihr jemand das Glas an die Lippen hielt und etwas Cognac in sie hineinträufelte. Sekunden später schlug sie Sam das Glas aus der Hand. Mit einem lauten Klirren zersprang es direkt neben dem Schrank. Kyras Gesicht hatte alle Farbe verloren. Sie war nur weiße Leinwand. Aber sie fühlte sich nicht leer. Ganz im Gegenteil. Eine wahnsinnige Wut tobte in ihrem Innersten.

»Ihr glaubt, ich mache diesen Irrsinn neun Jahre lang mit?«, schrie Kyra, während sie aufsprang und sich vor Sam und Evelyn aufbaute. Ihre Stimme schraubte sich noch eine Oktave höher. »Neun Jahre! Was ... was für ein unglaublicher, bodenloser Schwachsinn. Ihr könnt nicht wirklich glauben, dass ...« Vor Wut versagte ihr die Stimme.

»Setz dich wieder, Kyra!« Sams Stimme klang ungewohnt heftig. »Ich habe volles Verständnis für dich«, fuhr er etwas ruhiger fort. »Du hast jedes Recht der Welt, entsetzt und böse und wütend zu sein. Aber wenn du die Sache ein, zwei Nächte überschlafen hast, wirst du anders denken. Überlege doch, welche Macht du hast!« Seine Augen leuchteten in seinem blassen Gesicht. »Du kannst Menschen retten. Menschen, die ohne deine Hilfe sterben würden. Männer und Frauen, die Vater oder Mutter sind. Kinder, die ihr Leben noch vor sich haben, denen du die Möglichkeit gibst, älter zu werden, vielleicht selbst einmal Kinder und Enkelkinder zu haben.«

Sams Augen bohrten sich in Kyras. »Sei böse und wütend, Kyra. Hadere mit deinem Schicksal. Aber, bitte, kämpfe für diese Menschen. Lass nicht den Tod, lass die Liebe gewinnen.« Seine Stimme wurde leise, als er weitersprach. »Wer wüsste nicht besser als du, Kyra, welchen Schmerz der Tod bereitet? Der Tod von geliebten Menschen. Würdest du nicht auch alles dafür geben, wenn Agnes und dein Vater noch lebten? Wenn ihr eine glückliche Familie wärt? Zusammen Geburtstage feiern würdet. Agnes vielleicht verheiratet, im Beruf stehend. Jede Woche mit dir telefonierend, um den neuesten Klatsch auszutauschen oder einfach nur zu reden, wie Schwestern eben miteinander reden.«

»Hör auf«, schrie Kyra und hielt sich die Ohren zu, »hör auf!«

Weinkrämpfe schüttelten ihren Körper. Sie spürte, dass Sam seine Arme um sie legte und sie tröstend an seine Brust zog. Und sie hasste sich dafür, dass sie nicht die Kraft aufbrachte, sich aus seiner Umarmung zu lösen, ihn von sich zu drücken. Im Gegenteil, sie bohrte sich geradezu in die Wärme seiner Brust.

»Ich schaff das nicht, Sam«, schluchzte sie, »erwarte das nicht von mir. So stark bin ich nicht.«

»Doch, das bist du«, sagte er bestimmt, »und ich bin bei dir. All die Zeit. Wir stehen das gemeinsam durch.«

»Wir *alle* stehen das gemeinsam durch.«

Kyra zuckte zusammen. Sie hatte Evelyn völlig vergessen. Sie löste sich aus Sams Armen und wischte die Tränen mit dem Handrücken fort.

»Ich glaube nicht, dass wir beide irgendetwas gemeinsam

haben, Frau Kessow«, sagte Kyra bitter und starrte die Schwarzhaarige an. »Sie leben Ihr Leben weiter, Bruderschaft hin oder her. Aber ich, ich soll, wenn es nach Ihnen geht, neun Jahre lang ein Leben leben, das ich mir niemals so gewünscht hätte. Ich soll den Traum von einem Mann, von einer Familie begraben.«

»Sie haben in den vergangenen dreißig Jahren keinen Mann für Sex mit Ihnen begeistern können, Frau Althoff, was macht Sie so sicher, dass es in den nächsten Jahren besser laufen könnte? Seien Sie doch dankbar, dass das Schicksal Ihnen etwas bietet, was Sie aus Ihrem langweiligen Leben reißt. Sie sind zu etwas nütze.«

»Evelyn!«

Sams empörten Aufschrei hörte Kyra nur am Rande. »Ich werde Ihnen zeigen, wozu ich nütze bin«, sagte sie gefährlich ruhig und stand vom Sofa auf. Sie ging zum Fenster, riss die Flügel auf, ohne die Pflanzen vorher von der Fensterbank zu nehmen. In das Zerspringen der Schalen und Töpfe mischte sich kalte Winterluft. Mit drei Schritten war sie zurück am Tisch, griff nach etwas, was Evelyn und Sam nicht sehen konnten, und stampfte zum geöffneten Fenster zurück. Als sie eine weit ausholende Bewegung machte, lösten sich die anderen beiden aus ihrer Starre.

»Kyra, nein, was tust du?«, schrie Sam und sprang auf.

Evelyn war vor ihm bei Kyra, sah aber nur noch deren Arme nach vorn fliegen.

»So«, sagte Kyra befriedigt und blickte aus dem Fenster. »Jetzt können Sie sich da runterbegeben und die Einzelteile Ihres kostbaren Buches wieder einsammeln, Frau Kessow.«

Alle drei starrten auf die dunkle Straße hinab. Das leise Flatsch-Flatsch der Autos, die in kontinuierlichem Abstand durch den Schneematsch fuhren, durchbrach die Stille im Zimmer.

»Geh runter und hol es *sofort* wieder herauf!« Sams Stimme war nur mühsam beherrscht.

»Ich hoffe, die Lkws zerfetzen es in tausend Stücke.«

»Ach ja? Und dann bist du glücklich? Jeden Morgen im Spiegel würde dir die Frau entgegenblicken, die einen frühen Tod unzähliger Menschen hätte verhindern können, wenn sie gewollt hätte. Kleine Kinder werden sterben, Kyra, Männer und Frauen, Junge und Alte.«

Kyra schluckte, zog aber bockig die Schultern hoch.

»Meinetwegen lass es da liegen, Kyra. Wir können dich nicht zwingen. Und vielleicht ist es wirklich egal. Die Menschen werden sowieso irgendwann sterben. Warum nicht jetzt oder morgen oder übermorgen … Aber eines weiß ich ganz sicher: Du würdest es bereuen! Tag für Tag. Jahr für Jahr. Bei jedem Unglück, das auf der Welt passiert, würdest du dich fragen, ob *du* es hättest verhindern können.«

»Also gut!«, stieß Kyra aus. »Aber eins sag ich dir, Sam Bach, ich werde dich dafür hassen, nicht so heftig, wie ich Sie hasse, Frau Kessow, aber fast.«

Sam stieß einen erleichterten Seufzer aus.

Evelyn verzog spöttisch die rubinrot geschminkten Lippen. »Vermutlich werden Sie mich gleich noch mehr hassen. Denn eines wissen Sie noch nicht: Das Buch ist unzerstörbar. Kein Feuer, kein Wasser, keine Gewalt, nichts kann ihm etwas anhaben.«

Kyra riss ungläubig die Augen auf. Darum hatte sie die Seite nicht herausreißen können.

»Also, wenn Sie jetzt bitte die Güte hätten und das Buch von der Straße aufsammeln würden, Frau Althoff. Es ist zwar unzerstörbar, aber ich würde mich wesentlich wohler fühlen, wenn es wieder in Ihrer Sichtweite ist. Sonst ist das Leben der Menschen darin verwirkt.«

»Im Schuldgefühlemachen seid ihr wirklich gut«, grummelte Kyra. Dann straffte sie ihre Schultern und blickte Evelyn herablassend an. »Das Buch liegt nicht auf der Straße, Frau Kessow. Ich habe durchaus begriffen, welche Möglichkeiten es bietet. Selbstverständlich hätte ich es niemals auf die Straße geworfen … Es liegt immer noch auf dem Tisch.«

Fassungslosigkeit lag in Evelyns Blick, als sie zum Wohnzimmertisch, dann wieder zu Kyra blickte. »Nun, das kann ja noch heiter werden«, murmelte sie in Sams Richtung.

»Ich weiß, was wir von dir verlangen«, wandte der sich ernst an Kyra. »Neun Jahre sind eine lange Zeit. Eine sehr lange Zeit.

Und wenn du es nicht schaffst, ich meine, wenn du dich verliebst und du … na ja, dann ist es okay.«

»Was redest du da?« Völliges Unverständnis zeichnete sich auf Evelyns Gesicht ab.

»Du hast immer die Wahl, Kyra«, fuhr Sam, Evelyn ignorierend, fort. »Die neun Jahre liegen jetzt wie ein Berg vor dir. Unüberwindbar. Also mach kleine Schritte. Du liest uns vor, was das Heilige Buch preisgibt, wir kümmern uns darum. Tag für Tag. Du entscheidest, wann Schluss ist. Vielleicht morgen, vielleicht in einem halben Jahr, vielleicht in fünf Jahren. Du kannst dein Leben weiterleben wie bisher, du musst uns nur jeden Morgen ein paar Minuten schenken, in denen du die Nachricht vorliest.«

Kyra blickte zu Evelyn. Die Hexe öffnete den Mund, aber was immer sie hatte sagen wollen, sie schluckte es hinunter und nickte zu Sams Worten. Dass sie keinesfalls seiner Meinung war, offenbarten nur ihre zu Fäusten geballten Hände.

»Sie würden mich keinen Tag vor Ablauf der neun Jahre aus meiner Pflicht entlassen, nicht wahr, Frau Kessow?«, fragte Kyra herausfordernd.

»Es ist eine moralische Pflicht, Frau Althoff, und wie Sie damit umgehen, müssen Sie ganz allein entscheiden. Nur so viel: Ich wüsste, was ich tun würde.«

»Sie haben sich ja auch schon Ihr Leben lang mit diesem Buch beschäftigt«, zischte Kyra, »freiwillig! Ich dagegen habe erst vor einer Stunde erfahren, was mich die nächsten neun Jahre am Leben hindern wird.«

»Ihrem Hang zur Melodramatik müssten die Geschehnisse in dem Buch doch gerecht werden, Frau Althoff«, erwiderte Evelyn. »Im Übrigen sind es nur noch sieben Jahre. Zwei Jahre schmorte das Buch schließlich in Ihrer Abstellkammer. Zwei verlorene Jahre.«

»Wenn ich gewusst hätte, dass –«

»Hört auf, ihr beiden!« Sams dunkle Stimme hallte wie Donner durch den Raum. »Es reicht!«

Einen Moment herrschte Stille.

»Vielleicht hast du recht, Sam. Für heute reicht es mir wirklich«, sagte Evelyn nach einem letzten Blick auf das Chaos vor dem geöffneten Fenster. Dann wandte sie sich an Kyra. »Sie sollten sich jetzt vielleicht auch zur Ruhe begeben, Frau Althoff. Es war ein harter Tag. Brauchen Sie vielleicht eine Schlaftablette? Ich denke, ich nehme heute die doppelte Dosis.«

Wortlos starrten Kyra und Sam ihr hinterher, bis die Wohnungstür ins Schloss fiel.

»Kyra, ich —«

»Nein, Sam, sag einfach nichts mehr«, unterbrach Kyra ihn hart, »die Hexe hat recht. Für heute ist es genug. Bitte, geh jetzt. Morgen stehe ich euch wieder zur Verfügung. Ich kann es kaum erwarten, die nächste Tragödie zu lesen.«

Sam nickte. »Ich verstehe deine Bitterkeit, Kyra, aber bitte versuch, auch uns zu verstehen. Evelyn und ich leben seit über zwanzig Jahren für diesen Moment. Ich werde dir im Laufe der Zeit alles erklären. Das Buch —«

»Gute Nacht, Sam!«

Er schluckte. Sein Blick wanderte von Kyra zum Wohnzimmertisch. Dann ging er, ohne noch ein Wort zu sagen.

Kyra fröstelte. Sie drehte sich herum und starrte zum offenen Fenster. Dann fiel ihr Blick auf die Scherben darunter. Seufzend holte sie einen Besen aus ihrer Kammer und machte sich an die Arbeit. Zuerst zupfte sie die Grünpflanzen aus dem Scherbenhaufen. Die Orchidee war abgebrochen. Der Bonsai war übel zugerichtet. Mehrere Miniäste hingen trostlos an seiner Seite herab. Trotzdem zog ein Lächeln über ihr Gesicht. »Elvis lebt«, flüsterte sie und hob den Kaktus vorsichtig auf. Mangels unversehrter Blumentöpfe holte sie einen kleinen Kochtopf aus der Küche und setzte den Kaktus mit ein wenig Erde, die sie vom Boden zusammenkratzte, hinein. Dann stellte sie ihn vor sich auf den Wohnzimmertisch und setzte sich auf das Sofa.

Sie starrte zur Uhr. »Fünf Minuten warte ich noch«, sagte sie zu dem Kaktus, »vielleicht stehen sie noch auf dem Flur. Genug zu reden hätten sie ja.«

Nach drei Minuten hielt sie es nicht mehr aus. Vorsichtig öffnete sie ihre Wohnungstür. Das Flurlicht sprang an, als sie auf Strümpfen leise die Treppe hinuntertappte. Als sie auf den Bürgersteig trat, nahm sie den eisigen Schneematsch an ihren

Füßen kaum wahr. Ihr Blick schweifte panisch umher. Da! Da lag es. Direkt vor ihr, quer über dem Gully. Drei Sekunden später hielt sie das antike Buch in den Händen. Unversehrt, trotz Schneeregens und Lkws. Schnell drehte sie sich um und lief zur Haustür zurück. Sie stoppte, als sie den Schatten neben der Tür wahrnahm.

»Ich wusste es.« Sams Stimme klang resigniert, als er aus dem Schatten trat. Zweifellos stand er hier, seit er ihre Wohnung verlassen hatte. Das Regenwasser lief ihm aus den Haaren ins Gesicht.

»Es ist ja noch ganz«, sagte Kyra bockig, um das Schuldgefühl aufzusaugen, das in ihr hochschwappte, »also erspare mir eine Predigt.«

Sam seufzte. »Bisher war ich davon ausgegangen, dass die dunkle Seite es zu verantworten hat, dass das Buch unzerstörbar ist. Aber nun glaube ich, dass die gute Seite gewusst haben muss, dass *du* eines Tages die Besitzerin sein würdest.«

VIER

Kyra erwachte mit Herzklopfen. Ein Alptraum nagte an ihr. In dem Traum hatte der Teufel an ihrem Bett gestanden. Zweifellos wollte er sein Buch zurück.

»Nur ein Traum, nur ein Traum«, murmelte Kyra und stand auf. In die Bettdecke gehüllt ging sie in die Küche, um sich einen Fencheltee zu kochen. Nachdem sie den obligatorischen Löffel Honig hineingerührt hatte, hockte sie sich mit dem Becher wieder auf ihr Bett. Sie ließ die letzten Stunden noch einmal Revue passieren.

Langsam wich die Anspannung in ihr. Sie wusste, dass der Grund dafür nicht der heiße Tee war, den sie in kleinen Schlückchen die Kehle hinablaufen ließ. Nein, sie fühlte sich nach endlosen, zerstörerischen Tagen wieder wohl. Auf eine eigenartige Weise. Dieses absolut irreale Buch, ihre Zukunftsperspektiven, Sam, der gar nicht der Sam war, den sie kannte und liebte, die Hexe von oben, die jetzt auf unfassbare Weise mit ihrem Leben verbunden war, all das konnte nicht die berauschende Gewissheit in ihrem Inneren trüben: Sie war nicht verrückt! Gut, die ganze Sache war verrückt. Natürlich. Über alle Maßen verrückt sogar. Aber nicht sie!

Als die Türglocke läutete, zuckte sie zusammen. Der unheimliche Traum stand ihr wieder vor Augen. Automatisch zog sie die Bettdecke bis ans Kinn.

Aber ... würde der Teufel klingeln?

»Ich komm ja schon«, murrte Kyra nach einem Blick auf den Wecker. Fünf Uhr!

»Du konntest bestimmt auch nicht schlafen, oder?« Sam stürmte einfach an ihr vorbei, nachdem sie die Tür geöffnet hatte. Sie folgte ihm wortlos in ihre kleine Küche. Er setzte sich auf den quietschenden Holzstuhl. Für Kyra zog er den anderen Stuhl unter dem Tisch hervor.

»Bis auf einen reizenden kleinen Alptraum, der Höllenfürst persönlich sei hinter mir her, habe ich sogar ausgezeichnet geschlafen.«

Sam sah sie überrascht an. »Hast du die Absicht, die Sache jetzt mit Humor zu nehmen?«

Kyra zuckte die Achseln. »Ich weiß nicht, was ich denken oder glauben soll. Die Vorstellung eines personifizierten Satans erscheint mir absurd. Andererseits sehe ich ein unsichtbares, die Zukunft preisgebendes Buch. Ich habe eigentlich nur zwei Möglichkeiten: Entweder ich laufe den ganzen Tag schreiend durch die Gegend, oder ich versuche es mit Humor.«

»Ich bin froh, dass du dich für die zweite Variante entschieden hast«, sagte Sam ernst.

Kyras Blick glitt über sein Gesicht. Dunkle Ringe lagen unter seinen Augenhöhlen. Schwarze Bartstoppeln stachen aus seinem blassen Gesicht hervor. »Du siehst scheiße aus, Sam.«

»Na, das hört Mann doch gern.«

»Im Ernst. Gestern hast du vor Freude Pirouetten mit Gundel Gaukeley auf meinem Flur gedreht. Und jetzt siehst du aus wie ein Häufchen Elend. Du müsstest doch überglücklich sein. Seit zwei Jahren wartet ihr auf diesen Moment.«

»Die letzten zwei Jahre haben uns wirklich Nerven gekostet«, sagte Sam nach einem Moment des Schweigens, in dem er Kyras Gesicht betrachtet hatte, »und dann die Erlösung gestern! Der erste Moment war einfach Begeisterung pur. Aber ich hatte immer gehofft, dass ... du es nicht bist.«

»Warum?«

»Weil ... ich möchte, dass du glücklich bist.«

»Wenn du mich weiter so anguckst, Sam, gerate ich in Versuchung, dir zu glauben.«

Sam lächelte gequält. »Du darfst mir glauben. Weil es die Wahrheit ist.«

»Sagt der Mann, der mir seit zwei Jahren die Hucke volllügt. Ich seh dich noch mit der Rotweinflasche vor meiner Tür stehen. ›Hallo, ich bin der neue Nachbar. Der, der seinen Korkenzieher in den diversen Umzugskartons nicht finden kann. Wenn du mir deinen leihst, lade ich dich zu einem Glas Wein ein.‹«

Sein Gesicht verzog sich noch mehr. »Ja, quäl mich ruhig. Ich habe es verdient. Aber was hätte ich denn tun sollen? Hätte ich dir sagen sollen: He, hallo, ich bin der neue Nachbar. Du könntest die von der Bruderschaft des Heiligen Buches gesuchte Jungfrau sein. Die mit dem unsichtbaren Buch. Ich werde dich beobachten.«

Kyra legte die Stirn in Falten. »In der Tat kein geglückter Anlass für einen gemeinsamen Schluck Wein.«

Einen Moment lang musterten sie sich stumm, dann schüttelte Kyra grinsend den Kopf.

»Ich muss dir noch so viel erklären, Kyra«, sagte Sam – sichtlich froh, dass Kyra ihm anscheinend verziehen hatte – und nahm ihre Hand, »aber auch wir haben natürlich jede Menge Fragen. Wann wechselt der Artikel in dem Buch? Hast du das schon beobachtet? Wie haben wir uns das vorzustellen? Ich möchte, dass du es mir ganz genau beschreibst.«

»Darüber habe ich noch gar nicht nachgedacht«, sagte Kyra verdutzt. »Ich habe keine Ahnung, wann der jeweilige neue Artikel erscheint. Irgendwann in der Nacht muss es sein. Früh am Morgen steht jedenfalls immer der neue darin. Aber das finde ich heute Nacht heraus. Ich werde das Buch aufgeschlagen vor mir liegen lassen und die Seite beobachten.«

»Wenn meine Vermutung stimmt, musst du nicht die ganze Nacht vor dem Buch verbringen, Kyra. Es gibt Erkenntnisse aus den anderen Jahrhunderten. Die neuen Nachrichten erschienen immer zur gleichen Zeit.«

»Wann?«

»Um drei Uhr dreiunddreißig solltest du die Augen geöffnet halten.«

»Wie originell. Ich hätte selbst drauf kommen können.«

»Es wäre wunderbar, wenn du Evelyn und mich dazuholen könntest, wenn der Artikel sich wandelt. Wir platzen beide vor Neugierde.«

»Du darfst. Sie nicht.«

»Kyra.«

»Boah, ich hasse diesen Hundeblick. Dann kann ich dir nichts abschlagen.«

Sam lächelte. »Wir sind Punkt halb vier bei dir … Aber nun muss ich dich bitten, mir den heutigen Artikel vorzulesen. Zeit bedeutet Leben.« Sam zögerte einen Moment. »Jede Stunde zählt natürlich, Kyra. Jede Minute. Unsere Leute werden alle Zeit gebrauchen können —«

»Rede doch nicht um den heißen Brei herum, Sam Bach. Du willst, dass ich euch jede Nacht umgehend informiere. Direkt nach dem Erscheinen des Artikels. Also um drei Uhr dreiunddreißig.«

»Was soll ich sagen? Du hast natürlich recht.« Er sandte einen verständnisheischenden Blick hinterher. »Bist du dazu bereit?«

»Natürlich. Was ist schon Tiefschlaf? Wer steht nicht gern mitten in der Nacht auf? Vor allen Dingen: jede Nacht. Aber es sind ja nur sieben Jahre. Ein Klacks.«

»Sarkasmus steht dir. Er zaubert ein Leuchten in deine Augen.«

»Was glaubst du, wie sie erst leuchten, wenn du wieder in deine Wohnung verschwunden bist, du Spinner.«

Sam lachte. »Hol das Buch. Dann bist du mich gleich los.«

»Mir graut vor dem Artikel. Auch wenn ich jetzt die Verantwortung abgebe.«

Als Kyra aufstand, um das Buch zu holen, klingelte es an der Tür. »Wer zum Teu—«, entfuhr es ihr, aber sie brach ab. Ihre Stimme wurde leise. »Ich traue mich gar nicht mehr, das Wort mit T in den Mund zu nehmen.«

Sam lächelte schief. »Trau dich ruhig. Ich denke schon, dass das Böse existiert, aber an Pferdefuß und Hörner glaube ich nicht. Ich glaube, dass das Böse in den Menschen steckt. In jedem. Es ist eine Energieform, die sich in dem einen mehr, in dem anderen weniger entlädt.«

»Aber die Legende ...«, flüsterte Kyra, über seine Worte nachdenkend.

Sam ignorierte, wie Kyra, das erneute Türklingeln und zog die Schultern hoch. »Wer weiß, vielleicht kann das Böse sich manifestieren. Genau wie das Gute. Millionen Menschen glauben an Engel. Von Erscheinungen gibt es Tausende Berichte. Also warum soll es nicht auch das Gegenteil von Engeln geben?«

»Dann hat so ein Anti-Engel Maria das Buch gegeben und nach der Abfuhr verschwinden lassen?«

»Meine Theorie.«

»Also vielleicht doch Pferdefuß und Hörner.«

Sam lachte. »Wer glaubt, dass Engel Flügel haben, wird dir zustimmen ... Vielleicht solltest du jetzt langsam mal deine Tür öffnen, bevor das ganze Haus wach wird.«

»Mach du auf«, schnaubte Kyra. »Ich denke, wir wissen beide, wer da Sturm klingelt, und ich habe nicht vor, mich Gundel Gaukeley so zu präsentieren.« Sie sah an sich herunter.

»Du meinst also, sie trägt keine froschgrün karierten Flanellpyjamas, die drei Nummern zu groß sind und an deren Oberteil zwei Knöpfe fehlen?«

Kyra streckte ihm die Zunge raus und verschwand in ihr Schlafzimmer.

Evelyn Kessow hatte zweifellos auch kein Auge zugemacht. Dunkle Augenringe schimmerten durch das Make-up. Um die Augen lagen ein paar Fältchen, die Kyra vorher nicht bemerkt hatte.

»Haben die Schlaftabletten keine Wirkung gezeigt, Frau Kessow?«, begrüßte Kyra sie, nachdem sie in Jeans und Pulli geschlüpft war und sich einer Katzenwäsche unterzogen hatte.

»Ihnen auch einen wunderschönen guten Morgen«, kam es über die geschminkten Lippen.

»Sie sehen heute Morgen aus wie vierzig«, sagte Kyra mit Genugtuung und lächelte. Die Hexe war höchstens fünfunddreißig.

Evelyns Mundwinkel bogen sich nach oben. »Dann hat sich die permanente Hautpflege anscheinend gelohnt. Sie sollten auch langsam damit anfangen. Vielleicht sehen Sie dann mit zweiundvierzig auch um Jahre jünger aus.«

Eins zu null für Entenhausen! Kyra warf Sam einen bösen Blick zu, der nicht einmal versuchte, sein amüsiertes Grinsen zu unterdrücken. »Ich hol dann mal das Buch«, sagte Kyra, ohne Evelyn anzublicken. Zweiundvierzig! Die Hexe konnte tatsächlich zaubern.

»*Kopenhagen*«, las Kyra zwei Minuten später vor, »*beim Einsturz einer Tribüne in einem Varietézelt wurde während der Nachmittagsvorstellung ein junger Mann getötet, vier weitere Menschen wurden schwer verletzt. Wie es zu dem Unglück kommen konnte, steht noch nicht fest. Das stählerne Gerüst mit den Holzbänken stürzte ein und begrub die Menschen unter sich. Die Ermittlungen dauern an.*«

Evelyn hatte wieder mitgeschrieben und las den Text noch einmal vor. Kyra nickte nur.

»Ich gehe telefonieren«, sagte Evelyn und stand auf. An der Tür blieb sie stehen. »Weiß sie schon Bescheid? In Sachen Kontakte?«

Sam schüttelte den Kopf. »Nein, so weit war ich noch nicht. Sie ist doch gerade erst aufgestanden.«

Kyras Vulkan begann Rauchwolken zu speien. »*Sie* würde jetzt gern in Ruhe einen Tee trinken. Ohne Gesellschaft!«

Evelyn verschwand kommentarlos. Sam stand auf und stellte den Wasserkocher an. »Ich mach dir deinen Tee. Dann verschwinde ich. Aber eine wichtige Sache musst du dir jetzt noch anhören. Bitte!«

»Nur wenn du mir einen Mars-Riegel holst.«

»Es ist fünf Uhr dreißig. Wo soll ich jetzt einen Schokoriegel herbekommen? Tut es auch ein Croissant von gestern? Das liegt noch bei mir rum.«

»In der Not frisst der T...«, sie stockte, »na, du weißt schon, Fliegen.«

»Das war lecker«, sagte Kyra eine Viertelstunde später genüsslich, »ein bisschen pappig, aber lecker.« Sie sammelte mit dem Zeigefinger zwei winzige Krümelchen vom Tisch.

Sam lächelte. »Es geht dir eindeutig besser. Du hast Appetit und bist wieder pingelig.«

»Ich bin nicht pingelig. Ich hasse nur Krümel ... So, und jetzt sag, was du noch zu sagen hast.«

Sam räusperte sich. »Hast du jemandem von dem Buch erzählt, Kyra? Außer Doro?«

»Ich habe meiner Mutter erzählt, dass ich ein Buch in der Rumpelkammer entdeckt habe, das ich als Tagebuch nutzen wollte. Aber da war mir noch nicht klar, dass nur ich es sehen kann. Das ist mir erst bewusst geworden, als ich Doro das Buch zeigen wollte und sie mich für völlig verrückt hielt. Berechtigterweise.« Kyra lächelte vor sich hin. »Na, die wird staunen, wenn ich ihr berichte, was es mit dem Buch auf sich hat.«

»Erzähl es ihr nicht, Kyra. Sie würde dich nur für noch verrückter halten.«

»Was? Natürlich werde ich es ihr erzählen. Schließlich habe ich jetzt eine Erklärung. Und du kannst es bestätigen. Und Gundel Gaukeley auch.« Kyra verdrehte die Augen, als es erneut an der Tür klingelte. »Wenn man vom Teu… Dings spricht!«

Sam sprang auf, um die Tür zu öffnen.

»Glaubt diese Frau, dass sie jetzt ständig in meine Wohnung spazieren kann?«, brummelte Kyra, als sie Sam und Evelyn auf dem Flur reden hörte.

»Hier«, sagte die Hexe Sekunden später, »ich war am Bahnhof.« Sie legte eine Zeitung vor Kyra auf den Tisch. »Blättern Sie sie durch, Frau Althoff. Kein Artikel über eine Sauerstoffflaschenexplosion in Sorrent. Ihre Anrufe waren erfolgreich.«

Hektisch glitten Kyras Blicke durch die Zeitung. Seite um Seite blätterte sie auf. Nichts! Kein Artikel über eine verbrannte Patientin.

»Gratuliere! Sie haben das erste Leben gerettet. Eine Italienerin, die Ihretwegen nicht im Krankenhaus verbrannte, sondern zu ihrer Familie zurückkehren kann.«

Kyra schossen die Tränen in die Augen, während Evelyns Worte in ihr nachhallten. Pures Glück floss durch ihre Adern. Eine Frau lebte. Ihretwegen.

Sam und Evelyn strahlten sie an. Kyra schluckte. Sie war das Werkzeug einer höheren Macht. Einer guten Macht! Sie begann hemmungslos zu weinen, und wieder einmal umfassten Sams Arme sie.

Als Kyra nach einer gefühlten Ewigkeit aufblickte, traf sich ihr Blick mit Evelyns.

»Sie werden nie ermessen können, was das auch für uns bedeutet«, sagte die Hexe, der ebenfalls Tränen über die Wangen liefen und die plötzlich gar nicht mehr wie eine Hexe aussah.

»Das muss ich meiner Mutter erzählen … und Doro«, schluchzte Kyra mit einem Lächeln, »das ist so wundervoll. So viele Menschen können wir retten!«

»Wenn Sie es erzählen, wird man Sie für geistesgestört halten.«

Kyra starrte Evelyn an. »Aber Sie können es bestätigen. Sie und Sam und Ihre … Firma.«

»Niemand wird etwas bestätigen.«

»Sam«, Kyra sah ihn verwirrt an, »was redet sie da?«

»Ich war gerade dabei, es dir zu sagen, Kyra, bevor Evelyn mit der Zeitung kam. Du solltest niemandem davon erzählen. Wir können dich darin nicht unterstützen. Niemand weiß von unserer Firma, von der Bruderschaft. Und so wird und soll es bleiben. Kein Mensch darf von dem Buch erfahren. Wir tragen eine große Verantwortung, Kyra. Und du jetzt auch.«

»Aber Doro ist meine beste Freundin! Und meine Mutter … ich muss es ihr erzählen. Mein zukünftiges Leben wird über Jahre von diesem Buch bestimmt. Das muss ich doch meiner Mutter erzählen!« Verzweifelt suchte Kyra nach Verständnis in Sams Augen.

Kein Muskel zuckte in seinem Gesicht, als er antwortete: »Erzähle es deiner Mutter. Es wird ihr das Herz brechen. Ihre Tochter geistesgestört, wie Tante Almut. Ein Familienproblem.«

»Und wenn ich ihr alles erzähle? Und sie dich fragt, Sam? Dann würdest du alles abstreiten? Das kann ich nicht glauben.«

»Ich lebe seit ich denken kann für dieses Buch, Kyra. Ich trage Verantwortung. Wie alle in der Firma. Und nichts und niemand wird mich dazu bringen, auch nur ein Sterbenswörtchen darüber zu verlieren … Auch du nicht.«

Gänsehaut überzog Kyras Arme. »Wo bist du, Sam?«, flüsterte sie. »Wo ist mein Freund Sam? Mein bester Freund?«

Sam blickte ihr in die Augen. Kyra entdeckte nicht den Hauch einer Verunsicherung darin. »Ich habe dich gewarnt«, kam es ruhig über seine Lippen. »Ich habe dir gesagt, dass du mich hassen wirst.«

Evelyn blickte Sam zufrieden an. Kyra fragte sich, wie sie auch nur eine Sekunde hatte glauben können, die Hexe sei vielleicht doch netter als angenommen.

»Raus! Sofort raus! Alle beide. Und wagt es ja nicht, heute Nacht an meiner Tür zu klingeln. Ihr werdet nicht dabei sein, wenn ich das Wandeln des Artikels beobachte. Nichts werde ich euch davon erzählen. Ich werde den neuen Artikel aufschreiben und unter deiner Tür durchschieben, Sam. Das ist alles, was ich für euch tun werde.«

Der Wecker klingelte um drei Uhr fünfzehn. Unnützerweise. Kyra hatte noch kein Auge zugetan.

Mit der Bettdecke um die Schultern ging sie ins Wohnzimmer. Sie hockte sich auf ihr Sofa und blätterte das Buch auf, das vor ihr auf dem Tisch lag. Einen Moment zögerte sie. Im Bett wäre es zweifellos gemütlicher. Aber sie scheute sich, den Artikel dort zu lesen. Dieses teuflische Ding war keine Gutenachtlektüre. Sosehr es sich auch zum Guten gewandelt hatte.

Ihr Blick wechselte kontinuierlich vom Buch zu der kleinen Uhr auf dem Sekretär. Die Minuten zogen sich wie Kautschuk. Drei Uhr einundzwanzig. Kyras Finger trommelten auf der Tischplatte. Nach weiteren zwei Minuten stand sie auf und holte ein Blatt Papier aus der Sekretärschublade. Schließlich musste sie den neuen Artikel aufschreiben. Für den grässlichen Sam. Drei Uhr dreiundzwanzig. Sie las noch einmal den Artikel mit der eingestürzten Tribüne im Zirkuszelt. Gleich würde er verschwunden sein. Kyra spürte, wie ihr Herz einen Takt schneller zu schlagen begann. Wie würde es passieren? Würde der Artikel sich in Luft auflösen? Sofort von dem neuen ersetzt werden? Oder würde die Seite einige Zeit unbeschrieben sein? Es war spannend. Kein Wunder, dass Sam und Evelyn unbedingt dabei sein wollten. Kyra seufzte.

Sam. Hundeblick-Sam.

»Ich bin einfach zu gutmütig«, maulte Kyra ihr Spiegelbild an, während sie über den Flur zur Wohnungstür lief. Sie öffnete die Tür schwungvoll und prallte direkt gegen Sam.

»Sorry«, sagte er lächelnd, »aber ich kenne dich einfach zu gut. Ich wusste, dass du uns holen würdest. Du kannst einfach nicht böse sein ... Darum liebe ich dich ja so.« Er umfasste ihre Wangen mit beiden Händen und drückte ihr einen dicken Kuss auf die Stirn.

»Ich fasse es nicht«, stammelte Kyra, während ihr Blick von Sam zu Evelyn wechselte. »Ihr steht tatsächlich mitten in der Nacht vor meiner Tür und wartet darauf, dass ich euch hereinlasse?«

»Und wir sind dir untertänig dankbar, dass du es tust«, sagte Sam, »aber können wir das Gespräch später fortsetzen? Uns bleiben noch genau zwei Minuten. Wo ist das Buch?«

Dreißig Sekunden später saß Kyra wieder auf dem Sofa und starrte auf den Zirkusartikel. Links und rechts von ihr saßen Sam und Evelyn und stierten sie an.

»Und? Tut sich schon etwas?«, flüsterte Sam und blickte zum Tisch.

Kyra schüttelte den Kopf. Sie riskierte einen Blick nach links. Zweifellos wollte man keine Silbe ihrer Beschreibung verpassen. Die brombeerrot lackierten Finger von Gundel Gaukeley hielten ein Diktiergerät. Kyra zog ihre Bettdecke ein wenig fester um die Schultern, als der Blick der Schwarzhaarigen auf ihren Pyjama fiel.

»Schlafen Sie eigentlich auch im Kostüm?« Kyra konnte sich die Frage nicht verkneifen. Schließlich war es mitten in der Nacht, und die Hexe sah wieder tadellos gestylt aus.

»Pyjamas finde ich tatsächlich hassenswert. Nur etwas für plumpe Figuren. Ich bevorzuge Satinnachthemden.« Ein herausforderndes Lächeln begleitete Evelyns Worte.

»Ich wette, das Ding hat Nadelstreifen«, grummelte Kyra.

»Kyra, bitte«, erklang Sams genervte Stimme, »es ist jeden Moment so weit. Es wäre schön, wenn du dich auf das Buch konzentrieren könntest.«

Kyras patzige Antwort erstarb ihr im Hals. In dem Buch vor ihr tat sich etwas.

Jeder einzelne Buchstabe des Zirkusartikels schien sich aufzublähen. Die schwarze Masse begann sich auf dem Papier zu bewegen. Die Buchstaben verloren ihre Form, wurden zu kleinen Druckerschwärzepfützen, die sich miteinander verbanden. Kleine Rinnsale flossen über die Buchseite. »Wow«, war das Einzige, was Kyra herausbrachte.

Sams verzweifelten Ausruf »Rede mit uns, Kyra, rede!« ignorierte sie. Zu faszinierend war, was sich auf dem Papier vor ihr tat. Kreuz und quer flossen die schwarzen Bächlein über die Seite. Nach ein paar Sekunden reduzierte sich die Fließgeschwindigkeit. Kleine Druckerschwärzetropfen lösten sich und suchten sich ihren Platz. Ein neuer Artikel bildete sich heraus. Die dick aufgeblähten Pünktchen schienen jedes für sich in einer unsichtbaren Quelle zu versiegen. Zurück blieben perfekte kleine Buchstaben. Aneinandergereiht zu einer neuen Schreckensmeldung.

»Wahnsinn«, stieß Kyra aus, während ihr Blick an einer letzten kleinen Pfütze hing, die langsam in die linke untere Buchecke floss, ohne irgendwo wieder aufzutauchen. Als ihr Blick zurück zu dem Artikel glitt, wusste sie, warum die letzte Pfütze sich nicht zu Worten formiert hatte. Der neue Artikel war kürzer als der vorherige. Sie sah von Sam zu Evelyn. »Der neue Artikel ist da«, flüsterte sie.

»Wie reizend«, sagte Evelyn, »der neue Artikel ist da, und es finden sich zwei Worte auf dem Diktiergerät: ›Wow‹ und ›Wahnsinn‹ … Wir hatten uns das etwas ausführlicher gedacht, Frau Althoff.«

»Meine Güte«, kam es gereizt über Kyras Lippen, »ich habe ja durchaus noch ein wenig Zeit, das Umwandeln der Artikel zu schildern. So schlappe zweieinhalbtausend Tage.«

»Beschreib es uns, Kyra«, sagte Sam nur.

Kyra tat ihm den Gefallen.

»Wahnsinn«, sagte Sam nach ihrem Bericht. »Ich wünschte, ich könnte es sehen.«

Evelyn hatte ebenfalls beeindruckt zugehört. Nach einem Moment des Schweigens hielt sie das Diktiergerät erneut an Kyras Mund. »Bitte lesen Sie den neuen Artikel vor, Frau Althoff. Die Firma wartet.«

Kyra las den Artikel laut in das Aufnahmegerät. Zweimal, um sicherzustellen, dass sie nichts ausgelassen hatte.

»Sehr schön«, sagte Evelyn zufrieden, »eine Gasexplosion mit genauer Orts- und Straßenangabe. Der gute Mann wird zweifellos weiterleben.«

Diese Worte hallten in Kyra nach, als sie wieder im Bett lag und an die Schlafzimmerdecke starrte. Ofenwarme Worte, die ihr Herz in ruhigem Takt schlagen ließen.

»Es wird schon alles gut, Kyra Althoff«, murmelte sie in die Dunkelheit und igelte sich unter der Bettdecke zusammen.

★★★

»Alles klar bei dir?« Doro stand vor Kyras Schreibtisch und musterte aufmerksam Kyras Gesicht »Du bist so ruhig. Ist es wegen dieses ... Buches?«

Kyra setzte ein Lächeln auf. »Mir geht es gut. Wirklich. Und bitte, erinnere mich nicht mehr an diese peinliche Buchgeschichte. Ich kann immer noch nicht fassen, dass ich glaubte, ein Buch zu sehen, dass gar nicht da ist. Gut, dass ich zu diesem Dr. Unruh gegangen bin. Die Tabletten wirken. Ich bin wieder klar im Kopf. War wohl so eine Art Feiertagsdepression in verstärkter Form. Tu mir einen Gefallen, Doro, erzähl niemandem etwas von meiner Spinnerei. Niemandem! Versprochen?«

Doro verdrehte die Augen. »Natürlich nicht.«

»Kaffeekränzchen können Sie in Ihrer Freizeit abhalten, meine Damen«, erklang Oskar Wiegands Stimme. »Die Prospekte für das Möbelhaus müssen noch bearbeitet werden.«

Kyra war ihm beinahe dankbar für seine Einmischung, denn Doro wurde von weiteren Nachfragen abgehalten.

»Das ist ein fachbezogenes Gespräch, Oskar«, sagte Doro mit einem Augenzwinkern zu Kyra. »Wir diskutieren gerade einen Bericht, den ich gestern im Internet gefunden habe. Es ging um Sexphantasien männlicher Singles über fünfundfünfzig Jahre. Achtzig Prozent der Befragten gaben an, dass Arbeitskolleginnen darin eine herausragende Rolle spielen.«

Doro ging mit aufreizendem Hüftschwung zu ihrem Schreibtisch zurück und bückte sich, direkt vor Oskars Tisch, zu einem imaginären Staubkorn hinab. Während Oskars linkes Auge den Wandkalender fixierte, klebte das rechte auf dem großzügig dargebotenen Dekolleté. »Oskar, Oskar«, sagte Doro, als sie wieder hochkam, »du gehörst doch wohl hoffentlich zu den zwanzig Prozent.«

Oskars Gesicht färbte sich himbeerrot. Kyra sortierte vorsichtshalber die unterste Schreibtischschublade, um ihren Lachanfall zu verbergen. Der Büroalltag tat einfach gut.

»Gehen wir heute Abend ins ›Nach Acht‹?«, fragte Doro flüsternd, bevor sie an ihren Schreibtisch zurückging. »Die hatten da gestern einen neuen Barkeeper. Testosteron pur, sag ich dir. Leider scheine ich nicht sein Typ zu sein. Vielleicht steht er ja auf braunhaarige Lockenköpfe.«

Kyra strich sich eine widerspenstige Strähne hinters Ohr und tat begeistert. »Klar komme ich mit, den muss ich mir ansehen.« Für Doro unhörbar setzte sie hinzu: »Ich hoffe, er sieht aus wie Woody Allen.«

★★★

»Ich frage mich, ob wir uns wirklich auf ihre Verschwiegenheit verlassen können.« Evelyn Kessow sog an ihrer Zigarettenspitze und inhalierte den Rauch tief.

Sam stellte einen Aschenbecher auf seinen Wohnzimmertisch und trat an das Fenster. Er sah hinaus, ohne den Verkehr auf der Lindenstraße wahrzunehmen. »Glaub mir, das können wir. Ich kenne sie, Evelyn.«

Evelyn blickte auf Sams Rücken. »Weil du es glauben willst, Sam. In dem einen oder anderen Punkt werden wir sie auf die Probe stellen.«

Er schnellte herum. »Was soll das heißen?«

»Es mangelt ihr an Demut. Sie vermittelt mir das Gefühl, dass das alles nur ein Spiel für sie ist.«

»Vielleicht ist das die einzige Möglichkeit für sie, nicht verrückt zu werden.« Sam setzte sich auf den Sessel.

Evelyns Augenbrauen zogen sich zusammen. Sie blies den Rauch über ihren Kopf. »Ein kleiner Dämpfer könnte vielleicht nicht schaden.«

»Es bringt nichts, wenn wir sie verängstigen. Im Gegenteil. Wir müssen froh sein, dass sie in der Lage ist, ihren normalen Alltag zu leben.«

Evelyn drückte ihre Zigarette im Ascher aus und erhob sich graziös von der ledernen Couch. »Es geht hier einzig und allein um das Vermächtnis Marias, Sam. Vergiss das nicht.«

»Wie könnte ich?« Sams Augenbrauen waren ärgerlich zusammengezogen. »Du erinnerst mich ständig daran.«

An der Wohnungstür strich Evelyn über seine Wange. »Du siehst erschöpft aus, Sam. Kannst du nicht versuchen, beruflich kürzerzutreten? Oder wenigstens keine Überstunden mehr zu machen?«

Er lachte unfroh auf. »Witzig! Die Kollegen auf der Dienststelle sind jetzt schon nicht begeistert von meiner Arbeitsmoral. Ich kann meine Wochenenddienste nicht immer anderen aufdrücken. Gerade jetzt stecken wir bis zum Hals in einem Fall von Drogenhandel, kombiniert mit Autoschieberei, der uns alles abverlangt.«

Evelyn nickte. »Entschuldige, Sam. Du hast natürlich recht. Dennoch: Unsere Mission muss Vorrang haben. Vielleicht kannst du dich zur Kripo Itzehoe versetzen lassen?«

★★★

Um achtzehn Uhr dreißig saß Kyra neben Doro auf dem Barhocker und sah einem schwarzhaarigen Brad Pitt beim Mixen ihres Cocktails zu.

»Hatte ich recht oder hatte ich recht?«, flüsterte Doro aufgeregt und sog an ihrer Piña colada, »ein süßer Typ, oder? Gut, er ist höchstens fünfundzwanzig, aber das ist doch nur von Vorteil. Alt werden die von allein ... Und was sag ich dir: Der steht auf Braunhaarige. Er guckt immer nur dich an. Ich bin durchsichtig.«

Kyra versuchte ein Grinsen. Dabei war ihr zum Heulen. Brad sah wirklich andauernd zu ihr.

»Der geht auf mich, schöne Lady«, sagte er mit einem umwerfenden Lächeln, als er den dritten Sex on the Beach mit einer eleganten Drehung vor ihr abstellte.

»Danke«, lächelte Kyra, »das ist dann aber wirklich der letzte. Ich habe das Gefühl, bei mir dreht sich schon alles.«

»Mittwoch ist mein freier Tag«, klang die dunkle Stimme über den Tresen, »wie wäre es mit einem gemeinsamen Drink? Ich habe ein paar sehr spezielle Rezepte auf Lager. Die könnten Sie auch schwindlig machen. Selbst ohne Alkohol.«

Kyras Wangen nahmen die Farbe des Cranberrysaftes an, den Brad eben in ihren Cocktail gemixt hatte. Statt einer Antwort sog sie an ihrem Drink.

»Gut, dass das Glas keine Verbindung zur Stör hat«, sagte Doro trocken, »bei deinem Zug würde sie morgen brachliegen.«

»Mittwochs kann ich nicht«, krächzte Kyra, nachdem sie

auch die letzte Pfütze geräuschvoll aus dem Glas gesogen hatte, »das ... das ist mein Kegelabend.«

Doro verschluckte sich an ihrem Drink. Brad Pitts Lächeln gefror. Mit einem Achselzucken verzog er sich in die andere Ecke des Tresens.

»Kegelabend?«, zischte Doro, nachdem sich ihr Hustenschauer gelegt hatte. »Bist du völlig durchgeknallt? Da baggert dich endlich ein total süßer Typ an, und du sagst, du hast Kegelabend? Hallo? Du kegelst nicht.«

»Auf so eine plumpe Anmache stehe ich nicht. Außerdem sieht der Typ aus wie Woody Allen ohne Brille.«

Als Kyra mit Doro die Bar verließ, warf sie noch einen Blick zurück zum Tresen. Und seufzte.

FÜNF

»Ich fasse nicht, dass ich das wirklich tue.« Missmutig stapfte Kyra neben Sam auf dem Gehweg her und zog ihren Schal noch ein wenig enger um den Hals. Der Aprilwind war eisig.
Sam lächelte sie an und legte seinen Arm um ihre Schulter. »Sie warten alle auf diesen Moment. Seit Monaten. Sie verehren dich, Kyra.«
»Über hundert fremde Menschen werden mich anstarren. Grässlich! Und was noch viel schlimmer ist: Alle wissen, dass ich noch Jungfrau bin. Weißt du eigentlich, wie ich mich fühle?«
Sam zog sie noch ein Stück näher an sich heran. »Ich weiß es. Und gerade darum bin ich stolz auf dich.«
Seine ernsten Worte ließen Kyra zu ihm aufblicken. Sams Wangen waren vom kalten Wind rot gefärbt. Er erwiderte ihren Blick. »Für keinen von uns ist deine Jungfräulichkeit lächerlich, Kyra. Das Gegenteil ist der Fall. Es hat etwas so unglaublich Erhabenes. Du bist *die* Jungfrau, Kyra. Einmalig.«
Kyra seufzte. Gleich würde das Hotel vor ihnen auftauchen. Das Hamburger Hotel, in dem Evelyn Kessow einen Raum für ihre einhundertfünfzig Geburtstagsgäste gebucht hatte. Einhundertfünfzig Personen, die sämtlich der Bruderschaft angehörten. Evelyns Geburtstag war die Tarnung, um Kyra der Firma vorzustellen.
»Mir wäre es lieber gewesen, die gesamte ›Firma‹ wäre anwesend, alle dreihundert«, murmelte Kyra, »dann hätte ich es mit einem Mal hinter mir.«
»Leider nicht machbar. Die Mitglieder der Firma gehören verschiedenen Nationalitäten an und sind in der ganzen Welt verstreut. Deine Zeitungsartikel jagen unsere Leute täglich kreuz und quer über den Globus.«
»Das sind nicht *meine* Artikel«, erwiderte Kyra kurz angebunden.
»Was ist in deinem Geschenkpaket?«, fragte Sam, vorsichtshalber das Thema wechselnd. »Eine Giftschlange? Rattengift?

Ein Flanellpyjama? Eigentlich wundere ich mich, dass du Evelyn überhaupt etwas schenkst.«

»Ich schenke ihr Trüffelpralinen. Die größte Packung, die ich bekommen konnte.«

»Deine Lieblingspralinen? Wie nett.«

»Sie soll fett werden und Pickel bekommen.«

Zehn Minuten später öffnete Sam die Tür zum Festsaal des Hotels, hinter der bereits lebhaftes Stimmengemurmel zu hören war. Kyra machte auf dem Absatz kehrt, wurde aber umgehend von Sam gepackt und durch die Tür geschoben. »Sei tapfer«, flüsterte er ihr zu, »und denk dran: Sie lieben dich.«

Kyra fühlte sich wie im Film. In einem dieser unrealistischen Kitschfilme, in denen das Gemurmel aller verstummte, wenn die Heldin den Raum betrat. Leider war dies kein Film. Und sie keine Heldin. Höchstens eine tragische. Mucksmäuschenstill wurde es trotzdem. Selbst der Saxophonist würgte sein Spiel ab.

Kyra lachte verlegen auf und blickte sich um. »Steht Madonna hinter mir?«

Eine in der Nähe stehende Kellnerin lachte, während sie irritiert zu Sam und Kyra blickte.

Das Stimmenwirrwarr setzte erst wieder zögerlich ein, als Evelyn einen mahnenden Blick in die Runde warf. »Ich hatte unsere Leute extra gebeten, sich nichts anmerken zu lassen«, flüsterte sie Sam und Kyra zu, während sie sie begrüßte, »denn schließlich ist auch Hotelpersonal im Raum. Aber das war wohl zu viel verlangt.«

Kyra blickte zu der Kellnerin, die so irritiert geguckt hatte. Sie gehörte zweifellos nicht zur Firma. Während Sam Evelyn beglückwünschte und ihr einen riesigen Strauß weiße Rosen in den Arm legte, musterte Kyra verstohlen die Menschen im Raum. Alle gaben vor, sich mit ihrem Gegenüber zu unterhalten, doch ihre Blicke klebten an der von ihnen verehrten Jungfrau. Mit fieberheißen Wangen wandte Kyra sich an Evelyn.

»Gratulation, Frau Kessow. Ich hoffe, Sie wollen mich nicht wirklich all diesen Menschen vorstellen.« Sie drückte Evelyn die Pralinen in die Hand und warf noch einen Blick in die Runde. Mehr entsetzt als verlegen schaute sie weg, als sie bemerkte, dass einem älteren Herrn, direkt in ihrer Nähe, zwei Tränen über die Wangen liefen, während er sie anlächelte.

»Kommen Sie«, sagte Evelyn gut gelaunt und nahm Kyras Unterarm. »Wir fangen hier vorn an.«

Kyra warf einen hilfesuchenden Blick zu Sam. Der nahm einem vorbeigehenden Kellner zwei Gläser Sekt vom Tablett, drückte eines Kyra in die Hand und sagte: »Viel Spaß, Kleine. Sei einfach locker. Das sind alles Menschen wie du und ich.«

Zweieinhalb Stunden, siebenunddreißig Handküsse und unzählige Fremdtränen später stand Kyra neben Sam am Büfett und sah zu, wie er seinen Teller mit Lachs, Wildreis und anderen Köstlichkeiten belud.

»Und, wie war's, Madonna? Haben deine Fans dich endlich gehen lassen?«

»Du hattest recht. Sie waren wirklich alle sehr nett. Fast alle. Dieser Dürre dahinten, der mit der Halbglatze, war schon ziemlich widerlich in seiner Unterwürfigkeit. Er hat mir tatsächlich die Hand geküsst. Und hat damit etliche andere Herren inspiriert.«

»Ach, darum bist du nach deinem Vorstellungsmarathon so eilig zur Toilette gerannt. Du musstest dir natürlich sofort die Hände waschen.«

»Wusstest du, dass sich in jedem dieser Münder um die tausend Bakterienarten tummeln? Fünf Minuten habe ich meine Hand geschrubbt, um die Viecher zu entfernen.«

»Beim Küssen tauscht man jedes Mal Unmengen davon aus. Und die Menschheit ist noch nicht ausgestorben.«

»Da brauche ich ja keine Angst zu haben«, sagte Kyra mit vor Sarkasmus triefender Stimme. »Meine Lippen werden wohl ungeküsst bleiben.«

Sams Blick haftete an ihrem Mund, während er trocken schluckte. »Kyra, ich —«

»Ach, sag einfach nichts, Sam«, unterbrach Kyra ihn heftig. »Ja, ich weiß, ich kann das alles beenden, wenn ich mich verliebe, aber ... glaubst du das wirklich? Dass sich noch irgendjemand in mich verliebt?«

»Samthaut, Schneewittchenmund und die schönsten braunen

Augen, die ich kenne«, sagte Sam ernst und strich ihr eine Locke hinter das Ohr. »Jeder Mann müsste sich in dich verlieben.«

Kyra starrte ihn überrascht an, während sich ihre Wangen leicht rosa färbten.

Sam räusperte sich, lockerte seine Krawatte, die ihm plötzlich zu eng zu sein schien, griff nach Kyras Arm, drückte ihr eine Gabel in die Hand und deutete auf seinen Teller. »Glaubst du, ich will das hier alles allein essen? Komm mit, da vorn ist ein Tisch frei.«

»Ich habe eine viel bessere Idee.« Sie nahm ihm den Teller ab, stellte ihn mitten auf dem Büfetttisch ab und griff nach seiner Hand.

»Oh bitte«, sagte Sam, als er merkte, wohin sie ihn zog, »du willst hoffentlich nicht mit mir tanzen.«

»Oh doch, genau das will ich.« Sie deutete zu dem Saxophonspieler, der ein neues Stück begonnen hatte. »Ich liebe diesen Song.«

Kyra sah zu ihm auf, nachdem Sam sie widerstrebend in seine Arme gezogen hatte. »Magst du eigentlich Rosa?«

Sam blickte sich suchend um. »Welche Rosa?«

»Ich meine die Farbe Rosa. Du trägst nie rosa Hemden. Alle Schwulen tragen Rosa.«

»Wie viele Schwule kennst du denn? Außer mir.«

»Eigentlich keinen.«

»Siehst du! Du guckst einfach die falschen Filme.«

»Aber ich höre die richtige Musik.«

»Das Stück ist wirklich gut. Wie heißt der Song?«

»›The One You Love‹.«

Sam ließ Kyra los. »Lass uns endlich etwas essen. Mein Magen hängt in Höhe Kniekehlen. Am besten dort bei Evelyn und dem süßen Blonden.« Er deutete zu einem Tisch am Rand der Tanzfläche und zog Kyra hinter sich her.

»Du hast ihr Rosen geschenkt«, sagte Kyra, während sie ihm folgte. »Dutzende. Mir schenkst du Margeriten.«

»Margeriten sind deine Lieblingsblumen.«

»Ich mag auch Rosen. Rote. Die Blumen der Liebenden.«

»Von mir bekommst du Margeriten.«

Kyra verabschiedete sich um dreiundzwanzig Uhr von Evelyn und Sam, dem sie verboten hatte, sie schon nach Hause zu begleiten. Ein Taxi würde sie zum Bahnhof bringen. Sam sah ihr nach, als sie sich mit einem kurzen Winken aus dem Saal stahl, nachdem sie immer wieder von Umstehenden in Gespräche verwickelt worden war.

»Sie hat ihre Sache gut gemacht, findest du nicht?«, sagte Sam zu Evelyn, die Kyra ebenfalls hinterherstarrte. Gleichzeitig nickte sie zwei Männern zu, die scheinbar an der Eingangstür in ein Gespräch vertieft waren. Sekunden nach Kyra verließen sie den Raum.

Evelyn sah Sam an. »Ja, das hat sie. Was ich nicht von jedem hier im Saal behaupten kann, Samuel Bach. Bist du sicher, dass du die Angelegenheit noch im Griff hast?«

Sam starrte stur geradeaus. »Ich denke doch.«

»Bist du dir ganz sicher? Die Sache ist schon kompliziert genug. Einen bis über beide Ohren in die Jungfrau verliebten Wächter können wir nicht gebrauchen.«

»Niemand weiß das. Außer dir. Und ich bin dir sehr dankbar, dass du darüber schweigst.« Sam nahm Evelyns Hand und hauchte einen Kuss darauf.

»Unsere Leute würden erwarten, dass du dich zurückziehst, Sam, das weißt du. Wir wollen Menschenleben retten. Und zwar die nächsten sieben Jahre. Und das wird schwierig, wenn die Jungfrau sich verliebt.«

»Kyra ahnt nichts von meinen Gefühlen. Sie hat mir die Geschichte, dass ich schwul und in meinen Kollegen verliebt bin, voll abgekauft.«

»Eine Geschichte, die du schnellstens erfunden hast, nachdem dir klar wurde, dass sie kurz nach eurem Kennenlernen auf dem besten Wege war, sich in dich zu verlieben. Und das beruhigt mich nicht gerade.«

★★★

Als der Wecker um drei Uhr zwanzig klingelte, zog Kyra die Bettdecke über ihren Kopf. Sie war todmüde, und Evelyns Geburtstagssekt erschwerte das Augenöffnen zusätzlich.

Fünf Minuten später stand sie auf, griff das lederne Buch vom Wohnzimmerregal und setzte sich damit auf das Sofa. Als die Buchstaben des Artikels sich vor ihr aufblähten, schaltete sie das Diktiergerät ein. Minuten später sprach sie den neuen Text zweimal in das Gerät. Dann zog sie sich ihre lange Strickjacke über den Pyjama und öffnete die Wohnungstür. Ein Schatten löste sich von der gegenüberliegenden Wand.

»Bitte!«, sagte Kyra und drückte Evelyn Kessow das Diktiergerät in die Hand. »Ein tödlicher Arbeitsunfall in einer polnischen Papierfabrik. In der Nähe von Warschau.«

»Danke«, flüsterte Evelyn und lief ohne ein weiteres Wort die Treppe hinauf. Sie trug noch immer das rote Kleid von ihrer Geburtstagsparty.

Wieder im Bett warf Kyra sich von einer Seite auf die andere. Wie jeden Abend seit fast vier Monaten. Sie konnte einfach nicht wieder einschlafen, wenn sie den neuen Zeitungsbericht gelesen und in das Diktiergerät gesprochen hatte. Die gesichtslosen Menschen der Artikel geisterten durch ihren Kopf. Heute war es der polnische Arbeiter, dem eine Maschine seinen Arm abreißen und der anschließend verbluten würde. Gestern waren es die Insassen der Cessna, die in der Adria abgestürzt waren. Vorgestern ein Busunglück in Spanien.

Kyra seufzte, zog die Beine ganz dicht an ihren Körper und kuschelte sich in die Decke. Bisher war es den Leuten der Firma gelungen, jeden Unglücksfall der letzten vier Monate zu verhindern. Kyra war dafür mehr als dankbar. Trotzdem zerrte es entsetzlich an den Nerven, jeden Tag die Zeitung aufzureißen und nach einem Artikel zu suchen, von dem sie hoffte, ihn nicht zu entdecken.

Nach einer weiteren halben Stunde stand Kyra auf und kochte sich einen Fencheltee, dem sie noch etwas Baldrian hinzufügte. Ihre Gedanken waren immer noch bei dem polnischen Arbeiter. Wer aus der Firma würde sich um den Fall kümmern? Wen kontaktierte Evelyn? Wer organisierte die Rettungsmaßnahmen?

Zweifellos keiner der gestrigen Geburtstagsgäste.

Kyra hatte Sam und Evelyn noch nicht viele Fragen zur Bruderschaft gestellt. Irgendetwas in ihr sträubte sich dagegen.

Informationen zur Firma prallten wie zwei gleich magnetische Pole an ihr ab. Sam und Evelyn respektierten ihre Haltung. Kyra glaubte zu spüren, dass die beiden dafür sogar dankbar waren. Vielleicht trauten sie ihrer Verschwiegenheit nicht? Gleichwohl hatte Kyra nach reiflicher Überlegung beschlossen, niemandem von dem Heiligen Buch zu berichten. Auch nicht ihrer Mutter. Ellen hatte genug mitgemacht. Warum sollte sie sie mit dieser haarsträubenden Tatsache belasten?

Kyra selbst hatte sich kaum an die Ereignisse gewöhnt. Ihr Vorschlag, die nächtlichen neuen Artikelinformationen telefonisch weiterzugeben, war von Sam und Evelyn strikt abgelehnt worden. Sie bestanden auf einer persönlichen Entgegennahme. Sam hatte sich umgehend angeboten, diesen Part allein zu übernehmen. Kyra, wissend, dass er es aufgrund ihrer heftigen Abneigung zu Evelyn nur ihretwegen tat, hatte abgelehnt und darauf bestanden, dass er sich wöchentlich mit Evelyn abwechselte. Es reichte, wenn sie selbst gezwungen war, jede Nacht aufzustehen. Warum sollte sie Sam das Gleiche antun? So konnte er wenigstens jede zweite Woche durchschlafen.

»Ich bin eben einfach zu gut für diese Welt«, murmelte Kyra. »Für dich, Sam, ertrage ich sogar den Dauerkontakt mit Gundel Gaukeley.« Mit dem guten Gefühl, dass ihr ein wenig Selbstmitleid bei dieser heroischen Leistung durchaus zustand, schlurfte sie schließlich wieder Richtung Bett.

SECHS

Die Junisonne brannte gnadenlos von einem wolkenfreien Himmel. Passend zu Kyras erhitztem Gemüt.

»Das ist jetzt nicht dein Ernst, oder?« Ungläubig starrte sie Sam an.

»Du wirst mich nicht zu sehen bekommen, versprochen. Außer nachts natürlich.« Sam sah Kyra vorsichtshalber nicht in die Augen, sondern griff in die Papiertüte mit dem Entenfutter und warf eine Handvoll der harten Brotkrumen in die schnatternde Schar vor sich.

»Hör auf, die blöden Enten zu füttern, und sieh mich an.« Wütend riss Kyra ihm die Tüte aus der Hand und schüttete den Inhalt vor sich auf den Boden.

»Keine gute Idee«, sagte Sam grinsend.

»Da kann ich dir nur zustimmen.«

»Ich meinte die Enten.«

»Was? Wie … Oh Shit! Mach, dass sie weggehen, Sam … Hau ab, du Vieh!« Kyra stand wie erstarrt inmitten der Enten, die jetzt in Scharen aus dem Klosterhof-Teich gewatschelt kamen, um das Futter vor ihren nackten Füßen in ihre Schnäbel zu stopfen. »Ksch-ksch! … Mach doch endlich was, Sam … und hör verdammt noch mal auf, so zu lachen!«

Eine Aufforderung, die Sams Lachreiz nur verstärkte. »Du bist der einzige Mensch, den ich kenne, der Angst vor Enten hat.« Er lachte so laut, dass zwei Spaziergänger sich zu ihnen umdrehten. »Als Donald-Duck-Fan müsstest du sie doch eigentlich lieben.«

»Ich mag intelligente, vermenschlichte Comic-Enten, die über den Sinn des Lebens philosophieren, und nicht diese grässlichen Glibberschnecken fressenden Federviecher … *Sam!*«

»Der Ententö… oh verzeiht, ich meine natürlich: der Drachentöter eilt zur Rettung, holde Maid!« Mit Kampfgebärden stupste er ein paar heimische Donalds zur Seite und hob Kyra auf seine Arme.

Als er sie ein Stück entfernt auf dem Kopfsteinpflaster wieder auf ihre eigenen Füße stellte, giftete Kyra ihn an: »Zurück zu unserem Ausgangsthema, mein Lieber: Ich werde im August allein nach Föhr fahren. Ohne dich. Was für eine absurde Idee! Ich mache Urlaub bei meiner Mutter, und die Bruderschaft folgt mir auf dem Fuße? Wenigstens in dieser einen Woche werde ich die neuen Artikel doch wohl mal telefonisch durchgeben können.«

»Im letzten Sommer hast du mich auf deine Insel eingeladen, und wir hatten eine phantastische Woche mit jeder Menge Spaß und gutem Essen.« Sam stupste sie an die Nase. »Wenn ich nur an die leckere Donnerstag-Kohlroulade in diesem kleinen Restaurant ›Bi de Pump‹ denke oder an die spaßige Wattwanderung von Utersum nach Amrum ... Also, warum ist es jetzt plötzlich so anders, wenn ich dich begleite?«

»Weil es jetzt aus einem anderen Grund geschieht«, fauchte Kyra. »Jetzt ist es kein Urlaub, sondern Überwachung.«

Das Lachen verschwand aus Sams Gesicht, und er wandte seinen Blick ab. In seinen Augen meinte Kyra für einen Moment eine tiefe Verletztheit gesehen zu haben, aber als er sich ihr wieder zuwandte, war davon nichts zu erkennen. »Du hast recht, Kleine. Es ist eine Zumutung. Aber wir müssen auf direktem Kontakt bestehen. Bitte, mach es mir nicht so schwer, Kyra. Glaubst du, es fällt mir leicht, dich so zu belästigen?«

Kyra spürte einen Stich. Sie musste ihm einfach in den Bauch knuffen. »Ach, Sam. Du bist keine Zumutung. Und belästigen tust du mich schon gar nicht, aber ich habe das Gefühl, dass ich gar kein eigenes Leben mehr habe. Warum traut ihr dem Telefon nicht? Oder dem Internet? Ich könnte euch eine E-Mail schicken.«

Sam schob seine Brille mit dem Zeigefinger ein Stückchen nach oben, obwohl sie perfekt saß. Ein sicheres Zeichen dafür, dass er nervös war.

»Verheimlicht ihr mir irgendetwas, Samuel Bach?«

»Wir möchten einfach nicht, dass irgendjemand außerhalb der Bruderschaft erfährt, dass das Heilige Buch wieder aufgetaucht ist. Dass du die Jungfrau bist.«

»Aber ich denke, außer der Bruderschaft weiß niemand von dem Buch? Wer sollte also ein Interesse daran haben?«

Sam zuckte die Schultern und schob die Brille noch ein Stückchen höher.

»Sam, spuck es aus!«

»Es ist nichts. Wirklich. Wir sind nur ein überängstlicher Haufen Leute, der an seiner jahrtausendealten Verantwortung schwer zu tragen hat … Und nun komm, ich lade dich zum Essen ein. Beim Döner-Mann in der Feldschmiede.«

»Darf ich hereinkommen? Ich würde Sie gern etwas fragen.«

»Bitte«, sagte Evelyn Kessow, erstaunt die rechte Augenbraue in die Höhe ziehend. Sie trat zur Seite und ließ Kyra an sich vorbeigehen. »Gerade durch ist mein Wohnzimmer.«

Kyra nahm auf dem angebotenen weißen Sessel Platz. Zweifellos leistete die Hexe sich eine Klimaanlage. Das Leder unter Kyras Oberschenkeln fühlte sich wunderbar kühl an. Sie hatte sich nicht die Mühe gemacht, ihre Shorts gegen etwas Längeres zu tauschen, nachdem sie Sam an ihrer Wohnungstür verabschiedet hatte. Evelyn, in ein großblumiges, elegantes Wickelkleid gehüllt, drapierte sich anmutig auf der weißen Couch, beide Arme auf der niedrigen Lehne ausstreckend.

»Womit habe ich die Ehre Ihres Besuches verdient, Frau Althoff? Ich dachte, Sie sind froh über jedes Wort, das Sie nicht mit mir wechseln müssen?«

»Das beruht doch wohl auf Gegenseitigkeit, Frau Kessow, oder wollen Sie leugnen, dass Ihnen jede andere Auserwählte lieber gewesen wäre?«

»Sie sind nun einmal die Jungfrau, Frau Althoff, und ich werde diese Tatsache niemals in Frage stellen. Was also kann ich für Sie tun, das Sam anscheinend nicht kann? Normalerweise besprechen Sie doch alles, was mit der Bruderschaft zu tun hat, mit ihm.«

»Er gibt mir keine ehrliche Antwort auf eine bestimmte Frage.«

»Wie lautet die Frage?«

»Wen oder was fürchtet die Bruderschaft?«

Evelyn behielt ihr geziertes Lächeln bei. Nur die Finger ihrer linken Hand begannen mit dem Zipfel des roten Seidenkissens zu spielen. »Ich verstehe nicht …«

»Sie verstehen sehr gut, was ich meine. All diese Heimlichtuerei. Kein Telefon. Keine E-Mail. Wir können schließlich beweisen, dass das Buch existiert. Wer sollte schon etwas dagegen haben, Menschenleben zu retten?«

»Also gut«, sagte Evelyn nach einem Moment des Zögerns. »Ich denke, es ist Ihr gutes Recht, diese Dinge zu erfahren. Auch wenn es keine Beweise dafür gibt ... Im Jahre 1332 haben Mitglieder der Bruderschaft von einer weiteren Gruppe berichtet. Einer anderen Bruderschaft, die ebenfalls um das Buch wusste und es verehrte.«

»Noch eine Bruderschaft?«, fragte Kyra irritiert. »Warum haben sie sich nicht zusammengetan?«

»Die ... anderen ... verehrten nicht die Jungfrau Maria.«

»Sondern?«

»Sie verehrten den Teufel. Satansanhänger.«

Kyra schluckte. »Sie meinen ...?«

»Ich meine gar nichts, Frau Althoff. Ich halte das alles für Spinnerei. Es gibt keine gesicherten Erkenntnisse darüber. Als das Buch im Jahre 1665 erneut auftauchte, gab es keinerlei Beweise für die Existenz einer solchen Gruppe. Die damaligen Mitglieder der Bruderschaft haben nichts von einer solchen Gruppierung bemerkt. Die englische Jungfrau blieb die gesamten neun Jahre unbehelligt ... Wir sind natürlich trotzdem auf der Hut. Darum ziehen wir den direkten Kontakt zu Ihnen vor.«

Kyra schwirrte der Kopf. »Sie sagten, die Jungfrau aus dem 17. Jahrhundert blieb unbehelligt. War das denn bei der Jungfrau im Jahr 1332 anders?«

»Es sind nur absurde Auslegungen einer natürlichen Begebenheit in einer fernen Vergangenheit. Phantasien gläubiger, einfacher Menschen mit mittelalterlicher Weltanschauung. Also werden Sie bitte nicht hysterisch. Fakt ist: Die Jungfrau, der das Heilige Buch im Jahr 1332 im Alter von siebzehn Jahren erschien, starb kurz nach ihrem einundzwanzigsten Geburtstag. Und zu ihrem Tod gibt es zwei sehr unterschiedliche Auslegungen.«

Kyra klebte in ihrem Sessel. Ihre Schweißdrüsen trotzten der Klimaanlage.

Ein melodischer Türgong holte sie aus ihrer Anspannung. Evelyn seufzte auf. »Entschuldigen Sie mich einen Moment.«

Kyra konnte nur nicken. Ein Kloß versperrte ihrer Stimme den Weg. Sie hörte, wie Evelyn an der Haustür mit jemandem sprach. Und wie sich anhand der schnell laut werdenden Konversation herausstellte, war der Besucher Sam. Ein sehr wütender Sam, der schnurstracks ins Wohnzimmer stürmte. »Glaub nichts von diesem Schwachsinn, Kyra!«

Kyra ignorierte ihn. »Ich würde jetzt gern die beiden Theorien hören«, sprach sie Evelyn an. Sam stöhnte entnervt auf, setzte sich aber und nickte Evelyn zu.

»Johanne von Hohensalzburg, Tochter eines österreichischen Ritters, starb zugegebenermaßen unter mysteriösen Umständen, so man den alten Berichten glauben kann. Sie wurde in der Heiligen Nacht des Jahres 1336 mit zerschmetterten Gliedmaßen am Rande des Festungsturmes gefunden. Die Angelegenheit wurde von der Familie als Unfall deklariert. Die Bruderschaft aber glaubte an Mord. Begangen durch die Satansanhänger.«

»Gab es dafür Beweise?«, fragte Kyra mit weit aufgerissenen Augen.

»Berichten zufolge soll die Jungfrau vor ihrem Tod geschändet worden sein. Diese Behauptung stützt sich wohl wesentlich auf Verletzungen ihres Unterleibes.« Evelyn hielt einen Moment inne. »Aber bei einem Sturz aus großer Höhe trägt man natürlich schwere Verletzungen davon. Ich persönlich glaube eher an die dritte Möglichkeit.«

»Die da wäre?«

»Selbstmord. Johanne war wohl eine sehr sensible junge Frau. Die Bruderschaft verwahrt einige ihrer Gedichte, die allesamt von Schwermut zeugen. Die ihr im Heiligen Buch erscheinenden Gedichte mit den Vorhersagen der Unglücke müssen sie in tiefste Depressionen gestürzt haben.«

»Ich kann es ihr nachfühlen«, murmelte Kyra. »Jede Nacht muss ich mich überwinden, den schrecklichen Artikel zu lesen. Wie grotesk muss es gewesen sein, den Tod täglich in Gedichtform präsentiert zu bekommen.«

»Johanne von Hohensalzburg beziehungsweise die Bruderschaft hatte übrigens wesentlich mehr Zeit, die Todesfälle zu verhindern«, schaltete Sam sich ein. »Zum einen gab das Buch nur jeden dritten Tag ein Unglück in Gedichtform preis, zum anderen trat das vorhergesagte Ereignis immer erst nach drei Wochen ein, nicht nach drei Tagen wie bei dir.«

»Was?«, rief Kyra aus. »Warum, verdammt, bleiben uns nur drei Tage?«

Sam verzog das Gesicht. »Bitte, Kyra, ich hasse es, wenn du fluchst … Nun, wie wir leider feststellen mussten, passt sich das Heilige Buch nicht nur seinen Besitzerinnen an, sondern auch der Zeit. Im tiefsten Mittelalter gab es keine Flugzeuge, keine Bahn. Die Strecken mussten zu Pferde zurückgelegt werden. Das war im Jahr 1665 auch noch nicht anders. Der Jungfrau damals blieben immerhin auch drei Wochen Zeit. Und jetzt hat das Buch sich wieder angepasst. Leider. Wir können heute fast alle Orte der Welt innerhalb von vierundzwanzig Stunden erreichen. Und wie es aussieht, weiß das Buch das.«

Evelyns Mundwinkel bogen sich nach unten. »Das Buch hat eben auch eine dunkle Seite.«

Kyra schwieg und horchte in sich hinein. Ihr Herzschlag hatte sich wieder beruhigt. Das Angstflämmchen, das kurz in ihr aufgelodert war, war wieder erloschen.

»Was passierte mit dem Buch nach dem Tod von Johanne? Schließlich konnte kein anderer es sehen. Wie kommt es, dass die Bruderschaft es nicht aus den Augen verlor?«

»Johanne von Hohensalzburg verwahrte das Buch nach jedem Gebrauch in einer hölzernen Truhe. Auf Anraten der Bruderschaft. Eine kluge Entscheidung, wie sich ja leider herausstellte. Nach ihrem Tod nahm die Bruderschaft die Truhe an sich und brachte sie an einen Ort, von dem man sicher war, dass er auch in dreihundertdreiunddreißig Jahren noch stehen würde. Sie entschieden sich für den Palazzo Ducale, einen Dogenpalast in Venedig, der übrigens noch heute steht. Dort verbrannten sie die Kiste, und das unzerstörbare Buch wurde so im Jahr 1665 von der nächsten Jungfrau gefunden.«

»Jetzt, wo Sie über diese Dinge Bescheid wissen, Frau Althoff«, warf Evelyn ein, »möchten auch wir Sie bitten, dass Sie das Buch nach dem nächtlichen Lesen in einem Behältnis verwahren. Es muss keine Truhe sein. Ein großer Umschlag würde ausreichen.«

»Für den Fall, dass mich die Satansanhänger abschlachten?«

»Ich dachte eher an einen Autounfall, akutes Herz-Kreislauf-Versagen oder Ähnliches. Sollten Sie vorschnell das Zeitliche segnen, könnten wir den Umschlag nehmen und sicher deponieren. Für die nächste Jungfrau.«

»Mein Gott, Evelyn, nun hör aber auf«, stieß Sam entnervt aus. »Wie kannst du nur so kalt daherreden?«

»Einer muss es schließlich tun«, wandte sie sich mit einem gereizten Unterton an Sam. »Und Frau Althoff macht nicht den Eindruck, als würde sie gleich vor Angst sterben.«

Kyra verzog sarkastisch den Mund. »Ich würde nicht wagen, vor Angst zu sterben, Frau Kessow. Schließlich liegt das Buch offen in meiner Wohnung herum. Auf meinem Regal übrigens. Das sollten Sie dann vorsichtig abhängen und gerade transportieren. Nur für den Fall, dass ich die Treppe hinabstürze, wenn ich in meine Wohnung zurückgehe.«

Sam stöhnte laut.

»Wer war die andere Jungfrau?«, fragte Kyra. »Ich meine die, die das Buch 1665 fand?«

»Victoria Anne, die Tochter des reiselustigen englischen Earls of Fentworth. Unter anderem verkehrten sie in dem Dogenpalast Ducale in Venedig. Sie war zwölf Jahre alt, als sie das Buch dort fand.«

»Zwölf! Mein Gott, das arme Mädchen«, stieß Kyra aus. »Wie ist sie mit diesen schrecklichen Ereignissen fertiggeworden?«

»Ausgezeichnet, wenn man bedenkt, dass ihre Familie sie anfangs für geistesgestört hielt«, berichtete Evelyn. »Aufgrund ihres Alters war die Bruderschaft gezwungen, die Eltern des Mädchens in das Geheimnis des Heiligen Buches einzuweihen. Ein Glücksgriff übrigens. Wir profitieren noch heute davon. Der Earl unterstützte die Bruderschaft zu Lebzeiten in allen Belangen. Im administrativen sowie im finanziellen Bereich. Und nach seinem Tode hinterließ er der Bruderschaft ein beträchtliches Vermögen, von dem wir noch heute zehren und den Unterhalt der Firmenmitglieder bestreiten, die dafür sorgen, dass die Unglücke aus den Artikeln nicht eintreffen. Und im Gegensatz zu unseren Ahnen gelingt uns das bisher hundertprozentig.«

»Sie konnten früher also nicht alle Unglücke verhindern?«, hakte Kyra nach.

Evelyn schüttelte den Kopf. »Nein. Undenkbar zu dieser Zeit. Trotz der Hilfe durch den Earl war die Bruderschaft nicht immer zur rechten Zeit am rechten Ort … Seien wir dankbar, dass wir davon bisher verschont blieben. Es ist weiß Gott nicht immer leicht. Einige Zeitungsartikel sind sehr undetailliert. Denken Sie nur an den Kellerbrand in Berlin in der vergangenen Woche, Frau Althoff. Wir mussten an die vierzig Leute aufwenden, um den richtigen Keller zur richtigen Zeit zu finden. Dagegen ist die gestrige Sache mit dem Hubschrauberabsturz in Saint-Clair-sur-l'Elle ein Klacks. Ein anonymer Anruf beim französischen Militär genügte, um sie ihre Technik überprüfen zu lassen.«

»Was … was haben Sie denen denn erzählt?«, fragte Kyra zögerlich nach. Sie war sich nicht sicher, ob sie diese Details wirklich wissen wollte. Aber die in den Schlaf gezwungene Neugierde erwachte.

»Nur ein paar Andeutungen: Sabotage, Flugroute. Nun, auf jeden Fall haben sie den Fehler in der Maschine entdeckt. Schließlich ist kein Hubschrauber abgestürzt.«

»Das klingt mehr nach Glück als nach Verstand«, sagte Kyra. »Warum sagen wir der Welt nicht einfach, was das Buch preisgibt? Welche Möglichkeiten es bietet? Dann könnte man vereint und gezielt die Dinge angehen. Und warum sollen wir nicht jede Hilfe annehmen, die wir bekommen können?«

»Posaunen Sie es in die Welt hinaus. Bitte. Aber seien Sie sich darüber im Klaren, dass Sie sich damit in höchste Gefahr begeben. Sich und Ihre Mission.«

Kyras Stirn legte sich in Falten. »Könnten Sie Ihre kryptischen Andeutungen etwas präzisieren, Frau Kessow? Ich denke, Sie glauben nicht an die ›Anderen‹, die Satansanhänger.«

»Dieser Gruppierung wird es gar nicht bedürfen, Frau Althoff. Es gibt genug kranke Geister, die sich mit dem größten Vergnügen auf Sie stürzen würden. Was glauben Sie, wie lange Sie Ihre Jungfernschaft noch bewahren könnten, wenn die Weltpresse publik macht, was Sie in Händen haben? Welche Macht Sie haben? Sie allein!«

»Sie meinen …?«

»Ja«, stieß Evelyn heftig aus, »genau das meine ich. Diese Welt ist voll von geifernden, lüsternen Sadisten. Was rede ich? Ein einziger Spinner würde ausreichen. Hinter jeder Ecke könnte er stehen. Bei jedem Spaziergang müssten Sie sich fragen, ob Sie es schaffen, wieder nach Hause zu kommen, ohne vergewaltigt oder getötet zu werden.«

Sam strich sanft über Kyras Arm, auf dem sich die kleinen Härchen aufgerichtet hatten. »Evelyn hat recht, Kyra. Du wärst nie sicher. Natürlich sind das nur Mutmaßungen unsererseits. Vielleicht würde alles gut gehen. Aber selbst wenn, hättest du die Presse am Leib. Tag für Tag, Stunde um Stunde. All die Jahre. Sie würden dich niemals in Ruhe lassen.«

Kyra starrte vor sich hin.

»Schweigen Sie, Frau Althoff! Tun Sie sich und uns den Gefallen und verlieren Sie kein Wort über das Buch. Glauben Sie mir, es ist für alle das Beste.« Evelyn hatte ihre entspannte Haltung aufgegeben. Mit nach vorn gebeugtem Oberkörper saß sie verkrampft auf der Sofakante.

Ein Gefühl leichter Befriedigung durchlief Kyra. Sie hatte die Hexe mit ihrer Androhung, der Welt von dem Buch zu berichten, in Unruhe versetzt.

»Günther Jauch würde mich einladen«, kostete Kyra den Moment aus. »Ich glaube, meine Mutter würde sich auch freuen, mich bei ›stern TV‹ zu sehen. Ich könnte Geld verlangen. Unmengen. Alle Talkshows würden sich um mich reißen.« Kyra schloss die Augen und seufzte glücklich.

»Großer Gott, Sam, tu etwas! Die Frau weiß nicht, was sie redet.« Evelyns für die Jahreszeit sehr helle Gesichtshaut wurde noch eine Nuance blasser, während sie fahrig nach ihrem Zigarettenetui auf dem Tisch angelte.

Sam sah Kyra an, die immer noch breit lächelnd mit geschlossenen Augen dasaß.

»Beruhige dich, Evelyn. Sie genießt es lediglich, dich in Wallung zu bringen. Kyra ist nicht dumm. Sie wird kein Wort sagen. Habe ich recht, Kleine?«

»Contenance, meine Liebe.« Kyra schob Evelyn, die mit heftigen Zügen eine Davidoff zu Asche verwandelte, die silberne Zigarettenspitze zu. Dann sprang sie auf. »Für heute habe ich genug gehört. Vielen Dank für Ihre Aufrichtigkeit, Frau Kessow.« Ihren letzten Satz begleitete ein böser Blick zu Sam, der zumindest den Anstand besaß, reuevoll zu gucken.

★★★

»Die Monate vergehen. Wie lange willst du noch warten? Es gibt keine Erkenntnisse darüber, dass es eine andere sein könnte.« Der Mann wedelte eine Fliege vor seinem Gesicht weg und lehnte seine Unterarme auf den Schreibtisch des anderen. Er beugte sich zu ihm hinüber. »Tu es endlich!«

Der Mann am Schreibtisch schwieg. Er legte seine Fingerspitzen aneinander und sah den anderen an. »Geduld ist der Schlüssel zum Erfolg. Aber das zu begreifen, scheint euch fern.« Er stand auf. »Und darum soll es sein. Bereitet alles vor. Dem Lichtbringer zu Ehren soll es am nächsten Vollmond geschehen.«

»Endlich!« Die Augen des anderen blitzten, als er aufstand. Er legte seinem Gegenüber eine Hand auf die Schulter. »Ich verstehe, warum du zögerst. Mir ist durchaus bewusst, dass es nicht nur darum geht, die Vorhersagen des Buches zum Erlöschen zu bringen. Du willst das Buch nicht aus den Augen verlieren. Aber«, er hob resigniert die Schultern, »wir würden von diesem Kind sowieso niemals erfahren, wo das Buch ist.«

Der andere verzog spöttisch die Lippen. »Nur aus diesem Grund wird es jetzt geschehen. Die Vorstellung, unseren Nachfahren nicht mitteilen zu können, wo das Buch sich befindet, ist ein Graus ... Allerdings bin ich nach wie vor davon überzeugt, dass die Jungfrau eine andere ist. Und irgendwann in den kommenden Jahren wird sie sich verraten. Und dann ...«, seine Hand schnappte in der Luft nach der Fliege; zerquetscht ließ er sie auf die Schreibtischplatte fallen, »... werde ich da sein.«

★★★

Kyra gähnte herzhaft, während ihr Blick auf das Buch gerichtet war. Erst als die Buchstaben sich aufzublähen und in kleinen Rinnsalen zu sammeln begannen, setzte sie sich gerade auf. Sie griff nach dem Diktiergerät, schaltete es aber noch nicht ein. Bevor sie den Text des jeweiligen neuen Artikels auf das Band sprach, las sie ihn immer einmal leise für sich. Als die Druckerschwärzepünktchen endlich ihren Platz gefunden und sich in Buchstaben verwandelt hatten, hielt Kyra die Luft an.

»Was um alles in der Welt …?«, murmelte sie und legte das Diktiergerät zur Seite. Sie schlug das Buch zu, wartete fünf Sekunden und öffnete es wieder. Das Ergebnis war dasselbe.

Sie sprang auf, lief über den Flur und riss die Wohnungstür auf. Evelyn starrte sie überrascht an, als Kyra ihr nicht das Diktiergerät in die Hand drückte, sondern sagte: »Kommen Sie rein.« Kyra selbst lief die paar Schritte zu Sams Wohnung und drückte den Klingelknopf.

»Was ist denn los?«, fragte Evelyn verwundert. »Warum wecken Sie Sam? Ich bin in dieser Woche für die Übernahme der Artikel zuständig.«

»Heute gibt es keinen Artikel«, murmelte Kyra, »sondern –« Sie brach ab, als ein verschlafener, nur mit einer Pyjamahose bekleideter Sam seine Tür öffnete.

»Komm mit«, sagte Kyra, »das musst du dir ansehen, äh, ich meine anhören.« Sie griff nach seiner Hand und zog ihn hinter sich her in ihre Wohnung.

»Was ist los?«, murmelte auch Sam und warf Evelyn einen irritierten Blick zu, die nur die Achseln zuckte und den beiden folgte.

Kyra nahm das Buch vom Wohnzimmertisch. »Ich lese euch jetzt vor, was heute geschrieben steht. Ihr werdet es nicht glauben. Also, passt auf:

›*Lieber Markus,*
zu deinem brillanten Abitur mit der Note 0,8 gratulieren wir
dir von Herzen.
Oma und Opa Weltinger
Hannover, Juni 2000.‹«

Einen Moment herrschte Schweigen. Sam und Evelyn tauschten einen ungläubigen Blick.

»Ist es das, wofür ich es halte?«, fragte Sam kopfschüttelnd.

»Nun, es ist eine Glückwunsch-Annonce zum bestandenen Abitur. Zu einem phantastischen Abitur«, sagte Kyra. »Aber was um alles in der Welt hat das zu bedeuten? Wo verbirgt sich der Schrecken, der Tod, hinter dieser Annonce? Ein bestandenes Super-Abi ist doch etwas Wunderbares.«

Evelyn räusperte sich. »Lesen Sie das bitte noch einmal vor. Damit ich es wirklich glaube. Da muss irgendetwas anderes dahinterstecken. Vielleicht wird der Junge sterben?«

Kyra schüttelte den Kopf. »Das ergibt doch keinen Sinn. Nichts deutet in dem Text auf Tod hin.« Sie las den Text noch einmal vor.

Evelyn drückte ihr das Diktiergerät in die Hand. »Jetzt noch einmal für alle. Da werden sich heute Nacht noch einige Menschen den Kopf zerbrechen. Auf jeden Fall müssen wir eruieren, wer diese Weltingers sind.«

Sam nickte. »Das erledige ich gleich morgen früh auf der Dienststelle.«

Evelyn sprang auf, nachdem Kyra den Text zweimal auf das Band gesprochen hatte, und eilte mit dem Diktiergerät hinaus.

»Was glaubst du? Was bedeutet das?« Kyra hatte sich zu Sam herumgedreht, der neben ihr auf dem Sofa gedankenverloren ein Loch in die Wand starrte.

»Keine Ahnung.« Sam lehnte sich zurück und sah Kyra an, deren Blick an seiner nackten Brust hängen blieb. »Mir ist kalt«, sagte er, griff nach der Decke neben dem Stapel mit den Micky-Maus-Heften und legte sie sich über die Schultern.

»Dann solltest du nicht halb nackt durch die Gegend laufen.«

»Entschuldige mal bitte! Wer hat mich denn in seine Wohnung gezerrt, ohne mir die Chance zu geben, etwas überzuziehen?«

»Vielleicht gefiel mir ja, was ich gesehen habe?«

Sam schob seine Brille ein Stück nach oben. »Ich gehe jetzt rüber. Heute Nacht werden wir keine Antwort mehr auf diese merkwürdige Annonce finden. Ich werde dich informieren, sobald die Firma etwas herausfindet. Gute Nacht, Kleine.« Er lief zur Wohnungstür.

»Gute Nacht, Sam.« Kyra öffnete ihre Arme, aber statt der erwarteten Umarmung drückte Sam ihr die Decke in den Arm und verschwand ohne ein weiteres Wort.

★★★

»Wo bist du nur immer mit deinen Gedanken?«

Kyra zuckte zusammen und sah Doro schuldbewusst an. »Entschuldige, was hattest du gerade gesagt?«

Doro nahm einen großen Schluck von ihrem Bier. »Ich habe gesagt, dass Silikon-Sonja einen neuen Freund haben soll. Einen stinkreichen Unternehmer, wird gemunkelt.«

Doro ließ sich weiter über die ehemalige Kollegin aus, aber Kyra gelang es nicht, dem Monolog zu folgen. Ihre Gedanken schweiften wieder ab. Zu Markus Weltinger, der bereits den vierten Tag nach Erscheinen der Annonce in dem Heiligen Buch unbeschadet überstanden hatte.

Es war für die Firma ein Leichtes gewesen, die Familie aufzuspüren. Hans-Jürgen Weltinger, fünfundvierzig Jahre alt, war Bauingenieur in Hannover, seine Frau Patricia, dreiundvierzig Jahre alt, arbeitete als Lehrerin an einer Grundschule. Markus war ihr einziges Kind.

Kyra sog gedankenverloren an ihrem Cocktail. Die vorsichtigen Recherchen der Firma hatten keinerlei Hinweise auf nahendes Unglück erbracht. Dafür aber etwas Ungewöhnliches in Bezug auf den Jungen. Markus Weltinger war erst vierzehn Jahre alt – und hatte jetzt ein überragendes Abitur in der Tasche. Vier Klassen hatte er im Laufe seines kurzen Lebens übersprungen. In diesem Moment weilte er mit seinen Mitschülern in Dänemark und feierte das Ende der Schulzeit. Vom Tod keine Spur. Diese an sich beruhigende Tatsache bereitete Kyra trotzdem Kopfzerbrechen. Und nicht nur ihr. Sam hatte berichtet, dass die Firma auf jeden Fall an dem Jungen dranbleiben werde. Von jetzt an war er unter ständiger Beobachtung der Bruderschaft.

»Stimmst du mir zu?« Doro hatte die Stirn gerunzelt und wartete anscheinend bereits länger auf Antwort. Aber auf welche Frage?

»Ja, natürlich.« Kyra nickte zustimmend. Wozu auch immer.

»Dann stimmst du mir also zu, dass der Wurz den Schlupp im Wupp gedudelt hat?«

Kyra verzog schuldbewusst das Gesicht. »Das hast du mich wirklich gefragt?«

»Allerdings. Beim nächsten Barbesuch nehme ich meinen Wischmopp mit. Der zeigt an meinen Ausführungen das gleiche Interesse wie du, trinkt aber nicht wahnsinnig teure Cocktails auf meine Kosten.«

Kyra winkte den schwarzhaarigen Brad Pitt zu sich. »Zwei Sex on the Beach! Mit einem doppelten Wodka.«

★★★

Kühl und rau fühlte sich das Taufbecken in der St.-Johannis-Kirche an, als Kyra mit ihren Fingern darüberglitt. Es war ihr letzter Urlaubstag, und sie konnte Föhr nicht verlassen, ohne hier gewesen zu sein.

Schon ihre Mutter war mit dem Wasser aus diesem Taufstein, der im 12. Jahrhundert aus einem Findling geschlagen worden war, getauft worden, genau wie sie und ihre Schwester Agnes. Bereits in der Schul- und Konfirmandenzeit war ihr, wie allen Föhrer Kindern, die Symbolik der in den Stein gehauenen Figuren erklärt worden. Doch jetzt, wo sie wusste, dass das Buch 1674 von Victoria Anne, der Tochter des Earls of Fentworth, in der eingehängten Taufschale deponiert worden war, betrachtete sie die Darstellung auf dem Stein mit anderen Augen. Der ewige Kampf von Gut und Böse um die Seelen der Menschen, wie er auf dem Taufstein bildhaft festgehalten war, hatte die Macht des unsichtbaren Buches begründet. Die Jungfrau Maria hatte sich dem Todesengel widersetzt.

Auf Kyras Armen bildete sich eine Gänsehaut, und sie wandte sich abrupt von dem Stein ab. Sie wollte nicht über die Legende nachdenken, darüber, woher das Buch stammte und welche

Kräfte darin wirkten. Fakt war, dass es existierte und ihr Leben durcheinanderwirbelte.

Sie drängte sich an zwei Touristen vorbei, die die Tür zum Vorraum der Kirche blockierten, und eilte nach draußen in die wärmende Sonne. Langsam ging sie den Friedhofsweg entlang. Hätte nicht in über dreihundert Jahren irgendein Mensch die Taufschale stehlen können? Dann wäre das Buch niemals in ihre Hände gefallen. Was hatte sie verbrochen, dass das Schicksal so auf ihr herumtrampelte?

Genau diese Frage stellte sie Sam am frühen Nachmittag. Sie hatten sich zum Pizzaessen in der Wyker Mittelstraße verabredet. Sam legte das kleine Pizzadreieck, in das er gerade hineinbeißen wollte, auf die Pappe zurück.

»Das Schicksal trampelt nicht auf dir herum, Kyra. Es reicht dir eine Hand, in der das Glück anderer liegt. Und nur du kannst es ihnen bringen.«

Kyra schnaubte. »Ich hasse es, wenn du meine Depri-Stimmung vergraulst. Beim nächsten Mal bleibst du in Itzehoe.«

Sam deutete auf die klobige Bank vor dem »Pizza King«, auf der er eine Plastiktüte abgestellt hatte. »Dann hast du aber niemanden, der dir beim Krabbenpulen hilft. Also überleg es dir gut.« Grinsend nahm er das Pizzastück wieder auf und biss hinein.

»Das Argument lasse ich gelten.« Sie hatte die frischen Krabben am Hafen direkt vom Kutter gekauft. Wie viele Kilo mochte sie im Laufe ihres Lebens bereits mit ihrer Mutter gepult haben? In einem unbeschwerten Leben. Sie atmete tief durch. Es schien Jahrhunderte entfernt.

SIEBEN

»Mein Locher klemmt.« Oskar Wiegand klang vorwurfsvoll.
»Du musst deinem *Locher* einfach mehr Bewegung verschaffen, Oskar«, flötete Doro. »Dann funktioniert das gute Stück auch.«
Oskars sich leicht färbende Wangen verrieten, dass er die Anspielung durchaus verstand. Allerdings hatte er Doros unschuldigem Blick nichts entgegenzusetzen.
»Vor meiner Mittagspause funktionierte er noch.« Sein Blick glitt misstrauisch zu den Schreibtischen seiner Kolleginnen, auf denen die gleichen Locher standen. Kyra bewunderte vor allem die Tatsache, dass er mit seinen Augen beide Tische gleichzeitig erfassen konnte.
»Ich kann mich ja mal um deinen Locher kümmern, Oskarlein«, bot Doro an. »Zarte Frauenhände können so einiges bewirken.« Doro gelang es, stockernst zu bleiben, als Oskar sie sprachlos anstierte. Kyra hingegen musste mal wieder ihre unterste Schreibtischschublade sortieren.
»Du bist unmöglich«, rügte Kyra Doro lachend, nachdem Oskar sich kurzfristig Richtung WC in Sicherheit gebracht hatte. »Er hat mir fast leidgetan. Und das soll schon etwas heißen.«
»Du bist doch schuld«, sagte Doro leichthin. »Wer hat denn seinen defekten Locher in der Frühstückspause mit Oskars ausgetauscht?«
»Ich kann doch nicht andauernd neues Material anfordern«, sanktionierte Kyra ihr Tun. »Im vergangenen Monat habe ich einen Tacker zerlegt und zwei Lineale zerbrochen. Bleistifte wollen sie mir auch keine mehr geben.«
»Du musst ja auch nicht jeden angekauten Bleistift wegschmeißen. Die schreiben trotzdem noch.«
Kyra schüttelte sich. »Igitt! Schließlich kaue ich meine Stifte nicht an, sondern du.«
»Dein Schreibtisch steht nun einmal näher am Kundentresen. Ich lauf doch nicht jedes Mal erst zu meinem Tisch zurück.«

Wie auf ein Stichwort öffnete sich in diesem Moment die Außentür.

»Kundschaft«, sagte Kyra und wandte sich dem Ankömmling zu. »Sam!«, stieß sie im nächsten Moment überrascht aus und trat schnell an den Tresen. Sein Gesichtsausdruck ließ ahnen, dass sein Besuch etwas mit der Firma zu tun hatte. »Die Agentur ist firmenfreie Zone, Samuel Bach«, zischte Kyra leise, noch bevor er ein Wort gesagt hatte. »Und das bisschen Freiraum möchte ich mir auch erhalten. Also, was willst du?«

Im selben Moment tat Kyra ihr barscher Ton bereits leid. Sam sah schlecht aus. Gequält. »Sam, was ist los?«, fragte sie erschrocken.

»Kannst du dich hier ein halbes Stündchen loseisen? Ich muss mit dir reden. Dringend.«

Kyra blickte auf ihre Uhr mit dem abgenutzten roten Lederarmband, das ihr heilig war. Es war das letzte Geschenk von Agnes. »Du hast Glück. Ich hatte noch keine Mittagspause. Sobald Kollege Oskar wieder hier ist, können wir losziehen.«

»Also, schieß los.« Kyra rollte ein paar gebratene Nudeln mit der Gabel auf, während sie Sam auffordernd anblickte.

»Du musst mit mir nach London fliegen.«

Kyras Hand, die die nächste Nudelportion zum Mund führte, fiel herab. »Ich muss was?«

Sam schob seine Brille hoch und suchte nach den passenden Worten. »Ein lieber alter Freund lebt in London. Jonathan Harker-Mall. Er ist Mitglied der Firma und mein engster Vertrauter, seit meine Eltern starben.« Sam stockte. »Er liegt im Sterben, Kyra. Ich möchte, dass er dich noch kennenlernt.«

Kyra ließ die Gabel endgültig auf den Teller sinken. Sie war satt.

»Ich würde dich nicht bitten, wenn es nicht Jonathan wäre«, sagte Sam leise. »Er war immer wie ein Vater für mich.«

»Ich dachte, mittlerweile hätten alle Mitglieder der Bruderschaft meine Hand geküsst«, sagte Kyra ironisch. »Wieso war er nicht bei dem letzten Vorstellungsmarathon im August dabei?« Sie erinnerte sich nur mit Unbehagen an die Begegnung mit der anderen Hälfte der Bruderschaftsmitglieder. Die einhundertfünfzig Männer und Frauen, die auf Evelyns Geburtstagsfeier nicht dabei gewesen waren. Auch diesmal waren wieder viele Tränen geflossen. Eine alte Dame war sogar in Ohnmacht gefallen, als Kyra ihr die Hand reichte.

»Er hat sich immer mit unaufschiebbaren Angelegenheiten entschuldigt«, stieß Sam wütend aus. »Alles Lüge. Er war schon schwer krank. Er wollte mich nur nicht beunruhigen ... Heute Morgen rief sein Butler Nigel an.«

»Du meine Güte, du kennst Menschen, die einen Butler haben?«

»Jonathan spricht nur von dir.«

»Und er verlangt, dass du nach London kommst? Und mich mitbringst?«

Sam lachte bitter auf. »Verlangen nein. Das würde Jonathan niemals tun. Dafür ist er viel zu edel. Er hat sich nur nach dir erkundigt. Wie es dir geht ... Kyra, es ist *mein* Wunsch, dass wir fliegen. Ich weiß, wie viel es ihm bedeuten würde. Die Bruderschaft ist sein Leben. Bitte, lass ihn die Jungfrau sehen, bevor er ...« Sams Stimme brach.

Kyras Hand legte sich über Sams. »Du hast ihn nie erwähnt«, sagte sie leise.

Sam hatte den leichten Vorwurf nicht überhört. »Er gehört nun einmal zur Firma. Also durfte ich dir nichts erzählen, bevor du eingeweiht warst.«

»Ich frage mich, was du mir noch alles vorenthältst.«

Sam sah ihr in die Augen. »Nichts«, sagte er nach einem Moment. »Jedenfalls nichts, was für dich von Bedeutung wäre.«

Kyra sagte nichts. Sie seufzte nur kurz, als er seine perfekt sitzende Brille nach oben schob.

★★★

»Halt durch, Sam. In einer Stunde haben wir wieder festen Boden unter den Füßen. Sieh dir lieber diese tolle Wolkenformation unter uns an.« Kyra tätschelte tröstend sein verkrampftes Knie.

Sam stöhnte gequält. »Allein die Vorstellung, dass die Wolken *unter* mir sind!«

»Wir hätten die Fähre nehmen können.«

»So viel Zeit haben wir nicht.« Sam löste Kyras Hand von seinem Knie und drückte einen Kuss darauf. »Ich danke dir, dass du mich begleitest. Dass du es so schnell möglich gemacht hast.«

»Es war nicht einfach, so kurzfristig wieder Urlaub zu bekommen. Doro wird für mich Überstunden machen. Aber ich freue mich auf London. Ich war noch nie dort. Haben wir Zeit für ›Madame Tussauds‹?«

»Natürlich. Wir werden nicht lange bei Jonathan bleiben können. Er ist zu schwach.«

»Dann shoppen wir noch bei ›Harrods‹? Doro und ich wollen schon ewig dorthin, aber geschafft haben wir es bisher nicht.«

»Ja, klar.«

»Und wir fahren natürlich mit dem London Eye.«

»Nur über meine Leiche. Keine zehn Pferde bringen mich in dieses Teil.«

»Stell dich nicht so an. Wir werden eine phantastische Aussicht auf die Themse und die Stadt haben. Das Riesenrad ist hundertfünfunddreißig Meter hoch.«

»Eindeutig zu dicht an den Wolken.«

»Erzähl mir etwas über Jonathan«, wechselte Kyra abrupt das Thema. »Wie und wo habt ihr euch kennengelernt? Wie bist du zur Firma gekommen?«

Sam lächelte. »Bisher wolltest du nie etwas darüber hören.«

»Manchmal ändern Frauen ihre Meinung.«

»Nun denn. Jonathan Harker-Mall gehört der Firma an, genauso wie meine Eltern seinerzeit. Als mein Vater einem Herzinfarkt erlag, wurde er quasi mein Mentor. Er hat meine Mutter und mich in allen Belangen unterstützt. Als meine Mutter dann an Krebs starb, habe ich die letzten beiden Jahre bis zu meiner Volljährigkeit bei ihm in London gelebt. Jonathan war Literaturprofessor und hat an vielen Universitäten gelehrt. Er hat meine Liebe zur Literatur geweckt. Ich habe auch einige Semester bei ihm studiert.«

Kyra sah ihn verwirrt an. »Ein Literaturstudium? Du … du bist bei der Kripo. Oder stimmt das etwa auch nicht?« Ihre Augenbrauen zogen sich bedrohlich zusammen.

»Doch, natürlich, aber ursprünglich hatte ich einen anderen Berufswunsch.« Er lächelte. »Bibliothekar wollte ich werden. Ein eigenes kleines erstklassiges Antiquariat ... Das sind meine Träume.«

Verblüfft musterte Kyra sein Gesicht, auf dem sich der Hauch eines Bedauerns abzeichnete. Bedauern darüber, dass er jetzt einen Job hatte, den er gar nicht wollte. »Warum in aller Welt bist du dann bei der Polizei gelandet, wenn dein Herzenswunsch eigentlich Bücherwurm war?«

Sam senkte seine Stimme auf ein Minimum. »Um die Jungfrau zu finden und später schützen zu können, waren Bibliothekare nicht so gefragt. Man hat mich gebeten, zur Polizei zu gehen. Viele von uns arbeiten dort und an weiteren der Firma förderlichen Stellen.«

Fassungslos schüttelte Kyra den Kopf. »Du bist also schon als Kind in der Firma gewesen?«

Sam lachte leise auf. »Ich wurde natürlich noch nicht im Kindesalter eingeweiht, sondern erst als Jugendlicher, als man sich meiner Verschwiegenheit sicher sein konnte.«

»Ich versuche mir gerade vorzustellen, wie ich reagiert hätte, wenn mir jemand von dem Buch erzählt und verlangt hätte, dass ich diese Geschichte glaube«, sagte Kyra kopfschüttelnd. »Und ich bin mir *sehr* sicher, dass ich die Jungs mit der Zwangsjacke gerufen hätte. Wie konntest du nur daran glauben? So ohne jeden Beweis?«

Sam lächelte. »Ich kann es dir nicht beantworten. Der Glaube daran steckt einfach in mir. Vielleicht in meinen Genen. Wer weiß? Es ist wahrhaftig nicht einfach für die Firma, Neulinge für die Bruderschaft zu gewinnen. Der feste Stamm der Firma besteht aus dreihundert Personen, Männern und Frauen. Dazu kommen die Anwärter. Dreiunddreißig an der Zahl. Sie sind der Unsicherheitsfaktor. Erst wenn wir uns ganz sicher sind, dass wir ihnen vertrauen können, erfahren sie die ganze Wahrheit.«

»Aber was genau sind die Auswahlkriterien für die Anwärter?«

»Das solltest du unsere Späher fragen.« Sam bohrte lachend seinen Finger in die kleine Falte zwischen Kyras zusammengezogenen Augenbrauen. »So nennen wir die Mitglieder der Bruderschaft, die für das Aufspüren neuer Anwärter zuständig sind. Viele von ihnen sind Lehrer und Literaturgelehrte. Auch Jonathan war ein Späher. Sie haben einen Blick für potenzielle Anwärter. Diese Anwärter werden dann auf Herz und Nieren geprüft. Charakter und Neigungen, Familie und Umfeld. Wie du eben selbst sagtest: Nur die wenigsten Menschen wären bereit, eine so abstruse Geschichte zu glauben, ihr Leben darauf auszurichten. Darum ist die Bruderschaft äußerst dankbar für jedes Pärchen, das sich innerhalb der Firma findet. Deren Nachwuchs, so wie ich, wächst dann ab dem Teenageralter sozusagen mit und in der Legende auf. Evelyns Eltern sind auch in der Firma. Du hast sie an ihrem Geburtstag kennengelernt. Sogar ihre Großeltern und ein Urgroßvater waren Mitglieder. Zurzeit befinden sich in der Firma fünfunddreißig Prozent Externe.«

»Externe?«

»So nennen wir den Anteil, der keine Vorfahren in der Bruderschaft hat.«

»Hast du nie einem deiner *externen* Freunde von der Firma erzählt?«

»Selbstverständlich nicht.«

»Selbstverständlich nicht«, wiederholte Kyra mit tiefer Stimme und schlug die Handkante gegen die Stirn.

»Weißt du eigentlich, wie schwer es ist, Menschen über einen Zeitraum von über dreihundert Jahren immer neu zu motivieren?«, sagte Sam ernst. »In den Genuss des Beweises kommen schließlich nur diejenigen, die in den neun Jahren leben, in denen das Buch sichtbar ist.«

»Ach ja, die Anwärter«, seufzte Kyra. »Wann soll ich mich ihnen präsentieren?«

»Uuh! Was war das?« Sam griff panisch an die Lehne seines Vordermannes. »Ein Luftloch?«

»Kleine Turbulenzen, Sam, nichts Tragisches.« Kyra tätschelte seine Hand. »Bei einem Luftloch geht die Post ab. Du wirst dich vermutlich wegschreien, sollten wir in eines geraten.«

»Vielen Dank! Jetzt fühle ich mich gleich besser … Du hältst mich für ein Riesenweichei, stimmt's?«

»Auf einer Eierskala zwischen Straußen- und Taubeneigröße

sehe ich dich im Hühnereierbereich, Größe L. Aber du hast meine Frage noch nicht beantwortet. Wann treffe ich die Anwärter?«

»Das entscheiden wir kurzfristig. Die Umstände müssen passen.«

»Was sind das für Umstände?«

Kyras Blick folgte Sams Finger, der an seiner Nasenwurzel emporfuhr und die Brille nach oben schob. »Nichts Interessantes. Darum kümmern sich andere Firmenmitglieder.«

Kyra stand auf der oberen Stufe vor dem pompösen Stadthaus von Jonathan Harker-Mall im Londoner Stadtteil Chelsea und heftete ihren Blick auf den mächtigen Türklopfer mit dem Löwenkopf, während Sam den Taxifahrer entlohnte. Mit dem London-typischen *black cab* waren sie vom Flughafen hierher in die Glendale Road gefahren.

»Darf ich? Das wollte ich schon immer mal«, sagte sie und pochte, ohne Sams Antwort abzuwarten, mit dem schweren Ring zweimal gegen den metallenen Knopf auf der dunklen Eichentür.

»Ich bevorzuge die 21.-Jahrhundert-Variante«, sagte Sam amüsiert. »Der gute alte Nigel steht schließlich nicht den ganzen Tag hinter der Tür.« Er drückte den Klingelknopf.

»Wie profan« entgegnete Kyra enttäuscht. »In den alten Filmen hören die Butler das Klopfen.«

Sam grinste. »Im Film heißen auch alle Butler James.«

Im selben Moment wurde die Tür von innen aufgezogen und eröffnete den Blick in eine schwarz-weiß gefliese Halle, an deren getäfelten Wänden Schränke und Kommoden verschiedener Stilrichtungen an einen noblen Antiquitätenladen denken ließen.

Kyra straffte die Schultern, zupfte ihre perfekt sitzende hellblaue Jacke über der braunen Hose zurecht und starrte überrascht auf den weißhaarigen Mann im Rollstuhl, der jetzt von einem Diener von der Tür zurückgezogen wurde, um den beiden Gästen Einlass zu gewähren. Gentlemanlike ließ Sam Kyra den Vortritt.

»Willkommen, Miss Althoff«, sagte der Mann im Rollstuhl mit kraftvoller, dunkler Stimme, ohne seine Lippen zu einem

Lächeln zu verziehen. »Ihnen ebenfalls einen guten Tag, Mister Bach.«

Kyra ließ sich nicht anmerken, wie überrascht sie war. Das fortgeschrittene Alter – er musste weit über achtzig sein – und der Rollstuhl waren zwar ein eindeutiges Anzeichen für Gebrechlichkeit, aber die kräftige Stimme und die wachen Augen des alten Mannes straften dessen angeblich bevorstehendes Ableben Lügen.

»Ich freue mich, Sie kennenzulernen, Mister Harker-Mall«, sagte Kyra in ihrem besten Englisch, beugte sich leicht über den Rollstuhl und streckte die Hand zur Begrüßung aus.

Der Mann blickte irritiert von Kyra zu Sam, ohne die Hand zu ergreifen. »Ich verstehe nicht …«

»Guten Tag, Nigel. Ich hoffe, es geht Ihnen gut?« Sam nickte dem Mann im Rollstuhl freundlich zu. Dann legte sich ein Ausdruck der Besorgnis auf sein Gesicht. »Wie geht es Jonathan? Können wir gleich zu ihm?«

»Mr. Harker-Mall befindet sich heute in äußerster Erregung. Ich soll Sie und die Lady sofort zu ihm führen, Sir. Bitte folgen Sie mir.«

Der Diener drehte den Rollstuhl auf einen kurzen Wink des alten Mannes hin und schob ihn langsam vorwärts.

»Der Mann im Rollstuhl ist der Butler«, zischte Kyra, »und nicht Jonathan?« Sie wand sich aus Sams Arm, den er um sie gelegt hatte, um sie durch die große Halle zu einer prächtigen Kirschbaumtreppe zu geleiten. »Vielleicht könntest du mir solche Kleinigkeiten in Zukunft mitteilen, bevor ich mich so unsterblich blamiere?«

»Sorry«, flüsterte Sam zurück. »Du konntest natürlich nicht wissen, dass Jonathans Butler im Rollstuhl sitzt.«

»Und einen eigenen Diener hat«, ergänzte Kyra kopfschüttelnd. »Versnobtes altes England!«

Jonathan Harker-Mall lag in einem mit Intarsien versehenen Mahagoni-Bett. Das durchscheinende Gesicht hob sich kaum von den cremefarbenen Kissen ab, gegen die sein ausgezehrter Körper gelehnt war. Die schweren brombeerfarbenen Vorhänge vor den beiden länglichen Fenstern waren nicht zugezogen, trotzdem wirkte das Schlafzimmer dunkel, weil zwei große Eichen ihre Schatten in den mit einer Holzdecke verkleideten Raum warfen.

Auf den ersten Blick war für Kyra ersichtlich, dass die Tage, wenn nicht die Stunden des Mannes vor ihr gezählt waren. Kyra glaubte, den Tod riechen zu können. Der Raum war geschwängert mit Düften, die sie Krankheit, abgestandener Luft, Mottenkugeln und schwarzem Tee zuordnete.

»Jonathan«, erklang Sams Stimme, besorgt und vorwurfsvoll zugleich. »Mein Gott, Jonathan, warum hast du mir nichts gesagt?«

Kyra sah Tränen in Sams blauen Augen aufblitzen, als er sich zu dem Kranken hinunterbeugte und ihn in seine Arme nahm. Schnell wandte sie sich ab. Sie konnte Sam nicht weinen sehen.

Die dünne Hand Jonathans strich kraftlos über Sams Arm. »Es ist alles gut, Sam. Du hast mir meinen größten Wunsch erfüllt. Nichts anderes zählt.«

Sam rückte zur Seite, um Jonathan den Blick auf Kyra zu ermöglichen. Gleichzeitig zog er Kyra mit der Hand an das Bett. »Jonathan, das ist Kyra Althoff. Die Jungfrau.«

Er sprach mit feierlicher Stimme, und Kyra nahm ihm, nach einem raschen Blick in Jonathans Gesicht, zum ersten Mal den Titel »Jungfrau« nicht übel.

»Verzeihen Sie, dass ich mich nicht erhebe, Miss Althoff ... Es ist eine unermessliche Ehre, Sie kennenzulernen.«

»Ich bitte Sie, Mister Harker-Mall. Ich freue mich, Sie kennenzulernen. Sam hat mir auf dem Flug viel von Ihnen erzählt.« Sie reichte ihm die Hand und spürte die Kraftlosigkeit der seinigen. Trotzdem zog er Kyras Hand an seine Lippen und hauchte einen Kuss darauf. Kyra betrachtete sein Gesicht mit den klugen grauen Augen, die tief in ihren Höhlen lagen, sie aber durchdringend anblickten.

»Kommen Sie«, sagte Jonathan und klopfte auf sein Bett. »Setzen Sie sich zu mir und berichten Sie mir von dem Heiligen Buch und den Artikeln.«

Kyra und Sam blieben fast zwei Stunden und erstatteten Bericht, immer wieder unterbrochen durch Fragen Jonathans, der begierig alles in sich aufsog.

»Die Sache mit dem Abitur-Glückwunsch gefällt mir nicht«, flüsterte Jonathan heiser, als Sam und Kyra sich verabschiedeten. »Es muss eine Bedeutung haben.«

Sam nickte. »Wir finden es heraus, Jonathan. Und jetzt ruh dich um Gottes willen aus. Ansonsten werde ich Kyra verbieten, heute Nacht zu dir zu kommen.«

»Zum Glück hat dieser unmögliche Mensch mir nichts zu verbieten«, sagte Kyra lächelnd und griff nach Jonathans Hand. »Ich werde um drei Uhr heute Nacht bei Ihnen sein und Ihnen den neuen Artikel vorlesen, bevor Sam ihn zu hören bekommt. Versprochen!«

Jonathan blickte sie einen Moment an. Dann verzogen sich seine Lippen zu einem Lächeln, das Einblick in frühere Stärke gewährte. »Sie sind würdig, die Jungfrau zu sein.«

Um Punkt drei Uhr klopfte Kyra vorsichtig an die Schlafzimmertür Jonathans. Vielleicht schlief er doch?

Aber die Tür wurde umgehend von innen geöffnet. Von dem Diener, der am Nachmittag Butler Nigels Rollstuhl geschoben hatte.

»Kommen Sie, kommen Sie«, erklang Jonathans Stimme vom Bett her. »Eine schöne Eigenschaft: Sie sind pünktlich.«

»Ich war mir nicht sicher, ob Sie wirklich wach sind«, sagte Kyra und legte das Buch nach einem kurzen Blick zu dem Diener neben dem Nachttisch ab.

»Selbstverständlich! Schlafen kann ich noch genug ... James, Sie dürfen sich jetzt zurückziehen. Bei Miss Althoff bin ich in den besten Händen.«

Als der Diener die Tür hinter sich ins Schloss gezogen hatte, murmelte Kyra: »Er heißt tatsächlich James.«

»Ein guter Mann, aber mit Nigel nicht zu vergleichen. Doch heute Nacht wollte ich mich nicht von Nigel wecken lassen. Er ist nicht mehr der Jüngste und braucht seinen Schlaf. Morgen wird er deswegen mit James schimpfen.«

»Sie sind unglaublich, Mr. Harker-Mall«, lachte Kyra und zog sich einen Stuhl mit schwerer Lehne näher heran, aber Jonathans Hand klopfte erneut auf sein Bett.

»Bitte, tun Sie mir die Ehre und setzen Sie sich zu mir, Kyra. Und bitte, nennen Sie mich Jonathan. Ich weiß, es ist eine Zumutung, bei einem alten, kranken Mann auf der Bettkante zu hocken, aber so kann ich Sie besser sehen. Glauben Sie mir, ich sehe Sie so gern an. Sie sind der wichtigste Mensch, den ich je im Leben kennenlernte. Und das sagt Ihnen ein Mann, der bei der Queen zum Tee eingeladen war.«

Kyra griff nach dem Heiligen Buch, bevor sie sich auf die Bettkante setzte, und schlug es auf. Ein Aufschluchzen des alten Mannes ließ sie zusammenzucken. »Alles in Ordnung, Jonathan?«

Er lächelte unter Tränen. »Es ist so unfassbar, Ihre Hände zu beobachten, Kyra. Zu wissen, dass Sie das Heilige Buch darin halten.«

Kyra nahm das Buch. »Es liegt jetzt auf Ihrer Brust, Jonathan.«

Er verschränkte seine faltigen Finger wie im Gebet über seiner schmächtigen Brust, sodass sie im Buch verschwanden. Ein Anblick, der Kyra einen Schauder über den Rücken jagte. Bis zu den schmalen Handgelenken ruhten seine Hände jetzt unter dem Leder. »Passen Sie immer gut darauf auf, Kyra. Es darf für die Nachwelt nicht verloren gehen.«

»Ich verwahre es in einem Umschlag, seit Evelyn Kessow mir von den anderen Jungfrauen berichtet hat. Sollte ich morgen von einem dieser wundervollen roten Doppeldeckerbusse überfahren werden, weiß Sam, wo sich der Umschlag befindet.«

Jonathan blickte ernst. »Sie müssen nicht nur auf das Heilige Buch, sondern auch auf sich aufpassen, Kyra. Vertrauen Sie nur der Bruderschaft. Seien Sie neuen Bekanntschaften gegenüber immer skeptisch.«

Ein erneuter Schauer kroch über Kyras Nacken. »Sie machen mir Angst, Jonathan.«

»Das lag nicht in meiner Absicht, meine Liebe, verzeihen Sie mir. Aber im Gegensatz zu vielen anderen Firmenmitgliedern war ich immer bereit, zu glauben, dass es die Anderen gab. Sie haben im 17. Jahrhundert nur die Spur verloren. Und ich bete zu Gott, dass sie nicht mehr existieren, dass sie sich im Laufe der Jahrhunderte verloren haben.«

»Was macht Sie so sicher, dass es diese andere Bruderschaft gab?«

»Hat Ihnen die gute Evelyn nicht von Lord Shallstean berichtet? Dem Mann, der zu Gast auf Hohensalzburg war, als die Jungfrau Johanne am Heiligen Abend vom Turm der Festung sprang?«

Kyras Finger spielten nervös mit einer Locke hinter ihrem Ohr. »Lord Shallstean? Wer soll das sein?«

»Ein Engländer, geschäftlich auf Hohensalzburg, behaupten die meisten Firmenmitglieder. Ich und wenige andere glauben, dass er der Bruderschaft der Satansanhänger angehörte und Johanne schändete. Ich will nicht behaupten, dass er sie auch vom Turm stieß, aber er tötete ihre reine Seele. Darum ist sie gesprungen.«

»Mein Gott, Jonathan, was um alles in der Welt lässt Sie das glauben?«

»Sein Name.«

»Sein Name?« Kyra starrte Jonathan an. Seine Stimme wurde immer schwächer. Das Gespräch erschöpfte ihn sichtlich. Anscheinend auch seinen Geist.

»Shallstean ist ein Anagramm. Vertauschen Sie die Buchstaben. Und aus Shallstean wird Satan's Hell.«

Kyra war völlig verwirrt. »Das mag ja sein, Jonathan, aber ist das nicht eher Zufall? Ich meine, es gibt vermutlich Tausende Namen, die einen anderen Sinn ergeben, wenn man sie verdreht.«

»Überprüfungen ergaben, dass der Name Shallstean in England in Adelskreisen nicht vorkam.«

»Ich weiß nicht, Jonathan …«

»Passen Sie einfach auf sich auf, Kyra. Und achten Sie auf die Zeichen. Die Satanisten lieben Anagramme und dergleichen.«

Kyra strich über Jonathans Hand. »Keine Angst, Jonathan, wenn es die Anderen geben würde, hätten sie längst an meine Tür geklopft und mich aus meinem Itzehoer Mietturm vor den nächstbesten Lkw geworfen.«

»Genau das behauptet auch Sam. Und so muss ich euch wohl recht geben.«

Kyra setzte sich stocksteif auf. Sam hatte also irgendwann heute allein mit Jonathan gesprochen. »Ich hasse Sam. Wieso bespricht er mit Ihnen und Evelyn alles und mit mir fast nichts? Alles muss ich ihm aus der Nase ziehen. Und selbst dann verschweigt er mir noch die Hälfte ... Kein anderer Mensch auf der Welt schafft es, mich so zu reizen wie Samuel Bach! Manchmal ist er einfach unausstehlich.«

»Eine unerfüllte Liebe kann einen Mann schon einmal an seine Grenzen führen.«

Kyra schluckte. »Er hat mit Ihnen über seinen Kollegen gesprochen? Darüber, dass seine Liebe nicht erwidert wird?«

»Er hat mir all seine Gefühle gebeichtet, alles über den Menschen erzählt, den er liebt.«

»Sehen Sie, Jonathan, genau das meine ich. Mit mir spricht er nie darüber. Und das treibt mich zur Weißglut, andererseits braucht er mich nur anzusehen, und ich ...«

»Ja?«

»Ach, nichts.«

»Trauen Sie Ihren Gefühlen, Kindchen. Irgendwann wird alles gut sein.«

Die Wärme in seiner Stimme und die Aura der Vergänglichkeit, die ihn umgab, drangen tief in ihr Innerstes. »Ich wünschte, Sie hätten recht, Jonathan. Ich wünsche mir so sehr und schon so lange, dass einmal alles gut sein wird.« Die Tränen kamen, ohne dass sie es verhindern konnte.

Jonathans kühle Finger griffen nach ihrer Hand. »Mögen Sie es mir erzählen, Kyra? Das, was Sie in sich tragen?«

Kyra nickte unter Schluchzen. »Die Tatsache, dass ich noch Jungfrau bin ... Für Sie ist es etwas Erhabenes. Für mich ist es verbunden mit Angst, mit Grauen.« Unbewusst entzog sie ihm ihre Hand. »Ich war achtzehn, als ich mit Alex, meinem damaligen Freund, schlafen wollte. Das erste Mal.« Das Lächeln, das sie sich abrang, war kläglich. »Wir waren so verliebt. Und wir wollten einen Abend nutzen, an dem meine Eltern und meine Schwester Agnes auf dem Festland sein würden, um meine Großmutter zu besuchen. Ich hatte alles so schön vorbereitet: Kalter Sekt stand bereit. Mein Zimmer war ein Kerzenmeer.

Duftkerzen mit Kirscharoma. Noch heute habe ich diesen Duft in der Nase.«

Kyra knetete ihre Hände ineinander. »Meine Mutter hat dann kurzfristig entschieden, zu Hause zu bleiben, weil es ihr nicht gut ging, und mein Vater und Agnes sind allein gefahren. Alex und mich hat diese Tatsache letztendlich nicht aufhalten können, weil meine Mutter unten im Wohnzimmer auf dem Sofa lag und einen Film guckte. Wir wussten, dass sie uns nicht stören würde.«

Kyra war dankbar, dass Jonathan keine Fragen stellte, sondern einfach nur zuhörte.

»Als das Telefon klingelte … nun, wir wollten gerade …« Sie schluckte. »Ich habe noch ihren Schrei im Ohr. Meine Mutter hat so fürchterlich geschrien. Und ich wusste, dass etwas Grauenhaftes passiert war … Alex' Hände waren auf meinem Körper … und meine Mutter schrie und schrie.«

»Es war der Abend, an dem Ihr Vater und Ihre Schwester starben?«, fragte Jonathan leise. »Sam hat mir von ihrem Unfalltod erzählt.«

Kyra nickte. »Seit damals … bei jedem körperlichen Kontakt mit einem Mann … da waren die Schreie meiner Mutter … der unfassbare Schmerz in meiner Brust, als sie mir das Grauenvolle entgegenschluchzte, nachdem ich zu ihr heruntergestürzt war.«

Sie seufzte tief und hob die Schultern mit einem erneuten schiefen Lächeln. »Welcher Mann will schon einen zweiten Versuch wagen, wenn die Frau in seinem Bett Panik bekommt, zu weinen beginnt und sich abwendet, sobald sie seine Hände auf ihrem Körper spürt? … Es ist fast fünf Jahre her, dass ich den letzten Versuch gewagt habe. Und dann, vor zwei Jahren, als Sam mein Nachbar wurde, da –« Kyra brach ab.

»Die, die mich wollten, habe ich vergrault. Und derjenige, von dem ich glaubte, dass es bei ihm anders sein könnte, hatte nicht das geringste Interesse an meinem Körper. Ich habe Angst, Jonathan. Angst, dass das Leben mich vergessen hat. Und ich weiß nicht, ob ich die Kraft habe, sieben Jahre lang meiner Aufgabe gerecht zu werden. Schon jetzt fühle ich mich so oft hohl, leer.«

Jonathan sah sie nachdenklich an. Er setzte zum Sprechen an und brach wieder ab. Er schien mit sich zu ringen. Schließlich sagte er: »Weil Sie nicht wirklich teilhaben an dem Glück, das die Menschen in den Artikeln unbewusst durch Sie erfahren. Seien Sie mutig und nehmen Sie die Dinge in die Hand. Nur das wird Ihnen auf Dauer Befriedigung verschaffen. Und am Ende wird auch die Liebe Sie finden, Kyra.«

Kyra war verwirrt. Aber der dunkle Gong der Wanduhr verhinderte ein Nachfragen. »Halb vier«, sagte sie und deutete auf das gewichtslos auf seiner Brust ruhende Buch. Jonathan lächelte und hob seine Hände, damit Kyra sie nicht durch das Buch hindurchgleiten sah. Ein Anblick, der ihr nach wie vor unheimlich war, wie sie ihm berichtet hatte.

Mit klarer Stimme las Kyra drei Minuten später den neuen Artikel vor.

Kurz darauf betrat Sam das Schlafzimmer. Er zog sich einen Stuhl neben Kyra und betrachtete ihr Gesicht, während sie den neuen Text in das Diktiergerät sprach. Als Kyra ihm das Gerät mit einem Lächeln reichte, griff Jonathan unerwartet kraftvoll nach den Händen der beiden.

»Euer deutscher Herr Schiller war ein kluger Mann. Er hat einmal geschrieben: ›So führt das Schicksal an verborg'nem Band den Menschen auf geheimnisvollen Pfaden; doch über ihm wacht eine Götterhand, und wunderbar entwirret sich der Faden ...‹ Er wird recht behalten«, sagte er leise, bevor er erschöpft in den Schlaf sank.

ACHT

Mit einem Ruck entriss er ihr das feuchte duftende Tuch, mit dem sie sanft seine Oberschenkel abrieb. »Es ist genug. Ich bin gereinigt. Geh jetzt. Ich muss mich vorbereiten.«

»Ja!« Das Leuchten ihrer Augen war ekstatisch. »Wir erwarten dich, Großmeister.«

Als sie den kleinen Raum verlassen hatte, nahm er das Handtuch von dem kleinen Tisch und rieb seinen nackten Körper trocken. Er hatte vergebens gehofft, dass ihre massierenden Bewegungen bei der Reinigung seines Körpers als Stimulans wirkten.

Er war nicht erregt.

Er sah zu der Tür, die er gleich öffnen würde, um in dem Raum dahinter die Jungfrau zu schänden.

Von den achtzehn Männern und Frauen, die um den Altar standen und auf sein Erscheinen warteten, war kein Ton zu hören. Nur der leise Summton des Mädchens drang zu ihm hindurch. Ein störender Ton. Warum schrie sie nicht?

Er warf einen Blick aus dem schmalen Fenster in die sternenklare Nacht, in der das kalte Licht des bleichen Vollmondes fast störend wirkte. Er wandte sein Gesicht ab und betrachtete es im Spiegel, als er den rotseidenen Umhang um seine nackten Schultern legte. Er griff nach der Maske aus weichem schwarzen Leder und zog sie langsam über seinen Kopf. Seine Augen blitzten im Spiegel durch die Sehschlitze, zwei winzige Löcher ließen das Atmen durch die Nase zu. Mund und Kinn waren nicht verdeckt.

Er warf den Kopf zurück und schloss die Augen. Seine Gedanken bündelten sich um eine Jungfrau ohne Gesicht. Er sah einen Körper vor sich. Feste Brüste. Einen schlanken Leib, gefesselt auf dem Altar, der sich ihm in Angst und Wut entgegenreckte, weil er die Fesseln sprengen wollte, weil er ihm ausgeliefert war.

Jaaa! Er stöhnte auf, spürte seine Erektion an der kühlen Seide. Mit zwei Schritten war er an der Tür und öffnete sie. Ohne ein Wort trat er an den Altartisch und sah auf die in weiße Spitze gehüllte Gestalt hinab.

Kein Aufbegehren, kein zuckender Leib. Nur Apathie. Ihre einzige Regung war, dass sie den Summton in dem Moment verstummen ließ, da der chorale Gesang der drei Mal sechs in rote Kutten gehüllten Personen um den Altar begann. Nur das Licht der Kerzen, die die Kuttenträger in Händen hielten, erhellte den Raum, warf dunkle Schatten an die weißen Wände. Mit einem Ruck zerriss er den zarten Stoff des weißen Kleides.

»Für dich, Herr, Luzifer!«, hallte seine Stimme durch den Raum, als er in den Unterleib vor sich eindrang. Heftig, ein einziges Mal.

Der Gesang brach ab, als er sich danach sofort aus ihr zurückzog.

»Was?«, hallte seine Stimme durch den Raum. »Habt ihr eine Orgie erwartet? Sie ist entjungfert. Das ist es, was ihr wolltet. Und jetzt schafft sie mir aus den Augen.«

★★★

»Sam, was machst du denn? Das ist viel zu dünn.« Kyra drängte Sam vom Küchentisch weg und knetete den von ihm ausgerollten Teig wieder zu einem Klumpen zusammen.

»Ich hasse Weihnachtsbäckerei«, grummelte Sam. Er ließ sich auf einen Stuhl fallen. »Insbesondere, wenn sie in *meiner* Küche drei Wochen vor dem ersten Advent stattfindet.«

»Du hast nun mal den besseren Backofen«, sagte Kyra und rollte den Teig erneut aus. »Und außerdem macht Backen zu zweit viel mehr Spaß.«

»Das trifft wahrscheinlich zu, wenn *beide* gern backen.«

»Erzähl mir etwas von Markus Weltinger.« Sie drückte Sam eine Ausstechform in die Hand.

»Es gibt nichts Neues«, sagte Sam und drückte die Form lustlos zweimal in den Teig. »Er studiert weiterhin fleißig Physik und Mathematik. Und wie es aussieht, bleibt er auch an der Uni ein Überflieger. Der Junge ist ein Genie … Sind das eigentlich Micky-Mäuse, die ich hier aussteche? Ich dachte, das ist Weihnachtsbäckerei.«

»Tannenbäume und Engel macht jeder. Wir machen Weihnachts-Micky-Mäuse. Du musst nur noch kleine Mützen mit Bommel aus dem Teig ausschneiden und der Figur auf den Kopf drücken. Da kommt dann roter Guss drauf.«

Sam sah sie entsetzt an. »Bin ich Karl Lagerfeld? Deine Bommelmützen musst du dir selbst schnitzen.« Er griff nach der Tüte mit den Ausstechformen. »Ich mache Sterne. Stinknormale Sterne.«

»Langweiler.« Kyra strich sich eine Locke aus der Stirn, wobei sie einen weiteren Mehlstreifen auf ihrem Gesicht platzierte.

»Sam?«

»Hmm?«

»Meine Gedanken wandern immer wieder zu Markus Weltinger. Und ich stelle mir alle möglichen Situationen vor, was mit ihm passieren könnte. Irgendwann. Welche Gefahr droht und ob überhaupt eine droht. Alles ist so anders bei dieser Anzeige. Habt … habt ihr ihn immer im Blick? Könntet ihr jederzeit eingreifen, wenn Unheil droht?«

»Eine hundertprozentige Überwachung kann es nicht geben, Kyra. Und außerdem …« Sam schob seine Brille hoch.

»Was?«

»In der Firma wird noch eine andere Frage diskutiert. Wir fragen uns: Wird eine potenzielle Gefahr *für ihn* bestehen? Oder wird diese Gefahr eventuell *von ihm* ausgehen?«

Kyra legte die Plätzchenform zur Seite und schluckte. »In der hintersten Ecke meines Kopfes lauert genau dieser Gedanke, Sam. Weil diese Nachricht so anders war. Und er ist so ein verdammtes Genie. Solche Menschen haben mir schon immer Angst gemacht.«

Sam atmete tief aus. »Wir wissen gar nichts, Kleine. Wir sind zum Abwarten verdammt. Aber wir können nichts ausschließen. Und darum behalten wir seine sämtlichen Aktivitäten genau im Auge. Wir –«

Das Klingeln des Telefons unterbrach ihn. »Evelyn«, sagte er, als er das Gespräch annahm. Er lauschte einen Moment. »Äh, nein, ich komme lieber zu dir rauf. In meiner Wohnung entwickelt man zurzeit eine Mehlstauballergie.«

Kyra streckte ihm die Zunge raus und verteilte eine neue Ladung Mehl auf seinem Küchentisch.

»Evelyn hat ein Problem mit einer Funktion ihres Handys. Ich geh schnell mal rauf und schau, ob ich ihr helfen kann«, sagte Sam.

»Frau Oberschlau hat tatsächlich ein intellektuelles Problemchen?« Kyra begann, Bommelmützen auszuschneiden. »Das freut mich zu hören.«

»Kyra ist bei mir unten«, sagte Sam, als er die Tür hinter sich geschlossen hatte und Evelyn Kessow in ihr Wohnzimmer folgte. »Ich habe ihr gesagt, dass dein Handy nicht in Ordnung ist. Was gibt es?«

»Grit Helmbach ist vergewaltigt worden.«

»Mein Gott!« Sam starrte Evelyn an. »Was …? Ich meine …« Die Hand über die Augen legend, schwieg er einen Moment, bevor er wieder aufsah. »Das ist schrecklich. Aber das muss ein Zufall sein.« Er ließ sich auf die weiße Ledercouch fallen. »Oder?«

Evelyn knetete ihre schlanken Finger und lief im Zimmer umher. »Unser Kontakt hat die Nachricht eben übermittelt. Es ist vorgestern geschehen. Grit ist am Morgen verschwunden. Spurlos. Die verzweifelten Eltern haben sofort die Polizei benachrichtigt und Suchaktionen gestartet. Gefunden wurde sie in der Nacht. Zweihundert Kilometer von ihrem Zuhause entfernt. Ausgesetzt am Rande einer Landstraße. Ein aufmerksamer Autofahrer hat sie dort entdeckt.«

»Scheiße!« Sam suchte den Blickkontakt zu Evelyn. »Sag mir, was du denkst.«

Evelyn schüttelte den Kopf. »Ich weiß nicht, was ich denken soll, Sam. Ich will einfach nicht glauben, dass es sie wirklich gibt. Die Anderen. Aber wir müssen unsere Achtsamkeit erhöhen. Bleib du bei der Jungfrau. Ich treffe mich in einer Stunde mit dem inneren Kreis der Firma. Wir müssen die Sache erörtern. Und unser Grit-Kontakt wird versuchen, weitere Informationen zu bekommen.«

»Es kann einfach nur ein Zufall sein«, sagte Sam. »Ein schrecklicher Zufall, aber —«

»Wir müssen darauf reagieren«, fiel Evelyn ihm ins Wort. »Alle unsere Kontaktpersonen für die anderen Mädchen müssen ihre Observierung wieder aufnehmen.«

»Okay.« Sam stand auf. »Und ich werde morgen versuchen, über die Dienststelle mehr Informationen über den Fall einzuholen. Aber selbst wenn ich weiß, welche Kripo zuständig ist, kann ich natürlich keine Akten anfordern. Informiere mich, sobald du etwas hörst. Ich geh wieder runter.«

An der Tür drehte er sich noch einmal um. »Ich darf gar nicht darüber nachdenken, dass das kein Zufall ist. Das würde bedeuten, dass sie Bescheid wissen. Dass sie die Namen kennen. Die Personen. Sie wissen nur noch nicht, welche von ihnen es ist. Mein Gott …«

Sam versuchte, sein »So, alles erledigt« normal klingen zu lassen, als er seine Küche wieder betrat. Im selben Moment rief er: »Kyra, was ist los?«

Tränen liefen über Kyras Gesicht und zogen kleine Spuren durch den Mehlstaub auf ihren Wangen, während sie auf das Telefon in ihrer Hand starrte. »Dein Telefon hat geklingelt. Ich bin rangegangen«, flüsterte sie. Sie stand auf und griff nach Sams Hand. »Es war Nigel, Sam … Jonathan ist tot.«

Sam entzog Kyra seine Hand mit einem Ruck, ging an das Fenster und starrte hinaus. »Es konnte sich nur noch um Tage handeln.« Sein Brustkorb hob und senkte sich schwer. »Jonathan … Gott, ich werde dich vermissen.«

Kyra trat hinter Sam, schlang ihre Arme um ihn und presste ihren Kopf an seinen Rücken. »Nigel sagte, er ist friedlich eingeschlafen … Es tut mir so leid für dich, Sam.«

Mit einem Ruck drehte er sich um, umschlang Kyra und drückte seine Wange an ihren Kopf. Mit brechender Stimme sagte er: »Dieser Tag ist ein schlechter Tag, Kyra. Ein richtiger Scheißtag.«

★★★

»Ich frage mich, ob wir die Jungfrau nicht doch informieren sollten.« Evelyn Kessow blickte aus dem Fenster von Sams Büro im Polizeipräsidium im Hamburger Stadtteil St. Georg.

»Kannst du sie nicht endlich bei ihrem Namen nennen?«, stieß Sam aus. »›Die Jungfrau‹! Als wäre Kyra ein Gegenstand.«

Evelyns Augenbraue ruckte nach oben, während sie sich umdrehte und gegen den zweiten Schreibtisch lehnte. Sams Kollege war nicht im Raum. »Ich bin im Gegensatz zu dir einfach nur objektiv. Sie *ist* die Jungfrau. Und etwas mehr Objektivität könnte dir auch nicht schaden, Sam.« Sie musterte ihn. »Ich würde nicht zulassen, dass deine Gefühle für diese Frau unsere Mission gefährden, das weißt du.«

»Dessen bin ich mir wohl bewusst.« Sams Stimme klang bitter. »Aber was Kyra in diesen Jahren braucht, sind Freunde, keine Maschinen. Und genau darum haben wir beschlossen, dass wir ihr nichts von Grit sagen. Und ich bin sehr froh, dass die Mehrzahl der Firmenmitglieder mir zugestimmt hat. Wir gefährden die Mission, wenn wir es ihr erzählen. Sie würde vor Angst eingehen.«

»Was ist, wenn ihre Mutter das Gespräch darauf bringt? Schließlich hat Ellen Althoff als Betreuerin bei den Föhrer Pfadfindern mitgewirkt.«

Sam hob die Schultern. »Darauf müssen wir es ankommen lassen.«

»Hm.« Evelyn schüttelte verständnislos den Kopf.

»Wir haben doch alles im Griff«, sagte Sam. »Die Wochen sind ruhig vergangen. Sie geht keinen Schritt ohne Bewachung. Und auch mit den anderen Mädchen ist alles in Ordnung. Alle sind wieder unter unserer Beobachtung. Was also würde es bringen, wenn wir es ihr erzählen?«

»Kyra Althoff ist impulsiv, unbeherrscht und unberechenbar. Ich möchte einfach keine bösen Überraschungen erleben, wenn sie es durch andere erfährt.«

Sam lachte unfroh. »So siehst du sie, weil du sie nicht magst. Hoffentlich weißt du wenigstens ihre Furchtlosigkeit zu schätzen. Andere Frauen wären längst hilflose Nervenbündel in ihrer Situation.«

Evelyns Augenbraue hob sich. »Furchtlosigkeit? Sie ist einfach naiv. Ich —« Evelyn brach ab, weil Sams Kollege das Büro betrat und sich mit einem freundlichen »Moin, moin« für Evelyn an seinen Schreibtisch setzte.

»Ich bring dich noch raus«, sagte Sam und nickte Evelyn zu.

»Hast du versetzungsmäßig etwas erreichen können, Sam?«, fragte Evelyn auf dem Weg nach unten zur Eingangshalle. »Die Zeit, die du jeden Tag allein für die Hin- und Rückfahrt nach Hamburg benötigst, könnten wir gerade jetzt sinnvoller nutzen. Und du kannst dich nicht ständig krankschreiben lassen.«

Er schüttelte den Kopf. »Natürlich nicht, aber bei der Kripo Itzehoe ist momentan keine Stelle ausgeschrieben. Die letzte haben sie intern besetzt.« Er blieb mitten auf der Treppe stehen. »Ich werde also tun, was nötig ist. Zwei so verantwortungsvollen Aufgaben bin auch ich nicht gewachsen. Kyras Schutz hat Vorrang.«

Evelyn nickte. »Es bleibt uns nichts anderes übrig. Auch wenn es Signale setzt.«

Sam nickte. »Ich weiß, was du meinst. Ein mit Kyra Althoff eng befreundeter Polizist, der seine sichere Beamtenlaufbahn in den Wind schießt, könnte den Blick der Anderen noch mehr auf Kyra lenken. Aber seien wir ehrlich: Wenn sie wirklich für das verantwortlich sind, was der kleinen Grit passiert ist, kommen sie früher oder später sowieso auf Kyra. Und damit auch auf uns.«

NEUN

»Alles Liebe zum Geburtstag, mein Schatz!« Ellen Althoff nahm ihre Tochter kräftig in den Arm, bevor sie erneut ihr Glas erhob. »Und ein fröhliches neues Jahr! Mögen sich all deine Wünsche erfüllen.«

Kyra lauschte dem feinen Klingen der Gläser nach, als sie mit ihrer Sektflöte zuerst an das Glas ihrer Mutter stieß, dann an das von Hermann Potsiek, der sie wie ein tapsiger Bär mit seinen Pranken ebenfalls kurz an seine breite Brust zog.

Kyra war seit Weihnachten auf Föhr, und sie hatte keinerlei Lust verspürt, zu ihrem einunddreißigsten Geburtstag wieder nach Itzehoe zurückzukehren. Ihr war nicht nach Feiern, nicht nach Geburtstagswünschen und nicht nach fröhlichen Neujahrsrufen. Nur ihrer Mutter und Hermann zuliebe war sie mit nach draußen an den Strand gegangen, wo die Touristen ihre Raketen in den schwarzen Nachthimmel abfeuerten. Etliche Gruppen waren unterwegs, weil auf der Insel das Zünden der Raketen nur am Hafen und am Strand in ausreichendem Abstand zu den Häusern erlaubt war.

»Meine Wünsche haben sich noch nie erfüllt«, sagte sie bitter und bereute es sofort, denn Ellen sah sie bestürzt an.

»Was ist denn nur mit dir, Kind? Du bist so ... so weit weg von mir. Sag mir doch, was dich bedrückt. Irgendetwas quält dich doch.«

Kyra tätschelte Ellens Arm. »Es tut mir leid, Mama. Erst verderbe ich euch eure Silvestereinladung, und jetzt verbreite ich auch noch schlechte Stimmung. Ihr hättet einfach zu Hermanns Freunden in Boldixum gehen und nicht meinetwegen zu Hause bleiben sollen.«

Ellen schüttelte den Kopf. »Was für ein Unsinn! Du bist so selten hier, da bleiben wir natürlich zu Hause. Noch dazu, wo du Geburtstag hast ... Hermann, sieh doch bitte einmal nach der Katze. Die Raketen werden sie ängstigen.« Ellen wartete, bis er außer Hörweite war. »Willst du mir nicht endlich sagen, was mit dir los ist, Kind? Jede Nacht höre ich dich durch das Haus in den Garten laufen. Kannst du nicht schlafen? Früher hätte neben dir Atlantis auftauchen können, ohne dass du aufgewacht wärst.«

Kyra erschrak. Ihre nächtlichen Exkursionen in den Garten waren also nicht unbemerkt geblieben. »Du hast recht, Mama, im Moment schlafe ich nachts nicht durch. Ich weiß auch nicht, woran es liegt, aber ein bisschen frische Nordseeluft hilft immer. Danach schlafe ich wie ein Murmeltier.« Kyra sah ihrer Mutter bei diesen Worten nicht in die Augen. Sie hasste es, sie anzulügen.

Zwei Stunden später warf Kyra sich in ihrem alten Zimmer auf das Bett und starrte an die Decke. Unter sich hörte sie undeutlich die Stimmen von Ellen und Hermann, die ebenfalls zu Bett gingen. Gemeinsam in Ellens Bett. Kyra lächelte bitter. »Wenigstens du hast Sex, Mama.«

Das Licht der kleinen Nachttischlampe erhellte Kyras Jugendzimmer nur notdürftig. Sie warf einen Blick auf den Wecker. Zwei Uhr zwanzig. Seufzend stellte sie ihn auf drei Uhr zwanzig, obwohl sie bezweifelte, dass sie bis dahin einschlafen würde. Ohne sich auszuziehen, rollte sie sich in ihre Bettdecke und zählte die rosa Blümchen auf dem alten Rollo. Vierundachtzig Stück hatte sie in ihrer Jugend gezählt. Beruhigenderweise hatte die Zahl sich nicht verändert. Auch das Falco-Poster aus der »Bravo« hing noch in der Kleiderschranktür, und ihr Kuschelnilpferd Albert saß nach wie vor am Fußende ihres Bettes. Sie angelte nach dem großen grünen Stofftier und klemmte es sich, wie in ihrer Jugendzeit, in den Arm. Ihre Gedanken wanderten zu Sam, der in London weilte. Ein Notar hatte in Erbschaftsangelegenheiten um seine Anwesenheit gebeten.

»Wer weiß, Albert. Vielleicht hat Jonathan Sam seinen Butler vermacht«, flüsterte Kyra dem Nilpferd zu. Sie drehte sich auf den Rücken und hielt das Stofftier in die Höhe. »Ich rede mit einem Nilpferd aus Polyester. Noch dazu aus grünem Polyester. Hast du jemals im wirklichen Leben ein grünes Nilpferd gesehen, Albert? Ich nicht. Dafür sehe ich durchsichtige Bücher.«

Als der Wecker um drei Uhr zwanzig klingelte, schrak Kyra hoch. Sie war eingenickt. Gähnend griff sie nach dem Umschlag unter ihrem Bett und nahm das Buch heraus. Aus der Nachttischschublade holte sie das Diktiergerät. Sie behielt das Nilpferd im Arm, während sie das Buch neben sich aufklappte und noch einmal den Text des gestrigen Artikels überflog. An der dänischen Grenze würde ein Bus verunglücken.

»Jetzt warten wir, bis der Artikel sich wandelt, Albert, dann sprechen wir das neue Grauen in das Diktiergerät und bringen es der Hexe, die im Garten auf uns wartet. Mal schauen, wie ihre Laune heute ist. Weihnachten in einem Hotel auf Föhr fand Gundel nicht so prickelnd. Aber ist das mein Problem, wenn sie meint, mir folgen zu müssen? Hätte doch in Itzehoe bleiben können. Du würdest sie auch nicht mögen, Albert. Sie ist das Gegenteil von mir: groß, schön, elegant, intelligent, belesen – nein, Comics zählen nicht, Albert –, und vor allen Dingen ist sie humorlos.«

Kyra beobachtete, wie der Artikel über den Bus langsam vor ihren Augen verschwamm. Sie setzte Albert an seinen angestammten Platz ans Bettende und wartete. Als der neue Bericht sich herausgebildet hatte, sprach sie ihn mit ruhiger Stimme in das Diktiergerät. Ein Arbeiter würde in einer Duisburger Chemiefabrik bei einer Explosion sein Leben verlieren.

Sie wiederholte den Text noch einmal in das Diktiergerät und stand auf. Leise öffnete sie die Zimmertür, schlich auf Zehenspitzen die Treppe hinunter und stieg in ihre Winterboots. Durch die hintere Tür trat sie in den Garten, der direkt an der den Strand begrenzenden Düne endete. Die Nacht war kalt und sternenklar, und Kyra hörte die Nordseewellen sachte ans Ufer plätschern. Die Touristen waren verschwunden. Am liebsten wäre sie die Düne hinauf- und auf der anderen Seite durch den Strandhafer und die Heckenrosen ans Wasser gelaufen. Aber zuerst musste sie den Artikel loswerden. Schließlich wartete Evelyn an der Hecke auf sie.

Sie lief um das Haus herum, darauf achtend, dass ihre Füße nicht auf dem Kiesweg, sondern auf dem Rasen blieben. Als Kyra die mannshohe Hecke erreichte, blieb sie verwundert stehen. Evelyn war nicht zu sehen.

»Frau Kessow?«, flüsterte Kyra in die Dunkelheit, bekam aber keine Antwort. Stattdessen erklang hinter ihr ein leichtes Knirschen. Jemand schritt den Kiesweg entlang.

»Mama?«, flüsterte Kyra, aber noch bevor sie sich herumgedreht hatte, legten sich zwei Arme um ihren Oberkörper. Einen schrillen Schrei ausstoßend, schlug Kyra mit dem Bein aus und versuchte gleichzeitig, ihre Arme aus dem Griff des Mannes zu befreien, dessen Arme sie jetzt abrupt losließen.

»Sag mal, spinnst du?«, erklang eine stöhnende Stimme. »Du hast mir gerade mein Schienbein zertrümmert.«

Kyra presste eine Hand auf ihr wild klopfendes Herz. »Sam!«, stieß sie mehr wütend als erleichtert aus. »Du hast mich zu Tode erschreckt. Was machst du hier? Wo ist Evel–?«

Sie kam nicht dazu, den Satz zu beenden, denn die Außenbeleuchtung des Hauses ging an, und Hermann Potsiek kam im Pyjama, einen Regenschirm bedrohlich erhoben, aus der Vordertür gelaufen. Ellen, ebenfalls einen Schirm in der Hand, folgte ihm auf dem Fuße.

»Äh, hallo, ihr beiden. Wozu die Schirme? Es regnet nicht.« Kyra grinste schief.

»Sehr komisch«, sagte Ellen bitterernst und stemmte ihre Hände in die Hüften. »Du schreist hier mitten in der Nacht, als würde dich jemand abstechen, und jetzt machst du dich über uns lustig ... Was zum Donnerwetter machen *Sie* hier, Sam? Mitten in der Nacht?«

Sam lockerte den Schal um seinen Hals und blickte zu Kyra, deren aufmüpfiger Blick signalisierte: Na, dann lass dir mal auf die Schnelle etwas Plausibles einfallen, du Blödmann.

»Ich besuche einen Freund ... in Utersum ... und da dachte ich, wenn du schon mal auf Föhr bist, Sam, schau doch mal bei Kyra vorbei. Und gratuliere ihr.«

»Das dachten Sie? Und ich dachte, Sie wären ein intelligenter Mann. Es ist vier Uhr morgens, Sam.«

»Was, schon *so* spät?« Sam blickte auf seine Armbanduhr. »Tatsächlich. Wie die Zeit verfliegt, wenn man sich amüsiert.«

»Nun, ich amüsiere mich gerade nicht«, erklang Hermann Potsieks Brummstimme, und mit Blick auf Ellens Pyjama sagte er: »Komm, Liebes, du holst dir noch den Tod. Hier scheint ja alles in Ordnung zu sein.« Er nahm Ellens Arm und führte sie ins Haus zurück.

»Du darfst mich auch gern hereinbitten«, sagte Sam mit einem Lächeln zu Kyra.

»Du darfst dir gern noch einen Tritt ans Schienbein abholen.«

»Es tut mir wirklich leid, Kleine, ich bin ein Idiot. Ich wollte dich nicht erschrecken. Aber bevor ich einen Ton sagen konnte, hast du schon losgeschrien. Sorry.«

»Wo ist Evelyn? Und warum bist du nicht mehr in England? Du wolltest doch erst am 3. Januar wieder zurück sein.«

»Alles lief perfekt. Also bin ich noch heute Nacht geflogen, dann mit dem Auto nach Föhr. Evelyn schien mehr als dankbar, als ich ihr anbot, ihre Insel-Schicht zu übernehmen. Gegenden mit einer Bevölkerungsdichte unter zweitausend Einwohnern pro Quadratkilometer verursachen bei ihr Phobien. Sie ist mit der letzten Fähre zurückgefahren, und ich habe ihr Zimmer im Kurhotel übernommen.«

»Schon mal was von Handy gehört? Das sind die Dinger, mit denen man solche Informationen übermitteln kann.«

»Ich wollte dich überraschen.«

»Das ist dir allerdings gelungen.«

Einen Moment blieb es ruhig zwischen ihnen. Dann sagte Sam mit veränderter, härterer Stimme: »Verzeih mein aufdringliches Verhalten. Du möchtest bestimmt in dein Bett zurück. Und ich muss die Nachrichten überbringen.« Er griff nach dem Band aus dem Diktiergerät, das Kyra immer noch in ihrer Hand hielt, und steckte es in seine Manteltasche.

»He«, sagte Kyra sanft und nahm seine kalte Hand in ihre, »ich freue mich, dass du wieder da bist. Viel, viel mehr als über Evelyns Anwesenheit. Vor allem heute. Und nun gratulier mir endlich.«

»Kratzbürste«, sagte Sam trocken, aber dann zog er sie sanft in seine Arme. »Alles Liebe für dich, Kyra. Ich wünsche dir, dass dein neues Lebensjahr ein glückliches wird. Soweit die Umstände es für dich zulassen.«

Als seine Lippen sich auf ihren Mund legten, schien sich die kalte Luft für einen Sekundenbruchteil zu erwärmen. Der Kuss hatte nur einen Moment gedauert, und doch hatte Kyra das Gefühl, dass er für einen Freundschaftskuss einen Tick zu lang gewesen war.

Köstlich lang. Ihr Herz schlug zwei Takte schneller, und sie empfand Scham. Wie erbärmlich! So sehr hungerte sie also nach einer Beziehung, dass sogar der Geburtstagskuss eines schwulen Freundes sie aus der Fassung brachte?

Sam machte sich umgehend auf, um der Firma die neue Schreckensnachricht zu übermitteln, und Kyra ging wieder ins Bett. Zusammengerollt wie ein Igel, zupfte sie gedankenverloren an dem Stummelschwanz des Nilpferds.

»Glaubst du an Gott, Albert? ... Tatsächlich? ... Ist er ein Mann oder eine Frau? ... Nein, ich glaube auch nicht, dass Gott eine Frau ist. Dann hätte sie mir das nicht angetan.«

Das Nilpferd weiter an die Brust gepresst, drehte sie sich auf den Rücken und starrte an die Zimmerdecke. »Bist du da irgendwo, Gott? Falls ja, könntest du mir bitte einen Mann vorbeischicken, in den ich mich verlieben kann? Ich verspreche dir, ich mache trotzdem weiter. Ehrlich.«

★★★

»Kaiserstraße, na endlich.« Erleichtert setzte Kyra den Blinker und warf die Hannoveraner Straßenkarte, die zu einem Quadrat gefaltet auf ihrem Schoß und dem Lenkrad lag, auf den Beifahrersitz. Langsam fuhr sie, auf die Hausnummern achtend, die Kaiserstraße entlang. Da! Da war es. Das Haus der Weltingers.

Den Entschluss, dem vierzehnjährigen Markus einmal Auge in Auge gegenüberzustehen, hatte sie spontan gefasst, als sie in der Nacht – nach der Rückkehr von Föhr – nicht wieder hatte einschlafen können. Es war ihr letzter Urlaubstag, und es fühlte sich gut an, die Idee am Morgen in die Tat umzusetzen, denn der Junge geisterte immer wieder durch ihre Gedanken, seit die ominöse Glückwunschanzeige in dem Buch erschienen war.

Sie stellte den Motor ab und betrachtete das Haus. Es war ein hübscher Altbau, cremefarben verputzt, mit einem runden Erker und riesigen Fenstern. Ein Kiesweg führte zu der doppelflügligen Eingangstür.

Kyra seufzte. Und jetzt? Sie konnte schließlich nicht einfach grundlos klingeln. Oder doch? Sie wollte Markus doch einfach nur einmal sehen.

Die Entscheidung wurde Kyra in diesem Moment abgenommen. Die Haustür öffnete sich, und ein schlaksiger Junge in blaugrauer Winterjacke, in den behandschuhten Händen zusammengeknotete Schlittschuhe haltend, verließ das Haus. Sein schmales Gesicht drückte eindeutig Missmut aus, als er langsam an Kyras Wagen vorbeiging.

Kyra stieg aus, schloss den Wagen ab und folgte ihm. Hoffentlich lag die Eishalle nicht so weit entfernt, denn sie hatte sich am Morgen gegen die gefütterten Winterstiefel und für Stiefeletten entschieden.

Dass ihre Befürchtungen unnötig waren, stellte Kyra bereits nach fünfhundert Metern fest. Markus Weltinger betrat ein kleines Café. Kyra ging direkt hinter ihm hinein. Er hängte die Schlittschuhe an einen Garderobenhaken an der Wand und setzte sich an einen kleinen Tisch in der dunkelsten Ecke. Er öffnete seine Jacke und zog aus der Innentasche mehrere Blätter, einen Taschenrechner und verschiedene Stifte.

»Heiße Schokolade, wie immer?«, fragte die hübsche Kellnerin mit einem Augenzwinkern.

Der Junge nickte nur. Er war schon mit den Formeln auf dem Papier beschäftigt.

Kyra setzte sich an den Nebentisch und orderte ebenfalls einen Kakao. Sie betrachtete ihn eine Weile. Er war so in seine Gedanken vertieft, dass er es nicht bemerkte. Für einen pubertierenden Jugendlichen hatte er eine bemerkenswert reine Haut. Sein dunkelblondes Haar war akkurat geschnitten, nur ein Wirbel am Hinterkopf störte die Perfektion. Die Hand mit dem Stift flitzte über das Papier, schrieb, strich durch, schrieb wieder.

Kyra beugte sich zu seinem Tisch hinüber. »Das sieht sehr kompliziert aus, was du da schreibst. Irgendwie physikalisch«, sprach sie im Plauderton drauflos. »Und du machst das lieber als Schlittschuh laufen?«

Als er irritiert aufsah und sie musterte, deutete sie zur Garderobe. »Ich habe gesehen, dass du deine Schlittschuhe dort aufgehängt hast.«

Er war mit dem Kopf bereits wieder über dem Papier, als er murmelte: »Meine Mutter will, dass ich laufe. Nicht ich.«

Kyra nickte. »Ich verstehe … Das ist eine Art Zwangsjacke, nicht? Ich trage sie auch. Allerdings aus anderen Gründen.«

Markus Weltinger hielt inne beim Schreiben. Er musterte Kyra erneut. Dieses Mal intensiver.

»Ich bin Kyra«, lächelte sie den Jungen an, während die Bedienung das Bestellte brachte.

Er nahm den Becher mit der heißen Schokolade und trank einen Schluck. »Kennen Sie sich aus mit Physik?«, fragte er, als er den Becher absetzte.

»In meinem Leben stehen die physikalischen Grundgesetze gerade Kopf.«

Markus legte den Stift zur Seite. »Inwiefern?«

Kyra verrührte die Sahne in ihrem Becher. Sie wusste, dass Sam und Evelyn sie lynchen würden, wenn sie wüssten, was sie hier tat. Aber ihr Bauchgefühl riet ihr dazu. Auch Jonathan hatte sie darin bestärkt, mutig zu sein und die Dinge selbst in die Hand zu nehmen.

»Für mich ist etwas sichtbar, was für alle anderen Menschen unsichtbar ist. Etwas, was nur ich sehen und berühren kann. Es hat sogar einen sehr eigenen intensiven Geruch. Nach altem Leder. Es ist etwas, was mir die Zukunft verschiedener Menschen vorhersagt.«

Sein Blick veränderte sich und glitt durch den Raum zur Kellnerin.

Kyra seufzte. Zweifellos wünschte er jemanden in seiner Nähe, weil neben ihm eine Verrückte saß. Sie nahm ein Fünf-Mark-Stück aus ihrem Portemonnaie, legte es neben den Kakaobecher und stand auf. »Ich wollte dich nicht erschrecken, Markus. Aber es ist mir wichtig, dass du es weißt. Es könnte noch einmal wichtig sein.«

Er hatte seine Formeln vergessen. »Woher wissen Sie meinen Namen? Wer sind Sie?«

»Dein Name stand darin, Markus, in dem Unsichtbaren. Und irgendwann wird es eine Bedeutung haben. Für dich oder für jemand anderen … Auf Wiedersehen.«

★★★

»Was ist denn hier los?«, stieß Kyra aus. »Gibt's heute was umsonst?«

Sie standen im Eingangsbereich ihrer Stammbar und kamen keinen Schritt weiter, weil eine ebenfalls gerade eingetroffene Männergruppe den Weg an den Tresen versperrte.

»Kiloweise Testosteron«, flüsterte Doro begeistert hinter Kyra. »Los, kämpf dich durch zu unserem Tresenplatz. Von da können wir die Ware am besten begutachten.«

»Die Ware.« Kyra drehte sich zu Doro um und tippte sich mit dem Finger an die Stirn. »Unter diesem Aspekt wird dir niemals der Mann fürs Leben begegnen ... Oh sorry!« Sie wandte sich abrupt wieder um, weil sie einem der Männer ihren Absatz in den Schuh gebohrt hatte. Zumindest ließ das spöttische, mit amerikanischem Akzent gesprochene »Hey, Sie stehen auf meinem Fuß!« das vermuten.

»Sorry«, sagte Kyra noch einmal und blickte in ein paar leuchtend blaue Augen.

»Ist okay.« Er zwinkerte ihr zu. »Ich wollte heute keinen Marathon mehr laufen.«

Mit brennenden Wangen ging Kyra Richtung Tresen.

»Wow«, stieß Doro aus, als sie saßen, »der Typ hat ja eine Wahnsinnsstimme! Da kriegt man ja schon einen Orgasmus, wenn der einen nach dem Weg fragt.«

Kyra warf einen schnellen Blick über ihre Schulter. Der dunkelblonde Amerikaner saß mit fünf weiteren Männern mit dem Rücken zu ihnen an einem der Tische. Alle sechs trugen Anzüge. Anscheinend ließen sie hier im »Nach Acht« ein Geschäftsmeeting ausklingen.

»Interesse scheinen wir aber eher bei den beiden Vögeln dahinten in der Ecke geweckt zu haben«, brummelte Doro und deutete mit einem leichten Kopfzucken in die andere Richtung. »Die haben uns im Bus schon angeglotzt. Und jetzt sitzen die plötzlich auch hier. Der Dunkelhaarige ist ja ganz okay, aber der kleine Dicke ist 'ne hässliche Gurke.«

Kyra sah zu dem Ecktisch. Als ihr Blick sich mit dem des Dunkelhaarigen traf, wandte der seinen Kopf ab. »Die waren auch im Bus?« Kyra hob die Schultern. »Ist mir nicht aufgefallen.«

»Du würdest es auch nicht merken, wenn George Clooney sich neben dich setzen würde. Ich dagegen scanne automatisch jeden Raum und jedes öffentliche Verkehrsmittel auf einen potenziellen Vater meiner Kinder.«

Kyra nahm ihren Sex on the Beach, den Barkeeper Brad ohne Aufforderung vor ihnen abgestellt hatte, und stieß damit gegen Doros Glas. »Auf deine Zukunft. Mögen deine Träume in Erfüllung gehen, Doro.«

»Alles klar bei dir, Süße?« Doro sah Kyra ernst an.

Kyra setzte ein schiefes Grinsen auf. »Ich könnte mir die hässliche Gurke schönsaufen.«

Doro lachte. »So viel kannst nicht mal du trinken. Aber ein richtig schönes In-der-Woche-Besäufnis hatten wir wirklich lange nicht … Sweetheart?« Sie winkte den Barkeeper heran. »Zwei Hennessy auf meine Rechnung.«

Drei Stunden, zwei weitere Cocktails und etliche Gläser Hennessy später lag Kyras Kopf auf dem Tresen. Aus der Neunzig-Grad-Perspektive beobachtete sie ihre Freundin. Doro stand auf der Mini-Karaoke-Bühne und intonierte Roxettes »It Must Have Been Love« mit einem der Anzugträger vom Nachbartisch. Seine Jacke hatte er abgelegt, und die Krawatte diente Doro als Stirnband.

»*Touch me now, I close my eyes*«, brummte Kyra vor sich hin, »*and …*«

»*… dream away*«, setzte eine dunkle Stimme neben ihr den Song fort.

Kyra ließ ihren Kopf auf dem Tresen, bewegte nur ihren Blick Richtung Amerikaner, der sich auf Doros Barhocker gesetzt hatte. »Tolle Stimme. Bist du Sänger?«

Er lachte auf. »Oh nein. Ich bin Ingenieur.«

Kyra kicherte. »Kennst du Daniel Düsentrieb? Der ist auch Insche… Ingenieur.«

Er hob die Schultern. »Hier aus Itzehoe? Ich kenne ihn nicht. Mein Konzern ist im Metallbau tätig. Bleche und Ähnliches.«

»Bleche.« Kyra blinzelte, um ihn in dem gedämpften Licht besser sehen zu können. »Klasse! Dann kannst du ja für mich blechen, falls mein Geld für die Zeche nicht reicht.«

Als er sie verwirrt ansah, winkte sie ab. »Okay, okay. Ich hatte schon bessere Gags.«

Er griff in die kleine Schale mit den Erdnüssen, die auf dem Tresen stand, und schob sie zu Kyra hinüber. »*Peanuts?*«

Kyra raffte sich auf und brachte ihren Oberkörper in die aufrechte Haltung. Mit verzogenen Lippen schob sie das Schälchen beiseite. »Weissu ... Weißt du eigentlich«, sie versuchte krampfhaft, das Lallen zu unterdrücken, »... wie viele Bakterien dadrin sind? Jeder grapscht da rein. Ich sag dir: eklig.«

Er ließ erneut sein dunkles Lachen hören. »Du bist witzig.«

»Nee.« Kyra zog die Augenbrauen zusammen. »Ich bin voll. So richtig. Und darum geh ich jetzt. Tschüs, du toller Ami mit der heißen Stimme.«

Er griff nach ihrem Arm, als sie vom Barhocker sprang und ins Schwanken kam. Kyra schluckte. Für einen Moment tauchte sie in seine blauen Augen ein.

»Soll ich ein Taxi rufen?«, fragte er.

Kyra schüttelte den Kopf, immer noch gefangen von seinem Blick. »Steht immer eins vor der Tür. Also: Bye-bye!«

»Auf Wiedersehen«, sagte er, und Kyra atmete tief durch. Sein amerikanischer Akzent war eindeutig sexy.

Ohne ein weiteres Wort ging sie Richtung Bühne. Doro schlang die Krawatte gerade deren Besitzer um den Hals und zog ihn zu sich heran. Kyra verdrehte die Augen. Doro würde zweifellos ein anderes Taxi nehmen.

Kalte Winterluft schlug ihr entgegen, als sie nach draußen ging und zusah, wie ein junges Pärchen ihr das einzige Taxi auf dem Parkplatz vor der Nase wegschnappte.

»Kyra Althoff, du bist und bleibst ein Unglückspilz«, murmelte sie in ihren Schal und machte sich auf den Weg. Zu Fuß würde sie zwar mindestens eine halbe Stunde brauchen – aufgrund des Alkoholkonsums und der hohen Stiefelabsätze vermutlich sogar das Doppelte –, aber die Frischluft tat gut. Ihr Kopf wurde zunehmend klarer. Es war nicht mehr viel los auf den Straßen. Die Masse der Itzehoer schlief, schließlich war morgen ein Arbeitstag.

Als sie vom Kleinen Wunderberg in die Sandkuhle abbiegen

wollte, kam ein Taxi aus Richtung Innenstadt in Sicht. Ihre Hand hob sich automatisch, aber sie hatte zu spät reagiert. Seufzend blickte sie dem vorbeifahrenden Wagen hinterher. Erst auf den zweiten Blick registrierte sie den Mann etwa zehn Meter hinter ihr.

Kyra ging weiter, aber ihr Herz begann zu klopfen. Das war einer der beiden aus dem »Nach Acht«. Der Größere der beiden, die Doro schon im Bus zu sehen geglaubt hatte. Kyra war sich sicher, dass er es war. Sie bog links in die Sandkuhle ab und überquerte die Straße. Ihre Schritte wurden größer. Sie lief schneller und bog nach wenigen Metern rechts in den Feldschmiedekamp ab. Dies war der kürzeste Weg nach Hause. Allerdings war die Straße unter der Unterführung des Holstein-Centers nicht so gut beleuchtet, wie sie es sich gewünscht hätte. Sie lief hastiger und drehte sich wieder um, als der Bürgersteig einen leichten Schlenker machte. Ein Mann bog um die Ecke. Aber war es derselbe? Sein Gang schien ein anderer zu sein. Kyra schluckte. Mit zitternden Knien ging sie weiter. Wenn er um die Biegung kam, würde er sie sehen.

Direkt neben ihr tauchte ein Trafohäuschen auf, umgeben von einer mannshohen Hecke. Ohne zu überlegen, presste sie sich in die Nische und lauschte den schnell näher kommenden Schritten, sich im selben Moment bewusst werdend, dass sie sich mit dieser Versteckaktion in viel größere Gefahr gebracht hatte. Warum war sie nicht einfach weitergelaufen? Gerannt? Irgendwann musste doch ein verdammtes Auto vorbeikommen.

Mit angehaltenem Atem presste sie sich an die kalte Metallwand. Ihr Herzschlag dröhnte in den Ohren, und die fehlende Atemluft steigerte den durch den Alkoholkonsum bedingten Schwindel, als der Mann an ihr vorbeiging. Kyra glaubte, einen hochgeschlagenen Mantelkragen in der Dunkelheit erkennen zu können. Erleichtert presste sie die Hand vor den Mund und atmete aus, als er aus ihrem Blickwinkel verschwand, aber ein anderer Umstand ließ die Angst wie einen Bumerang zurückkehren. Sie hörte keine Schritte mehr. Er war stehen geblieben. Kyra lauschte angestrengt. Würde er zurückkommen? Und sie hier entdecken? Oder ... war er einfach nur die in unmittelbarer

Nähe befindlichen Stufen zum Holstein-Center hinaufgegangen, weil er dort wohnte?

Es war der Moment, in dem ein Auto in die Straße einbog. Mit einem Wimmern löste Kyra sich aus der verkrampften Haltung und rannte los. Einfach los. Dem Wagen entgegen. Sie konnte ihr Glück nicht fassen, als sie sah, was ihr entgegenkam.

»Taxiii!« Sie schrie das Wort und wedelte mit den Armen.

»Junge Frau«, blaffte der Fahrer sie an, nachdem er neben ihr gehalten hatte. »Das hätte auch ins Auge gehen können. Sie können doch nicht einfach auf die Straße springen!«

Kyra riss die hintere Tür auf und ließ sich auf das Polster fallen. Ihr Blick glitt die Straße entlang. Kein Mensch war zu sehen. »In die Lindenstraße«, sagte sie und atmete tief durch.

Als Kyra um drei Uhr vierunddreißig den neuen Artikel las, brummte ihr der Schädel. Mitten in der Woche mit Doro ins »Nach Acht« zu gehen war keine gute Idee gewesen. Alkohol verursachte nicht nur grässliche Kopfschmerzen, sondern auch Wahnvorstellungen. Zu dieser Überzeugung war sie noch vor dem Einschlafen gelangt. Gut, sie hatte sich zu dieser Überzeugung zwingen müssen, aber sie tat dennoch gut: Der Mann hatte einfach nur denselben Weg gehabt wie sie. Jeder andere Gedanke würde sie in den Wahnsinn treiben. Und das würde sie nicht zulassen.

Sie seufzte, nachdem sie den Artikel auf das Band gesprochen hatte. Ihre Hoffnung, die grässlichen Zeitungsberichte würden ab und an erneut von netten Glückwunschanzeigen abgelöst, hatte sich bisher nicht erfüllt. Heute ging es um eine alte Dame, die aufgrund eines Defektes an ihrem Gasherd sterben würde.

Sam nahm das Band in Empfang. Als Kyra ihm kurz berichtete, worum es ging, zögerte er einen Moment, dann sagte er: »Kyra, heute Abend ist das Treffen mit den Anwärtern. Ich hatte dir ja gesagt, dass es ein sehr kurzfristiger Termin sein wird. Ich hoffe, das ist okay für dich?«

Kyra stöhnte ungnädig und fasste sich an den schmerzenden Kopf. »Muss das unbedingt heute sein? Ich habe Migräne.«

»Deine Migräne riecht stark nach Cognac. Vielleicht kannst

du sie mit einer Mütze Schlaf und einigen Bechern Kaffee, über den Tag verteilt, vertreiben?«

»Ich hasse dich.«

»Ich wünsche dir auch eine gute Restnacht. Träum noch was Schönes. Wir sehen uns um zweiundzwanzig Uhr. Ich hole dich ab.«

»So spät?« Kyra sah Sam entsetzt an.

»Wir werden nicht vor drei Uhr dreiunddreißig nach Hause gehen können, Kyra. Die Anwärter müssen unbedingt den Artikelwechsel erleben. Sie fiebern diesem Erlebnis entgegen.«

»Tun sie das?« Kyras Augen blitzten. »Und ich fiebere dem 7. Februar 2007 entgegen. Dem Tag, an dem dieses schreckliche Buch auf Nimmerwiedersehen verschwindet.«

Als Kyra mit Sam um vier Uhr morgens den kurzfristig gemieteten Clubraum eines Hotels in der Hamburger City verließ, dröhnte ihr der Schädel. Trotz der Schmerztabletten, die sie noch während der Vorstellung geschluckt hatte.

»Vorstellung« traf es eigentlich ganz gut, befand Kyra. Es hatte etwas von einer Zirkusvorstellung gehabt. Dreiunddreißig Augenpaare hatten sie von den Rängen angestarrt, während sie in der Firmenmanege die sehende Jungfrau gegeben hatte. Und Sam hatte als Direktor durch das Programm geführt. Sie hatte das Unglück, das der alten Dame mit dem Gasherd bevorstand, vorgelesen. Sie hatte das Buch beschrieben, ihre Gefühle und die Umstände, wie sie – vermutlich – an das Buch gelangt war. Und sie hatte Fragen beantwortet. Hunderte. Begeisterte. Als sie um drei Uhr dreiunddreißig den Artikelwandel beschrieb und die neue Nachricht vorlas, hatte ehrfürchtiges Schweigen geherrscht.

In drei Tagen würde ein Mann mitten in der Nacht – eingeklemmt in seinem verunfallten Auto – verbluten, weil er erst am Morgen gefunden werden würde.

Eine leichte Rettungsaktion für die Firma, denn es gab eine genaue Ortsangabe. Wenn der Unfall auch nicht verhindert werden konnte, so doch das Sterben des Mannes. Denn jetzt würde er in der Nacht gefunden werden.

»Und, war ich gut?« Kyra tat der Sarkasmus in ihrer Stimme

im selben Moment leid. Sam sah im Schein der Straßenlaterne blass aus. Seitdem sie den Artikel vorgelesen hatte, hatte er kaum noch ein Wort gesprochen.

»Was ist los, Sam? Irgendwas bedrückt dich doch.«

Er sah sie nicht an. »Es ist nichts. Ich bin einfach nur müde.«

»Hmm.« Kyra hängte sich an seinen Arm. »Ich glaube, du lügst. Aber ehrlich gesagt bin ich zu fertig, um das herausfinden zu wollen.«

Sam strich über ihre Hand. »Hast du Lust, am Samstag etwas zu unternehmen? Ich habe den ganzen Tag Zeit. Was hältst du von Schlittschuhlaufen? Kino? Essen?«

Kyra legte ihren Kopf an seine Schulter. »Super. Und die Reihenfolge stimmt auch. Am Freitagabend bin ich übrigens wieder mit Doro im ›Nach Acht‹. Sie hat vorgestern Abend einen, ich zitiere: echten Burner an Land gezogen, den sie dort trifft.«

»Und warum musst du dann unbedingt mit dorthin?«

Kyras Kopf ruckte von Sams Schulter. »Wäre es dir lieber, wenn ich die nächsten Jahre nur zu Hause auf meinem Sofa sitze? Ach ja, das vergesse ich immer«, sie lachte hart auf, »natürlich möchtest du das. Aber den Gefallen tue ich euch nicht.« Sie löste ihren Arm aus seinem. »Ich bin vielleicht verdammt zum Nichtlieben. Aber nicht zum Nichtleben.«

★★★

»Findest du das Kleid zu tief ausgeschnitten? Es hing bei B & H im Schaufenster und hat ›Nimm mich mit!‹ gerufen. Und da hat mein mitleidiges Herz sich erbarmt, obwohl es mein Monats-Restbudget bei Weitem überstieg.« Doro zupfte erfolglos an dem Ausschnitt herum, bevor sie ihren Mantel schloss.

Kyra legte die »Nordschau« zur Seite, die sie noch schnell überflogen hatte. Sie enthielt keinen Artikel über ein in einem Hafenbecken versunkenes Fahrzeug, wie sie es drei Tage zuvor gelesen hatte. Zufrieden grinsend wickelte sie ihren Schal vor dem Flurspiegel dreimal um den Hals und suchte den Blickkontakt zu Doro. »Für dich gibt es doch eigentlich nur zu hoch geschlossen. Was ist los?«

»Na, wegen Christian. Vielleicht mag der lieber Frauen, die nicht so freizügig mit ihren Reizen umgehen.« Doro schubste Kyra vom Spiegel weg und zupfte eine blonde Strähne ins Gesicht.

»Holla!« Kyra grinste. »Bist du etwa dabei, dich ernsthaft zu verlieben?«

Doro seufzte. »Süß ist der schon. Und Single. Und Diplom-Kaufmann. Und somit in der Lage, eine Frau und Kinder zu ernähren.«

»Na, dann los.« Kyra schob ihre Freundin aus der Wohnungstür. »Ich werde mir deinen Christian mal aus der Nähe anschauen. Meine Erinnerung an ihn ist nur vage.«

Doro lachte laut auf. »So voll habe ich dich wirklich noch nie gesehen.«

Kyra schüttelte sich. »Ich will nichts davon hören. Es war so peinlich. Ich glaube, dieser Amerikaner hat noch versucht, sich mit mir zu unterhalten. Ich hoffe doch sehr, dass dein Christian ihn nicht wieder im Schlepptau hat.«

Eine halbe Stunde später stellte Kyra fest, was dieser Wunsch mit all ihren anderen Wünschen gemeinsam hatte: Er erfüllte sich nicht.

Neben Christian Thorkind saß der Amerikaner. Beide Männer standen auf, als sie an den Tisch traten. Mit brennenden Wangen gab Kyra dem Amerikaner die Hand, als er ihr seine reichte.

»Ryan Farlow. Entschuldigung, dass ich mich erst jetzt vorstelle. Ich hätte es selbstverständlich schon bei unserem ersten Treffen tun müssen.«

Kyras Wangen intensivierten ihre Farbe, während sie sich setzte. »Wenn sich hier jemand entschuldigen muss, dann ich und nicht Sie. Ich ... ich fühlte mich nicht ganz wohl an dem Abend. Und dann noch ein Gläschen Hennessy, und schwups spielt der Kreislauf verrückt.«

Er lächelte, und Kyra rechnete ihm hoch an, dass er es ohne jeden Spott tat. »Allerdings haben Sie an dem Abend ›du‹ gesagt und nicht ›Sie‹. Er zwinkerte ihr zu. »Und das gefiel mir. Es war so amerikanisch.«

»Sie sin... *du bist* ein sehr höflicher Mensch«, lächelte Kyra.

»Ich habe mich übrigens nach dem Ingenieur erkundigt, den

du erwähntest«, sagte er, nachdem sie neben Doro und Christian Platz genommen hatten.

»Welcher Ingenieur?« Kyra sah Ryan Farlow verwirrt an.

»Daniel Düsentrieb.«

»Oh Gott.«

»Ich wusste ja nicht, dass Gyro Gearloose hier in Deutschland Daniel Düsentrieb heißt. Sonst hätte ich natürlich bestätigt, dass ich ihn kenne. Ein grandioser Kollege.«

Kyra kniff die Augen zusammen. »Habe ich sonst noch irgendwelche schrecklich peinlichen Dinge von mir gegeben?«

Ryan lachte auf. »Nein. Du warst nicht peinlich, sondern lustig. Viel netter als andere deutsche Frauen.«

Kyra lächelte und leistete im Stillen Abbitte bei den anderen deutschen Frauen. Die waren bestimmt nicht weniger nett als sie, wenn sie auf einen Amerikaner stießen, aber nüchtern.

Kyra genoss den Abend in der Gesellschaft von Ryan Farlow, während Christian Thorkind und Doro fast die gesamte Zeit auf der Tanzfläche verbrachten. Kyra beobachtete die beiden. »Seid ihr Geschäftspartner?«, fragte sie Ryan.

Der schüttelte den Kopf. »Nein, wir sind Kollegen. Er arbeitet hier in Itzehoe für die Tochtergesellschaft, ich in New York für den Mutterkonzern. Metallbau, du erinnerst dich?«

»Äh ...«

Er lachte auf. »Schon gut. Möchtest du auch tanzen?«

Kyra schluckte. Seine Stimme war unglaublich. »Ich ... ich bin keine besonders gute Tänzerin.«

Er stand auf und griff nach ihrer Hand. »Das ist sehr gut. Dann muss ich keine Angst haben, mich zu blamieren.«

Er führte sicher, und Kyra versuchte sich zu entspannen, aber es wollte nicht gelingen. Zu intensiv war die Nähe zwischen ihnen. Sie spürte unter ihrer Hand die Hitze seines Rückens durch das dünne Hemd hindurch und gleichzeitig die Wärme seiner Hand auf ihrer Hüfte. Und diese Nähe fühlte sich erschreckend gut an.

»Wie kommt es, dass dein Deutsch so perfekt ist?« Sie musste die intime Stille zwischen ihnen unterbrechen, um sich nicht in dem Gefühl zu verfangen, das sich langsam und kribbelnd in ihrem Bauch ausbreitete.

»Meine Mutter stammt aus Deutschland. Sie hat mit meiner Schwester und mir immer nur Deutsch gesprochen.«

»Hast du Familie drüben? Eine Frau? Kinder?« Die Fragen kamen automatisch über Kyras Lippen. Es fühlte sich nicht falsch an, sie zu stellen.

Auch Ryan schien ihre Frage nicht als neugierig zu werten. »Nein. Die Richtige zum Heiraten ist mir bisher nicht begegnet. Ein unwürdiger Zustand für einen Vierzigjährigen, behauptet meine Mutter.« Er griente.

»Ich bin auch Single.« Diese Aussage fühlte sich jetzt definitiv falsch an. Kyras Wangen begannen wieder zu brennen. Warum sagte sie nicht gleich: »Nimm mich!«

Sie traute sich nicht, ihn anzusehen, aber sein Lächeln klang durch seine Antwort hindurch. »Gut zu wissen.«

Die Zeit verflog im Nu. Um ein Uhr sah Kyra auf ihre Armbanduhr. »Es wird Zeit, dass ich ins Bett komme«, sagte sie mit Blick zur Tanzfläche. Doros Kopf lag an der Schulter von Christian Thorkind. Sie hatte ihre Augen geschlossen und lächelte vor sich hin, während sie sich langsam im Takt der Musik drehten. Kyra fiel auf, dass Christian seine Augen nicht geschlossen hatte. Ihre Blicke begegneten sich, und Kyra lächelte ihm zu.

»Ich würde dich gern wiedersehen, bevor ich fliege«, sagte Ryan im selben Moment.

Kyra schluckte. Das war genau das, was auch sie gern wollte. Zu gern. Aber war das klug?

»Wann fliegst du?«

»Mittwoch … Vielleicht können wir morgen etwas zusammen unternehmen? Oder am Sonntag?«

»Sonntag. Sonntag ist gut. Morgen bin ich … ich habe einen Termin.«

Ryan begleitete Kyra zum Taxi und öffnete die Tür für sie.

Kyra blickte ihm mit einem Hauch Unsicherheit in die Augen. »Ja, dann …« Sollte sie einfach einsteigen? Ihm die Hand zum Abschied reichen? Oder war das zu förmlich? Sollte sie ihm vielleicht lieber die Wange zu einem Kuss bieten?

Ryan Farlow nahm ihr die Entscheidung ab, indem er sich zu ihr beugte und sie küsste.

Kyras Herz klopfte, als das Taxi sie durch das dunkle Itzehoe fuhr. Bis auf ein paar betrunkene Jugendliche, die eine Flasche auf dem Bürgersteig vor dem Parkdeck in der Brunnenstraße zerschmetterten, war die Stadt wie ausgestorben.

Sein Kuss war nicht lang gewesen, aber perfekt. Kyra seufzte. Der Samstag-Termin würde vom Sonntag-Termin zweifellos nicht begeistert sein. Ein Grund, Sam nichts von Ryan zu erzählen.

★★★

»Und, wie war dein Abend?« Sam stellte die Frage, als sie beide ihre Schlittschuhe angezogen hatten und Hand in Hand die ersten Schritte über die Eisfläche der Tonkuhle wagten.

Die Frage hatte einen Unterton, den Kyra nicht einordnen konnte. Seit Sam sie abgeholt und sie das Haus verlassen hatten, hatte er kaum ein Wort gesprochen. Kyra musterte sein blasses Gesicht von der Seite. Er sah noch schlechter aus als vor drei Tagen.

»Äh ... nett war's. Doros Christian ist ein sehr sympathischer Typ. Mal so ganz anders als ihre bisherigen Errungenschaften.«

»Kamst du dir nicht vor wie das fünfte Rad am Wagen? So ... zu dritt?«

»Wir waren in einer Bar, nicht bei Doro zu Hause. Da waren sehr viele Leute.« Kyra löste ihre Hand und lief ein paar große und schnelle Schritte.

In der Kurve hatte Sam sie wieder eingeholt. »Und, wer war sonst noch da?«

Kyra wich seinem Blick aus und versuchte eine Drehung. »Keiner unserer Bekannten. Und jetzt komm.« Sie griff nach seiner Hand. »Lass uns tanzen. Ginger Rogers und Fred Astaire on ice!«

Sam verzog keine Miene. »Du bist ja ausgesprochen gut gelaunt.«

Kyra stoppte so abrupt, dass das Eis sprühte. »Im Gegensatz zu dir. Deine Laune befindet sich anscheinend im Souterrain des Kellers. Wir können auch nach Hause gehen, Sam. Du musst nicht mit mir den Tag verbringen, wenn du keine Lust dazu hast.

Ich habe jedenfalls nicht das Bedürfnis, den ganzen Tag das Opfer deiner Gereiztheit zu sein.«

»Entschuldige.« Er legte seine Hand kurz über die Augen. »Ich habe schlecht geschlafen. Am besten, wir starten den Tag noch mal.« Er verzog seine Lippen zu einem Grinsen. »Ich lade dich zu einem Mars-Riegel und einem Glühwein ein. Und dann geht's ab ins Kino. Ich habe uns Karten für Tom Hanks geholt. ›Cast Away – Verschollen‹.«

»Ein toller Film! Mit einem Scheiß-Ende«, sagte Kyra Stunden später. Sie saßen in Angelos kleinem italienischen Restaurant mit Blick auf die St.-Laurentii-Kirche. »Chuck hat nur noch für diesen Augenblick des Wiedersehens gelebt. Für sie. Und sie … sie heiratet einen anderen und kriegt ein Kind, obwohl sie ihn so geliebt hat.«

»Ein realistisches Ende. Schließlich war er jahrelang verschollen«, sagte Sam und nahm einen großzügigen Bissen von seinem Kalbsschnitzel.

Kyra pickte die Tomatenviertel von seinem Teller, die er zur Seite geschoben hatte. »Er lebt und liebt sie, aber sie ist unerreichbar für ihn. Und sie liebt ihn immer noch, müsste sich aber gegen ihre Familie entscheiden. Schrecklich. Wenigstens in meinem Kopf gibt es einen Nachspann. Ich erzähle dir, wie es weitergeht: Sie erträgt das Leben nicht mehr an der Seite ihres Mannes, seit sie weiß, dass Chuck noch lebt. In einer regnerischen Nacht nimmt sie ihr Kind, setzt sich ins Auto und fährt zu ihm ans Meer.« Kyra fuchtelte mit der Gabel in der Luft herum. »Er lebt jetzt am Meer, weil er hofft, dass Wilson eines Tages zurückkehrt.«

Sam nahm einen Schluck Weißwein und stellte das Glas wieder ab. »Aber wenn sie ihren Mann verlässt, gibt es wieder ein Opfer. Den verlassenen Mann.«

»Das stimmt«, gab Kyra zu. »Aber drei sind nun mal einer zu viel. Darum …«, sie überlegte, »darum verzichtet der Verlassene heroisch auf seine große Liebe, damit sie glücklich wird. Ja, das ist gut.«

Sam schwieg. Nach einem Moment fragte er: »Möchtest du noch ein Tiramisu?«

»Du fragst mich doch auch nicht, ob ich atmen möchte.«

Als Sam die Hand hob, um das Dessert zu ordern, sprang Kyra auf. »Lass nur. Ich bestelle direkt bei Angelo am Tresen. Er hat bestimmt eine ›Nordschau‹. Da muss ich noch kurz einen Blick reinwerfen. Der ganze Tag war heute so verplant, dass ich noch keine Gelegenheit hatte, in die Zeitung zu schauen.«

»Nein!« Sam fasste sie am Arm.

»Wie bitte?«

Er ließ sie los. »Ich ... äh ... habe heute Morgen schon früh die ›Nordschau‹ gecheckt. Kein Artikel, Kyra. Ansonsten lauter Belanglosigkeiten.«

Kyra sah ihn an. Wie er seine Brille mit dem Finger hochschob. »Angelo!« Mit drei Schritten war sie am Tresen. »Ich brauche die ›Nordschau‹. Hast du sie da?«

»*Si*, Kyra.« Er griff hinter sich und drückte ihr die zerlesene Zeitung in die Hand. »*Prego.*«

Noch am Tresen blätterte sie durch die Seiten.

Sam stand neben ihr, als sie ein erschüttertes »Oh Gott!« ausstieß.

Sie starrte auf den Artikel mit der Überschrift »Mann verblutet in seinem Wagen«. Fassungslos las sie die Zeilen, die sie drei Tage zuvor in dem unsichtbaren Buch gelesen hatte.

»Was ...?« Mit Tränen in den Augen sah sie Sam an. »Was hat das zu bedeuten, Sam? Warum ist ... ist dieser Mann tot? Ihr hattet alles. Alle Angaben. Warum habt ihr ihn nicht gerettet?« Ihre Stimme war mit jedem Satz lauter geworden.

Mit Blick zu den übrigen Gästen und zu Angelo, der mit dem Polieren der Gläser innegehalten hatte, zischte Sam: »Nicht so laut! Komm.« Er nahm ihren Arm und bugsierte sie zur Eingangstür. »Es gibt einen Grund, Kyra«, sagte er, als sie draußen waren.

Kyra entriss ihm ihren Arm. Weinend deutete sie auf die Zeitung, die sie noch in Händen hielt. »Was kann es für einen Grund geben, einen Menschen sterben zu lassen, den man hätte retten können?«

»Die Anwärter.«

»Die Anwärter?« Kyra starrte ihn unter Tränen an. »Was ... haben … die …«, nach jedem einzelnen Wort schlug sie mit der Zeitung auf seine Brust, »damit zu tun?«

»Du hast ja keine Ahnung, Kyra, wie schwer es ist, Menschen für die Bruderschaft zu gewinnen, denen wir vertrauen können. Mit unseren jungen Anwärtern müssen wir aber dafür sorgen, dass die Bruderschaft weiterlebt. Dass sie die nächsten dreihundertdreiunddreißig Jahre fortbesteht. Und darum … darum mussten wir ihnen beweisen, dass du wirklich diese Artikel vorhersehen kannst. Und darum mussten wir den Artikel, den du ihnen vorgelesen hast, erscheinen lassen.«

Kyras Tränenfluss versiegte. Unfassbare Wut lag in ihren Augen. »Aber du hast gesagt, dass sie mich anbeten, dass sie bedingungslos an mich glauben. Und genauso wirkten sie auch auf mich.«

Sam nickte. Seine Stimme klang hart, als er sagte: »Du hast recht, Kyra. Aber ein Beweis ist auch für Menschen, die im festen Glauben an eine Sache stehen, die größte Antriebskraft.«

Kyra schüttelte sich. »Und wenn es ein Artikel gewesen wäre, in dem hundert Menschen umgekommen wären, dann hättet ihr sie sterben lassen? Einfach so?«

»Nein, natürlich nicht! Niemals hätten wir mehr als einen Menschen geopfert. Glaub nicht, dass wir es uns leicht gemacht haben, diesen Mann sterben zu lassen. Es verfolgt mich seit Tagen. Genau wie Evelyn und den Rest der Bruderschaft. Schließlich ist es unser größtes Bestreben, Menschen zu retten, und nicht, sie sterben zu lassen.«

Kyra starrte auf die Zeitung. Das Rot der Wut auf ihren Wangen wich einer Blässe. Sie hielt Sam die Zeitung vor die Brust. »Du hast mich den ganzen Tag beschäftigt, damit ich das hier nicht lese? Damit ich vergesse, in die Zeitung zu sehen?«

»Bitte, Kyra, ich —«

Kyra unterbrach ihn mit bitterer Stimme. »Hat die Hexe den Film ausgesucht? Und den Tisch bei Angelo reserviert? Hast du dir mit ihr zusammen überlegt, wie man die dumme, naive Kyra Althoff am Tag der Artikelveröffentlichung am besten ablenkt, damit sie nichts merkt?«

Kyras Hand klatschte mit einer Wucht an Sams Wange, dass

seine Brille herunter auf den Boden fiel und ein Glas zersplitterte.

»Es tut mir leid, dass ich dir deinen Tag versaut habe, Sam. Du hättest wahrscheinlich tausend andere Dinge lieber gemacht, als den Tag mit mir verbringen zu müssen. Selbstverständlich erstatte ich dir das Geld für das Kino. Die Rechnung für die Brillenreparatur natürlich auch. Ich möchte dir nichts schuldig sein. Und jetzt lass mich vorbei. Ich möchte drinnen zahlen und endlich gehen.«

Er griff nach ihrer Hand, als sie an ihm vorbeiwollte. »Das, Kyra ...«, er deutete auf seine blasse Wange, auf der der rote Abdruck ihrer Hand deutlich zu erkennen war, »... tut nicht halb so weh wie deine Worte. Aber es ist wohl egal, was ich jetzt sage. Es würde doch nicht zu dir durchdringen.«

»Weißt du, was mir wehtut?« Sie entriss ihm ihre Hand. »Dass ich diesen Tag nicht so verbracht habe, wie ich es gewollt hätte. Nämlich mit einem sehr netten Amerikaner. Der gut aussieht, charmant und witzig ist und mich als Frau wahrnimmt. Und soll ich dir noch was sagen?« Sie stand jetzt direkt vor Sam. »Es kribbelt in meinem Bauch, wenn er mich berührt und wenn er spricht. Und wenn dieser Mann mit mir schlafen will, dann werde ich es tun. Vielleicht schon morgen. Und ich werde es niemals bereuen. Niemals.«

Sams Augen funkelten. Seine Lippen berührten fast die ihren, als er herauspresste: »Was weißt du denn über diesen Mann?« Seine Hände griffen nach ihren Schultern. »Sei vorsichtig, Kyra. Bitte.«

Kyra schnaubte verächtlich durch die Nase. »Herrje, deine Angst um das Buch ist wirklich übermächtig, was?«

Sams Stimme klang kalt, als er seine Hände von ihren Schultern löste. »Tu, was du tun musst. Aber tu es nicht, um deine Wut auf uns auf diese Weise zu stillen. Vergiss nicht, wer du bist.«

Kyra lachte herb. »Wie könnte ich das. Aber ihr ... ihr steht mir bis hier oben.« Ihr Finger fuhr über ihre Stirn. »Und darum werde ich euch zeigen, was passiert, wenn ihr mir solche Kleinigkeiten wie den Tod eines Menschen verheimlicht: Weder du noch Evelyn Kessow braucht um halb vier vor meiner Tür zu stehen.

Heute Nacht gibt es von mir keinen Artikel. Was ihr könnt, das kann ich auch. Es sind doch nur Menschenleben. Und wenn ich das Buch nicht öffne, werde *ich* wenigstens niemals wissen, wen ich auf dem Gewissen habe.«

★★★

»Warst du im Büro? Hast du etwas herausgefunden?« Evelyn Kessow sah Sam gespannt an, nachdem sie beide in Evelyns Wohnzimmer Platz genommen hatten.

»Es gibt keine Auffälligkeiten bei ihm, Evelyn. Der Polizeicomputer gab nichts her, was ihn verdächtig macht.«

Evelyn zupfte einen Fussel von ihrem eng anliegenden schwarzen Kleid. Ihre blutrot geschminkten Lippen verzogen sich. »Das muss gar nichts heißen. Wer Recherchen über dich oder mich anstellt, wird auch nichts finden.« Ihre Augenbraue zuckte. »Hoffe ich.«

»Aber warum taucht dieser Farlow gerade jetzt auf?« Es hielt Sam nicht im Sessel. Er sprang auf und ging ein paar Schritte.

»Wir behalten ihn im Auge. Mehr können wir im Moment nicht tun, Sam. Es sei denn …«

Sam sah Evelyn an. »Es sei denn, was?«

»Wir könnten der Jungfrau ein wenig Angst einjagen. Denn seine Anwesenheit ist auf jeden Fall ein Grund zur Besorgnis. So oder so. Auch wenn er einfach nur ist, wer er ist, bedeutet er auf jeden Fall eine Gefahr für die Jungfernschaft. Warum verwenden wir nicht sein Geburtsdatum, um …?«

»Nein!«, fuhr Sam scharf dazwischen. »Nein.« Er wurde leiser. »Kyra hat im Moment genug zu kämpfen. Sie noch weiter zu verunsichern, ist mit Sicherheit destruktiv. Und wir sollten nicht vergessen, wer wir sind. Unnötige Lügen können nicht im Sinne der Heiligen Jungfrau sein.«

Evelyns blasse Wangen überzogen sich mit einem Hauch Farbe. Sie schloss die Augen für einen Moment. »Du hast recht. Aber ich habe einfach Angst, dass wir die Jungfrau verlieren. Und ich weiß nicht, ob Maria damit einverstanden wäre, wenn wir unseren Edelmut mit Hunderten Menschenleben bezahlen, die Kyra Althoff hätte retten können … Im Moment hoffe ich allerdings einfach nur, dass sie ihre Entscheidung für heute Nacht überdacht hat.«

★★★

Als es um Viertel vor vier an ihrer Tür klingelte, saß Kyra auf dem Sofa und starrte auf den Umschlag neben dem Schreibtisch, in dem das Buch steckte. Sie trug noch Jeans und Pulli. An Schlafen war nicht zu denken gewesen. Als es noch einmal klingelte, ging sie zur Tür und zog sie auf. Erwartungsgemäß standen Sam und Evelyn Kessow davor. Kyra sagte kein Wort. Sie ließ die Tür einfach offen stehen und ging in ihr Wohnzimmer zurück.

Sam und Evelyn warfen sich einen Blick zu und traten, die Tür hinter sich schließend, ein.

»Sam hat mir von Ihrem Disput berichtet«, fing Evelyn an. Ihr Blick suchte Kyras, die stockstarr auf dem Sofa saß.

»Dann weiß ich nicht, was Sie hier wollen. Ich hatte klar und deutlich gesagt, dass es heute keinen Artikel gibt. Punkt.«

»Frau Althoff«, Evelyn setzte sich auf den Sessel und lächelte, »das wollen Sie doch nicht wirklich. Ich verstehe, dass Sie uns ärgern wollen. Weil Sie ärgerlich sind und –«

»Ärgerlich?«, fiel Kyra ihr ins Wort. »Das ist wohl kaum das richtige Wort für meine Wut, für meine Trauer über den Tod dieses Menschen, den Sie hätten verhindern können. Gott, wie scheiße müssen Sie sich eigentlich fühlen?«

Evelyns Lächeln verschwand. »Ich kann es Ihnen ohne Fäkalsprache mitteilen: Ich fühle mich elend damit. Aber wir haben es in der Gemeinschaft der Bruderschaft so beschlossen, und wir tragen diese Schuld gemeinsam. Ein höherer Richter wird darüber zu urteilen haben.«

Kyra verschränkte die Arme vor der Brust. »Vielleicht sollten Sie einmal darüber nachdenken, dass ›die Jungfrau‹ in diese Beschlüsse eingeweiht werden sollte.«

Evelyn lehnte sich im Sessel zurück. »Die Bruderschaft des Heiligen Buches der Jungfrau Maria besteht aus genau dreihundertdreiunddreißig Leuten. Die Jungfrau gehört nicht dazu. Ihre einzige Aufgabe ist es, der Bruderschaft mitzuteilen, was sie in dem Buch liest. Um mehr muss sie sich nicht kümmern. Und Sie hätten in Ihrer kindlichen Sicht der Dinge sowieso niemals Ihre Zustimmung gegeben.«

Sam stöhnte leise. »Hört auf! Es ist passiert, und es ist nicht gut. Wir müssen jetzt nach vorn blicken.« Er sah Kyra an. »Ich werde mich dafür starkmachen, dass die Jungfr… dass du in alle Entscheidungen mit einbezogen wirst.«

Evelyn stieß ein »Pff!« aus.

Kyra musterte Sam, der sie ernst, aber mit seinem besonderen Leuchten in den Augen ansah. »Selbst wenn du dich dafür starkmachst, wird nichts dabei herauskommen. Sie …«, Kyra deutete auf Evelyn, »… hat es doch eben selbst gesagt: Die Jungfrau gehört nicht dazu.«

Schweigen legte sich wie eine Eisdecke über den Raum.

»Bitte, Kleine.« Sams Blick war flehend. »Lies uns den Artikel vor. Was immer zwischen uns steht, die Menschen in dem Artikel tragen keine Schuld daran.«

Kyra stand auf. Sie schluckte. »Wenn wir gemeinsam weiterhin Leben retten wollen, dann nur, wenn diese Heimlichkeiten aufhören. Und darum …«, Tränen traten in ihre Augen, »… bleibt das Buch heute geschlossen.« Sie sah von Sam zu Evelyn. »Es ist meine einzige Chance, dass ›die Firma‹ mich ernst nimmt.«

Evelyn wurde blass. Sie klang nicht bedrohlich, als sie sagte: »Sie werden das bereuen, Frau Althoff.«

Kyra ging zur Wohnungstür und öffnete sie. »Damit muss ich leben. Wenigstens werde *ich* niemals erfahren, wen ich hätte retten können.«

Evelyn sah zu Sam, bevor sie die Wohnung verließen. »Das werden wir sehen.«

★★★

»Habe ich etwas Falsches gesagt oder dich in irgendeiner Weise verletzt?« Ryan Farlows Stimme klang unsicher. Er musterte Kyra. »Du bist schon den ganzen Tag über so … abwesend. Und gegessen hast du wie ein Mäuschen.«

»Wie? Oh nein, entschuldige bitte.« Ihre blassen Wangen wurden heiß. Kyra fühlte sich elend. Sie hatte in der Nacht kein Auge zugetan. Zu mächtig waren Trauer und Wut über das Vorgefallene. Und die Schuld nagte an ihr wie eine Ratte am Dreck. Sie hatte das Buch nicht geöffnet.

Wessen Leben hatte sie geopfert für das Recht auf Mitbestimmung und Informationsfluss über die Entscheidungen der Bruderschaft?

»Ich hatte eine schlaflose Nacht, und gerade fällt mich die Müdigkeit mit der Kraft eines Orkans an«, sagte Kyra und kämpfte sich ein Lächeln für Ryan ab.

»Hast du Sorgen?« Er musterte sie. »Oder hat dich unsere Verabredung nicht schlafen lassen? Ich wollte nicht aufdringlich sein. Du hättest absagen können, wenn du es dir anders überle–«

»Nein«, unterbrach Kyra ihn bestimmt. »Es liegt wirklich nicht an dir. Im Gegenteil. Ich habe den Tag genossen. Es war einer der schönsten Tage seit Langem. Und dieses Abendessen hier«, sie blickte sich im Prinzeßhof-Restaurant um, »war einfach köstlich. Ich verspreche dir, dass ich beim nächsten Mal eine bessere Gesellschafterin sein werde.« Ihre Wangen begannen zu brennen. »Ich meine nur ... falls du ... falls wir ... also, ich weiß ja gar nicht, ob du mich noch einmal wiedersehen möchtest.«

Innerlich ohrfeigte Kyra sich. Sie war vermutlich die schlechteste Dating-Kandidatin aller Zeiten.

Sein ernster Blick glitt über sie. »Ich würde dich gern wiedersehen, Kyra Althoff. Ich möchte dich besser kennenlernen. Du hast etwas Besonderes. Etwas, was andere Frauen nicht haben. Und ich würde gern herausfinden, was es ist.«

Kyra versuchte, ihr Lächeln zu halten. Okay. Das Besondere an mir ist: Du wirst noch sechs Jahre warten müssen, bis wir miteinander schlafen dürfen, Ryan. Eine Kleinigkeit, die dich hoffentlich nicht stört?

Sie spielte mit ihrer Serviette. »Du sagtest, du fliegst am Mittwoch. Wirst du denn in absehbarer Zeit wieder nach Deutschland kommen?«

Ryan nickte. »Ich fliege für zwei Wochen zurück nach New

York. Dann bin ich für einen längeren Zeitraum in Deutschland. Vermutlich bis zu meinem Geburtstag am 6. Juni.« Er zwinkerte ihr zu. »Ein Zeitraum, der ein intensiveres Kennenlernen ermöglicht. Wenn du es denn auch möchtest.«

Ich möchte, schrie alles in Kyra. Gleichzeitig überfiel sie stechender Kopfschmerz. In den letzten vierundzwanzig Stunden war zu viel auf sie eingestürmt. Sie schluckte. Sie musste sein Angebot ablehnen. Es war nicht fair, ihm Hoffnungen zu machen, die sie nicht erfüllen durfte. Aber es tat weh. Weil er etwas in ihr zum Klingen brachte, was viel zu lange geruht hatte. Und ihre Emotionen siegten über den Verstand, als sie hastig ausstieß: »Ja, ich möchte, Ryan. Und ich freue mich darauf.«

Zu dem Kopfschmerz gesellte sich Übelkeit, als Kyra sich in ihrem Bett einigelte. Die Versuchung, das Heilige Buch aus dem Umschlag zu zerren, um den Artikel doch noch an Sam weiterzuleiten, war enorm. Sie blickte zum Wecker. Dreiundzwanzig Uhr. Ein paar Stunden blieben noch, bis der Artikel sich auflöste. Mit Sicherheit genug Zeit, um das Unglück zu verhindern, das heute geschrieben stand. Tränen schossen ihr in die Augen. Sie musste durchhalten. Wenn sie jetzt nachgab und den Artikel doch noch preisgab, würde alles beim Alten bleiben. Die Bruderschaft würde sie weiterhin dumm halten.

»Es tut mir leid«, flüsterte Kyra in die Dunkelheit ihres Schlafzimmers, während ihre Tränen im Kopfkissen versickerten. »Ich muss es geschehen lassen. Ohne jede Mitsprache kann ich die nächsten Jahre nicht durchstehen.«

Irgendwann forderte die vorherige schlaflose Nacht ihren Tribut. Kyra fiel in einen kurzen, von wirren Träumen durchzogenen Schlaf. Um Punkt drei Uhr war sie wieder hellwach. In einer halben Stunde erschien der neue Artikel. Und sie war schuld, dass ein Mensch sein Leben hingeben musste. Sie schluckte. Vielleicht sogar viele Menschen. Eine erneute Welle von Übelkeit brach über sie herein. Sie sprang auf und erbrach sich im Bad.

Um halb vier öffnete sie ihre Wohnungstür für Sam, ging wortlos in ihr Wohnzimmer, nahm das Buch aus dem Umschlag und legte es auf ihre Knie, ohne es zu öffnen. Zwei Minuten blieben noch, bis der Artikelwandel begann, und sie hatte nicht vor, das Buch eine Sekunde vorher zu öffnen.

»Kannst du einen Hauch Verständnis für meine Reaktion aufbringen, Sam?« Sie löste ihren Blick von dem Buch und sah ihn das erste Mal bewusst an.

Niemals zuvor hatte Sam sie mit einem solchen Blick bedacht. Kälte und etwas Undefinierbares sprachen aus seinen Augen. Auch seine Stimme klang eisig, als er sagte: »Ich denke, du hast erreicht, was du wolltest. Die Firma wird zweifellos ihr Verhalten dir gegenüber überdenken. Aber in Anbetracht der neuen Situation wird das Ganze vielleicht ja sowieso sehr bald ad absurdum geführt.«

Kyra versteifte sich. »Mit der neuen Situation meinst du meine Verabredung? Er heißt übrigens Ryan Farlow. Und jetzt hör mir gut zu, Samuel Bach: Du hast selbst gesagt, ich kann es jederzeit beenden, wenn ich mich verliebe. Und vielleicht bin ich auf dem Weg dahin.«

Sams Wangenmuskeln mahlten. Er schnellte auf dem Sessel nach vorn. »Es ist mir scheißegal, wie er heißt, Kyra. Hänschen Müller, Bruce Willis oder Ryan Farlow. Ich will einfach nicht, dass es vorbei ist! Dass ... dass es dir egal ist, dass Menschen sterben müssen, die leben könnten.«

Kyra sah ihn an. Ihre Stimme klang dumpf. »Wir entfernen uns voneinander, Sam. Ich möchte es aufhalten, aber ich glaube, es wird nicht gelingen. Du siehst nicht mehr Kyra Althoff in mir, sondern nur noch die Jungfrau.« Sie presste beide Hände auf ihre Brust. »Ich habe das Gefühl, dass hier drinnen alles leer ist, Sam.«

Sam schloss die Augen. »Das unterscheidet uns dann wirklich, Kyra«, stieß er leise aus.

»Dann werde ich dein für die Bruderschaft schlagendes Herz jetzt erlösen«, sagte Kyra erschöpft, öffnete das Buch und sprach den neuen Artikel in das Diktiergerät.

ZEHN

»Ich fühle mich, als wäre eine Dampfwalze über mich drübergerollt, Elvis«, sagte Kyra zu dem Kaktus, während sie ihm seine Fingerhutration Wasser zukommen ließ. Sie hatte es nach zwei traumlosen Stunden Schlaf kaum geschafft, das Bett zu verlassen. Der seit Tagen fehlende Schlaf hatte auch ihren Appetit gedämpft. Mit Mühe hatte sie ihren Becher Tee und eine Scheibe gebutterten Toast hinuntergewürgt.

»Wenn das so weitergeht, bin ich bald nicht mehr in der Lage, meinen Job in der Agentur zu machen. Diese Sache sprengt langsam, aber sicher mein Hirn, Elvis. Und mein Herz. Wollen wir nicht tauschen? Du kriegst mein Leben und ich deines. Dein wundervoll ereignisloses Kaktusleben.« Sie deutete aus dem Fenster. »Dann betrachte ich den lieben langen Tag die kahlen Winterbäume, die mies geparkten Autos und die leer stehende Wohnung gegenüber ... Oh, wie es aussieht, steht sie gar nicht mehr leer, Elvis. Es brennt Licht ... Du hast recht. Jetzt müssen wir wieder daran denken, die Rollos herunterzuziehen.«

Mit einem kleinen Lächeln drehte sie den Kakteentopf schließlich um hundertachtzig Grad. »Das haben wir gemeinsam, Elvis. Den Wunsch nach Sonne und Licht in unserem Leben. Und ein erster Sonnenstrahl ist Ryan.«

Ein Blick auf ihre Armbanduhr schreckte sie auf. Sie musste sich beeilen, wenn sie pünktlich im Büro sein wollte. Das Letzte, worauf sie heute Lust hatte, waren Oskars bissige Bemerkungen.

Der verließ das Büro allerdings grußlos und mit wehenden Fahnen, kaum dass Kyra es betreten hatte.

»Was ist denn mit Oskar los?« Kyra sah Doro fragend an, die mit Grafiker Bernd Wagner am Kundentresen schwatzte.

»Wenn ich Oskars Äußerungen und Reaktionen während eines vor fünf Minuten eingegangenen Telefonates richtig deute, hat seine Frau in ihrem Wagen gerade Brems- und Gaspedal verwechselt und das gute Stück im Parkhaus des Holstein-Centers völlig demoliert, inklusive eines weiteren Fahrzeugs.«

»Diese Interpretation unterstütze ich zu hundert Prozent«, griente Bernd Wagner. »Oskar war kurz vor einer Herzattacke.«

»Die Arme«, sagte Kyra nur und ging zu ihrem Schreibtisch.

»Sag mal, Kyra«, Bernd Wagner zupfte an seinem roten Spitzbart, »geht es dir nicht gut? Du wirkst in letzter Zeit irgendwie … angespannt. Abwesend.« Er lächelte. »Alles in Ordnung bei dir?«

Kyra lächelte zurück. »Bei mir ist alles gut. Vielleicht brüte ich eine Erkältung aus.«

»Und ich muss jetzt auch was tun«, sagte Doro und löste sich vom Tresen. »Einen schönen Arbeitstag, Bernd.«

Bernd Wagner trollte sich mit einem kurzen Winken in das Nebenbüro. An der Tür drehte er sich noch einmal um. »Ich bin ein guter Zuhörer, Kyra, falls du Sorgen hast. Das weißt du.«

»Wie ich sagte: Es ist alles in Ordnung, Bernd.« Kyras Lächeln fiel nicht mehr ganz so freundlich aus. Einen Moment starrte sie auf die Tür, als sie hinter ihm zufiel.

»Netter Typ, nicht?« Doro öffnete ihre obere Schreibtischschublade und nahm eine Nagelfeile heraus. »Er ist Single. Hab ich rausgefunden.«

»Oh bitte! Nicht den Verkupplungsblick«, wehrte Kyra vehement ab. »Bernd ist nett, aber jetzt gerade fand ich ihn aufdringlich. Und das mag ich nicht.«

Doro riss die Augen auf und hielt beim Nägelfeilen inne. »Ist es wegen Ryan? Hast du dich verliebt? Wird das was mit euch? Du musst mir alles erzählen, Kyra!« Ihre Augen blitzten. »Hattet ihr etwa schon Sex?«

Kyra lief tomatenrot an. »Bitte, Doro … Ryan und ich … also … vielleicht … wir werden uns auf jeden Fall wiedersehen. Und jaaa«, sie rollte mit den Augen, »er ist wahnsinnig süß. Ich … ich weiß nicht, was daraus wird.«

»Das wäre doch super, Kyra. Ich und Christian und du und Ryan.« Doro wedelte mit der Feile durch die Luft. »Wir machen eine Doppelhochzeit. Und wir ziehen in benachbarte Häuser. Unsere Männer machen in Stahl und Blech und so'n Zeugs, und wir gehen shoppen und mit den Kindern in den Zoo.«

Kyra war dankbar, als ihr Telefon klingelte. Überrascht hörte sie die Stimme ihrer Mutter. Ellen Althoff würde in drei Stunden in Itzehoe eintreffen und wollte gern mit ihrer Tochter zu Mittag essen.

»Schade, dass du mir nicht eher Bescheid gesagt hast, dass du kommst, Mama. Dann hätte ich mir den Nachmittag freigenommen.« Kyra strich über die Hand ihrer Mutter, die ihr im Karstadt-Restaurant gegenübersaß.

»Ich habe mir doch selbst erst kurz vor dem Schlafengehen überlegt, Hermann auf seiner Geschäftstour zu begleiten, Schatz. Für ihn ist die Fahrt dann nicht so langweilig, und ich darf die Mittagsstunde meiner Tochter mit ihr verbringen. Die Kohlroulade ist übrigens ausgesprochen lecker. Gut, dass ich auf dich gehört habe.« Sie teilte einen Bissen vom Hack ab und aß weiter.

Kyra spürte den Blick ihrer Mutter, während sie selbst ein Kartoffelstück in die Specksoße tunkte.

»Du siehst immer noch so blass aus, Kyra. Und du bist dünner geworden. Ist wirklich alles in Ordnung? Langsam beginne ich, mir Sorgen zu machen.«

»Das brauchst du wirklich nicht, Mama. Das ist die Itzehoer Winterblässe. Und ich habe bewusst zwei Kilo abgenommen, weil ich ein bisschen Winterspeck angesetzt hatte.« Innerlich wand Kyra sich, aber sie konnte Ellen nicht sagen, dass ihr Appetit im Moment nicht der größte war. Und dass sie wenig und schlecht schlief.

»Hmm …« Ellen Althoff sah nicht überzeugt aus, aber sie bohrte nicht weiter. »Erinnerst du dich eigentlich an Grit Helmbach, Kyra?«, fragte sie stattdessen.

»Der Name kommt mir bekannt vor«, sagte Kyra. »Aber einordnen kann ich ihn im Moment nicht.«

Ellen legte ihr Besteck zur Seite. »Das wollte ich dir eigentlich schon Silvester erzählen. Die kleine Grit war vor drei Jahren bei dem Föhrer Pfadfinderflohmarkt in der Nieblumer Kirche dabei, den du für mich übernommen hattest. Weißt du noch?«

Kyra verschluckte sich an ihrem Bissen. Diesen Tag würde sie im Nachhinein niemals vergessen. In der St.-Johannis-Kirche hatte sie unbemerkt das Buch an sich genommen. Sie hustete.

»Da ... da waren sehr viele Mädchen. Ich kann mich jetzt nicht genau —«

»An Grit müsstest du dich erinnern«, fiel ihre Mutter ihr ins Wort. »Sie hat in Begleitung ihrer Mutter teilgenommen.«

Kyra nickte vorsichtig. »Ja, jetzt weiß ich, wen du meinst. Grit ist die Autistin, richtig? Ein schmales, großes Mädchen mit dunklen Locken, das sich trotz der mütterlichen Begleitung überhaupt nicht wohlfühlte in der Kirche. Ich hatte damals den Eindruck, dass ihre Mutter unbedingt eine Normalität wollte, die es aber nicht gab. Was ... was ist denn mit ihr?«

»Die arme Maus wurde vergewaltigt.« Ellen Althoff schüttelte sich. »Aber wenigstens lebt sie.«

Kyra schluckte. Das autistische Mädchen! In allen Zeitungen war darüber berichtet worden. Aber Kyra war nicht bewusst gewesen, dass es das Mädchen war, das sie vor drei Jahren kennengelernt hatte.

»Ich habe ja lockeren Kontakt zu den Helmbachs«, fuhr ihre Mutter bereits fort. »Daher weiß ich, dass es ihr momentan ganz gut geht. Die Mutter sagt, dass Grit kaum etwas anzumerken ist. Wobei das wohl eher auf ihren Autismus zurückzuführen ist. Und die Polizei hat kaum Anhaltspunkte. Aus Grit ist nichts rauszubekommen. Der einzige Hinweis sind wohl ihre Zeichnungen. Grit malt schwarze Kerzen. Zu Hunderten.«

Es war kurz vor sechs, als Kyra am Abend ihre Wohnung betrat, die Tür hinter sich schloss und mit dem Rücken an das Türblatt gelehnt tief durchatmete. Wie sie die nachmittäglichen Arbeitsstunden verbracht hatte, hätte sie nicht mehr sagen können. Sie hatte funktioniert, aber ihr Geist war seit dem Mittag unaufhörlich mit Grit Helmbach beschäftigt. Und die Erkenntnisse dieser Überlegungen waren nicht dazu angetan, einen ruhigen Feierabend zu genießen.

Kyra löste sich von der Tür und warf ihre Tasche in die Ecke. Ohne ihren Mantel auszuziehen, riss sie die Tür wieder auf und stapfte die paar Schritte zu Sams Wohnungstür. Noch während sie klingelte, wurde ihr bewusst, dass Sam noch gar nicht zu Hause sein konnte. Er arbeitete bis siebzehn Uhr und brauchte mindestens eine Stunde von Hamburg bis Itzehoe. Sie wandte sich Richtung Treppe. Gundel Gaukeley war vielleicht schon da.

Sie war die Treppe halb hinauf, als sich Sams Tür öffnete und er seinen Kopf herausstreckte.

»Wieso bist du schon zu Hause?«, fragte Kyra erstaunt und ging die Treppenstufen wieder hinunter.

»Dir auch ein fröhliches Hallo«, sagte er ernst und trat zur Seite, um sie hereinzulassen.

»Mir ist gerade nicht nach Floskelei«, stieß Kyra aus, als sie an ihm vorbeiging. Sie schlüpfte aus ihrem Mantel, ging schnurstracks in seine Küche und öffnete den Kühlschrank. »Ich brauche ein Bier und eine – ausnahmsweise vielleicht mal ehrliche – Antwort, Samuel Bach.« Sie drückte ihm ebenfalls ein Bier in die Hand und setzte sich an seinen Küchentisch.

Zögernd öffnete er die beiden Flaschen. Er setzte sich nicht, sondern lehnte sich an die Spüle. »Wie lautet die Frage?«

Kyra nahm einen Schluck Bier. »Ich frage nicht. Ich sage nur: Grit Helmbach. Und jetzt bist du dran, Sam.«

Sam schluckte. »Grit Helmbach … Woher weißt du es?«
»Meine Mutter war heute hier.«

Sam nickte nur und setzte sich jetzt doch auf einen Stuhl. Er musterte Kyras Gesicht, während er sprach. »Es war ein knapper Mehrheitsbeschluss der Firma, Kyra, dass wir das Thema Grit von dir ferngehalten haben. Wir –«

»Thema?«, fauchte Kyra dazwischen. »Grit ist kein Thema, sondern ein vierzehnjähriges behindertes Mädchen, das höchstwahrscheinlich von Satanisten entführt und vergewaltigt wurde. Denn Satanisten gebrauchen schwarze Kerzen. Und sag jetzt nicht, dass ihr von den schwarzen Kerzen, die sie malt, nichts wisst. Das Firmenmitglied, das für Grit zuständig ist, wird das bestimmt herausgefunden haben, wenn sogar meine Mutter als entfernte Bekannte der Familie Bescheid weiß.«

Tränen schossen Kyra in die Augen. »Das, was Samuel Bach einmal für mich war, gibt es doch für jedes der Mädchen und ihre Familien, oder? Einen guten Freund oder einen sympathischen Nachbarn. Irgendein Mensch, der sich vor drei Jahren in das Vertrauen einschlich, Gefühle vorgaukelte, die nicht da sind.«

Kopfschüttelnd, mit geschlossenen Augen, stieß Sam seinen Atem durch die Nase. »Du *willst* mich verletzen, Kyra.« Er öffnete seine Augen. »Ich könnte dir noch tausendmal sagen, dass meine Gefühle, meine tiefe Verbundenheit für dich nie gespielt waren.«

»Aber warum bist du dann nie ehrlich zu mir, Sam?«, weinte Kyra auf. Sie konnte die Tränen nicht mehr zurückhalten. »Hat die Hexe so viel Macht über dich, dass du immer tust, was sie von dir verlangt?«

»Evelyn wollte, dass du es erfährst. Ich war dagegen. Und mit mir eine knappe Mehrheit der Firma. Ich wollte einfach verhindern, dass du Ängste entwickelst, die einer Grundlage entbehren. Wir haben alles im Griff, Kyra. Alle Mädchen sind jetzt wieder unter ständiger Beobachtung. Und keiner drohte bis jetzt eine Gefahr.«

Kyra stand auf, riss ein zum Trocknen aufgehängtes Geschirrhandtuch vom Heizkörper und presste ihr tränennasses Gesicht hinein. Schließlich ließ sie das Tuch langsam sinken.

»Sie stehen also unter Beobachtung. Und was sagt mir das? Dass ihr Angst habt. Dass ihr eine Gefahr nicht sicher ausschließen könnt.« Sie lachte unfroh auf. »Und weißt du was? Das macht mir eine Scheißangst! Und ich will verdammt noch mal wissen«, ihre Stimme wurde schrill, »wenn eine Gefahr droht. Ihr hättet mich sofort informieren müssen, als das mit Grit geschah.« Sie schlug mit dem Handtuch nach Sam. »Hier geht es um *mein* Leben, Samuel Bach!«

»Wir beschützen dich, Kyra.«

»Wie denn?«, schrie sie. »Dazu müsstet ihr mich rund um die Uhr bewach–« Sie brach abrupt ab. Mit einem großen Schritt stand sie direkt vor Sam und sah zu ihm auf. »Ihr beobachtet mich? Tag und Nacht? Auf Schritt und Tritt? ... Oh mein Gott! Und ich blöde Kuh merke das nicht?«

Sie holte erneut mit dem Handtuch aus, aber Sam packte ihren Arm, bevor sie es ihm ins Gesicht peitschen konnte. »Es reicht, Kyra!« Seine Stimme klang scharf. »Setz dich wieder hin und hör mir zu.« Er drückte sie auf den Stuhl und setzte sich neben sie. »Es sind Firmenmitglieder um dich, sobald du das Haus verlässt. Zu deinem Schutz, nicht um in deiner Privatsphäre zu schnüffeln. Und da du sie bisher nicht bemerkt hast, scheinen sie ihre Sache gut zu machen. Ich arbeite seit dem Geschehen um Grit nicht mehr bei der Kripo. Ich habe gekündigt. Die Firma zahlt meinen Unterhalt jetzt auch aus ihrem Vermögen, damit ich mich um … damit ich mich kümmern kann. Um alles, was wichtig ist.«

Kyra starrte ihn an. »Bewachst du nachts meine Tür, Sam? Am Tag meine Wohnung?« Sie stand auf. »Mir ist speiübel, Sam. Ich habe wieder dieses Gefühl, den Verstand zu verlieren … Lass mich«, stieß sie tonlos aus, als er nach ihrer Hand griff. »Ich muss in meine Wohnung und nachdenken.«

★★★

»Ryan? Ich bin's, Kyra. Hast du Lust, mich heute noch einmal zu treffen? Ich weiß, dass du morgen fliegst, und wenn du es nicht einrichten kannst, dann ist es … Ja?« Kyras Herz machte einen kleinen Hüpfer. »Schön. Gegen achtzehn Uhr vor dem Hotel Adler. Bis dann. Ich freue mich.« Mit einem Lächeln legte sie den Hörer zur Seite. Das Kribbeln in ihrem Bauch fühlte sich gut an.

Den Entschluss, Ryan heute Morgen anzurufen, hatte sie getroffen, bevor sie in der Nacht nach endlosen Grübeleien in einen unruhigen Schlaf gefallen war und den neuen Artikel kommentarlos an Sam übergeben hatte. Ein sehnsüchtiger Seufzer kam über Kyras Lippen. Die Stunden mit Ryan waren so voller Unbeschwertheit und Normalität. Und genau das brauchte sie. Keinen Sam, keine Evelyn, keine Firma, kein Buch.

Mit einem Lächeln verließ sie das Haus und eilte zum Dithmarscher Platz. Sie war spät dran, aber mit dem Bus würde sie rechtzeitig im Büro ankommen. Die Vorfreude, Ryan am Abend zu sehen, verflog dabei mit jedem Schritt. Ihr Blick wanderte unstet über die Menschen um sie herum. Wo waren die Firmenmitglieder, die sie überwachten? Wer waren sie? Mit Sicherheit niemand von den Leuten, die sie bereits kennengelernt hatte.

Auch im Bus durchbohrte Kyra die Mitfahrer mit ihrem Blick. Doros Aussage über die beiden Männer im »Nach Acht« kam ihr in den Sinn. Doro hatte behauptet, sie habe die beiden bereits im

Bus gesehen. Waren sie Firmenmitglieder, oder war es ein Zufall gewesen?

Kyra presste sich unwohl in ihren Sitz. Es gab noch eine andere Möglichkeit. Ihr Augenmerk wanderte über die Köpfe. Sie hatte sich Satanisten bisher immer als blass geschminkte Jugendliche mit schwarz ummalten Augen vorgestellt, die ihrem kranken Kult frönten. Aber jetzt ... Die »Anderen«, wenn es sie wirklich gab, waren keine durchgeknallten Jugendlichen. Nein. Wenn es sie gab, waren sie eine Bruderschaft, die der »Firma« in nichts nachstand. Eine Gemeinschaft, die ihre Ziele genauso durchorganisiert verfolgte wie Sam, Evelyn Kessow und die weiteren dreihunderteinunddreißig Firmenmitglieder.

Vielleicht war die junge Frau im schwarzen Mantel eine Satanistin? Oder einer der beiden Zeitungsleser in Anzug und Trenchcoat? Der linke der Männer ließ seinen Blick bei jedem Umblättern der Zeitung über seine Mitfahrer gleiten. War das normal? Kyra spürte, wie ihr heiß wurde.

Warum hatte Sam nur zugegeben, dass sie beobachtet wurde? Kyra war zum Heulen. Es wäre besser, sie wüsste es nicht. In allen anderen Dingen log Sam. Warum nicht dieses Mal? Als an der nächsten Haltestelle ein älterer Herr zustieg und sie anlächelte, sprang Kyra auf und stürzte auf den Bürgersteig, obwohl sie noch eine Haltestelle vor sich hatte. Als der Bus anfuhr, surrte Kyra der Kopf. Schwer atmend starrte sie auf die Straße, als der Bus außer Sicht war. In ein paar Minuten kam der nächste. Sie trat an die Bürgersteigkante. Ein kleiner Schritt würde reichen, um sich des immer mächtiger werdenden Dämons auf ihren Schultern zu entledigen. Das Gefühl, verrückt zu werden, würde zerfallen. Die schwarze Angst, die sie umschlungen hielt, würde sich auflösen in Licht und Helligkeit. Agnes würde sie an die Hand nehmen, und sie würden lachen und tanzen und spielen.

»Sie sollten nicht so nah am Rand stehen«, holte eine freundliche Stimme sie in die Realität zurück. »Der Bus kommt gerade.« Ein junger Mann lächelte sie an und stellte sich neben sie.

»Ich hoffe, die Firma bezahlt Sie wenigstens gut«, fauchte Kyra ihn an, wandte sich ab und lief mit großen Schritten davon.

»Entwirfst du jetzt Kreuzworträtsel in der Arbeitszeit, oder was soll das sein?«

Kyra zuckte zusammen. Sie hatte nicht gehört, dass Oskar Wiegand neben sie an den Schreibtisch getreten war. »Meine Güte, Oskar.« Sie verdeckte die Buchstabenreihen auf ihrem Notizblock hastig mit Probe-Flyern. »Du schleichst hier auf deinen Mokassins durch die Gegend wie Winnetou auf Spähtour. Ich starre doch auch nicht auf deinem Schreibtisch rum und gucke, was du treibst.«

»Bei mir gibt es ja auch nichts zu gucken. Denn ich mach meinen Job.«

»Kyra kann nichts dafür, Oskar, dass dein Hannchen euren Wagen zerlegt hat«, warf Doro von ihrem Schreibtisch her ein, ohne den Blick vom Computerbildschirm abzuwenden. »Also verbreite deine schlechte Laune woanders.«

»Ich mach Mittag«, brummte Oskar und griff sich seinen Blouson vom Schreibtischstuhl. Als er aus der Tür war, zog Doro ihre Schreibtischschublade auf und kramte eine Packung Trüffelpralinen hervor. Mit ihrem Schreibtischstuhl rollte sie zu Kyra und öffnete die Packung.

»Also, was gibt's Neues an der Ryan-Front?« Sie pulte eine Eierlikörpraline heraus, steckte sie in den Mund und sah Kyra gespannt an.

»Ich treffe ihn nach der Arbeit.«

»Uuuh!«, heulte Doro triumphierend auf. »Das ist klasse, Süße. Geht ihr zu dir? Ich an deiner Stelle würde lieber zu ihm ins Hotel gehen. Sex in Hotelzimmern ist immer irgendwie heißer.«

Kyra verschluckte sich fast an der Praline, die sie genüsslich gekaut hatte. »Sex? Sag mal! Ich bin nicht so wie du. Ich lande nicht gleich im Bett mit einem Mann, den ich kaum kenne.«

Doro seufzte. »Das ist ja dein Problem. Du willst gleich heiraten.«

»Wie geht es denn deinem Christian?«, versuchte Kyra das Gespräch von sich wegzulenken. »Könnte das zur Abwechslung etwas Festes werden?«

»Von mir aus schon«, sagte Doro und drückte die nächste

Praline aus der Folie. Allerdings fiel sie ihr aus der Hand und kullerte unter das Druckerschränkchen. Doro bückte sich und pustete eine Staubmaus von der Schokolade.

»Bäh«, stieß Kyra aus. »Die willst du doch wohl nicht mehr essen?«

»Ich nicht.« Doro rollte zu Oskars Schreibtisch und legte die Trüffelkugel auf seine Lederunterlage. Dann rollte sie gleich weiter zu ihrem Schreibtisch, weil das Telefon klingelte.

»Hallo, Christian«, flötete sie in den Hörer und zwinkerte Kyra zu.

Kyra versuchte, nicht dem Gespräch zu lauschen, sondern ihre Aufmerksamkeit wieder auf die Buchstaben auf ihrem Notizblock zu lenken. Den ganzen Vormittag hatte sie sich nicht auf ihre Arbeit konzentrieren können, weil die schwarzen Kerzen in ihrem Kopf herumspukten. Natürlich mussten schwarze Kerzen nicht bedeuten, dass Satanisten am Werk gewesen waren, aber … Konnte das wirklich Zufall sein? Sie bekam Jonathan Harker-Malls Warnung nicht aus dem Kopf. *Passen Sie einfach auf sich auf, Kyra. Und achten Sie auf die Zeichen. Die Satanisten lieben Anagramme und dergleichen.*

Sie starrte auf den Notizblock, auf dem sie Namen und Daten wie Kraut und Rüben notiert hatte. Ein Außenstehender hätte mit den Wortgebilden nichts anfangen können. Kyra seufzte. Ein Außenstehender würde auch nicht die Buchstaben der Namen seiner Bekannten und Freunde hin und her schieben und versuchen, Anagramme zu bilden.

Glücklicherweise hatte keiner der Namen in den diversen Buchstabenumstellungen irgendeinen satanischen Bezug ergeben. Insbesondere Ryan Farlows Namen hatte sie in alle Richtungen gedreht und gewendet und war zu keinem negativen Ergebnis gekommen.

Ihre Aufmerksamkeit wurde auf Doros Gespräch gelenkt, als die ihren Namen nannte. »Kyra? Der geht's gut. Sie trifft sich heute mit Ryan.«

Kyra erwiderte Doros Lächeln und wandte sich wieder ihrem Block zu. Wie nett, dass Christian sich nach ihr erkundigte. Sekunden später trat jedoch eine andere Überlegung in den

Vordergrund. *Wieso* erkundigte sich Christian Thorkind nach ihr? War es wirklich nur aus Freundschaft?

Kyras Mund wurde trocken. Sie griff nach der Wasserflasche auf ihrem Schreibtisch und trank in kleinen Schlucken. Das Gespräch zwischen Doro und Christian drehte sich jetzt anscheinend um die Frage, ob der Film »Tiger & Dragon« so gut war, dass es lohnen könnte, ins Kino zu gehen.

Kyra atmete tief ein. Sie wurde paranoid. Eindeutig. Jetzt verdächtigte sie schon Doros Lover.

Diese Feststellung hielt sie aber nicht davon ab, Christian Thorkinds Namen in Großbuchstaben auf ihren Block zu kritzeln. Aber noch bevor sie den Nachnamen zu Ende geschrieben hatte, stockte ihr der Atem. Ihre Eingeweide zogen sich zusammen. Es war so eindeutig! Man musste die Buchstaben gar nicht so sehr hin und her schieben.

Christian T.

Antichrist!

Als Kyra um achtzehn Uhr auf das Hotel Adler zulief, stand Ryan schon dort. Am Nachmittag war sie kurz davor gewesen, das Treffen wieder abzusagen. Ihr Kopf fühlte sich an wie ein zu prall gefüllter Ballon, der kurz vor dem Platzen stand. Vernunft und Angst hatten um die Vorherrschaft gestritten. War Christian Thorkind der wahre Name? Wenn ja, konnte er doch unmöglich ein Anagramm sein. Seine Mutter hätte bei seiner Geburt niemals wissen können, dass er einmal ein Satansanhänger sein würde. Die Buchstabenkonstellation musste ein Zufall sein. Die Silbe »Christ« kam schließlich in so vielen Vor- und Nachnamen vor.

Kyra winkte, als sich ihr Blick mit Ryans traf. Seine Augen leuchteten auf. Tief durchatmend setzte sie ein Lächeln auf, obwohl ihr nicht danach war. Sie musste Ryan ausfragen. Sie musste herausfinden, wie eng sein Kontakt zu Christian war.

Als sie vor ihm stand und in sein lächelndes Gesicht sah, war allerdings jeder Vorsatz vergessen. Seine blauen Augen strahlten, und sie fühlte sich einfach nur wohl in seinem Blick. Gestärkt und behütet.

»Kyra!« Er zögerte nur einen winzigen Moment. Dann nahm

er sie in seine Arme und küsste sie. Ein Kuss, der von einem Begrüßungskuss so weit entfernt war wie die Erde vom Merkur. Seine warmen Lippen pressten sich auf ihre und öffneten sich. Ihre Zungen fanden sich.

»Ich war so froh, als du anriefst«, murmelte Ryan an ihren Lippen und küsste sie wieder.

Kyra hielt die Augen geschlossen und genoss den Kuss mit allen Sinnen, schmeckte das leichte Pfefferminzaroma seines Mundes, spürte seine Hand an ihrem Hals und das wunderbare Kribbeln in ihrem Bauch.

Ihr Herzschlag glich einem Trommelwirbel, als er sich von ihr löste. »Wollen wir gehen?«, murmelte er an ihrem Ohr und griff nach ihrer Hand.

Das Hupen eines in den Verkehrskreisel einfahrenden Autos beförderte Kyra zurück aus dem Traumland in die Wirklichkeit. Ihr Blick wanderte von Ryan zu den Menschen, die auf dem Bürgersteig an ihnen vorbeigingen, ohne Notiz von ihnen zu nehmen. Aber Kyra wusste, dass sie irgendwo waren. Die Firmenmitglieder, die sie observierten. Ihre Wangen begannen zu brennen. Es war so unglaublich erniedrigend zu wissen, dass ihr Kuss beobachtet worden war. Sam und Evelyn würden es erfahren.

Kyras Augen irrten kurz über den Gehweg. War Sam vielleicht selbst irgendwo hier? Sie schluckte und sah Ryan an. »Äh ... wohin? Also ... wohin, äh ... meinst du, wollen wir gehen?« Ihre Wangen waren nicht nur von der kalten Winterluft gerötet.

Ryan lachte leise auf. »Jetzt hab ich dich erschreckt, Lockenköpfchen.« Seine Finger strichen durch die kastanienbraune Fülle. Dann wurde er ernst. »Wenn es nach mir ginge, wüsste ich, wohin ich dich bringe.« Er zwinkerte jetzt und deutete zum Hotel. »Es ist sehr komfortabel ... Aber in deinen Augen lese ich, dass wir vielleicht besser nur das Restaurant aufsuchen sollten. Komm, ich lade dich zum Essen ein. Alles Weitere ...«, er küsste sie erneut lustvoll, »wird sich – das hoffe ich jedenfalls sehr – finden, wenn ich aus den USA zurück bin.«

»Danke.« Kyra verschränkte ihre Finger mit den seinen, als sie hineingingen. Der bittere Kelch der Entscheidung war für den

Moment an ihr vorbeigegangen. Und diesen Moment, dieses Beisammensein wollte sie einfach nur genießen. Wissend, dass jede Minute mit ihm den Kelch bitterer machte.

»Wie lange kennst du eigentlich Christian Thorkind?«, fragte Kyra, während sie auf das Dessert warteten. Sie hatte die Frage so lange wie möglich hinausgezögert, weil ihr Gespräch bis dahin so lebendig und unschuldig verlaufen war. Sie hatten sich gegenseitig von ihren Familien erzählt. Hatten Filme und Bücher diskutiert und ihre Vorlieben und Abneigungen in Bezug auf wunderbar alltägliche Dinge erfahren. Dass Ryan ihr Lieblingsgemüse Rosenkohl hasste, hatte sie ihm lachend verziehen, aber dass er die Bücher der Geschwister Brontë oder Jane Austen als Kitsch abgetan hatte, hatte ihm eine Strafandrohung eingebracht. Die sie ihm allerdings sofort erlassen hatte, nachdem er sich über den Tisch gebeugt und mit einem ziemlich langen Kuss um Vergebung gebeten hatte.

»Christian?«, griff er ihre Frage auf und überlegte einen Moment. »Ich kenne ihn, seit er bei Leary-Stahlbau angefangen hat. Christian ist noch nicht so lange dabei wie ich. Ich denke, das war vor knapp drei Jahren. Wir haben uns auf Anhieb verstanden.«

Über Kyras Arme zog eine Gänsehaut. Seit knapp drei Jahren. Seit dem Erscheinungsdatum des Heiligen Buches. »Wo hat er vorher gearbeitet?« Kyra versuchte, ruhig zu bleiben.

»Ich glaube, vorher war er bei einem Energieversorgungsunternehmen in Mitteldeutschland.« Er streichelte über ihre Hand, die nervös mit dem Stiel des Weinglases spielte. »Hast du Angst, dass deine beste Freundin eine – wie sagt ihr? – schlechte Partie macht?«

»Wie? Nein, natürlich nicht.« Kyra war dankbar, dass der Kellner in diesem Augenblick die Mousse au Chocolat brachte, obwohl sie keinen Appetit verspürte. Sie lenkte das Gespräch in andere Bahnen.

»Wollen wir noch ein Stück spazieren gehen?«, fragte Ryan, als sie das Restaurant verließen. »Ich möchte noch nicht in mein Hotelzimmer. Allein.« Draußen zog er sie in seine Arme und küsste sie mit einer Leidenschaft, die Kyra schwindlig machte.

»Ich will dich, Kyra. Ich will dich so sehr«, flüsterte er an ihren Lippen.

»Und ich will dich«, flüsterte Kyra zurück. Sie hatte ihre Arme um seinen Hals geschlungen und presste sich an ihn. Es war die Wahrheit. Sie wollte ihn. Ihr Körper sehnte sich von den Zehen bis in ihren schwindligen Kopf nach seiner zärtlichen Berührung, nach Leidenschaft.

»Verzeihung!« Die Entschuldigung kam aus dem Mund eines Mannes, der Ryan angerempelt und sie hatte auseinanderfahren lassen. »Tut mir leid. Wollte nicht stören«, sagte der Fremde noch einmal und ging weiter.

Ernüchtert blickte Kyra ihm hinterher.

»Idiot!«, stieß Ryan gereizt aus.

Ein von der Firma bezahlter Idiot? Kyra spürte eine ungeheure Wut in sich. Wie mit Salzsäure übergossen zersetzte sich die Romantik des Abends.

»Ryan, ich ... ich werde jetzt gehen. Allein. Ein kleiner Spaziergang wird mir guttun«, sagte sie leise und strich über seine Wange. »Und du gehst in dein Hotelbett. Dein Flieger geht früh.« Zart küsste sie seine Lippen. »Und in zwei Wochen sehen wir uns wieder.«

Es war kurz nach dreiundzwanzig Uhr, als Kyra an Sams Tür klingelte. Sturm.

Er war vollständig angezogen, als er mit blassem, mühsam beherrschtem Gesicht öffnete und sie wortlos in seinen Flur und weiter in das Wohnzimmer zog. Kyra war nicht überrascht, Evelyn Kessow auf dem Sofa sitzend vorzufinden.

»Herrje! Ihr müsst fürchterliche Ängste ausgestanden haben, was?«, ging Kyra auf Angriff. »›Die Jungfrau‹ tauscht mit einem Mann leidenschaftliche Küsse aus.« Ihre Stimme wurde von Wort zu Wort lauter. »Und wisst ihr was? Sie hat es genossen. Bis in jede Zelle ihres Körpers. Und wenn Ryan Farlow in zwei Wochen wieder in Deutschland ist, werde ich —«

»Nichts werden Sie tun«, unterbrach Evelyn sie ruhig. »Sie unterschätzen sich, Frau Althoff. Sie werden das Leben von Hunderten Menschen nicht opfern, um das sehnsüchtige Zucken in

Ihrem Unterleib zu befriedigen. Davon bin ich überzeugt. Sie sind kein schlechter Mensch.«

»Oaah!« Kyra warf den Kopf in den Nacken. »Sie erbärmliche Hexe! Glauben Sie wirklich, mit Ihren lächerlichen Manipulationsversuchen können Sie etwas bewirken?«

»Kyra.« Sams Stimme klang immer noch krampfhaft beherrscht. »Unsere Überprüfungen zu Ryan Farlow sind noch nicht abgeschlossen. Dafür die seines Freundes Christian Thorkind. Ich habe von Jonathans Theorien bezüglich der anderen Bruderschaft nie viel gehalten, schon allein weil ich die Anderen für nicht existent hielt. Aber ...«, er zögerte kurz, bevor er weitersprach, »wir wissen, dass Christian Thorkind seinen Namen geändert hat. Christian Thorkind war verheiratet mit einer Sybille Thorkind. Sie sind inzwischen geschieden, aber bei der Hochzeit hat er ihren Namen angenommen. Vorher hieß er Christian Willke, und wir ziehen in Erwägung, dass er ihren Namen angenommen hat, weil ihm zu einem satanischen Anagramm ein Buchstabe fehlte. Und zwar —«

»Das T zum ›Antichrist‹«, fiel Kyra ihm emotionslos ins Wort.

»Woher ...?« Sam sah sie verblüfft an.

»Jonathans Worte sind mir verinnerlicht«, sagte Kyra leise. »Ich habe dieses Anagramm gerade selbst erst entdeckt, aber es schien mir zu unwahrscheinlich. Aber wenn es stimmt, dass Thorkind nicht sein Geburtsname ist, kann es ... kann es tatsächlich sein.« Angst glomm in ihren Augen auf, als sie von Sam zu Evelyn blickte. »Oder?«

»Wir wissen es nicht, Frau Althoff.« Evelyn knetete ihre perfekt manikürten Finger. Eine Bewegung, die nicht zu ihren wie gemeißelt wirkenden Gesichtszügen passen wollte. »Aber seit der Vergewaltigung Grit Helmbachs schließen wir nichts mehr aus.«

»Ryan Farlows Auffälligkeit scheint dir aber entgangen zu sein, Kyra. Ansonsten hättest du dich kaum so ... so —« Sam brach ab.

»Kaum so *was*? So leidenschaftlich verhalten? Wolltest du das sagen?«, fuhr Kyra ihn an. Voller Wut musterte sie Sams ausdrucksloses Gesicht. »Was, verdammt noch mal, meinst du mit Auffälligkeit?«

»Hast du dir mal seine Geburtsdaten angesehen? Er ist am 6. Juni 1960 geboren. In Ziffern: 06.06.60.«

Kyra starrte ihn verwirrt an.

»Drei Sechsen, Kyra. Die Zahl des Antichristen.«

Kyra presste die Handflächen an ihre Schläfen und schloss die Augen. »Ich kann nicht mehr. Ich will das alles nicht mehr hören.« Sie drehte sich einfach um und ging zur Tür. Dort wandte sie sich noch einmal um. »Soll er etwa sein Geburtsdatum manipuliert haben? Das ist doch wohl kaum möglich.«

»Er ist ein Kaiserschnittkind, Kyra. Wer sagt uns, dass seine Mutter nicht auch der satanischen Bruderschaft angehört? Evelyns Familie ist bereits seit drei Generationen in der ›Firma‹. Das könnte bei den Anderen genauso sein.«

»Und darum, glaubt ihr, hat sie sich ihr Kind an diesem Tag aus dem Bauch schneiden lassen?« Fassungslos starrte Kyra Sam an. »Ihr seid doch alle krank.«

Ohne ein weiteres Wort drehte sie sich um, riss seine Wohnungstür auf und schloss ihre Tür mit zitternden Fingern auf.

Sam folgte ihr bis auf den Hausflur. Er ging erst in seine Wohnung zurück, als Kyra ihre Tür mit einem lauten Knall hinter sich geschlossen hatte. Schwer atmend betrat er wieder sein Wohnzimmer.

Evelyn hatte sich zwischenzeitlich eine Zigarette angezündet und stand am Fenster. Ihre Augenbrauen bildeten fast eine Linie. »Mir untersagst du – im Hinblick auf unsere Jungfrau Maria –, das Geburtsdatum von Farlow zu benutzen, um Kyra Althoff zu verunsichern, und du selbst missbrauchst diese Information, um deine missionsgefährdende, überbordende, lächerliche Eifersucht zu stillen?«

Mit zwei langen, wenig damenhaften Schritten stand sie vor Sam und fauchte: »Du bist in meinen Augen kaum mehr tragbar als Wächter, Samuel! Obgleich ich an deiner erfundenen Kaiserschnitt-Story Gefallen finde, weil sie Kyra Althoff in Alarmbereitschaft versetzt, finde ich es äußerst unbedacht von dir, sie ihr ausgerechnet heute Abend zu präsentieren. Wenn das eintritt, was wir aus den Berichten der Ahnen ersehen konnten,

wird ihre Reaktion darauf schon unberechenbar genug ausfallen.«
Sie presste die Hand mit der Zigarette gegen ihre Schläfe und wandte sich um. »Und davor graut mir.«

Sam ließ sich auf seinen Sessel fallen. »Vielleicht hätten wir sie doch vorwarnen sollen.«

»Sie hätte uns nicht geglaubt.« Mit einer langsamen Bewegung drückte Evelyn die halb gerauchte Zigarette im Aschenbecher aus. »Und wenn es eintritt, ist es das, was sie verdient hat.«

★★★

Kyras wilde Träume lösten sich in Luft auf, als der Radiowecker sie mit Bon Jovis »It's My Life« weckte. Dafür kamen die vom Schlaf verscheuchten Gedanken wieder herangestürmt. War Ryan ein Satanist? Waren er und Christian Thorkind auf sie angesetzt?

Sams Bemerkung hatte sie immer wieder die Situationen mit Ryan, die Stunden, die sie mit ihm verbracht hatte, nachvollziehen lassen. Und das Ergebnis war niederschmetternd. Es war eindeutig er gewesen, der den Kontakt aufgenommen hatte. Am Tresen im »Nach Acht« hatte er sie angesprochen. War er der Mann gewesen, der sie auf dem Heimweg verfolgt hatte? Verdammt! Warum hatte sie seinerzeit so viel getrunken? Alles war so verschwommen.

Kyra quälte sich aus der Wärme des Bettes und legte sich einen Wollschal über die Schultern. Ohne im Wohnzimmer das helle Deckenlicht einzuschalten, tappte sie zum Sekretär, nahm das Heilige Buch aus dem Umschlag und warf es auf das Sofa. Ein paar Minuten blieben noch bis zur Wandlung des Artikels.

Sie trat ans Fenster und stellte im fahlen Licht der Straßenlaterne fest, dass Elvis kein Wasser bekommen hatte. Ihr Blick glitt über die nächtliche Lindenstraße, während sie den Fingerhut in das Wasserschälchen tauchte. Der Verkehr war zu dieser Stunde fast zum Erliegen gekommen. Im selben Moment stockte sie in der Bewegung. Ihr Blick hatte das Haus auf der gegenüberliegenden Straße gestreift, und für einen Moment glaubte sie, in der Wohnung gegenüber einen Lichtpunkt aufglimmen zu sehen.

Kyra verharrte am Fenster und starrte zu den dunklen Fenstern auf der anderen Straßenseite. Da! Da war es wieder, für einen winzigen Moment. Hastig trat Kyra vom Fenster weg. Jemand rauchte eine Zigarette in der Wohnung gegenüber. Im Dunkeln. Kyra zog den Schal fest um sich. Wurde sie beobachtet?

Ein leichtes Klopfen an ihrer Wohnungstür ließ sie zusammenzucken, aber der Blick auf die Uhr sagte, dass Sam vor der Tür stand und auf die neue Meldung wartete.

»Ich glaube, ich werde beobachtet«, brach es aus ihr heraus, nachdem sie Sam die Tür geöffnet hatte. In hastigen Sätzen schilderte sie ihm, was sie zu sehen geglaubt hatte.

Beide hielten sie ihren Blick minutenlang auf die Wohnung auf der anderen Straßenseite gerichtet, aber es war kein Glimmen zu sehen. »Ich habe Montag bemerkt, dass die Wohnung nicht mehr leer steht«, sagte Kyra. »Könnt ihr herausfinden, wer dort eingezogen ist?«

»Sofort morgen früh«, nickte Sam, ohne den Blick von den Fenstern abzuwenden.

Mit fahrigen Fingern ließ sie das Rollo herunter. Als sie das Licht anknipsen wollte, hielt Sam sie zurück. »Warte! Bis wir sicher sind, wer dort drüben eingezogen ist, solltest du nicht mehr jede Nacht um drei Uhr dreiunddreißig das Licht in deiner Wohnung anmachen, Kyra. Es ist zu auffällig.«

»Und der Artikel?«

»Komm.« Er nahm ihre Hand. »Lies ihn mir auf dem Flur vor. Dort gibt es kein Fenster, aus dem Licht fallen kann.«

Apathisch griff Kyra nach dem Buch auf dem Sofa und ließ sich von Sam auf ihren Wohnungsflur ziehen. Als er etwas sagen wollte, hob Kyra abwehrend eine Hand. »Ich will nichts mehr hören. Langsam, aber sicher bin ich am Ende, Sam. Ich spreche dir den Artikel auf das Diktiergerät, und dann geh bitte.«

Sie legte das Buch auf die kleine Kommode im Flur und hob den Buchdeckel an. Im selben Moment wusste sie, dass etwas anders war. Kyra brauchte ein paar Sekunden, um zu erfassen, was es war. Ihr Blick streifte den Artikel auf der ersten Seite, ohne die Überschrift wahrzunehmen, denn die Seite darunter verlangte nach Aufmerksamkeit, weil die erste Seite um eine Winzigkeit erhöht wirkte. Sie blätterte die Seite um und stieß einen Schrei aus.

»Was ist?«, fragte Sam mit angespannter Stimme.

Kyra blätterte wie wild durch die übrigen Seiten und kehrte zu den ersten beiden zurück. »Es … es gibt einen zweiten Artikel. Heute gibt es auf der zweiten Seite noch einen!« Entsetzt starrte sie Sam an.

Der schloss die Augen für einen Moment. Als er sie wieder öffnete, sagte er: »Das haben wir befürchtet.«

Kyras Blick flog über den ersten Artikel. Ein Rentnerpärchen würde in Spanien in seinem Wohnwagen ersticken, weil es seinen Holzkohlegrill nach dem Essen in den Wohnwagen gestellt hatte, um die ausstrahlende Wärme einzufangen. Sie hatten nicht gewusst, dass sich giftige Gase bilden würden.

»Was meinst du?« Sie löste ihren Blick von dem zweiten Artikel, dem zufolge ein dreijähriges Mädchen von einem Trecker überrollt werden würde. Ihr Blick bohrte sich in Sams Augen, deren Farbe sich verändert zu haben schien. Dunkel wirkten sie.

»Wir haben befürchtet, dass der Artikel wieder auftaucht.«

»Welcher Artikel soll *wieder* auftauchen?«, fragte Kyra verwirrt und deutete auf das Buch in ihrem Schoß. »Es sind zwei völlig neue Artikel. Ich habe sie beide noch nicht gelesen.«

Sam schluckte. »Den zweiten Artikel kannst du auch nicht gelesen haben, es ist der soeben erschienene neue Artikel. Der Artikel auf der ersten Seite aber ist −« Er brach ab.

»Was, verdammt, ist mit dem ersten Artikel?«, fuhr Kyra ihn an.

»Es ist der Artikel von Samstagnacht. Der, den du nicht gelesen hast.«

Kyra sah ihn verwirrt an.

Sam hob hilflos die Schultern. »Die drei Tage sind um, die Rettungsfrist verstrichen.« Er fuhr sich mit den Fingern durch sein Haar. »Johanne von Hohensalzburg, die Jungfrau aus dem 14. Jahrhundert, hat sich seinerzeit auch geweigert, das Heilige Buch zu öffnen. Sogar über mehrere Wochen. Und laut den Aufzeichnungen der Bruderschaft sind alle nicht gelesenen Gedichte nach dem verstrichenen Rettungszeitraum im Buch erschienen.« Sam sah Kyra in die Augen. »Wir waren uns nicht sicher, ob es jetzt auch wieder passiert, aber … das Buch sorgt anscheinend dafür, dass die jeweilige Jungfrau ihren Frevel nicht vergisst. Jeder absichtlich ignorierte Hinweis bleibt vermutlich bis zum Ablauf der neun Jahre im Buch stehen. Als ständige Mahnung. Die Jungfrau soll wissen, wen sie hätte retten können.«

Kyra starrte von Sam zu dem Artikel auf der ersten Seite des Buches. Ihre Entscheidung, den Samstagartikel nicht zu lesen, hatte ein Gesicht bekommen: ein Mann und eine Frau, nicht mehr jung, aber reiselustig. Und jetzt war deren Reise zu Ende, weil sie, Kyra, sich geweigert hatte, den Artikel zu lesen. Tränen schossen ihr heiß in die Augen. Sie war schuld, dass diese beiden Menschen gestorben waren! Dass die Kinder und Enkel der beiden jetzt bittere Tränen vergossen, weil ein dummer Fehler sie das Leben gekostet hatte.

Kyra schnappte nach Luft und hatte gleichzeitig das Gefühl, dass eine unbekannte Macht ihr die Luftröhre abdrückte. Sekunden später versank die Welt in tiefstem Schwarz.

Sams Stimme drang irgendwann zu ihr durch. Sie lag auf dem Sofa. Sam hockte neben ihr und wischte mit einem kühlen Tuch über ihre Stirn.

»Ich kann nicht mehr, Sam.« Kyras Flüstern ging in einen Weinkrampf über. »Ich *kann* und *will* nicht mehr.«

★★★

Das nasse Zementgrau der Autobahn mischte sich mit dem kaum helleren Grau des Himmels zu einer trostlosen Einheit. Kyra löste ihren Blick von der trüben Aussicht durch die Windschutzscheibe des BMW und sah die Fahrerin an.

»Ich habe es mir anders überlegt. Drehen Sie um.«

Evelyn Kessow warf Kyra einen kurzen Blick zu, als sie sich nach einem Überholvorgang wieder in die rechte Spur einfädelte. »Ich werde nicht umdrehen, Frau Althoff. Es hat viel Mühe gekostet, Sie zu diesem Ausflug zu überreden, und nachdem wir schon die Hälfte der Strecke geschafft haben, werde ich jetzt garantiert nicht wenden. Wir verlassen die Autobahn gleich, dann wird die Landschaft reizvoller.«

Kyra lehnte ihren Kopf wieder an die Kopfstütze des Beifahrersitzes. An diesem trüben Januartag konnte es nichts Reizvolles geben. Weder in der Natur noch in ihrem freudlosen Leben. Dass es der Kessow überhaupt gelungen war, sie zu dieser Fahrt zu überreden, verwunderte Kyra in diesem Moment.

Eine ganze Woche hatte sie fast ausschließlich in ihrem Bett verbracht, unterbrochen nur durch den Gang zu ihrem Hausarzt, der sie krankgeschrieben hatte. Das einzig Produktive in dieser Zeit, das Kyra geleistet hatte, war das Lesen und die Übergabe der Artikel. Ansonsten hatte sie sich vom Bett zum Sofa geschleppt und wieder zurück. Sie hatte nicht gelesen, nicht ferngesehen. Sie hatte nur existiert.

Jede SMS von Ryan war von stundenlangem Weinen begleitet gewesen. Zurückgeschrieben hatte sie nie. Eine schwarze Leere in ihr hatte das verhindert.

Sam war jeden Tag gekommen, hatte ihr Essen gebracht, das nur in kleinsten Mengen durch ihre Kehle wollte. Jedes Gespräch mit ihm hatte sie abgeblockt. Und Doro hatte sie gesagt, dass sie bei ihrer Mutter sei, um Besuche zu verhindern.

Kyra blickte Evelyn noch einmal von der Seite an. Wie hatte die Hexe es also heute Morgen geschafft, sie zu überreden, in diesen Wagen zu steigen? Hatte sie etwas in den Kakao gemischt?

Um acht Uhr hatte Evelyn mit dem dampfenden Becher vor ihrer Tür gestanden und gesagt: »Trinken Sie die heiße Schokolade. Sie ist dunkel und süß und mit einem Klacks Sahne. Sam sagte, dass Sie sie so mögen. Und dann brauchen Sie dringend eine Dusche, Frau Althoff. Und Sie brauchen Hilfe. Das können Antidepressiva sein oder aber etwas, was ich Ihnen zeigen möchte. Es wird Ihnen helfen, das verspreche ich Ihnen ... Ich habe Sie nicht gern, Frau Althoff. Das wissen Sie, genauso wie ich weiß, dass Sie mich verabscheuen. Aber jetzt in diesem Moment ist es mir tatsächlich einmal egal, ob Sie die Jungfrau sind oder nicht. Ich möchte Ihnen helfen, weil Sie ein Mensch sind, der Hilfe dringend nötig hat. Vertrauen Sie mir dieses einzige Mal, Frau Althoff. Also bitte: Gehen Sie duschen und ziehen Sie sich an.«

Und sie hatte tatsächlich getan, was Evelyn Kessow ihr aufgetragen hatte! »Sagen Sie mir jetzt endlich, wohin wir fahren?«, fragte Kyra kraftlos.

»Nach Lübeck. Zum Indoor-Minigolfen im ›Fünününü‹.«
»Nü-nü-nü-was?« Kyra spürte das erste Mal seit Tagen einen Hauch Leben in sich. Ihr Kopf ruckte herum. »Sind Sie besoffen? Oder bekifft? Tourette? Schlaganfall in diesem Moment?«
Evelyn lächelte, während sie mit knapp zweihundert Stundenkilometern die Fahrzeuge auf der A 1 hinter sich ließ. »Erfreulich, dass Sie mental wieder bei uns sind.«

Kyra konnte kaum glauben, dass das Café in dem Gebäude, das sie um die Mittagszeit gemeinsam mit Evelyn betrat, tatsächlich diesen merkwürdigen Namen trug. »Fünününü«, murmelte sie.
»Hier kann man darten, Billard spielen und auch im Winter minigolfen«, klärte Evelyn sie gut gelaunt auf. »Nicht dass ich diesbezüglich irgendwelche Ambitionen hätte, aber wenn meine Recherchen stimmen, treffen wir hier jemanden, der Sie vielleicht aus Ihrer Lethargie reißt. Kommen Sie!« Sie nahm Kyras Arm und führte sie geradewegs in einen großen Raum, der im Western-Style zum Minigolf einlud.
Kyra blickte sich verwirrt um. »Wen treffen wir?«
Evelyns Blick glitt suchend über die nicht wenigen Menschen in dem hallenartigen Raum. Ihre Augen blitzten auf, als sie die Person entdeckte, die sie gesucht hatte. »Da ist sie ja!« Sie nickte in Richtung einer Familie, die an der Minigolfstation »Saloon« ihre Bälle spielte. Die kleine Gruppe bestand aus einem Mann, um die dreißig Jahre alt, einer Frau gleichen Alters und einem blonden Mädchen von höchstens vier Jahren.
»Wer ist die Frau?«, fragte Kyra und griff automatisch nach dem Minigolfschläger, den Evelyn ihr in die Hand drückte.
»Mit ›sie‹ meinte ich nicht die Frau, sondern die Kleine«, sagte Evelyn leise, legte den Ball auf den Aufschlagpunkt der ersten Bahn und führte ihren Schlag aus. »Wir sind wegen der kleinen Sophie hier. Ich wollte, dass Sie sie sehen.«
Auf Kyras fragenden Blick hin fuhr sie fort: »Sophie ist das Mädchen aus einem Artikel im Herbst des vergangenen Jahres. Das Kind, das in dem Hotel-Swimmingpool in der Türkei ertrunken wäre, wenn Sie, Frau Althoff, nicht den Artikel in dem Buch gelesen hätten.«

Kyras Herz begann zu rasen. Sie erinnerte sich deutlich an den Artikel, so wie an jeden Artikel, laut dem ein Kind sterben sollte. Ihr Blick verharrte auf dem kleinen Mädchen mit dem Pferdeschwanz. Die Kleine versuchte gerade, mit einem Schläger für Erwachsene den Ball auf ihrer Bahn zu spielen. Ungelenk traf sie den Ball, der allerdings sein Ziel verfehlte.

»Nimm doch den Kinderschläger«, forderte ihre Mutter sie lachend auf. »Das ist einfacher, Spatz.«

»Ich bin aber groß«, weigerte Sophie sich, energisch das blonde Köpfchen schüttelnd. »Ich will den Großschläger!«

Ihr Vater hob sie hoch und drückte ihr lachend einen Kuss auf den Scheitel. »Natürlich bist du schon groß, Sophiechen!« Er setzte sie wieder ab und holte den Ball zurück.

»Ein kurzer Moment der Unachtsamkeit hätte diesen Eltern das Kostbarste geraubt, was sie besitzen«, sagte Evelyn. Ihr Blick ruhte liebevoll auf dem Kind.

Kyra hing an Evelyns Lippen, als die fortfuhr: »Laut Artikel sollte sie am Nachmittag ertrinken. Vier Firmenmitglieder hielten sich seit dem Mittag rund um die beiden Hotel-Pools auf, um alle in Frage kommenden kleinen Mädchen im Blick zu haben.« Evelyn sah Kyra an. »Der Artikel beinhaltete ja nur die Information, dass es sich um ein vierjähriges deutsches Mädchen handelte, das in einem unbeobachteten Moment vom Nichtschwimmer- in den Schwimmerbereich wechselte … Nun ja, wie Sie sehen, Frau Althoff, haben unsere Leute sie rechtzeitig rausgefischt und ihren Eltern übergeben, die beide schon voller Angst auf der Suche nach ihr waren.«

Kyras Blick wanderte zu dem Mädchen. Sophie riss gerade die Arme hoch. »Ich hab eingelochert, Mama! Wievielmal weniger als du?«

»Du hast nur vier Schläge gebraucht. Ich sechs«, lachte die Mutter. »Ab sofort werde ich jeden Sonntag mitkommen, wenn du mit Papi hierherfährst. Ich muss mehr üben.«

»Ich hab Durst«, sagte die Kleine im selben Moment, ließ den Schläger fallen und lief Richtung Kyra und Evelyn, wo ein Stück abseits der Bahn ein Rucksack lag.

»Ich hab nur vier Schläge gebraucht«, sagte sie stolz, nachdem sie eine pinkfarbene Plastiktrinkflasche aus dem Rucksack gezogen hatte.

»Toll!«, stieß Kyra aus. Zeitgleich strömten die Tränen aus ihren Augen. Das Kind so nah vor sich zu sehen, das kleine Grübchen an der linken Wange, die strahlenden blauen Augen ... Die Gefühle übermannten Kyra mit ungebremster Kraft.

»Warum weinst du?«, fragte die Kleine erschrocken und vergaß weiterzutrinken.

Weil du lebst! Weil du nicht tot und starr in einem Sarg in dunkler, kalter Erde liegst, sondern hier lachen und spielen und mit deinen Eltern glücklich sein darfst! Kyra hätte diese Worte sogar gesagt und nicht nur gedacht, wenn der Kloß in ihrer Kehle das nicht verhindert hätte.

Sophie rannte zu ihren Eltern zurück. »Die Frau weint ganz doll«, rief sie.

»Kommen Sie«, sagte Evelyn, legte Kyra eine Hand auf die Schulter und führte sie nach draußen. Dort hielt sie sie im Arm. So lange, bis Kyras Weinen abebbte.

»Dieses Kind lebt durch Sie«, sagte Evelyn leise, als Kyra sich von ihr löste. »In erster Linie natürlich durch das Heilige Buch unserer Jungfrau Maria. Aber das Buch und seine Macht sind nutzlos, wenn Sie aufgeben, Frau Althoff. Leben und das daraus resultierende Glück gibt es nur, wenn Sie Tag für Tag weiterlesen.«

ELF

»Und, wie hat Kyra es aufgenommen?« Sam hatte keinen Blick für das leise ans Ufer plätschernde Flusswasser, sondern versuchte, in Evelyn Kessows Gesicht zu lesen. Sie hatte ihn zu diesem Spaziergang an der Stör überredet, nachdem er – nach einer Beratung mit dem inneren Kreis der Firma – in seine Wohnung zurückgekehrt war.

Evelyn hob die Schultern. »Sie war sehr aufgewühlt. Während der Rückfahrt hat sie abwechselnd geweint und geschwiegen, und an ihrer Wohnungstür hat sie mich mit den Worten ›Ich brauche Zeit zum Nachdenken‹ verabschiedet ... Ich mache mir wirklich Sorgen, Sam. Wenn ihre Depression zu stark wird ...« Sie ließ den Satz unvollendet. »Ich hoffe so sehr, dass die kleine Sophie sie wachgerüttelt hat.«

Evelyn blieb kurz stehen, zog ihr Zigarettenetui aus der Handtasche und zündete sich eine Zigarette an. »Und?« Sie stieß den Rauch in die nasskalte Abendluft. »Wie ist die Beratung in der Firma ausgegangen? Ich bedaure, dass ich an dem Gespräch nicht teilnehmen konnte, aber es schien mir wichtiger, die Jungfrau zu motivieren.«

Sam fuhr sich durch die Haare, während sie langsam weitergingen. »Wir dürfen Kyra nicht mehr aus den Augen lassen. Die Recherchen bezüglich der Wohnung auf der anderen Straßenseite haben ergeben, dass es sich bei dem Mieter um eine Firma handelt, die die Wohnung nur sporadisch benötigt. Angeblich für auf Montage befindliche Mitarbeiter. Aber wie es aussieht, ist es nur eine Briefkastenfirma.«

»Das klingt nicht gut.« Evelyn zog heftig an der Zigarette. »Und damit, dass Kyra Althoff im Moment nicht zur Arbeit geht, setzt sie natürlich Signale. Sie macht sich immer verdächtiger.«

Sam blieb stehen. »Ich habe Angst, Evelyn. Angst um Kyra. Und davor, dass wir dem Ganzen nicht gewachsen sind. Die Anderen ... für mich waren sie wirklich nicht existent. Aber jetzt, nach Grits Vergewaltigung und den neuen Erkenntnissen ... Wir müssen Kyra über alles, was wir wissen und erfahren, informieren. Wir dürfen ihr nichts mehr verschweigen.«

»Ich friere.« Evelyn blieb stehen. »Lass uns umdrehen, Sam. Und jaaa«, sie hob abwehrend die Hand, als sein Mund sich wütend öffnete, »wir werden unsere Informationspflichten bezüglich der Jungfrau überdenken müssen. Wir brauchen eine Generalversammlung. Ich werde mit dem inneren Kreis morgen einen Termin abstimmen. Einen schnellen. Denn insbesondere der Schutz der Jungfrau muss optimiert werden.«

»Allerdings«, stieß Sam aus. »Wir brauchen außerdem Wächter für Ellen Althoff und Doro Niclas. Sie sind die Menschen, die Kyra liebt. Und diese Liebe macht sie erpressbar ... Unseren Nachfahren sollten wir für das Jahr 2331 unbedingt ans Herz legen, *mehr* Wächter *besser* auszubilden! Was nützen uns all unsere in der Welt verstreuten Leute, die darauf warten, die Unglücke zu verhindern, wenn wir es nicht schaffen, die Jungfrau zu schützen?«

Evelyn blieb schweigsam, bis sie beim Wagen waren. Nervös trommelten ihre lackierten Finger auf das Lenkrad, während sie zurückfuhren.

»Vielleicht ist es besser, wenn sie das Buch doch nicht in dem Umschlag verwahrt«, sagte Evelyn, als sie den Wagen in der Lindenstraße direkt vor ihrem Wohnhaus parkte. »Wenn die Anderen in ihre Wohnung gelangen, sollten sie nichts in ihre Hände bekommen, worin sie das Buch vermuten könnten. Die Unsichtbarkeit des Buches ist sein bester Schutz.«

»Aber kein Fremder gelangt ins Haus, ohne dass wir es bemerken«, widersprach Sam.

»Trotzdem«, sagte Evelyn und zog ihr Portemonnaie aus der Handtasche, während sie die paar Schritte zum Haus gingen. Ein Penner hockte neben dem Treppenabsatz. »Alles klar, Ludger?«, fragte sie leise, während sie ihm ein Eurostück direkt in die schmuddelige Hand gab.

»Keine Vorkommnisse«, brummelte er in die Kapuze seines noch schmuddeligeren Parkas. »Außer dass ich mir hier den Arsch abfriere. Bin froh, wenn ich nächste Woche den Bus-Begleitservice machen kann.«

Vor Sams nur angelehnter Wohnungstür warf Evelyn einen Blick auf Kyras Tür. »Wir sollten einen Wächter direkt bei ihr in der Wohnung postieren. Das würde mich beruhigen.«

Sam stieß seine Tür weiter auf. »Das würde Kyra nie zulassen ... Alles klar, Erik?« Er klopfte dem jungen Mann, der hinter seiner Tür auf einem Stuhl saß, auf die Schulter.

Der nickte und stand auf. »Alles bestens. Hau dich noch ein Weilchen aufs Ohr, Sam. Ich weck dich zum Schichtwechsel.«

★★★

Er wartete, bis die Frau in der Kutte die letzte Kerze in dem sechsarmigen Leuchter entzündet hatte. Ihr langes Haar glänzte im Schein der Kerzen kurz auf, bevor sie ihren Platz am Tisch einnahm. Das Licht der Flammen warf die Schatten der achtzehn Männer und Frauen schwarz an die Wände.

»Dir zu Ehren, Herr«, eröffnete er die Zusammenkunft mit Blick auf das auf dem Kopf stehende schwarze Kreuz an der gegenüberliegenden Wand. Mit den Worten »Ave Satanas« stimmte er den Lobgesang an, bevor die Stimmen der anderen Kuttenträger einfielen.

Nach dem Lied verlieh ein Moment des Schweigens den lateinischen Worten einen Nachklang, der ihm einen Schauder über den Rücken jagte. Das Scharren der Stühle auf den rauen Steinen, als sich die Runde setzte, beendete das wohlige Gefühl.

»Sie ist es! Die Zeichen verdichten sich. Kyra Althoff ist die wahre Jungfrau.« Er machte sich nicht die Mühe, den Triumph aus seiner Stimme zu bannen. »Und nicht dieses Kind, das ihr mir vorgesetzt habt. Ein fades Stück Fleisch.«

»Aber in den vergangenen Jahren hat Kyra Althoff durch keine einzige Geste erkennen lassen, dass sie es ist. Warum jetzt?«, erklang eine weibliche Stimme an seiner linken Seite.

»Ich weiß es nicht«, stieß er aus, »aber ich kann förmlich riechen, dass sie es ist.« Seine Nasenlöcher weiteten sich, während er sprach und tief die Luft einsog.

Der Mann zu seiner Rechten öffnete eine Mappe. »Ich stimme dir zu, Großmeister. Viele Indizien sprechen dafür, dass Kyra

Althoff die Jungfrau ist: ihr momentaner Zustand, das Verhalten von Samuel Bach.« Er blickte in die Runde. »Wir sind uns wohl darüber einig, dass wir ihn der Marienbruderschaft zuordnen können? Er hat die perfekten Voraussetzungen für eine Mitgliedschaft. Ein Büchernarr, mit einem Sinn für alte Schriften und Legenden, keine familiären Bindungen, und er wohnt Kyra Althoff direkt gegenüber. *Zufällig* seit dem zweiten Monat nach Erscheinen des Buches. Er hat seinen Polizeijob geschmissen. Ich denke, wir kennen den Grund.«

Er tippte auf das Blatt Papier in seiner Mappe. »Unsere Leute haben recherchiert, dass die Vormieter von Samuel Bachs Wohnung eher unfreiwillig ausgezogen sind. Sie sind anscheinend massiv belästigt worden: mit Steinen eingeschlagene Fenster, ein ungeklärter Einbruch, Verleumdungen im Haus durch Flugblätter … alles anonym. Letztendlich waren sie mit den Nerven so am Ende, dass sie ausgezogen sind.« Er schnalzte mit der Zunge. »Die Marienbruderschaft hat dafür gesorgt, dass die Wohnung frei wird.«

»Wann schlagen wir zu?« Die Frage kam geifernd über die Lippen eines Mannes am anderen Ende des Tisches. »Es sollte uns ein Leichtes sein, dir die Jungfrau zu Füßen zu legen, Großmeister.« Seine Augen leuchteten. »Ich kann es nicht erwarten, ihren schändlichen Leib auf dem Altar zu sehen. Und endlich zu erleben, wie du es aus ihr herausstichst.« Die Stimme wurde schrill. »Stichst! Stichst!«

Die Ruhe im Raum währte einen Moment. Die Blicke aller wanderten zum Kopfende des Tisches.

Der Großmeister hielt seine Augen geschlossen. Seine Kiefer mahlten. Der andere hatte ausgesprochen, was er in seinem tiefsten Inneren wollte und fühlte. Aber Gefühle waren gefährlich. Kontraproduktiv.

Seine Stimme klang mühsam beherrscht, als er sprach. »Ich habe das Kind geschändet, weil wir das, wonach wir streben, in ihrer Gestörtheit niemals von ihr bekommen hätten, wenn sie es tatsächlich besessen hätte. Aber die Zeichen stehen jetzt anders. Nun haben wir die Chance, das zu schaffen, was unseren Vorfahren versagt blieb. Das zurückzuholen, was unserem Herrn gehört. Es reinzuwaschen von christlicher Besudelung.«

Seine Stimme schwoll an, und er öffnete seine Augen, um seinen Blick in den des Geiferers zu bohren. »Darum sei dir gesagt, du Narr: Das Weib zu nehmen, das die Botschaften liest, ist das sekundäre Ziel. Das primäre ist das Buch. Und wir werden es uns holen. Allerdings nicht mit Gewalt und Einschüchterung, so wie es unsere Ahnen erfolglos versuchten, sondern mit Besonnenheit und Klugheit. Und darum ...« Er verließ seinen Platz am Tisch und ging langsam zu dem anderen.

Der blickte ihm unsicher entgegen. »Es tut mir leid, Großmeister. Meine Gefühle haben mich übermannt. Natürlich weiß ich, dass es unser oberstes Bestreben ist, das Buch zurückzu–«

Er brach würgend ab, weil die Hand des Großmeisters seinen Hals packte und dessen Stimme an seinem Ohr zischte: »Unser Kreis ist keine pseudosatanische Truppe von weiß geschminkten Pubertierenden, die nachts auf Friedhöfen Meerschweinchen schlachten und in ihren feuchten Träumen auf Altären imaginäre Jungfrauen ficken! Wenn du also diesem Kreis weiterhin angehören willst, dann überdenke in Zukunft deine Worte, bevor du sie ausprichst!«

Abrupt löste er seine Hand vom Hals des anderen. Angewidert. Auch von sich selbst. Denn auch er träumte diesen Traum in jeder Nacht.

★★★

»Ich werde Ryan Farlow nicht wiedersehen. Ich werde meinen Verpflichtungen als auserwählte Jungfrau nachkommen und so viele Menschen wie möglich retten. Bis das Buch auch für mich im Februar 2007 wieder unsichtbar wird.«

»Das ...«, Evelyn Kessow warf einen überraschten Blick zu Sam, bevor sie sich freudig Kyra zuwandte, »... das ist wunderbar, Frau Althoff! Einfach wunderbar. Sie machen damit nicht nur uns als Firma sehr glücklich, sondern vor allem die vielen potenziellen Opfer und deren Familien. Mein großer Dank gebührt Ihnen für diese kluge Entscheidung.«

Sam sagte erst einmal gar nichts. Er musterte Kyra, die mit geradem Rücken in ihrem alten Ledersessel saß. Als sie ihn bei der Artikelübergabe in der Nacht gebeten hatte, gemeinsam mit Evelyn am Nachmittag zu ihr zu kommen, war er davon ausgegangen, dass sie aufgeben würde. Zu erschöpft war sie ihm erschienen, zu ernst, zu emotionslos.

Ihre soeben mitgeteilte Entscheidung war eine große Überraschung. Eine positive Überraschung. Eine Entscheidung, geboren aus dem Zusammentreffen mit dem Kind, das durch sie gerettet wurde? Es musste so sein, denn ihre Stimme hatte eine Festigkeit zurückgewonnen, die er lange vermisst hatte. Aber er kannte sie zu gut, um nicht auch die Trauer herauszuhören. Trauer um ein Leben, nach dem sie sich eigentlich sehnte. Ein erfülltes Leben mit Liebe und Sex, Partnerschaft, Kindern …

Als er zum Sprechen ansetzte, fuhr Kyra bereits fort – und ihre Worte ließen ihn aufhorchen. »Allerdings wird es grundsätzlich erhebliche Veränderungen geben. Sie beruhen auf den Worten Jonathan Harker-Malls, die ich erst jetzt verstanden habe.«

»Äh …«, Evelyn warf Sam einen beunruhigten Blick zu, »was genau meinen Sie, Frau Althoff? Von welchen Worten sprechen Sie?«

»Als ich ihm sagte, dass ich mich oft leer und antriebslos fühle, antwortete Jonathan, dass es daran liege, dass ich an dem Glück der Menschen, die ich rette, nicht wirklich teilhabe. Ich müsse mutig sein und die Dinge selbst in die Hand nehmen. Nur das werde mir auf Dauer Befriedigung verschaffen.« Kyra lächelte Evelyn an. »Und jetzt – da Sie mich zu der kleinen Sophie geführt haben, Frau Kessow, und ich bin Ihnen unendlich dankbar dafür – weiß ich, wovon er sprach.«

Ihr Blick wanderte zu Sam, füllte sich mit Tränen. »Es war so unglaublich. Das Kind zu sehen. Fröhlich, ausgelassen, geliebt und umsorgt. Wenn ich mir vorstelle, was gewesen wäre, wenn ich diesen Artikel nicht gelesen hätte und die Firma es nicht geschafft hätte, Sophie zu retten …« Sie ließ den Satz im Raum stehen.

Sie blinzelte die Tränen fort. »Darum habe ich beschlossen, ab sofort an den Rettungsmaßnahmen teilzunehmen.«

»Du willst was?« Sam sah Kyra verwirrt an, während Evelyn sprachlos blieb.

»Ich will dabei sein, wenn wir die Menschen retten. Nicht immer natürlich, aber sehr häufig. Ich werde es anhand der Artikel entscheiden.«

»Sie sind ja völlig übergeschnappt!« Evelyn hatte ihre Sprache wiedergefunden und fügte ein hysterisches Lachen hinzu.

»Kyra«, Sam rückte auf dem Sofa näher an Kyras Sessel heran, »ich verstehe, dass die Kleine dich beeindruckt hat, aber –«

»Wie stellen Sie sich das vor?«, fauchte Evelyn dazwischen. »Sie haben einen Job. Verpflichtungen. Sie kämpfen jetzt schon um jede Minute Schlaf, weil Sie Nacht für Nacht die Artikel lesen. Schauen Sie sich doch einmal im Spiegel an! Sie sind gar nicht in der Lage, an so etwas Durchorganisiertem wie unseren Rettungsaktionen teilzunehmen. Nicht zu reden von den Entfernungen, die zurückzulegen sind.« Sie lachte noch einmal auf. »Absurd!«

Kyra verzog keine Miene. »Ich habe keinen Job mehr. Heute Morgen habe ich bei meiner Agentur gekündigt.«

Evelyns »Oh Gott!« überschnitt sich mit Sams »Du hast was? Bist du wahnsinnig, Kyra? Das ist nicht gut. Damit lenkst du Aufmerksamkeit auf dich«. Er raufte sich die Haare.

»Wir haben gerade erfahren, dass die Wohnung auf der anderen Straßenseite«, Evelyn wedelte hektisch Richtung Fenster, »von einer Briefkastenfirma gemietet wurde. Wir müssen also davon ausgehen, dass Sie beobachtet werden.«

Kyra schluckte. »Sie meinen, da drüben … das sind wirklich die ›Anderen‹?«

»Ja.«

Kyra schlang die Arme um ihren Oberkörper. »Ich will hier weg. Sofort.«

»Und wie stellen Sie sich das vor?«, fauchte Evelyn. Sie war aufgesprungen und lief in Kyras Wohnzimmer von einer Ecke zur anderen. »Wo wollen Sie denn hin? Und wovon wollen Sie leben, jetzt, da Sie gekündigt haben?«

»Das kann ich Ihnen genau sagen.« Kyra setzte sich gerade auf. »Das Geld, das ich zum Leben brauche, wird die Firma mir zukommen lassen. Sie wird in der Lage sein, auch die Jungfrau mit durchzufüttern, nachdem aus dem Vermögen des Earls of

Fentworth schließlich auch der Unterhalt für alle anderen Firmenmitglieder, die den Rettungsaktionen nachgehen, bestritten wird.«

Evelyn sah aus, als hätte Satan persönlich sie zum Foxtrott gebeten. Sie stürzte zu Sam und rüttelte ihn an der Schulter. »Jetzt sag etwas, Sam! Ich kann nicht mehr denken. Ich …«, sie presste die Hände vors Gesicht, »… ich habe das Gefühl, uns entgleitet alles.«

»Und genau das ist der Punkt«, fuhr Kyra mit fester Stimme dazwischen. »Die Firma ist nicht vorbereitet. Nicht auf die Anderen. Und nicht auf mich.« Ihre Lippen verzogen sich spöttisch. »Was haben Sie eigentlich erwartet, Frau Kessow? Eine Jungfrau, so wie die Bruderschaft sie aus den vergangenen Jahrhunderten kannte? Biegsam, folgsam, gewohnt, dem Wort eines Mannes oder einer Institution zu folgen?« Kyra stand auf und stellte sich mit dem Rücken zur Fensterbank. »Ich bin eine Frau des 21. Jahrhunderts. Ich lasse mich nicht bevormunden. Weder von der Firma noch von sonst jemandem. Und die einzige Chance, die Leben aus dem Buch zu retten, ist die, dass wir zusammenarbeiten. Und die Worte ›zusammen‹ und ›gemeinsam‹, die muss die Firma für sich neu definieren.«

Kyra versuchte ein Lächeln. »Macht der Bruderschaft klar, dass sie ab sofort aus dreihundert*vier*unddreißig Menschen besteht. Die Jungfrau steht nicht mehr außen vor, sondern mittendrin. Nur so kann es funktionieren.«

Evelyn sank auf das Sofa. Ohne ein Wort der Erwiderung.

Kyra atmete tief durch. Sie hatte gesiegt. Evelyn hatte zweifellos begriffen, dass die Jungfrau soeben die Marionettenfäden gekappt hatte. Sie brauchte nur einen Moment Zeit, um es zu verarbeiten.

»Ich denke …«, Sam brach endlich sein Schweigen und strich der blassen Evelyn über den Arm, »in der Verbindung zwischen Jungfrau und Bruderschaft ist eine neue Ära angebrochen.« Er sah Kyra an. »Wir werden den inneren Kreis umgehend informieren. Und ich halte es für dringend angebracht, dass du Itzehoe verlässt, Kyra. Zu deinem Schutz und dem des Heiligen Buches. Fürs Erste jedenfalls«, fügte er hinzu, als Kyra aufbegehren wollte.

»Wohin denn nur?«, zischte Evelyn.

Sam lächelte. »In die Londoner Glendale Road. Schließlich hat Jonathan mir, und damit der Firma, sein Haus vermacht. Überleg es dir, Kyra. Aber überleg nicht zu lange. Ich möchte dich hier wirklich weghaben. Und Nigel wird sich freuen, dich wiederzusehen.«

★★★

Er atmete erst wieder durch, nachdem er die Wohnungstür – mit größter Obacht, um nicht das geringste Geräusch zu verursachen – wieder geschlossen hatte. Er lehnte sich mit dem Rücken gegen die Tür und wartete so lange, bis sich seine Augen an die Dunkelheit auf dem Flur gewöhnt hatten. Die Umrisse einer Kommode und weiterer Türöffnungen lösten sich langsam aus dem Schwarz. Bewusst atmete er erneut ein und aus, nahm den Geruch der Wohnung auf. Ihrer Wohnung.

Als er die Taschenlampe einschaltete, verharrte er einen Moment. Dann ging er langsam den Flur hinab. Er sah sein dunkles Bild in dem Spiegel mit dem reich verzierten Rahmen, ließ seine behandschuhten Finger über die Porzellandöschen auf der Kommode gleiten. Die beiden ersten Räume, in die er durch die nur angelehnten Türen blickte, waren eine Abstellkammer und die Küche. Er wandte sich der ersten geschlossenen Tür zu und öffnete sie lautlos. Sie führte ihn in ihr Bad. Sein Verstand wollte ihn wieder hinausschicken, aber sein Körper ließ ihn vor das Waschbecken treten.

Er musste ihre Creme riechen, die sie auf ihre jungfräuliche Haut rieb. Er öffnete Tuben und Döschen und hielt seine Nase darüber, dann nahm er die Hülle des Lippenstifts ab und leckte an dem brombeerfarbenen Inhalt, den ihre Lippen berührt hatten.

Er achtete darauf, jedes Teil wieder an seinen Platz zu stellen. Im Hinausgehen glitt der Strahl der Taschenlampe über den kleinen Wäscheständer auf der Badewanne. Der Wunsch, über die Spitze des BHs, über das Schrittteil des Slips zu streichen, war übermächtig, aber er beherrschte sich. Abrupt zog er die schon ausgestreckte Hand zurück und verließ das Bad. Er hielt sein Ohr an die nächste Tür, die geschlossen war. Kein Geräusch kam heraus. Dies musste ihr Schlafzimmer sein.

Er richtete den Strahl der Taschenlampe auf eine andere Tür. Sie stand offen und gewährte den Blick auf ein kariertes Sofa, dahinter die Fenster zur Straßenseite. Leise tappte er in das Wohnzimmer und ließ den Lichtstrahl über die Einrichtungsgegenstände gleiten. Vorsichtig zog er die Schubladen des Sekretärs auf und durchstöberte den Inhalt. Ein mit Perlen verzierter Karton erweckte seine Aufmerksamkeit. Er hob den Deckel ab und fand Fotografien, Kinderzeichnungen, bunte Armbänder und Haarspangen. Erinnerungen an die tote Schwester, nahm er an.

Als alles wieder an seinem Platz war, schwenkte er das Licht zu dem Regal über dem Sekretär. Er zog eines der schmalen Bücher heraus, deren Rücken allesamt unbeschriftet waren, und klappte es lautlos auf. Sein Herz begann stärker zu klopfen.

Ein Tagebuch!

Er ließ den Strahl über die Reihe der Bücher gleiten. Alle ihre Tagebücher? Sollte er so viel Glück haben? Sein Blick verharrte auf dem äußersten Band. Erregt nahm er die Spardose, die als Buchstütze diente, stellte sie auf dem Sekretär ab und griff nach dem Buch, das auch ohne die Stütze stand. Eine Zweitausend in Ziffern prangte auf der Innenseite.

Ja!

Seine Freude erhielt einen Dämpfer, als er beim hastigen Durchblättern feststellte, dass nur wenige Seiten beschrieben waren, aber was er auf diesen Seiten schließlich las, war mehr, als er erwartet hatte. Es kostete ihn Überwindung, nicht triumphierend aufzuheulen.

Er stellte das erste Buch zurück ins Regal, von dem anderen fotografierte er die Seiten ab, bevor er es zurück an seinen Platz ganz außen stellte.

Mit leisen Schritten ging er zurück zum Flur, aber an der Zimmertür verharrte er. Er richtete die Taschenlampe noch einmal auf den Sekretär und atmete tief aus. Beinahe hätte er einen Fehler gemacht. Er ging zurück, nahm die Spardose, die er auf der Schreibfläche abgestellt hatte, und stellte sie zurück an ihren Platz neben die Tagebücher.

Auf dem Weg zur Wohnungstür blieb er abermals stehen. An der Tür des Schlafzimmers.

Seine Handfläche strich über den Lack der Tür. »Kyra.« Seine Lippen bewegten sich lautlos. »Kyraaa!«

Er erigierte, und seine Finger legten sich um die Klinke. Sein Körper gierte danach, sie hinunterzudrücken und einzudringen. In den Raum. In das Fleisch darin.

Sein Verstand kämpfte dagegen an.

Er schloss die Augen, ohne die Finger zu lösen.

Es war stockfinster, als Kyra aufwachte. Sie setzte sich ruckartig in ihrem Bett auf und lauschte in die Dunkelheit, während ihr Blick automatisch zum Wecker ging. Zwei Uhr achtzehn. Irgendetwas hatte sie geweckt. Ein Geräusch, das in ihre Wohnung gehörte, aber nicht, wenn sie schlief. Da war sie sicher, ohne das Geräusch genau zuordnen zu können. Ihr Herzschlag nahm Fahrt auf. Ihre Hand tastete sich zum Schalter der Nachttischlampe, drückte ihn jedoch nicht. Stattdessen verharrte sie mehrere Minuten in starrer Haltung, bis sich ihre Augen an die Dunkelheit gewöhnten und anthrazitfarbene Schatten aus dem Schwarz hervorkrochen.

So leise wie möglich stieg Kyra aus dem Bett und schlich zur Schlafzimmertür. Vorbei an zwei bereits gepackten Koffern. Das Geräusch wiederholte sich nicht. Hatte sie nur geträumt?

Vorsichtig drückte sie die Klinke hinunter und zog langsam die Tür auf. Auf dem Flur zeichneten sich die Konturen stärker ab, denn gewohnheitsmäßig ließ sie die Wohnzimmertür offen stehen, und das Licht der Straßenlaterne vor dem Wohnzimmerfenster fiel bis in den Flur. Ihr Blick glitt zur Wohnungstür. Ihr Schlüssel steckte von innen, und Kyra war sich mehr als sicher, dass sie ihn zweifach herumgedreht hatte. Wie also sollte jemand in ihre Wohnung gelangen?

Sie wartete einen Moment. Als sich nichts tat, huschte sie mit klopfendem Herzen zur Wohnungstür. Sam musste kommen. Gemeinsam würden sie sich davon überzeugen, dass niemand in der Wohnung war.

Der Schlüsselbund klirrte leise, als sie den Schlüssel vorsichtig zweimal herumdrehte, den Blick auf die offene Wohnzimmertür gerichtet. Und in diesem Moment wusste sie, dass das Geräusch, das sie geweckt hatte, genau dieses Klirren gewesen war.

Sie unterdrückte den Angstschrei, der in ihrer Kehle schwoll, riss die Tür auf und hämmerte auf den Lichtschalter des Treppenhauses. Sie stürzte über den Flur zu Sams Wohnung, ohne zu registrieren, dass das Treppenhauslicht nicht aufleuchtete.

»Sam!« Panisch schlug sie gegen seine Tür. Die Tür gab sofort nach, allerdings nur bis zu einem gewissen Grad. Kyra prallte mit dem Kopf gegen das lackierte Holz, als drinnen eine Männerstimme »Shit!« rief.

»Was ...?« Voller Angst starrte Kyra den fremden Mann an, der den Lichtschalter auf Sams Flur gedrückt hatte und die Tür aufriss. Sam erschien Sekunden später hinter ihm. In Pyjamahose.

»Was ist los?« Sams Stimme klang panisch. »Kyra! ... Was ist passiert, Erik?«

Erik? Kyra schluckte. Der fremde Mann schien Sam nicht fremd zu sein.

»*Ich* sollte vielleicht besser fragen, was hier los ist«, fauchte sie und rieb sich die schmerzende Nase. Sie bohrte ihren Blick in den des Fremden. »Waren Sie gerade in meiner Wohnung?« Ihr Blick wechselte zu Sam. »Habt ihr etwa einen Schlüssel zu meiner Wohnung?«

Sam zog sie in seine Wohnung und schloss die Tür. »Das ist Erik Holmgren, Kyra.« Er klopfte dem Mann auf die Schulter.

»Hallo«, sagte Erik Holmgren mit einem schiefen Grinsen und einem ausgeprägten skandinavischen Akzent. »Ich bin auch Firmenmitglied und behalte Ihre Wohnung im Auge, während Sam schläft. Und natürlich während Sie schlafen. Und ... äh ... ich war *nicht* in Ihrer Wohnung.«

»Wie kommst du darauf?«, fragte Sam Kyra.

»Ein Geräusch hat mich geweckt. Und ich bin sehr sicher, dass es das Klirren meines Schlüsselbundes war. Jemand hat von außen mit einem Schlüssel die Tür geöffnet oder wieder geschlossen und dabei den Schlüsselbund bewegt.« Angst klang wieder durch ihre Stimme. »Du weißt, Sam, dass mein Schloss auch zu öffnen ist, wenn der Schlüssel von innen steckt ... Jemand war oder ist in meiner Wohnung!«

»Das ist unmöglich, Kyra.« Sam strich ihr über die Wange. »Erik sitzt hinter meiner Tür, damit genau das nicht passiert. Die Tür steht einen Spalt weit offen. Er hätte es gemerkt. Nicht wahr, Erik?«

Der nickte.

»Ich möchte, dass ihr mit rüberkommt«, stieß Kyra aus. Sie öffnete Sams Wohnungstür und spähte zu ihrer hinüber. Die stand weit offen, weil sie in ihrer Angst einfach losgestürmt war.

Sam drängte sich an Kyra vorbei auf den Flur. »Das schauen wir uns jetzt an, Kleine.« Er drückte auf den Lichtschalter im Hausflur und stutzte. »Wieso springt das Licht nicht an?« Er drückte noch einmal, doch es blieb dunkel.

»Oh Gott«, flüsterte Kyra. »Glaubst du mir jetzt? Das … das waren die ›Anderen‹. Sie haben die Schaltung manipuliert. Damit sie nicht gesehen werden, sollte jemand das Treppenhauslicht anmachen wollen.«

»Du bleibst in meiner Wohnung, Kyra«, stieß Sam aus, während er Erik mit einer Handbewegung aufforderte, ihm zu folgen. Langsam näherten sich die beiden Kyras Wohnungstür.

»Einen Teu… werde ich tun«, flüsterte Kyra und folgte den Männern auf dem Fuß.

»Himmel!«, stieß Kyra aus, als Sam das Licht in ihrem Wohnungsflur anschaltete. Ihr Blick war auf den ausgestreckten Arm Erik Holmgrens gefallen. Silbern glänzte eine Pistole in seiner Hand, während er das Wohnzimmer betrat und sich suchend umblickte. »Das … das ist eine Waffe!« Kyra sah Sam entsetzt an.

»Allerdings«, nickte Sam unbeeindruckt. »Und wie es aussieht, müssen wir sie nicht benutzen.« Kyras Küche und das kleine Bad waren schnell kontrolliert. Das Schlafzimmer betrat Sam mit Erik gemeinsam. Aber auch ein Blick unter das Bett und in den Kleiderschrank ergab nichts Ungewöhnliches.

Zurück auf Kyras Flur stieß Sam die letzte Tür auf. Mit einem schiefen Grinsen schloss er sie wenig später. »In deiner Rumpelkammer ist zum Glück kein Platz für einen Einbrecher.«

»Mir ist gerade nicht nach Lachen«, fauchte Kyra ihn an. Sie zitterte an Händen und Füßen. »Ich sage dir: Jemand war hier drinnen.«

»Was ist hier los?« Die Frage kam von Evelyn Kessow, die in der offenen Wohnungstür auftauchte. »Ich habe eure Stimmen bis oben gehört.«

Sam schloss die Tür hinter ihr. »Kyra glaubt, dass jemand in ihrer Wohnung war. Sie ist von einem Geräusch geweckt worden.«

»Und?«

»Es ist nichts«, sagte Erik Holmgren, während er die Pistole in seinem Hosenbund verstaute.

»Und was ist mit dem Treppenhauslicht? Es funktioniert nicht«, bemerkte Evelyn. Sie klang besorgt.

»Es kann Zufall sein, dass es kaputt ist«, sagte Sam.

»Zufall?« Evelyn klang nicht überzeugt. Sie wandte sich Erik zu. »Hast du irgendetwas bemerkt?«

»Nein, da war … eigentlich … nichts. Bestimmt nicht.«

Evelyn musterte ihn. »Bestimmt nicht? Oder *eigentlich* nicht?« Sie atmete durch. »Hast du geschlafen, Erik?«

Erik Holmgrens Gesichtsausdruck ließ noch vor seiner Antwort erkennen, dass Evelyn recht hatte. »Ich … also ich könnte schwören, dass ich nicht eingeschlafen bin, aber … ich konnte am Tag nicht so gut schlafen, und da … vielleicht sind mir die Augen tatsächlich einmal zugefallen.« Seine Wangen brannten.

Stöhnend presste Evelyn die Fingerspitzen an die Schläfen. Dann sah sie Kyra an. »Ich hoffe, Sie haben meinen Rat befolgt und das Buch nicht mehr in dem Umschlag verwahrt? Bitte … sagen Sie mir, dass es noch da ist!«

»Es ist noch da«, sagte Kyra. »Es liegt mitten auf dem Wohnzimmerboden. Den kann schließlich niemand raustragen.«

Für diese Aussage erntete Kyra ein dankbares Lächeln von Evelyn. »Das haben Sie gut gemacht, Frau Althoff.« Ihre nächste Aussage machte den von Kyra fast vergebenen Sympathiepunkt wieder wett. »Endlich mal eine kluge Entscheidung.«

»Fällt dir sonst irgendetwas auf, Kyra?«, ging Sam dazwischen. »Irgendetwas, was vermuten lässt, jemand könnte hier gewesen sein?«

Kyra wanderte durch die Zimmer. Nichts deutete darauf hin, dass ein Fremder ihre Wohnung betreten hatte. War das Geräusch doch nur eine Ausgeburt ihrer Ängste gewesen?

»Vielleicht habe ich es geträumt«, sagte sie, als sie wieder im Wohnzimmer war. Sie ließ sich kraftlos auf ihr Sofa fallen und zerrte die Wolldecke von der Lehne über ihren Körper, als ihr bewusst wurde, dass sie ihren kermitgrünen Pyjama mit dem fehlenden Knopf trug. »Schließlich —« Sie brach ab und starrte auf das Regal über dem Sekretär. »Donald sieht mich an.«

Die Blicke der anderen folgten ihrem ausgestreckten, nach wie vor zitternden Zeigefinger zu der als Buchstütze dienenden Keramik-Spardose.

»Äh ...« Sam sah sie verwirrt an. »Donald Duck steht da, seit ich dich kenne.«

Kyra nickte, warf die Decke zur Seite und sprang auf. »Aber er guckt immer zum Fenster.« Sie griff nach der Spardose und stellte sie so hin, wie sie es immer tat. Mit dem Entenhintern gegen die Bücher.

»Was sind das für Bücher?«, fragte Erik Holmgren.

»Meine Tagebücher«, murmelte Kyra. Sie griff nach dem Buch mit dem Rosendekor, in das sie drei Tage nach dem Fund des unsichtbaren Buches zuletzt hineingeschrieben hatte. Sie blätterte die Seite auf, auf der sie ihren Besuch bei Psychiater Dr. Unruh geschildert hatte.

Sie griff sich an die Kehle.

Evelyn riss ihr das Tagebuch aus der Hand und las den Text. »Das ist doch ...« Wutentbrannt sah sie Kyra an. »Sie haben doch gesagt, dass Sie kein Tagebuch mehr schreiben. Ich bin davon ausgegangen, dass Sie das Heilige Buch nirgends erwähnt haben!«

Kyra verschränkte die Arme vor der Brust. »Und? Wollen Sie mich jetzt erwürgen? Nur zu. Dann hab ich endlich meine Ruhe! Denn Ihre Schlafmützen-Truppe«, ihr Blick wanderte zu Erik Holmgren und zurück, »ist sowieso nicht in der Lage, auf mich aufzupassen.« Kyra traten die Tränen in die Augen. »Die Satanisten spazieren durch meine Wohnung, während ich schlafe. Vielleicht standen sie an meinem Bett ...« Sie schüttelte sich und blickte die anderen drei an. »Wie sind sie nur reingekommen? Sie können doch keinen Schlüssel haben.«

»Morgen bist du in England, Kyra. In Sicherheit«, durchbrach

Sams feste Stimme die Stille nach diesen Worten. »Dann kannst du dich erholen.«

»Ich habe nicht vor, die Füße hochzulegen, Sam Bach! Das habe ich doch wohl deutlich gemacht. Ich werde Menschenleben retten. Höchstpersönlich.«

Evelyns Blick durchbohrte Kyra. »Haben Sie sich auch überlegt, was Sie Ihrer Mutter erzählen werden? Und Ihrer infantilen Kollegin Dorothea? Das ... das sind doch alles Hirngespinste!« Ihre Lippen verzogen sich spöttisch. »Ich geben Ihnen drei Wochen, Frau Althoff. Dann werden Sie sehen, dass Sie sich übernommen haben. Dass diese Entscheidung der größte Fehler Ihres Lebens war.«

★★★

»Der endgültige Beweis ist erbracht, Schwestern und Brüder.« Er hatte Tränen in den Augen, während er sprach. »Kyra Althoff ist die Jungfrau! In ihren Händen befindet sich das Buch unseres Herrn. Der Dank dafür, dass ich – ohne wahrgenommen zu werden – in ihre Wohnung gelangte, gebührt Bruder Bernd, dem es gelungen ist, im Verlagsbüro einen Abdruck von Kyra Althoffs Schlüssel zu machen. Gute Arbeit.« Er nickte dem Mann mit dem Spitzbart lächelnd zu.

Das Lob färbte Bernd Wagners Wangen rot. »Danke, Großmeister. Es war einfach. Sie lässt ihren Schlüsselbund am Büroschreibtisch hängen, wenn sie in die Mittagspause geht.« Seine Finger wie Krallen auf die Tischplatte gepresst, fügte er an: »Ich kann immer noch nicht fassen, dass sie es ist. Dass ihr verdammter Unterleib den Schlüssel zum Lesen des Buches birgt. Ich wünschte –«

»Vielleicht solltest du jetzt besser schweigen«, unterbrach der Großmeister ihn, »bevor deinem Mund wieder Unbedachtes entfährt.« Die eisigen Worte ließen auch die übrigen Mitglieder der Tischrunde ihre aufgeregten Ausrufe und Fragen einstellen.

Seine Augen glänzten, während er einige Fotos auf den Tisch warf. »Ich habe ihre letzten Tagebucheinträge für euch festgehalten. Wie es aussieht, befand sich das Buch fast zwei Jahre in ihrem

Besitz, ohne dass sie es wusste. Wir konnten also nicht früher auf sie stoßen. Leider gibt es keine weiteren Tagebucheinträge, nachdem sie erkannt hatte, was sie da gefunden hat. Sie scheint diese für uns sehr nützliche Angewohnheit abgelegt zu haben. Vermutlich auf Wunsch ...«, er spie die letzten Worte aus, »der Bruderschaft der Jungfrau Maria.«

»Und du bist auf keinen einzigen Hinweis gestoßen, wo sie das Buch verwahrt, Großmeister?«, kam die Frage aus der Runde.

Er schüttelte den Kopf. »Es könnte überall sein. Und solange wir nicht wissen, wo sie das Buch verwahrt, hat es keinen Sinn, potenzielle Behältnisse zu entwenden. Sie wären gewarnt. Und das gilt es zu vermeiden.«

»Ich bin nicht sicher, ob dein Eindringen in ihre Wohnung nicht bemerkt wurde«, meldete sich eine Stimme. »Durch die Rollos drang Lichtschein. Zehn Minuten nachdem du das Haus verlassen hast.«

Der Großmeister lächelte. »Also zehn Minuten zu spät.« Er ließ sich in dem thronartigen Holzstuhl am Kopfende des Tisches nieder. Seine Finger schlossen sich um die geschnitzten Ziegenköpfe, die die Armlehnen zierten.

»Solange Kyra Althoff und die Bruderschaft nicht wissen, dass wir ihnen auf der Spur sind, dürfen wir hoffen, das Buch in unsere Hände zu bringen. Die Zeit spielt für uns und wird uns den Weg zum Buch unseres Herrn ebnen.« Sein Blick wanderte zu dem Mann an seiner rechten Seite. Er griff nach dessen Hand. »Und am effektivsten unterstützt uns dabei das Spiel mit den Emotionen. Also spielen wir es.«

ZWÖLF

»Und, immer noch niemand in Sicht?«, fragte Kyra, bevor sie die Thermosflasche an die Lippen setzte und in kleinen Schlucken trank.

Sam schüttelte den Kopf und trat vom Tor zurück in das Innere der großen Scheune. Er rieb sich die Arme. »Diese Saukälte! Warum müssen die Artikel auch manchmal so unpräzise sein? Noch dazu an einem Tag wie diesem.« Er sah auf seine Armbanduhr und setzte sich neben Kyra auf einen der Strohballen. »Wenn wir den Flieger verpassen, müssen wir Heiligabend im Hotel feiern.«

»Mal den Teufel nicht an die Wand. Meine Mutter killt mich«, sagte Kyra und drückte ihm die Flasche in die Hand. »Trink einen Schluck. Noch ist der Tee heiß ... Es ist bestimmt eine der anderen Scheunen, und gleich kommt der Anruf unserer Kollegen, dass wir abrücken können.«

»Danke.« Als er die Flasche wieder absetzte, sagte er: »Ich hoffe, du hast recht. In den vergangenen Wochen hatten wir beide oft genug das Vergnügen, zur rechten Zeit am rechten Ort zu sein ... Ist dir übrigens schon aufgefallen, dass du das Wort ›Teufel‹ wieder ohne Angst gebraucht hast?«

»Zeit heilt eben nicht nur Wunden, sondern auch Ängste«, sagte sie, stand auf und ging zum Scheunentor. »Und schließlich ist uns in den letzten Jahren nichts Teuflisches begegnet oder widerfahren.« Sie drehte sich zu Sam um. »Manchmal glaube ich sogar, dass wir uns die Anderen seinerzeit nur eingebildet haben.«

Sam schwieg und betrachtete Kyra. Eingemummelt in eine dicke graue Steppjacke, um den Hals einen selbst gestrickten quietschbunten Schal geschlungen, stand sie in der Tür. Rotbraune Locken quollen unter der dunkelgrünen Mütze hervor. Die kleinen Wölkchen vor ihrem Mund erschienen in gleichmäßigen Abständen und verrieten eine ruhige Atmung. Die winzigen Fältchen um ihre Augen waren von hier nicht zu sehen, aber er kannte jedes einzelne.

»Denkst du manchmal noch an ihn?« Diese Frage lauerte in ihm, seit sie Itzehoe vor fast vier Jahren verlassen hatten. Nur hatte er sie nie gestellt. Und er bereute im selben Moment, dass er es jetzt getan hatte, denn Kyras Atmung stockte. Nur für einen winzigen Moment.

»Ich möchte nicht über Ryan Farlow sprechen.«

Sie hatte nicht einmal nachgefragt, wen er meinte. Sam atmete tief aus. Weil es für sie nur den einen gab.

Zeitgleich versteiften sich ihre Schultern. »Da kommen gerade zwei Gestalten den Hügel raufgestapft. Der Größe nach zu urteilen, sind es Kinder.«

Sam sprang auf und stellte sich neben Kyra. »Na klasse, das sind sie. Am besten versteckst du dich hinter den Ballen. Auf frischer Tat ertappt, erzielen wir den größeren Lerneffekt. Ich gehe hinter die Scheune. Die Kleine wird vielleicht den anderen Weg nehmen.«

Kyra spürte, wie ihre Muskeln sich in den Minuten der Wartezeit versteiften. Diese Anspannung – kurz vor dem Verhindern des tödlichen Ereignisses – hatte sie in den vergangenen vier Jahren nie abschütteln können, obwohl jede Rettungsaktion massenweise Serotonin durch ihre Zellen jagte und dieses Hochgefühl auslöste, das sie Tag für Tag antrieb.

Sie war froh, als Gelächter vor der Scheunentür erklang und diese gleich darauf aufgedrückt wurde. Aufmerksam lauschte Kyra dem Gespräch der beiden Zehnjährigen, wobei sie einige Mühe hatte, denn die Jungen sprachen einen bairischen Dialekt.

Kyras Geduld wurde noch fast eine halbe Stunde strapaziert. Die Jungen tobten erst einmal durch das lose Heu, das auf einem Vorsprung im oberen Teil der Scheune lagerte. Sie war froh, als die beiden schließlich die Leiter wieder herunterkletterten, nach dem Rucksack griffen, den sie mitgebracht hatten, neben zwei Dosen Cola allerlei weitere Utensilien hervorkramten und sich schließlich genau auf den Strohballen hockten, auf dem auch Kyra und Sam gesessen hatten.

Sie hielt den Atem an, als der Größere der beiden eine Zigarette zwischen die Lippen steckte und ein Feuerzeug in die Hand nahm. Es war an der Zeit, einzuschreiten. Kyra verließ ihr Versteck.

»Hi, Jungs. Mit Feuer in einer Scheune zu zündeln, die bis an die Decke mit Stroh und Heu gefüllt ist, ist 'ne echte Scheißidee!«

Kyra bewertete den Schrecken, der sich in beiden Gesichtern abzeichnete, als positiv. Der Große riss sich die Zigarette aus dem Mund und stopfte sie in den Rucksack. Der Kleinere lief knallrot an. Beiden hatte es die Sprache verschlagen.

Kyra ging vor den Jungs in die Knie. Sie lächelte, als ihr Blick auf die Heuhalme fiel, die an den FC-Bayern-Mützen der beiden hafteten.

»Wer san na Sie?« Der Kleine hatte sich zuerst erholt. Er deutete auf seinen Kumpel. »Des is der Stodel vo sei'm Vater. Sie derfan hier goa ned sei.«

Kyra ignorierte seinen Einwand. »Versprecht mir, hier niemals wieder mit Feuer zu hantieren.«

»Des geht Sie fei goa nix o.«

Kyra behielt ihr Lächeln bei. »Stellt euch einmal vor, ihr raucht hier, und einer von euch beiden drückt die brennende Zigarette nicht richtig aus, wenn ihr nach Hause gehen wollt. Dann brennt die Scheune Momente später lichterloh. Mit allem, was darin ist.«

Der Große sprang auf und stopfte alles, was sie zuvor ausgepackt hatten, in den Rucksack zurück. Seine Augen blitzten frech. »Ja mei, nachad brennt's holt! Mei Papa hod no drei andere Schupfan voller Stroh.«

Kyra stand auf. Ihre Stimme klang ruhig. »Hat dein Papa auch noch eine zweite kleine Schwester für dich?«

»Hä?« Der Junge sah sie verwirrt an, während er seinen Kumpel hochzog, der keine Anstalten machte, den Schauplatz zu verlassen.

»Manchmal folgen kleine Schwestern ihren Brüdern, ohne dass die es merken«, sagte Kyra. »Deine könnte das auch machen. Sie schleicht sich zur Rückseite der Scheune und quetscht sich durch die beiden losen Bretter der Rückwand.«

Am erstaunten Blick des Jungen erkannte Kyra, dass er genau wusste, welche Stelle an der hinteren Scheunenwand sie meinte.

»Dann versteckt sie sich im Stroh, um euch zu belauschen. Und dann ...«, Kyras Stimme wurde rau, »dann fängt plötzlich alles an zu brennen. Das Feuer ist überall. Ihr schafft es noch durch das

Scheunentor hinaus, aber deine kleine Schwester –« Kyra brach ab.

»Mei Schwester is dahoam«, fauchte der Junge Kyra an. »San Sie ebba a Irre? Kumm, Tobi! Mir geh'n an Papa hol'n!« Er packte seinen Freund am Jackenärmel, als Sams dunkle Stimme am Scheunentor erklang.

»Nimm deine Schwester mit, wenn du gehst«, rief er. »Sie hat sich gerade durch das Loch in der Bretterwand gequetscht.«

Kyra hatte Mitleid mit den Jungen, die jetzt angstvoll auf den näher kommenden Sam starrten. Natürlich wussten sie nicht, was sie von der absurden Situation und den beiden fremden Menschen halten sollten.

»Ruf sie!«, forderte Sam den Jungen auf. »Los!«

Sams Gesichtsausdruck ließ den Jungen nicht zögern. »Marie?«, rief er unsicher, den Blick weiter auf Sam gerichtet.

Kyras Blick glitt über das Stroh. Nichts tat sich.

»Marie, komm raus! Aber zackig«, schallte Sams dunkle Stimme durch die Scheune. »Wir wissen, dass du hier bist.«

»Marie!«, stieß der Junge ungläubig aus, als ein dünnes Stimmchen hinter den Ballen piepte: »Lukas? I will zur Mama! I hob Angst vor dene Leit!«

»Mariechen!« Lukas kletterte auf die Strohballen und zog seine Schwester hervor. Ungläubig starrte er schließlich die anderen an.

Sam deutete zum Scheunentor. »Niemals wieder will ich euch hier mit Feuer sehen, verstanden? Und jetzt raus mit euch dreien!«

Das ließen sich die Kinder nicht zweimal sagen. Ohne sich noch einmal umzudrehen, stürmten sie den verschneiten Hügel hinunter.

Kyra griff nach Sams Hand, während sie ihnen hinterhersahen. »Ob sie ahnen, dass sie heute ein ganz besonderes Weihnachten feiern?«

»Ich glaube nicht, Kyra. Und das ist auch gut so.« Er legte den Arm um ihre Schulter und zog sie für einen Moment an sich. Dann löste er sich von ihr und zog sein Handy aus der Jacke. »Ich informiere unsere Leute in den anderen Scheunen, dass Feierabend ist. Und dann sollten wir hier schleunigst verschwinden. Zum einen, um unseren Flug nicht zu verpassen.«

»Und zum anderen?«

Sam drückte ihr einen Kuss auf die Stirn. »Um weg zu sein, bevor der Papa mit der Flinte kommt und die beiden Psychopathen, die seine Kinder erschreckt haben, aus seiner Scheune ballert.«

★★★

»Hermann hätte die Tage gern auf Mallorca verbracht, aber Weihnachten bin ich einfach am liebsten hier«, sagte Ellen Althoff. Ihr Blick umfasste den Föhrer Südstrand, die Silhouetten von Amrum und den Halligen auf Langeneß und blieb schließlich auf ihrer Tochter haften, die sich nach einer Herzmuschel bückte und sie betrachtete.

»Wir wären auch nach Mallorca gekommen«, sagte Kyra fröhlich und steckte die makellose Muschel in ihre Manteltasche. »Aber genau wie du bin ich an den Festtagen lieber zu Hause. Auch wenn wir heute Abend schon wieder abreisen müssen.« Sie küsste ihre Mutter auf die Wange.

Der Nachmittag des ersten Weihnachtstages neigte sich dem Ende zu. Nach dem Mittagessen hatten sie zu viert einen langen Spaziergang unternommen. Wie an jedem Weihnachten hatte Kyra ein Tannengesteck auf das Grab ihres Vaters und ihrer Schwester gelegt. Lange hatte ihr Blick auf den in den ungeschliffenen Stein gravierten Namen verharrt. Trauer und die Gewissheit, so vielen Familien diesen immensen Schmerz ersparen zu können, hatten sich den Platz in ihrer Brust geteilt.

»Diese Unruhe in dir gefällt mir nicht, Kind.« Ellen Althoff sah Kyra prüfend an. »Kaum bist du zu Besuch, da bist du auch schon wieder weg. Nie bleibst du länger als eine Nacht. Das war doch früher nicht so.«

»Beim nächsten Mal bleibe ich länger, Mama.«

»Das hast du beim letzten Besuch auch gesagt.«

Kyra schwieg. Sie konnte ihrer Mutter schließlich nicht sagen, dass ein längerer Aufenthalt Gefahr bedeuten würde. Ihr einsam am Strand zwischen Nieblum und Wyk gelegenes Backsteinhaus stand wahrscheinlich unter der ständigen Beobachtung der Satanisten. Kyras Blick streifte zwei Männer in unmittelbarer Nähe, die ein paar Möwen fotografierten. Nico und Erik. Zwei der zehn Firmenmitglieder, die sich alle irgendwo in unmittelbarer Nähe aufhielten, um eingreifen zu können, wenn sich Unvorhergesehenes anbahnte.

Ellen Althoff sah zurück zum Haus, wo Sam gemeinsam mit Hermann Potsiek das Vogelhaus aufstellen wollte, das Kyra ihnen geschenkt hatte.

»Du und Sam«, begann sie, »was genau ist das mit euch? Ich versuche seit Langem, diese Verbindung zwischen euch zu verstehen, aber es will mir nicht gelingen. Dieser plötzliche Aufbruch nach England vor vier Jahren … Und dieses viele Reisen mit Sam. Füllt dich das wirklich aus, Kind? Auf Sams Kosten zu leben, ohne Beruf? Es erscheint mir so ungesund. Sam …« Sie griff nach Kyras Hand. »Nun, er ist schwul, sagst du, aber …« Ihre Wangen röteten sich. »Warum hat er keinen Partner? Warum hast du keinen Partner, Liebes? Ehrlich gesagt, ich verstehe das einfach nicht. Ich habe das Gefühl, dass ihr mir etwas verschweigt.«

»Wir sind die besten Freunde, Mama, und beide partnerlos. Sam will sein Geld nicht allein ausgeben, also helfe ich ihm dabei.« Kyra ging in die Knie und bückte sich nach einem Stein, um ihrer Mutter nicht in die Augen sehen zu müssen, während sie sie anlog.

Vor vier Jahren hatte Ellen Althoff die Lüge, dass Sam den Lottojackpot geknackt hatte und seine Millionen gemeinsam mit Kyra verleben wollte, geschluckt. Kyra stand auf und warf den Stein weit in das Nordseewasser. Warum musste sie jetzt diese Fragen stellen?

»Hm.« Ellen bohrte mit den gefütterten Gummistiefeln ein Loch in den Sand. »Hast du Sam jemals mit einem Mann gesehen, Kyra? Manchmal könnte ich schwören –« Sie brach ab.

Kyra drehte sich um. »Ja?«

»Ich beobachte ihn, wenn ihr gemeinsam zu Besuch kommt. Und ich könnte schwören, so wie er dich manchmal ansieht, dass er … dass er in dich verliebt ist.«

Kyra lachte auf. »Mama, das ist Quatsch. Wir sind die allerbesten Freunde. Und allerbeste Freunde lieben sich natürlich. Aber platonisch.«

»Du hast recht, mein Schatz.« Ellen Althoff lachte jetzt auch. »Warum in aller Welt sollte Sam auch so tun, als sei er schwul, wenn er es nicht ist.«

★★★

»Ich verstehe dich nicht! Warum zögerst du nur? Da ist die Jungfrau endlich wieder in greifbarer Nähe, und du willst immer nur warten. Warten, warten. Unsere Leute haben kaum mehr Verständnis für deine Reaktion. Vor vier Jahren wähntest du uns kurz vor Inbesitznahme des Buches und dann ... nichts! Kyra Althoff ist von einem Tag auf den anderen verschwunden. Und jetzt ist sie in Reichweite, und du willst nichts unternehmen!«

Er griff in die Innentasche seines Mantels und zog mehrere Fotografien heraus. »Sieh sie dir an! Bernd hat sie auf Föhr geknipst. Kyra Althoff am Strand mit ihrer Mutter. Im Garten mit Samuel Bach. Hier ...«, er steckte das letzte Foto vor die anderen, »eine Nahaufnahme ihres Gesichts.«

Widerwillig verharrte der Blick des Angesprochenen einen Moment auf Kyra Althoffs Antlitz. »Ich brauche keine Fotos von ihr. Ihr Gesicht habe ich verinnerlicht.«

Seine Hand griff trotzdem nach der Fotografie, als der andere sie wieder wegstecken wollte. Er strich mit dem Finger über das Bild. »Ich frage mich, seit ich sie das erste Mal sah, warum diese Frau so lange Jungfrau geblieben ist. Es gibt doch Männer, die diesen Typ lieben: rotbraune Locken, blasser Teint, unschuldiger Blick ...«

»Du würdest es nicht Schicksal nennen wollen, oder? Aber vielleicht hat *ihr* Herr über seine Auserwählte die Hand gehalten?«

»In Form von Keuschheit oder verpassten Gelegenheiten?« Der andere schnaubte.

»Verpasste Gelegenheiten? Damit wären wir wieder beim Thema. Wir sind mit deiner defensiven Haltung bisher keinen Schritt vorangekommen. Warum setzen wir nicht alles auf eine

Karte und versuchen, Kyra Althoff in unsere Gewalt zu bringen? Wir zwingen sie, uns vorzulesen, was im Buch geschrieben steht.« Er blieb stehen. Mit geschlossenen Augen legte er den Kopf in den Nacken und ließ den schwachen Sonnenstrahl, der sich durch die Wolken gezwängt hatte, sein Gesicht wärmen. »Ich darf gar nicht daran denken, wie viele Menschen uns ihr Geld förmlich aufdrängen würden, um sich ihr Leben zu erkaufen! Wir könnten noch Millionen verdienen, bis das Buch wieder verschwindet.«

»Bist du wahnsinnig? Du weißt doch, was passiert, wenn wir sie entführen oder es auch nur versuchen. Wir können es uns nicht erlauben, die Polizei auf unsere Spur zu bringen. Wir haben einige Brüder dabei, auf deren Verschwiegenheit ich nicht mein Leben verwetten würde. Niemals darf die Existenz von Luzifers heiliger Reliquie nach außen dringen.«

»Aber wer sagt dir, dass die Polizei auf uns aufmerksam wird? Die Marienbruderschaft wird sich zurückhalten. Aus genau dem gleichen Grunde wie wir. Sie würden eher verrecken, als die Existenz des Buches Außenstehenden bekannt zu machen.«

»Ich werde mich bemühen, deine Worte zu vergessen. Was ich sagte, gilt. Wir warten.«

»Nun gut. Du bist der Großmeister, und dein Wort ist Befehl, aber … wie lange noch?«

Der Angesprochene sah den Mann an seiner Seite nicht an, sondern zog den Schal um seinen Hals enger. Der Wind pfiff kalt durch den Park. »Willst du mir drohen?«

»Nein. Ja … Du weißt, dass ich dir vertraue. Mehr als jeder andere unserer Gemeinschaft. Aber es wird immer mühsamer, unsere Leute zu beschwichtigen. Sie wollen Ergebnisse.«

»Ergebnisse?«, zischte er und blieb stehen. »Die Hälfte dieser Schwachköpfe will einfach nur die Jungfrau! Sie wollen ihr Blut und ihren Körper. Du und die andere Hälfte, ihr wollt Geld mit dem Buch verdienen. Ich aber will nur das Buch!« Er brach ab und wartete, bis zwei alte Frauen mit Rollatoren an ihnen vorbeigezogen waren. Seine Stimme klang ruhiger, als er weitersprach.

»Wir würden es verderben, wenn wir tätig werden, solange Kyra Althoff sich bei ihrer Mutter aufhält. Oder bei Doro. Die

Marienbruderschaft lauert nur darauf. Ich warte auf einen besseren Zeitpunkt. Wenn sie nicht damit rechnen.«

»Aber wo willst du sie treffen? Wir kennen ihren ständigen Aufenthaltsort nicht. Warum versuchen wir es nicht mit Bernd Wagners Idee? Für das Buch würde Kyra Althoff niemals ihre Mutter opfern. Wenn wir die Alte in unsere Gewalt bringen, wird sie es uns ausliefern.«

»Ach ja?« Er lachte höhnisch auf. »Und wie willst du überprüfen, ob sie uns das Buch ausgehändigt hat, selbst wenn sie es beteuern würde?« Er legte dem anderen eine Hand auf die Schulter. »Wir werden unsere Chance bekommen. Mehr als zwei Jahre bleiben uns noch.«

★★★

»Für eine Fünfunddreißigjährige gar nicht mal so schlecht, Kyra Althoff«, murmelte Kyra und drehte sich, um ihre Figur im Hotelzimmerspiegel von der Seite betrachten zu können. Ihre Finger strichen über den hauchdünnen seidigen Stoff des Kleides, das sich um ihren Körper schmiegte.

Sie hatte das kniekurze rauchgraue Kleid am Nachmittag in einer Boutique in der Innenstadt Berlins gekauft, und heute Abend würde sie es tragen, denn sie hatte Sam zu einem Abendessen mit anschließendem Barbesuch überredet, nachdem er am Nachmittag gemeinsam mit Ansgar durch ein Ablenkungsmanöver zwei Dachdeckern das Leben gerettet hatte. Sie selbst hatte sich auch für die Rettungsaktionen der nächsten zwei Tage ausgeklinkt. Sie traute sich momentan nicht zu, zwei lange Flüge innerhalb kürzester Zeit inklusive Rettungsmaßnahmen zu absolvieren.

Ihre Fingerspitzen glitten über die kleinen Fältchen um ihre Augen, die durch das leichte Make-up fast unkenntlich waren, und massierten schließlich den Punkt über der Nasenwurzel, um den Kopfschmerz zu vertreiben, der seit Tagen nicht verschwinden wollte. Zwei Tage Ruhe würden das hoffentlich ändern.

Kyra war von einer Anspannung erfüllt wie seit Langem nicht mehr. Sie entsprang nicht nur dem jahrelangen, bis an die physischen und psychischen Grenzen führenden Rettungsmarathon, sondern zu einem winzigen Teil auch dem Satz ihrer Mutter, der ihr nicht mehr aus dem Sinn wollte. *Warum sollte Sam auch so tun, als sei er schwul?*

Nun, für ihre Mutter gab es natürlich keinen Grund. Aber für die Firma! Die Bruderschaft würde schließlich alles tun, um die naive Jungfrau von jeglicher Versuchung fernzuhalten. Was lag also näher, als ihren ständigen Begleiter mit dieser Aussage für sie völlig unattraktiv zu machen?

»Wieso bin ich nur nicht von selbst darauf gekommen?«, murmelte Kyra ihrem Spiegelbild zu, während sie noch einmal mit dem grobzackigen Kamm durch die Locken fuhr.

»Weil du Sam vertraust«, gab sie sich sofort die Antwort. Er würde nicht wagen, sie in dieser Sache über Jahre zu belügen. Sie seufzte. Er war ihr Freund. Ihr Vertrauter. Das konnte er einfach nicht tun!

Und doch ließen die Zweifel sich nicht vertreiben, denn hatten sie nicht immer in ihrem Innersten gelauert? Aber es hatte der Worte eines Außenstehenden – in diesem Fall ihrer Mutter – bedurft, um sie wieder hervorzulocken. »Gnade dir Gott, Sam Bach, wenn du nicht schwul bist«, flüsterte Kyra, und ihr Magen zog sich zusammen. Das würde das Ende ihrer Freundschaft bedeuten.

Aber es könnte der Anfang von etwas anderem sein.

»Nein, das könnte es nicht«, verbannte Kyra die leise Stimme in ihrem Kopf. »Das würde ich ihm nie verzeihen!«

Aber wissen musste sie es. Sie stellte Sarah Connors »Living to Love You« im Radio leise und griff entschlossen zum Telefonhörer. »Sam, könntest du kurz zu mir rüberkommen? Der Verschluss meines Armbandes klemmt.«

Sie nahm das Armband, das sie trug, wieder ab und legte es auf den Nachttisch.

Es dauerte keine zwei Minuten, bis es klopfte und Sam mit den Worten »Hier ist der Meister im Verschlüsse-Öffnen« eintrat.

Kyra beobachtete jede Regung seines Gesichtes, als sie mit den hohen Riemchensandalen langsam auf ihn zutrat. »Hallo, Sam. Ich dachte, zu diesem Kleid würde mein Strassarmband gut passen.« Sie drehte sich einmal um ihre Achse. »Was meinst du?«

»Uii!« Er schluckte.

Sie hatte ihn offensichtlich überrascht. Wie geplant. Denn solch ein Kleid hatte Kyra nie vorher besessen. Es war zwar bis zum Hals hochgeschlossen, aber ihre Schultern und ihren Rücken ließ es fast bis zum Po frei. Sie trug keinen BH, sodass ihr Busen unter dem weichen Seidenstoff ein echter Hingucker war. Kyra hätte sich unter normalen Umständen niemals in dieses Kleid gewagt, aber als Mittel zum Zweck war es perfekt.

»Wow!« Er nestelte an seiner Brille herum. »Du bist ... also, das Kleid ist ...«

Kyra stieß leise Luft durch die Nase aus. Er hatte eindeutig zuerst auf ihre Brüste gestarrt.

»Du ... du willst das doch nicht wirklich anziehen?«

Jetzt war es an Kyra, überrascht zu gucken. »Was soll die dumme Frage? Natürlich will ich es anziehen. Ich habe es mir extra für heute Abend gekauft. Mir war nach etwas Besonderem.« Kyra stellte sich so, dass er ihren nackten Rücken und die Konturen ihrer Brüste wahrnehmen musste.

Sams Augenbrauen wurden zu einem Strich. Er machte einen Schritt auf sie zu. »Alle werden dich anstarren. Das Kleid ist viel zu ... provokant!«

Sie wandte sich ihm wieder zu und lächelte. »Du meinst, Hetero-Männer würden auf meinen Busen starren?« Ihre Fingerspitzen strichen langsam über den Stoff auf ihren Brüsten.

Sams Blick folgte ihren Händen. Als er wieder aufsah, war sein Blick zu Kyras Leidwesen unergründlich. »Zieh eine Strickjacke über, dann nehme ich dich mit«, sagte er und ging zur Tür.

Kyra klappte der Mund auf. Dann rief sie ihm hinterher: »Ich warte in zwei Minuten in der Hotelhalle auf dich, mein Lieber. Ohne Strickjacke. Und wenn du dann nicht da bist, ziehe ich mit Ansgar um die Häuser.«

»Ich habe ewig nicht getanzt«, sagte Kyra drei Stunden später fröhlich, als sie die Bar im Berliner Stadtteil Dahlem betraten. »Nach dem herrlichen Essen freue ich mich auf etwas Bewegung. Und ich bin dir sehr dankbar, Sam, dass ich nicht mit Ansgar den Abend verbringen muss. Er versteht keinen Spaß.

Er hat nicht gelacht, als ich ihm meinen Lieblingswitz erzählt habe. Du weißt schon, den, wo der Besoffene zweimal an die Schießbude geht und zwei Schildkröten gewinnt und, als er beim dritten Mal eine Flasche Sekt bekommt, fragt: ›Sind die belegten Brötchen aus?‹«

»Du hast doch nicht wirklich eine Sekunde geglaubt, dass ich nicht mitkommen würde. Ich muss schließlich auf dich aufpassen. Nur darum bin ich dir auch hierher gefolgt. Ich werde nicht tanzen.« Sein Blick schweifte genervt über das Schummerlicht, während er ihr aus dem Mantel half.

Überdeutlich nahm Kyra wahr, wie seine Finger dabei ihre nackten Schultern streiften. Er hatte sie schon so oft berührt, aber jetzt, wo dieser Verdacht an ihr nagte, nahm sie die Berührung bewusst wahr.

»Ich habe nette Neuigkeiten«, sagte Sam, nachdem sie an der Bar einen Platz ergattert und zwei Cocktails geordert hatten. »Evelyn kommt morgen nach Berlin. Sie wird zum Frühstück da sein.«

»Ich wollte schon immer mal auf dem Zimmer frühstücken. Morgen ist ein guter Tag dafür.«

Sam lachte. Er begann, die Ärmel seines schwarzen Hemdes aufzukrempeln. Sein Sakko hatte er an der Garderobe abgegeben. »Jetzt sei lieb. Du hast sie wochenlang nicht gesehen.«

Kyra sog an ihrem Gin Fizz. Sie wollte jetzt nicht über die Hexe sprechen und stand auf. »Ich geh mal für alte Jungfrauen.«

Als Sams Augenbrauen sich ärgerlich zusammenzogen, strich sie wie unabsichtlich mit dem Finger langsam über seinen Unterarm. »Schwarz steht dir. Der Typ dort hinten in der Ecke scheint das auch erkannt zu haben. Er starrt die ganze Zeit herüber.«

Sam entspannte sich nicht, während er in die von Kyra angegebene Richtung starrte. »Er glotzt ja wohl eher dich an.«

Kyra spürte Sams Blicke wie Laserpunkte auf ihrem Rücken, als sie zur Toilette ging. Als sie den Mann passierte, den sie Sam gezeigt hatte, zwinkerte sie ihm zu.

»Dir auch einen schönen guten Abend«, rief der Fremde ihr sichtlich erfreut hinterher.

Kyra ließ sich Zeit im Toilettenraum. Sie zog ihre Lippen

nach und versprühte noch einen Hauch Chanel auf Hals und Handgelenk, bevor sie wieder hinausging.

Wie erhofft, sprach der Fremde sie an. »Du würdest nicht zufällig gerade wahnsinnig gern mit mir tanzen?« Er bot ihr seinen Arm.

»Oh doch«, sagte sie und hakte sich bei ihm ein.

Auf der Tanzfläche bereute sie es. Seine Hand lag feucht auf ihrem Rücken, und sein Atem roch säuerlich, während er auf sie einredete. Kyra war froh, als der Song endete, aber ihr Tänzer hatte nicht vor, sie so schnell zu entlassen. »Einen haben wir noch«, sagte er und zog sie noch näher an sich heran, als der nächste Song ertönte.

Kyra schluckte. »A Different Corner« war einer ihrer Lieblingssongs von George Michael. Und um nichts auf der Welt wollte sie dieses Lied tanzend mit dem verschwitzten Fremden teilen. Sie blieb stehen und versuchte, sich aus dem Griff des Mannes zu lösen, aber er machte keine Anstalten, sie loszulassen.

»Entschuldigung!« Sams mühsam beherrschte Stimme erklang im gleichen Augenblick direkt neben ihr. Er löste die Hand des Mannes ruckartig von ihrem Rücken. »Diesen Tanz möchte *meine Frau* mit mir tanzen.«

»Ist ja okay, Kumpel«, stieß der andere aus und hielt beide Arme in die Luft. »Kein Grund, bissig zu werden.« Nach einem bösen Blick zu Kyra trollte er sich in seine Ecke.

»Puh! Danke«, flüsterte Kyra, Sams mürrisches Gesicht ignorierend. »Jetzt musst du aber auch mit mir tanzen.« Sie schlang die Arme um seinen Hals, bevor er sich wehren konnte. »Und es tut auch nicht weh«, flüsterte sie, den Kopf an seinen Hals gelehnt.

Überdeutlich spürte sie seinen warmen Körper, den nur der dünne Stoff des Kleides und sein Hemd von ihrem trennten. Scham kroch in ihr empor, als ihre Brüste zu prickeln begannen, während sie sich langsam im Takt der Musik bewegten. Was tat sie hier eigentlich? Sam hatte nie auch nur andeutungsweise gezeigt, dass er etwas anderes in ihr sah als seine beste Freundin. Und ihr ausgehungerter Körper spielte verrückt, weil sie sich in etwas hineinsteigerte, was nicht da war.

Aber ... Warum wanderten seine Hände auf ihrem nackten

Rücken dann gerade ein Stück nach unten und drückten ihren Körper, obwohl es kaum möglich war, noch näher an sich?

Kyra schluckte. Jetzt oder nie! Sie löste ihren Kopf von seinem Hals und sah ihm in die Augen, die ihren Blick dunkel und unergründlich erwiderten. »Wenn wir schon ein Ehepaar spielen, sollten wir es richtig machen«, flüsterte sie und zog Sams Kopf zu sich herunter.

Ihr Kuss war spielerisch, sanft, aber in dem Moment, in dem sie Sam schmeckte, war es nicht mehr genug. Sie öffnete ihre Lippen, um ihre Zunge in seinen Mund zu bohren, aber Sams Zunge war schneller. Eine Mischung aus Überraschung und explodierender Hitze durchströmte Kyra, als sie seine Hand fest in ihrem Nacken spürte, während seine Zunge gierig durch ihren Mund glitt.

»Kyra ...« Seine Stimme klang rau, als er seine Zunge zurückzog, aber seine Lippen kaum von ihren löste. »Das geht nicht ...«

Kyra blieb eine Erwiderung schuldig, weil sein Mund sich wieder auf ihren presste. Wie ein Schwamm sog sie seine Leidenschaft auf.

»Sam!« Eine eisige Stimme peitschte über Kyra hinweg und ließ Sam erstarren. Kyra war zu verwirrt, um sich zu Evelyn umzudrehen, die ein giftiges »Was – verdammt – ist hier los?« hinterhersandte.

Kyras Blick haftete weiter auf Sams Gesicht, das sich langsam entfernte. Und was sie in seinen Augen las, gefiel ihr nicht. Wie ein Wolf sah er sie an. Wie ein schuldbewusster Wolf, der ein wehrloses Lamm gerissen hatte, um seinen Hunger zu stillen. *Friss mich. Mit Haut und Haaren!*, schrie alles in Kyra, als er abrupt einen Schritt zurücktrat.

»Evelyn ...« Seine Stimme klang belegt.

»Bist du wahnsinnig?«, zischte Evelyn und zog Kyra – ohne sie anzublicken – an ihre Seite. »Das war es, Samuel Bach! Geh packen.«

Sam wurde blass. Pures Schuldbewusstsein brannte in seinen Augen, als sein Blick Kyras suchte.

Kyra konnte ihn nur anstarren. »Du ... du bist nicht schwul. Bist es nie gewesen. Du ... hast mich die ganze Zeit angelogen?«

»Ja, das hat er, Frau Althoff«, fuhr Evelyn dazwischen, bevor

Sam den Mund öffnen konnte. »Weil er glaubte, dass Sie dabei waren, sich in ihn zu verlieben, als er das Kennenlernen arrangierte. So haben wir uns diese nette kleine Notlüge ausgedacht, damit Sie nicht auf dumme Gedanken kommen. Wenn ich geahnt hätte, dass Sie sich ihm eines Tages ...«, Evelyns Augen wanderten an Kyras Kleid hinab, »halb nackt an den Hals werfen würden, hätten wir ihn gleich abgezogen.«

»Sei ruhig, Evelyn!«, fuhr Sam sie an und griff nach Kyras Hand. »Hör nicht auf sie, Kyra. Ich —«

»Vielleicht solltest du jetzt ruhig sein, Sam.« Kyra weinte auf. »Du ... du hast also damals gemerkt, dass ich mich in dich verliebt hatte? Und ... und mir dann diese saublöde Komödie vorgespielt? Über all die Jahre?« Ihre Hand schnellte vor und klatschte an Sams Wange. »Du hättest mir einfach sagen können, dass du diese Gefühle nicht erwiderst. Dass ich dir als Frau egal bin. Aber dieses feige Lügen ... Das ist einfach nur erbärmlich.«

Sams Wangenmuskeln mahlten. »Du hast recht. Es ist erbärmlich. Aber ich habe es für das Buch getan und für die Menschen darin, die es zu retten galt. Darauf wurde ich all die Jahre vorbereitet. Als ich dich kennenlernte, war diese Lüge mein Schutzschild, Kyra.« Er griff nach ihrer Hand. »Mein Herz gehörte dir vom ersten Moment an.«

»Wohl kaum.« Kyras Stimme klang hohl. »Denn wenn es so wäre, hätten wir einen Weg für uns gefunden. Das Einzige, was du an mir liebst, Sam, ist die Tatsache, dass ich die Jungfrau bin. Und Evelyn hat recht: Du hast dich nur hinreißen lassen, weil ich dich mit meinem Kleid provoziert habe.« Spott färbte ihre Worte, als sie weitersprach. »Damit hätte ich vermutlich sogar Ansgar inspiriert. Du musst dich also nicht schuldig fühlen.«

Sam packte ihre Oberarme und schüttelte sie. »Das ist doch alles Blödsinn, Kyra. Glaub mir, ich —«

»Sei ruhig, bitte«, unterbrach Kyra ihn weinend. Sie wand sich aus seinen Händen und trat einen Schritt zurück. »Ich werde dir nie wieder vertrauen können. Niemals ... Leb wohl, Sam.«

Evelyn deutete zum Ausgang. »Erik wartet an der Tür, Frau Althoff. Er wird Ihnen Ihren Mantel holen. Dann fahren wir gemeinsam ins Hotel zurück.«

Kyra nickte. Ohne Sam noch einmal anzusehen, drängte sie sich durch die Tanzenden hindurch.

Evelyn packte Sam am Arm und schob ihn an den Rand der Tanzfläche. »Wie konntest du dich so vergessen, Sam?« Unbändige Wut klang durch ihre Stimme. »Ich bin mehr als froh, dass ich schon einen halben Tag früher angereist bin, denn nach dem, was ich eben gesehen habe, wage ich zu bezweifeln, dass ihr noch zur Besinnung gekommen wärt.«

»Schwachsinn!«, presste Sam heraus. »Niemals wäre ich so weit gegangen.«

»Du weißt, dass ich jetzt nichts mehr für dich tun kann? Erik hat euch auch gesehen. Und selbst wenn nicht … Die Verantwortung könnte ich nicht übernehmen, Sam. Du bist als Wächter nicht mehr tragbar.«

Sam presste die Handflächen an seine Schläfen. »Ich bin so ein … verdammter Idiot!«

Evelyn strich über seinen Oberarm. »Es tut mir leid, Sam.«

DREIZEHN

Kyra widerstand dem Impuls, ihr Gesicht mit geschlossenen Augen dem Sonnenstrahl entgegenzurecken, der es geschafft hatte, sich durch die Wolkendecke zu kämpfen. Der Juni hatte bisher nur graue Tage geboten, und Kyra sehnte sich nach dem Sommer. Nach Wärme und Licht. Aber jetzt galt es, die Grundstücke in der Siedlungsstraße im Auge zu behalten.

»Vermutlich halten Sie uns für Zeugen Jehovas«, sagte der Mann an ihrer Seite und nickte einer jungen Frau auf dem Grundstück zu seiner Rechten zu. Sie war dabei, Geranien in ein Beet zu pflanzen, während ihr Blick ihm und Kyra folgte.

»Ein Stapel ›Wachttürme‹ wäre wirklich nicht die schlechteste Tarnung, Balu«, sagte Kyra und sah ihren Begleiter an. Sie musste ihren Kopf in den Nacken legen, denn Ludger Baltrusch war über einen Meter neunzig groß. Seinen Spitznamen Balu verdankte er nicht nur den beiden Anfangsbuchstaben seines Vor- und Zunamens, sondern vor allem seinem Kreuz, das so breit wie das eines Bären war. Sein gutmütiges, lammfrommes Wesen stand in krassem Gegensatz zu seinem vernarbten Gesicht, das mit einer ehemals gebrochenen Nase und den tief in den Höhlen liegenden dunklen Augen eher an einen albanischen Kiez-Zuhälter erinnerte.

»Ludger wird Sam ersetzen.« Mit diesen Worten hatte Evelyn ihr den Bären vorgestellt. Vor fünf Monaten. Einen Tag nachdem Sam aus ihrem Leben verschwunden war.

Kyra hatte nur genickt. Es hatte keine Rolle gespielt, wer zu ihrem Begleiter, ihrem Wächter wurde. Jeder Mann konnte Sam ersetzen. Jeder!

»Geht's dir nicht gut, Zwerg?« Die buschigen schwarzen Augenbrauen hoben sich, als Ludger ihren Blick erwiderte.

»Doch, doch.« Sie lächelte ihn an.

»Hmm, du hast grad geguckt, als hätt dir jemand ein Messer zwischen die Rippen gerammt.«

»Blödsinn. Guck nicht mich an, sondern behalte lieber die

Grundstücke im Auge.« Sie drehte sich um und blickte die Straße hinunter. Hinter ihnen auf der anderen Straßenseite gingen zwei weitere Mitgliederpaare der Firma langsam an den Grundstücken vorbei. Und Ansgar und Mary waren ein gutes Stück vor ihnen unterwegs.

»Wir sind wirklich nicht ganz unauffällig.« Sie seufzte. Manche Artikel waren einfach schwerer zu deuten als andere. Vor allem, wenn die Zeitangabe zu wünschen übrig ließ. In dieser Straße einer kleinstädtischen Neubausiedlung an der Grenze zu Holland würde ein kleiner Junge mit seinem Bobbycar die Auffahrt seines Hauses hinunterfahren und von einem Auto überfahren werden.

»Die Straße ist zum Glück nicht lang«, brummte Ludger, »und vier Grundstücke scheiden aus, weil keine kleinen Kinder im Haus sind.«

»Da verlasse ich mich ungern auf die Zeitungen«, sagte Kyra. »Die schreiben viel, wenn der Tag lang ist. Ein Kind fährt auch mal auf ein Nachbargrundstück, und ich bin mir nicht sicher, dass Zeitungs-Fritz bei einem solchen Unglück dann genau recherchiert, zu wem welche Auffahrt gehört.«

Als ein Auto in die kleine Straße einbog, begann Kyras Herz zu klopfen. Es war kaum Verkehr in der Siedlungsstraße. Welches Auto würde das Unglücksauto sein? Ihr Blick glitt hastig über die Grundstücke in ihrer Nähe. Aufatmend stellte sie fest, dass der Wagen am Straßenrand anhielt. Ein Mann verließ den Kombi und eilte den Weg zu einem Haus hinauf. Der Hausherr, mutmaßte Kyra, als er einen Schlüssel in das Schloss der Haustür steckte.

»Bin zu Haus!«, erklang seine laute Stimme, bevor sich die Tür hinter ihm schloss. Kyra wandte sich dem nächsten Grundstück zu, als sie aus dem Augenwinkel sah, dass sich die Haustür noch einmal öffnete und ein kleiner Junge in Latzhose Richtung Carport lief.

»Mach gefälligst die Tür hinter dir zu«, bellte der Mann aus dem Haus. »Und bleib hinten, sonst setzt es was. Verstanden?« Er wartete keine Antwort ab, sondern warf die Tür ins Schloss.

Noch bevor Kyra Ludger auf den Jungen aufmerksam machen konnte, hörte sie ein Motorengeräusch. Es überschnitt sich mit dem typischen Geräusch der Plastikräder eines Bobbycars. Kyras

Nackenhaare richteten sich auf. Sie drehte sich um und rannte. Der Junge kam auf seinem himbeerroten Plastikauto mit einer Geschwindigkeit aus dem Carport heraus, die Kyras Herz stolpern ließ.

»Bleib stehen!«, schrie Kyra dem Kind zu. Sie wusste im selben Moment, dass sie nicht vor dem Kind am Straßenrand sein würde. Zwei Schritte bevor sie zupacken konnte, rollte das Kind auf die Straße. In Erwartung des schrecklichen Geräuschs eines Aufpralls schrie sie auf.

Ihr Schrei blieb das einzige Geräusch. Der Junge fuhr ohne einen Kratzer auf das gegenüberliegende Grundstück. Direkt in die Arme der anderen beiden erleichterten Firmenmitglieder. Hastig drehte Kyra sich um und sah Ludger vor einem Auto mit laufendem Motor stehen, beide Hände auf die Motorhaube gestützt.

»Sind Sie bescheuert, Mann?«, schrie eine Männerstimme aus der sich öffnenden Wagentür. »Sie können mir doch nicht einfach vors Auto springen! Sind Sie besoffen oder was?« Ein hagerer Mittfünfziger baute sich neben der Fahrertür auf.

Kyra rannte zu Ludger, der – leicht käsig im Gesicht – zurückblaffte: »Dies hier ist 'ne Spielstraße. Schon mal was von Schrittgeschwindigkeit gehört? Gerade ist ein Kind mit Bobbycar über die Straße gefahren. Wenn ich nicht vor ihr Auto gesprungen wär, hätten Sie's frontal erwischt.«

»Blödsinn!«, fauchte der Mann, begab sich aber sofort wieder in sein Auto, als Ludger sich zu voller Größe aufrichtete und zur Seite trat. Er knallte die Wagentür zu und gab Gas.

Kyra war froh, dass der Kleine auf seinem Bobbycar hockte, festgehalten von den Bruderschaftsmitgliedern. Zusammen mit Ludger ging sie zu den dreien.

»Das war knapp«, wurden sie empfangen.

»Allerdings«, stimmt Kyra zu. Sie beugte sich zu dem Jungen. »Du darfst doch nicht einfach auf die Straße fahren, kleiner Mann. Das ist gefährlich.«

»Was ist hier los?«, erklang eine laute Stimme hinter ihnen.

Alle fünf Augenpaare wandten sich dem Vater des Jungen zu, der mit großen Schritten näher kam. Bevor Kyra oder einer der anderen noch ein Wort sagen konnte, hatte der Mann den Jungen bereits am Arm von seinem Spielzeug gezogen und schlug mit der flachen Hand zweimal auf den Po des Kleinen. »Hab ich nicht gesagt, dass du hinten bleiben sollst?«

Der Junge begann zu weinen, aber sein Vater trieb ihn mit einem erneuten Schlag Richtung Haus. Dann nahm er das Bobbycar am Lenker und sah die vier an. »Was ist los? Hat er was ausgefressen? Dann kriegt er gleich noch mal was.«

Kyra schossen die Tränen in die Augen. »Sie … Sie …!« Als Ludger sie am Arm packte, schüttelte sie seine Hand ab und baute sich vor dem Mann auf. Sie flog an Händen und Füßen. »Wissen Sie eigentlich, was Sie da tun?« Ihre Stimme überschlug sich. »Schlagen Sie Ihr Kind nie wieder! Danken Sie lieber Gott, dass er es Ihnen gelassen hat!«

»Geht's noch?«, lachte der Mann auf. Abfällig musterte er sie. »Kümmern Sie sich um Ihre eigenen Gör'n.«

»Meine eigenen?« Kyras Stimme war schrill. Sie wand sich aus Ludgers Griff, der sie mit einem erneuten »Zwerg, hör auf« besänftigen wollte.

»Meine eigenen?«, wiederholte sie noch einmal, während die Tränen aus ihren Augen stürzten. »Ich habe keine Kinder, weil ich Ihres gerade gerettet habe. Mir haben Sie es zu verdanken, dass Sie noch ein Kind haben! Und ich würde es immer wieder tun, aber …« Ihre Stimme brach. »Menschen wie Sie haben es nicht verdient, dass ich auf mein Leben verzichte.«

»Was ist los?« Der Mann sah sie jetzt mehr verwirrt als empört an. Misstrauisch musterte er die anderen drei. »Was sind Sie eigentlich für 'ne Truppe?«

»Wir sind vom Zirkus und sammeln schon mal fürs Winterfutter«, sagte Ludger und packte Kyra am Arm. Dieses Mal mit Schraubgriff. »Schönen Tag noch.«

★★★

»Haben Sie noch einen Wunsch, Miss Althoff? Ein paar Scones mit Streichrahm und Himbeerkonfitüre vielleicht? Die mögen sie doch so sehr.«

Kyra wandte ihren Blick von dem flackernden Kaminfeuer ab. Mit angezogenen Beinen hockte sie, in eine Decke gekuschelt, auf dem alten Ledersessel in Jonathans Bibliothek. Der hohe Raum mit den bis an die Decke reichenden Bücherregalen aus dunklem Tropenholz und dem Geruch nach altem Papier gehörte zu ihren Lieblingsräumen im Harker-Mall'schen Anwesen. Hierhin hatte sie sich umgehend zurückgezogen, nachdem sie mit Ludger Baltrusch am frühen Abend wieder in England eingetroffen war.

Ihren Einwand, an der nächsten Rettungsaktion teilnehmen zu wollen, hatte Ludger strikt abgelehnt. »Dir fehlt 'n bisschen Ruhe, Zwerg«, hatte er gesagt. Kyra seufzte. Kein Wunder. Schließlich war sie ziemlich ausgetickt, als dieses Ekelpaket seinen Jungen geschlagen hatte. Und wissend, dass Ludger recht hatte, hatte sie schließlich ohne weitere Gegenwehr zugestimmt.

Kyra lächelte den alten Butler an. »Vielen Dank, Nigel, aber ich habe keinen Hunger. Und Tee ist noch reichlich da.« Sie nickte zu dem kleinen Beistelltisch, auf dem der Diener James vor einer halben Stunde die Kanne aus edlem Worcester-Porzellan auf dem Stövchen neben dem silbernen Sahnekännchen abgestellt hatte. »Genießen Sie Ihren Feierabend.«

Sie deutete zu der kleinen goldenen Uhr auf dem Kaminsims. »›Who Wants to Be a Millionaire?‹ beginnt in einer halben Stunde. Ich weiß doch, dass sie verrückt danach sind, Nigel.«

Nigel richtete sich – sofern das noch möglich war – steif in seinem Rollstuhl auf. »Miss Althoff, mein *Feierabend*«, er betonte das Wort mit größtmöglicher Verachtung, »beginnt, wenn Sie sich zur Ruhe begeben haben. Und keine Minute vorher.«

Kyra unterdrückte ein Seufzen. Nigel war die personifizierte Pflichterfüllung und hatte mit ihrer lockeren Art immer noch Probleme. Dabei hatten sie sich beide in den vergangenen vier Jahren erhebliche Mühe gegeben, die Art des anderen zu tolerieren. Kyra bereitete es nach wie vor größtes Unbehagen, Jonathans Butler auch als ihren zu betrachten. Und für Nigel war es undenkbar, Kyra anders als dienend gegenüberzutreten.

Butler zu sein war für ihn kein Job, sondern sein Leben. Das hatte Sam ihr klargemacht, als sie sich nach ihrem Einzug in dieses Haus geweigert hatte, Nigel ihre Wünsche mitzuteilen. »Du schonst ihn damit nicht, Kyra. Du verletzt ihn damit«, hatte Sam gesagt. Und sie hatte schnell gemerkt, dass er damit recht hatte, und sich Nigels Aufmerksamkeiten notgedrungen gefallen lassen.

Doch nun hieß es, Nigel zu seinem Quiz zu verhelfen. Mit einem Lächeln warf sie die Decke beiseite und setzte sich in dem Sessel auf. »Dann zwingen sie mich jetzt also, mich in mein Bett zu begeben, obwohl ich lieber noch einige Stunden hier vor dem Kamin verbringen möchte? Das können Sie unmöglich verlangen.«

»Miss Althoff«, seine Stimme hatte ihre Schärfe verloren, »Sie bringen mich ins Grab, wenn Sie weiterhin versuchen, mich durch Ihre liebenswürdigen Erpressungsversuche von meiner Pflichterfüllung abzuhalten.«

Kyra lachte. »Ich bringe Sie nicht ins Grab, Nigel, sondern vor den Fernseher. Und nun wünsche ich Ihnen viel Spaß beim Mitraten. Gute Nacht, Sie Lieber.«

»Nun, wenn Sie darauf bestehen, Miss Althoff ... James steht zur Verfügung, wenn Sie noch einen Wunsch haben.«

Kyra zog die Decke wieder über ihren Körper. »Meine Wünsche kann niemand erfüllen«, murmelte sie.

Aber anscheinend hatte sie nicht so leise gesprochen, dass Nigel sie nicht verstanden hätte, denn er verharrte in der Bewegung, seinen Rollstuhl aus der Bibliothek zu lenken. Zu Kyras Erstaunen rollte er direkt neben sie und sah sie einen Moment lang schweigend an.

»Mr. Harker-Mall hat Sie sehr verehrt, Miss Althoff. Und ich weiß, dass diese Verehrung nicht nur Ihrer exorbitanten Position geschuldet war, sondern vor allem Ihrem Wesen. Noch kurz vor seinem Tode sagte er mir, dass es ihn sehr glücklich mache, dass ausgerechnet Sie die ... ähem ...«, er räusperte sich, »nun, Sie wissen schon ... sind. Sie hätten die Kraft und den Mut, ihre Aufgabe bis zum Ende zu erfüllen.« Seine Hand zuckte vor, als wollte er ihren Arm berühren, aber er wahrte die Distanz. »Mr. Harker-Mall hatte recht, Miss Althoff. Das Buch hätte keine bessere Besitzerin finden können. Sie werden es schaffen.«

Von Satz zu Satz hatte Kyra sich immer weiter im Sessel aufgerichtet. Ihre anfängliche Verwirrung wich blankem Erstaunen. »Sie ... Sie wissen Bescheid, Nigel? Aber ... Sie sind kein Mitglied der Firma!«

Nigel nickte. »Mr. Harker-Mall war so gütig, mich an seinem Lebensinhalt teilhaben zu lassen.«

Nigels letzter Satz beschäftigte Kyra noch Stunden später, als sie in ihrem Bett – viel zu aufgedreht, um zu schlafen – die Decke anstarrte. Jonathan hatte seinen Butler in das Geheimnis des Buches eingeweiht!

Kyra hatte Nigel zwar nicht gefragt, aber sie war sich sicher, dass Evelyn und Sam von dieser bedeutenden Tatsache nichts wussten.

Als Kyras Wecker um drei Uhr fünfundzwanzig klingelte, war sie immer noch hellwach. Sie knipste die Lampe an, nahm das Buch aus der Schublade des Nachttisches und schlug es auf. Die erste Seite blätterte sie ruhig um. Es hatte mehr als zwei Jahre gedauert, bis sie den Artikel ohne einen schmerzhaften Stich in ihrem Brustkorb überblättern konnte. Den Artikel, der als ewiges Mahnmal dazu anhielt, nie wieder absichtlich einen Artikel zu ignorieren. Ihr Blick folgte Minuten später den kleinen Druckerschwärzepfützen, die sich auf der zweiten Seite fließend zu neuen Sätzen ordneten.

»Himmel!« Kyra starrte auf das, was schließlich dort geschrieben stand. Sie schluckte und blickte zur Schlafzimmertür, hinter der Ludger bereits auf die Übernahme des Artikels wartete. Etwas ließ sie zögern, aufzuspringen und ihm die höchst interessante Neuigkeit mitzuteilen. Dieses Etwas nährte sich aus dem, was sie heute von Nigel erfahren hatte.

Kyra las noch einmal die Zeilen im Buch. Schließlich atmete sie tief durch. Sie hatte Jonathan als weisen und klugen Mann kennengelernt. Und er hatte seiner Intuition vertraut, als er Nigel in das Geheimnis des unsichtbaren Buches einweihte. Er hatte gewusst, dass dieses Geheimnis bei seinem Butler wohlbehütet war.

Es konnte kein Zufall sein, dass sie ausgerechnet heute davon erfahren hatte! Und darum würde sie ab sofort ihrer Intuition nachgeben, so wie Jonathan es seinerzeit auch getan hatte.

»Okay«, murmelte sie nach einem Moment des Überlegens, griff nach dem Diktiergerät und sprach hinein. »Tragischer Todesfall in Husum. Während der IC 2072 auf der Fahrt nach Westerland auf Sylt in den Bahnhof einfuhr, stürzte ein Mann direkt vor den Zug in das Gleisbett. Für ihn kam jede Hilfe zu spät. Die Kriminalpolizei ermittelt.«

Mit Herzklopfen öffnete sie die Schlafzimmertür und drückte Ludger das Aufnahmegerät in die Hand. »Ein Zugunglück in Norddeutschland, Balu. Und … äh … du kannst Evelyn und den anderen bitte mitteilen, dass ich mich in der kommenden Woche aus den Rettungsmaßnahmen ausklinke. Ich werde morgen einen Flug nach Deutschland buchen. Meine Mutter wird sich über eine Stippvisite freuen.«

»Alles klar«, nickte Ludger. »'ne Pause tut uns ganz gut.« Er griente sie an. »Ich begleite dich natürlich … Gute Nacht, Zwerg. Schlaf dich schön aus.«

Nickend schloss Kyra die Tür. Im Schneidersitz hockte sie sich auf das Bett und versuchte, ihre Gedanken zu ordnen. Es galt, die kommende Woche zu planen. Sie griff nach dem Buch und las noch einmal den neuen Artikel:

Markus Weltinger, ehemals Deutschlands jüngster Abiturient, bleibt auf der Erfolgsspur. Weltinger schließt sein Studium der Physik und Mathematik an der Ludwig-Maximilians-Universität in München nach nur drei Jahren mit dem Doktortitel ab. Praktische Erfahrung sammelt der Überflieger jetzt bei der Firma CALU in Luxemburg, in deren Verantwortung der Bau einer der weltweit größten Kernforschungsanlagen liegt, der Superlativ alles bisher Dagewesenen in der Protonen-Forschung.

★★★

»Das ist nicht der Weg nach Föhr.« Ludger Baltruschs Augenbrauen zogen sich zusammen, als er feststellte, dass Kyra den Audi, den sie am Hamburger Flughafen gemietet hatten, auf die A 7 lenkte.

Kyra nickte. »Wir fahren ja auch nicht nach Föhr.« Sie warf

ihm einen kurzen Blick zu, zusammen mit ihrem schönsten Lächeln. »Ich habe gelogen, damit Evelyn und der Rest der Firma entspannt bleiben und mir nicht dazwischenfunken.«

»Und *wo*zwischen, wenn ich fragen darf?« Ludgers Stimme klang nicht so freundlich, wie Kyra gehofft hatte.

»Ich treffe mich mit Markus Weltinger.« Dass es in dem Buch einen neuen Artikel zu ihm gegeben hatte, behielt Kyra für sich. Die Firma würde noch früh genug merken, dass ihr Bericht über das Zugunglück in Husum eine Finte war, damit sie in Ruhe in Sachen Markus Weltinger recherchieren konnte. Ohne die Firma, von Ludger einmal abgesehen.

Ludger brauchte eine Sekunde, das Gesagte zu verdauen. Dann polterte er los: »Nee, ganz bestimmt triffst du dich nicht mit Weltinger! Das ist nicht abgesprochen mit Evelyn. Du kannst nicht einfach irgendwelche Alleingänge starten, Kyra … Fahr bitte am nächsten Rastplatz ran. Ich übernehme das Steuer.«

»Als du auf der Flughafentoilette warst, hätte ich auch einfach allein in den Wagen steigen können, Balu. Dann hätte weder du noch die Firma gewusst, wohin ich fahre. Aber ich habe auf dich gewartet.« Sie nahm ihre rechte Hand vom Lenkrad und griff nach seiner Hand. »Weil ich mich in deiner Gegenwart sicher fühle, Balu. Und weil ich weiß, dass du mich magst. Und zwar nicht nur um des Buches willen. Und darum bitte ich dich, mir zu vertrauen … Ich werde Evelyn alles erzählen, aber erst anschließend.«

Ludger schüttelte den Kopf, nach wie vor mit zusammengezogenen Brauen, aber der Klang seiner Stimme hatte sich verändert. »Kein Wunder, dass Evelynchen Kessow deinetwegen graue Haare kriegt, Zwerg.« Er drückte ihre Hand. »Du weißt, dass ich verdammten Ärger kriegen werde, wenn ich dich nicht daran hindere?«

Kyra grinste und setzte den Blinker. Sie scherte nach links auf die Überholspur aus und trat auf das Gaspedal. »Dann sollten wir es ihr vielleicht doch nicht erzählen?«

»Sie!« Markus Weltinger sah Kyra mehr entsetzt als verwirrt an, als er sich zu ihr an den Tisch in dem kleinen Hannoveraner Café setzen wollte. Er verharrte in der Bewegung. »Sie sind doch gar nicht von der ›Hannoverschen Allgemeinen‹! Sie haben mich unter einem falschen Vorwand hierhergelockt.«

Kyra wusste nicht, ob sie dankbar dafür sein sollte, dass er sich sofort an sie erinnerte. Sein Gesichtsausdruck ließ darauf schließen, dass es nicht einfach werden würde, ihn von der Existenz eines unsichtbaren Buches zu überzeugen. Denn genau das hatte sie vor.

Ihr Blick glitt über sein Gesicht. Alles Kindliche war daraus verschwunden. Ein kleiner Kratzer am Kinn verriet eine zu hastige Rasur. »Es tut mir aufrichtig leid, Markus, dass ich Sie angeschwindelt habe. Aber hätten Sie sich unter anderen Umständen mit mir getroffen?«

»Wenn es sich wieder um dieses ... dieses Unsichtbarkeitsgefasel handelt, mit Sicherheit nicht. Also, was wollen Sie von mir?«

»Bitte!« Kyra deutete auf den Stuhl gegenüber. »Schenken Sie mir ein paar Minuten Ihrer Zeit. Wenn ich Sie nach meinem ... Vortrag ... immer noch nicht überzeugen konnte, werde ich Sie nie wieder belästigen. Und bitte, springen Sie nicht gleich wieder auf, denn ich werde mit dem ›Unsichtbarkeitsgefasel‹ weitermachen, aber ...«, sie machte eine kleine Pause, »dieses Mal werde ich ins Detail gehen.«

Kyra atmete erleichtert auf, als er sich zögerlich setzte. »Also gut. Ich höre mir Ihren Schwachsinn ganze fünf Minuten an«, sagte er.

»Das Ganze nahm seinen Anfang vor fünf Jahren«, begann Kyra, »in der Millenniumssilvesternacht. Ich suchte in einem alten Karton nach Luftballons für die Party, als mir darin ein Buch in die Hände fiel. Antikes Leder, unbeschriftet, mit lauter leeren Blättern. So dachte ich jedenfalls ...«

Kyra sprach ruhig. Sie erzählte davon, dass es gedauert hatte, bis sie begriffen hatte, dass nur sie dieses Buch sehen konnte. Berichtete von ihrer Verwirrtheit, ihrer Angst vor einer Psychose, dem Arztbesuch. Und natürlich von den Artikeln.

»Es freut mich, dass Sie mich bis hierhin angehört haben, Markus«, sagte sie, nachdem die Bedienung die beiden georderten heißen Schokoladen vor ihnen abgestellt hatte. »Denn ich weiß nicht, ob ich das auch getan hätte, wenn mir jemand etwas so Ungeheuerliches erzählen würde.«

Da er nichts erwiderte, fuhr sie schnell mit ihrem Bericht fort. Sie erzählte von den Rettungsaktionen, allerdings ohne die Bruderschaft und die Satansanhänger zu erwähnen. Sein ohnehin skeptischer Gesichtsausdruck riet ihr, es nicht zu tun.

Markus' Lächeln war spöttisch, als er den Becher nahm und einen kleinen Schluck Kakao trank. »Und nach all den Stephen-King-Gruselmeldungen mit den vielen Toten, die Sie mit Ihren Freunden Tag für Tag vereiteln, stand dann also die Abi-Glückwunsch-Annonce meiner Großeltern in Ihrem sagenhaften Buch?« Er machte Anstalten, aufzustehen. »Was für ein Schwachsinn! Ist das hier ›Verstehen Sie Spaß?‹ oder was?«

»Hören Sie, Markus!« Kyra griff nach seiner Hand. »Morgen wird wieder ein kurzer Artikel über Sie in der Zeitung stehen.« Kyra wiederholte fast wortgenau, was sie vor zwei Tagen in dem Buch gelesen hatte.

Seine Stirn legte sich in Falten. »Es kann schon sein, dass meine Heimatzeitung eine kleine Notiz bringt. Das ist kein wirkliches Geheimnis. Sie kennen vielleicht den Journalisten, der das geschrieben hat.«

Kyra sah ihre Felle davonschwimmen. »Dann lade ich Sie hiermit zu einer der nächsten Rettungsaktionen ein. Sie können sich selbst überzeugen, wie wir vorgehen. Und dass wir wirklich verhindern, was das Buch drei Tage vorher preisgibt.«

»Wo ist denn dieses phantastische Buch eigentlich? Zeigen Sie es mir doch einmal. Vielleicht kann ich es ja auch sehen.«

»Ich habe es bei mir«, sagte Kyra. Sie nahm ihre Tasche, die sie auf den benachbarten Stuhl gelegt hatte, und öffnete sie. Sie zog das Buch heraus und legte es neben Markus' Kakaobecher.

Markus starrte sie an. »Ihre Handbewegungen sind cool. Man könnte tatsächlich glauben, dass sie gerade ein Buch in der Hand hatten ... Warum machen wir nicht einen kleinen Test? Vielleicht ist Ihr Buch ja wirklich unsichtbar. Aber es müsste trotzdem Materie haben, so wie Sie es schildern. Also müssten Sie doch mit dem Buch meinen Becher zur Seite schieben können. Nur zu!«

Kyra seufzte. »Das funktioniert nicht. Wenn ich es gegen Ihren Becher drücke«, sie tat genau das, »gleitet es einfach durch ihn hindurch. Es ist ein unglaubliches visuelles Erlebnis, hilft aber natürlich nicht bei der Beweisführung. Das Buch will nicht erkannt werden. Es passt sich immer an. Nur in meinen Händen ist es materiell.«

»Das Buch will nicht erkannt werden.« Er schüttelte ungläubig den Kopf und stand auf. »Gehen Sie noch mal zum Arzt. Das könnte hilfreich sein.«

Kyra stand auch auf. »Sie sind Physiker, Markus. Und wenn Sie auch nur einen Funken dessen glauben könnten, was ich Ihnen gerade erzählt habe, dann werden Sie mich anrufen. Ich weiß es. Es ist doch diese Neugierde, die Naturwissenschaftler antreibt. Hier ...«, sie zog aus der Gesäßtasche ihrer Jeans ein Kärtchen, »darauf steht meine Handynummer. Rufen Sie mich an, wenn Sie bereit sind, an einer Rettungsaktion teilzunehmen. Wenn Sie es tun, verspreche ich Ihnen weitere unglaubliche Fakten.«

Wenn er käme, würde sie ihm von der Firma und den Satansanhängern berichten.

Sie blickte ihm hinterher, als er ohne ein weiteres Wort durch die Cafétür nach draußen verschwand. *Bitte, Gott, lass ihn kommen! Lass ihn genauso neugierig sein, wie ich es bin, um zu erfahren, was er mit dem Ganzen zu tun hat.*

»Haben Sie noch einen Wunsch?« Die Kellnerin lächelte sie freundlich an.

Kyra schüttelte den Kopf. »Nur die Rechnung, bitte. Und bringen Sie sie mir an den Tisch dort vorn.« Sie deutete zu einem der Fenstertische. Ludger Baltrusch schlang gerade das zweite Stück Schwarzwälder Kirschtorte in sich hinein.

Kyra stopfte das Buch in die Tasche zurück und ging zu seinem Tisch. Mit gerunzelter Stirn blickte er ihr entgegen. Nach wie vor nicht begeistert von ihrer Aktion, hatte er sich nur widerwillig außer Hörweite begeben. Kyra atmete tief durch. Sie würde ihm jetzt berichten, was sie Markus angeboten hatte. Und sie würde ihm sagen, wer ihr nächster Gesprächspartner sein würde, den sie in das Geheimnis um das Buch einzuweihen gedachte. Ihr graute vor seiner Reaktion, aber sie würde nichts sein im Vergleich zu Evelyns, wenn die davon erfuhr.

»Vielleicht bringen Sie mir doch einen Weinbrand«, rief Kyra der Bedienung hinterher. »Einen doppelten.«

»Du hast ihn eingeweiht?«, stieß Ludger Baltrusch Minuten später aus. Seine dunklen Augen wirkten noch unheimlicher, weil seine Gesichtshaut fahl wurde. Nichts war mehr von seinem lammfrommen Wesen zu spüren, als er Kyras Arm packte. »Bist du wahnsinnig? Du verletzt damit wissentlich die allerhöchste Regel der Bruderschaft. Jetzt rennt er damit los und erzählt es wer weiß wem!«

»Das wird er nicht tun, Balu.« Kyra entzog ihm ihren Arm. »Ich denke, es ist mir gelungen, ein kleines Korn der Neugier in ihm zu säen. Es wird ihn nicht loslassen, glaub mir.« Dass sie da keineswegs so sicher war, wie sie sich anhörte, musste Ludger schließlich nicht wissen. Und bevor er auch nur ansatzweise antworten konnte, krönte sie das Ganze noch: »Und jetzt fahren wir zu Doro. Sie wird die Nächste und – versprochen – auch die Letzte sein, die ich einweihen werde. Aber es muss sein. Jonathan Harker-Mall, den ihr alle so verehrt habt, hätte mir zugestimmt.« Kyra berichtete Ludger von dem Gespräch mit Nigel.

»Er hat seinen Butler tatsächlich eingeweiht?«, hakte Ludger nach. Seine Miene wechselte allerdings sofort wieder von Unglauben auf Wut. »Und selbst wenn! Du kannst Nigel nicht mit deiner Freundin Doro vergleichen. Nigel ist die Verschwiegenheit in Person und war Jonathan Harker-Mall absolut ergeben. Was man von Dorothea Niclas, bei allem, was ich von ihr weiß, wohl nicht behaupten kann. Und was du vor allem vergessen zu haben scheinst, ist die Tatsache, dass sie mit Christian Thorkind liiert ist. Unserem Hauptverdächtigen in Sachen Satansanhänger! Es tut mir leid, Zwerg, aber ich werde jetzt umgehend Evelyn Kessow informieren.«

Er stand auf und ging nach draußen vor die Tür. Durch das Fenster beobachtete Kyra seine heftige Gestik und Mimik während des Gesprächs.

Doro war natürlich ein großer Unsicherheitsfaktor. Aber Kyra vermisste ihre Nähe unendlich, und sie hatte es verdient, endlich eingeweiht zu werden. Sie sollte sich selbst ein Bild machen von dem, was Kyra seit Jahren von ihr fernhielt. Denn Doro hatte sich im Gegensatz zu Ellen Althoff vor vier Jahren nicht von der Lottogewinn-Geschichte überzeugen und sich ihre Skepsis deutlich anmerken lassen. Es hatte Kyra im Herzen wehgetan, Doro anzulügen und ihr nicht sagen zu dürfen, wo sie sich aufhielt. So hatte sie sich fast gänzlich aus Doros Leben zurückgezogen. Sie hatte ihre Freundin zuletzt vor einem Jahr gesehen. Bei einem der kurzen Zwischenstopps in Itzehoe. Und nie hatte sie Doro zu Hause aufgesucht, um ein Zusammentreffen mit Christian Thorkind zu vermeiden.

Kyra schluckte. War er wirklich einer der Satansanhänger? Dass er immer noch mit Doro zusammen war, sprach natürlich dagegen, weil der Kontakt zwischen ihr und Kyra fast zum Erlöschen gekommen war. Aber eben nur fast. Vielleicht hofften die Satanisten immer noch auf Informationen durch Doro, die diese natürlich auch unwissentlich an Christian weitergeben würde, wenn sie denn Informationen hätte.

Kyra nahm einen kleinen Schluck von dem Weinbrand, den die Kellnerin vor ihr abgestellt hatte. Sie brauchte Doro! Sie brauchte einfach einen Menschen, dem sie vertrauen und bei dem sie sich aussprechen konnte. Einen Menschen, der sie kannte und liebte und sie anhören würde. Ihre Mutter konnte es nicht sein, weil sie nichts von dem Buch wusste. Und Kyra hatte nicht vor, sie einzuweihen. Ellen Althoff wäre damit überfordert. Also blieb nur Doro.

Kyra verscheuchte den Gedanken an Sam, der sich schmerzvoll in ihre Brust bohrte. Mit seiner Lüge hatte er alles zerstört. Mit ihm war alles verschwunden, was sie so sehr brauchte: der Freund, der Vertraute, das gemeinsame Lachen.

»Evelyn will dich umgehend sehen. Ich soll dich in das nächste Flugzeug setzen und zurück nach England bringen. Sofort!«, erklang Ludgers Stimme neben ihr.

»Ach! Wenn sie mich sehen will, muss sie sich auf ihren Besen schwingen und nach Itzehoe kommen.« Kyra trank den letzten Schluck Weinbrand und stand auf. »Du kannst mitkommen zu Doro oder auch nicht. Ich jedenfalls fahre jetzt dorthin.« Sie legte einen Zwanzig-Euro-Schein auf den Cafétisch und nahm den Autoschlüssel aus der Handtasche.

Ludger verdrehte die Augen. »Sie wird mich von dir abziehen, Zwerg.«

»Entscheide dich. Jetzt.«

Er schnappte ihr den Autoschlüssel aus der Hand. »Es ist besser, wenn ich fahre. *Zu Doro.* Du hattest Alkohol.«

Kyra stellte sich auf die Zehenspitzen und küsste seine Wange. »Du bist der Beste, Balu. Und Evelyn wird dich nicht abziehen, denn immerhin habe ich die Macht, sie daran zu hindern.« Sie griff nach seiner Hand und zog ihn zum Auto. »Oder kann sie in dem Buch lesen?«

Ludger Baltrusch blickte sich misstrauisch um, während Kyra den Klingelknopf an dem Mehrfamilienhaus in der Kolberger Straße drückte, in dem Doros Wohnung im ersten Stock lag. Es dämmerte bereits, und außer zwei Fußgängern war niemand unterwegs.

»Niemand weiß, dass wir hier sind«, beruhigte Kyra ihn. Er hatte darauf bestanden, sie in Doros Wohnung zu begleiten, und Kyra hatte nicht widersprochen. Schließlich war das Maß an Zugeständnissen auch bei Ludger irgendwann voll.

Als Doros schnarrendes »Komm hoch« durch den Lautsprecher drang und im selben Moment der Türsummer brummte, sah Kyra erstaunt zu Ludger. »Sie scheint jemanden zu erwarten.«

»Ihren satanischen Lover vermutlich. Was bedeutet, dass du dich beeilen solltest. Ein Zusammentreffen mit ihm ist das Letzte, was ich vor der Firma vertreten kann.« Dass Christian Thorkind sich nicht bereits in Doros Wohnung aufhielt, hatte Ludger gerade durch einen gefakten Anruf auf dessen Festnetz sichergestellt. Christian war in seiner Wohnung, denn er hatte das Gespräch angenommen. Ludger hatte sich mit einem »Falsch verbunden« entschuldigt.

Er drückte die Tür auf und ließ Kyra den Vortritt. Sie gingen die Treppe in den ersten Stock hinauf. Doros Wohnungstür war ein Stück geöffnet. Ludger blieb im Hausflur stehen, während Kyra mit einem Klopfen eintrat. Ein Umzugskarton stand direkt hinter der Tür, darauf ein weiterer kleiner Karton.

»Hallo?«, rief sie zaghaft und zuckte gleichzeitig unter Doros Freudenschrei zusammen.

»Kyra!« Doro fiel ihr um den Hals und brach zu Kyras Verblüffung in Tränen aus. »Das gibt's doch gar nicht«, schluchzte sie an Kyras Wange. »Dass du hier bist! Ich hab dich so vermisst. Gerade jetzt …«

Kyra nahm Doro bei den Schultern, um ihr ins Gesicht blicken zu können. »Doro! Was ist denn passiert, um Himmels willen?«

»Ich hab mich von Christian getrennt. Ich dachte, er hätte geklingelt. Er wollte heute noch seine restlichen Sachen abholen … Wah!« Doros schrie auf und starrte Kyra über die Schulter. »Wer sind Sie? Was machen Sie in meiner Wohnung? Ich ruf die Polizei, wenn Sie nicht sofort verschwinden!«

Kyra drehte sich mit einem Grinsen zu Ludger um, der die Wohnungstür hinter sich geschlossen hatte und mit großen Augen Doro anstarrte, die gerade nach einer Vase griff und sich zum Angriff rüstete. Kyra nahm sie ihr aus der Hand. »Keine Panik, Doro. Das ist Balu, den hab ich mitgebracht.«

Verwirrt und mit tränennassen Wangen starrte Doro von Kyra zu dem Hünen mit dem bedrohlich wirkenden Äußeren.

»Ludger Baltrusch«, stellte er sich vor und reichte Doro die Hand. »Schön, Sie kennenzulernen, Frau Niclas. Der Zwerg«, er nickte zu Kyra, »hat schon 'ne Menge von Ihnen erzählt.«

Zögerlich legte sie ihre Hand in seine Pranke. »Zwerg? Balu? Ist hier jetzt Märchenstunde? Ehrlich gesagt«, sie wischte die Tränen von ihren Wangen, »bin ich ein wenig verwirrt.«

»Kein Wunder«, nickte Kyra. »Es wird Zeit, dass du alles erfährst. Setz dich!« Sie nahm Doros Arm und drückte sie ins Sofa.

»Einen Moment«, erklang Ludgers Stimme. »Ich würde dich gern noch kurz sprechen, Kyra. Unter vier Augen.«

Kyra seufzte. »Okay. Dürfen wir kurz in deine Küche gehen, Doro?« Sie sah die Freundin an.

Die nickte nur, völlig verwirrt von dieser Geheimniskrämerei.

»Du hast gehört, was sie gesagt hat, Zwerg«, sagte Ludger, nachdem er die Küchentür hinter sich geschlossen hatte. »Christian Thorkind kann jeden Moment hier eintreffen. Wir müssen schleunigst verschwinden.«

»Nein!« Kyra richtete sich gerade auf. »Ich habe keine Angst vor ihm. Und darum werde ich jetzt auch nicht wie ein feiger Hund davonlaufen. Ganz im Gegenteil. Ich werde ihm in die Augen blicken, wenn er kommt, und dann werde ich in seinen erkennen, ob er ein Satanist ist oder nicht.«

Sie griff nach seiner Hand. »Du bist doch hier, Balu. Was soll mir passieren? Bitte bleib hier in der Küche, bis ich mit Doro gesprochen habe. Und das Gleiche gilt, falls Christian Thorkind auftaucht. Bitte! Ich verspreche dir auch, zu schreien, wenn ich deine Hilfe benötige.« Sie knuffte ihm in den festen Bauch und ging zurück ins Wohnzimmer.

»Ach, Doro!« Kyra ließ sich neben der Freundin auf das Sofa fallen und schloss sie in die Arme. »Ich hab dich so vermisst. Und ich weiß, dass ich schuld bin, dass es mit uns so weit gekommen ist, aber es gibt dafür einen Grund. Bevor ich dir alles erzähle, sag mir noch«, sie löste sich von Doro und sah sie an, »wie kam es zu eurer Trennung? Du warst jetzt so lange mit Christian zusammen.«

Doro seufzte. »Ach, es war schon lange nichts Halbes und nichts Ganzes mehr. Eine gemeinsame Wohnung hat er immer abgelehnt. Und irgendwie haben wir uns im vergangenen Jahr immer weiter voneinander entfernt. Er musste immer wahnsinnig viel arbeiten, aber ich war mir nie sicher, ob das nicht nur eine faule Ausrede war. Und wenn ich eines nicht will, dann einen Mann, der keine Lust mehr hat, mit mir ins Bett zu gehen. Ganz im Gegenteil, ich möchte ein Kind, Kyra. Meine Uhr tickt. Ich werde dreiunddreißig.«

»Wem sagst du das?«, murmelte Kyra. »Ich –« Sie brach ab, weil es klingelte. Ihre Wangen begannen zu brennen. Christian Thorkind war im Anmarsch!

»Das wird Chris sein«, bestätigte Doro Kyras Annahme, sprang auf und drückte den Türöffner.

Kyra versuchte, ruhig zu bleiben, aber als Christian Thorkind schließlich mit einem emotionslosen »Hallo« Doros Wohnungsflur betrat, waren ihre Handflächen schweißnass, und ihr Herz raste. Mit dem Rücken zu ihr blieb er im Flur stehen und deutete auf den großen Karton. »Du hast alles eingepackt?«

Doro nickte und wies ins Wohnzimmer. »Ich habe Besuch. Du erinnerst dich doch bestimmt an Kyra, Chris?«

Ruckartig drehte er sich um.

Kyra versuchte, das Überraschungsmoment zu nutzen, um in seinen Augen zu erkennen, was ihre Anwesenheit für ihn bedeutete. Aber er stand zu weit entfernt. Als er langsam das Wohnzimmer betrat, war sein Blick unergründlich, und seine Stimme klang neutral. »Natürlich erinnere ich mich. Hallo, Kyra!«

Aber ... wirkte er nicht angespannt? Kyra schluckte und stand auf. »Hallo, Christian.«

Er trug sein Haar kürzer als vor vier Jahren, und seine Schläfen zeigten noch keinen Hauch von Grau. Färbte er seine Haare? Oder war das diabolische Schwarz echt?

»Ich helfe dir, die Kartons zum Wagen zu bringen«, kam es unfreundlich über Doros Lippen. Zweifellos wollte sie ihn so schnell wie möglich aus der Wohnung haben.

»Wie?« Er löste seinen Blick von Kyra und starrte Doro an.

»Ich sagte, ich helfe dir beim Tragen.« Sie schnappte sich den kleineren der beiden Pappkartons und verschwand damit nach draußen.

»Danke ... ich ...«, seine Hand glitt in die Innentasche seiner schwarzen Lederjacke, »ich muss kurz telefonieren.« Er lächelte Kyra an. »Entschuldige mich kurz. Es ist geschäftlich. Aber danach musst du mir unbedingt erzählen, wie es sich mit Lottomillionen lebt. Davon träumen wir doch alle.« Er drehte sich um und ging auf den Hausflur hinaus.

»Christian?«, rief Kyra ihm hinterher. Ihr Herz raste. »Warum telefonierst du nicht hier? Wir wissen doch beide, wo du jetzt anrufst. Also, sei kein Feigling.«

Ein paar Sekunden herrschte Stille. Dann kam er mit langsamen Schritten zurück ins Wohnzimmer. Kyra hoffte in diesem Moment, dass er nicht der war, für den sie und die Firma ihn hielten. Vielleicht war er einfach nur ein Mann aus dem Volk ... Aber als er die Wohnzimmertür hinter sich schloss und auf sie zutrat, löste sich diese Option in Luft aus. Seine aufeinandergepressten Lippen erschienen blass. Kyra wich bis an die Balkontür zurück.

Ihr Schädel begann zu surren und fühlte sich gleichzeitig völlig leer an.

»Ihr wisst es also.« Zwei Schritte vor ihr blieb er stehen. »Diese Vermutung hatten wir natürlich, nachdem du so plötzlich verschwunden warst und dich fast gänzlich aus Doros Leben zurückgezogen hast ... Dann ist es umso bemerkenswerter, Kyra Althoff, dass du hier vor mir stehst.«

Christian Thorkind trat einen weiteren Schritt vor. Seine Augen schienen von innen her zu glühen. »Hast du keine Angst, Kyra?« Sein Blick glitt von ihrem Gesicht über ihre Brüste und verharrte auf ihrem Schritt. »Angst, dass ich dir raube, was dir eine solche Macht verleiht?«

Es war ein Mustern, das sie zu Schlachtvieh degradierte. Entwürdigend, aber es löste ihre Angst. Die Wut gewann die Oberhand. Kyra schnaubte. »Sobald mir oder einer von mir geliebten Person auch nur ein Haar gekrümmt wird, gehe ich mit dem Wissen um das Buch an die Öffentlichkeit. Aber vorher werde ich es verschwinden lassen, sodass niemand es jemals finden wird.«

Ihre Stimme schwoll von Satz zu Satz weiter an. »Was dann passiert, ist mir – und das ist die Wahrheit – egal.« Ihr Kopf ruckte vor. Sie war seinem Gesicht so nah, dass sie seinen Atem riechen konnte. »Euer beschissenes Buch ist mir nämlich so was von zuwider! Meine *Macht* ist mir zuwider. Also wagt nicht, meiner Mutter oder Doro auch nur –«

Sie konnte den Satz nicht beenden, weil Christian Thorkinds linke Hand ihren Hals packte. Ihr Kopf prallte an die Balkontür. Mit der rechten Hand griff er brutal zwischen ihre Beine. Sie spürte seine pressenden Finger durch den Stoff der Jeans. »Nimm dir nicht zu viel raus, Weib!«, zischte er. »Hier und jetzt kann ich dich mit einem Stoß zu dem machen, was du wirklich bist. Zu einem Nichts.«

Panisch versuchte Kyra, nach Luft zu schnappen, und bohrte ihre Nägel in seine Hand, doch seine Finger blieben eisenhart um ihre Kehle gekrallt – bis Christian Thorkind plötzlich mit einem Röcheln vor ihr einknickte und auf die Seite fiel.

Gierig sog Kyra Luft in ihre Lungen, während sie Ludger, der Christian mit einem einzigen Schlag außer Gefecht gesetzt hatte, nur verschwommen wahrnahm. Langsam ging sie in die Knie, die wie Wackelpudding zitterten.

Ludger starrte auf den bewusstlosen Christian, während er sich seine Knöchel rieb. Kopfschüttelnd blickte er schließlich zu Kyra hinunter. »Wann genau hattest du schreien wollen?«

»Ach, Balu. Danke«, brachte sie nur heraus und griff nach der Hand, die er ihr bot, um sie hochzuziehen.

»Was ...?« Doro stand in der Wohnzimmertür und starrte erschrocken auf den leblosen Körper ihres Exfreundes. »Christian?« Sie stürzte zu ihm und sah Kyra an, die blass wie Schnee neben Ludger stand. »Was ist denn passiert?« Sie patschte leicht gegen die Wange des Bewusstlosen.

»Hat der 'nen niedrigen Blutdruck?« Ludger sah Doro unschuldig an – soweit sein verwegenes Aussehen Unschuld zum Ausdruck bringen konnte. »Der ist einfach abgeseilt.«

»Was? Nein! ... Christian?« Sie rüttelte an seiner Schulter.

Mit einem Stöhnen öffnete Christian Thorkind die Augen. Er rollte sich auf die Seite und kam langsam hoch.

»Ich hab Frau Niclas gesagt, dass Sie einfach umgekippt sind.« Ludgers Augen bohrten sich in Thorkinds. »Sie sollten sich mal durchchecken lassen.«

Kyra widerstand der Versuchung, sich hinter Ludger zu verstecken, als Christian Thorkind wieder stand und sie ansah. Hasserfüllt. Sein Blick schwenkte zu Ludger. Ein gespanntes Schweigen hing in der Luft.

Kyra schluckte trocken. Ludger schien davon auszugehen, dass die Satanisten genauso wenig an Mitwissern interessiert waren wie die Firma, und er hatte Thorkind einen Ball zugeworfen, den dieser auffangen konnte oder auch nicht. Würde er sich vor Doro outen?

Christians Schläfenader pochte, während ihm anscheinend genau diese Frage durch den Kopf ging. »Ich habe wohl zu viel gearbeitet«, presste er schließlich heraus.

»Das ist ja nichts Neues«, kam es bitter über Doros Lippen. »Wenn du vor lauter Stress schon umkippst, solltest du vielleicht mal einen Gang runterschalten.«

Er ignorierte Doro völlig, ging langsam aus dem Wohnzimmer

und packte den Karton auf dem Flur mit beiden Händen. Sein letzter Blick war dunkel und brennend. »Ich freue mich auf die Arbeit, die vor mir liegt. *Auf Wiedersehen*, Kyra. Pass gut auf dich auf.«

★★★

»Evelyn landet heute Mittag in Hamburg«, sagte Ludger und legte das Handy neben seinen Frühstücksteller, der von Rührei überquoll. Er sah Kyra an. »Sie scheint – nicht ganz unberechtigt – panische Angst zu haben, dass du nicht umgehend nach England zurückkehrst, sondern hier noch mehr Chaos verursachst.«

Kyra stocherte in ihrem Obst herum. Brot hatte nicht durch ihre Kehle rutschen wollen. »Jetzt wissen wir wenigstens mit Sicherheit, dass Christian Thorkind zu den Anderen gehört«, murmelte sie.

Das vor ihrem inneren Auge erscheinende Bild von Ryan Farlow verdrängte sie. Es erschien ihr ungeheuerlich, ihn ebenfalls den Satanisten zuordnen zu müssen, auch wenn es dafür schlussendlich keine Beweise gab. Sie wollte sich sein Bild erhalten. Seinen warmen Blick, das Timbre seiner dunklen Stimme mit dem amerikanischen Akzent, in dem ein Versprechen gelegen hatte. Der Versuch, auch seine Küsse nachzuempfinden, scheiterte, weil sich die Erinnerung an einen anderen Kuss dazwischendrängte. Schnell löffelte Kyra ein Stück Ananas, um Sams scheinbar immer noch an ihren Lippen haftenden Geschmack loszuwerden.

Ludgers Blick wanderte über die übrigen Gäste im Frühstücksraum des kleinen Hotels, in dem sie die Nacht verbracht hatten. »Wollen wir uns hier mit Evelyn treffen?«

»Wenn du dich mit ihr treffen möchtest, bitte. Ich fahre nach Föhr zu meiner Mutter.«

Kyra schob die Obstschale von sich, als Ludger ein herrisches »Nein!« ausstieß.

Sie sah ihn an. »Ich bin nur noch von Menschen umgeben, die mit mir zusammen sein müssen. Ja, ich weiß, dass du mich gernhast, Balu«, wehrte sie ab, als er empört aufbegehren wollte, »und doch bist du gezwungen, bei mir zu sein. Ich … ich brauche jetzt einfach jemanden, der mich um meiner selbst willen liebt. Und das ist meine Mutter. Und keine Angst, ich werde ihr keinen Ton sagen.«

»Das geht nicht, Zwerg.« Ludger hatte seine Stimme gesenkt. »Christian Thorkind wird seine Leute umgehend alarmiert haben, nachdem er gestern Abend verschwunden ist. Wenn sie hoffen, sich irgendwo an deine Spur heften zu können, dann doch wohl bei deiner Mutter. Am Flughafen werden sie garantiert auch schon sein, um einen eventuellen Zielflughafen auszuspionieren ... Ich schlage vor, wir fahren nach Frankfurt und fliegen auch von dort nicht direkt nach London.«

Kyra schüttelte den Kopf. »Ich habe darauf verzichtet, Doro die Wahrheit zu sagen. Aber ich werde nicht auf den kurzen Besuch bei meiner Mutter verzichten. Basta.«

Nach dem Tumult um Christian hatte Kyra sich am Vorabend innerhalb von Sekunden umentschieden und Doro nicht in die Geheimnisse um das Buch eingeweiht. Was hätte sie ihr auch sagen sollen? Dass Christian sie nie geliebt, sondern nur benutzt hatte? Dass er jahrelang nur mit ihr zusammen gewesen war, um an Informationen über die Freundin zu gelangen?

Doro wäre gar nicht in der Lage gewesen, all das aufzunehmen. Sie hatte an der Trennung genug zu knabbern, auch wenn sie sie gewollt hatte. Und Kyras Angst, Doro für immer zu verlieren, saß tief. Schließlich hätte sie es von Anfang an in der Hand gehabt, Doro über ihren Verdacht bezüglich Christian zu informieren. Also hatte Kyra sich zügig von ihr verabschiedet, mit dem Versprechen, baldmöglichst wiederzukommen.

»Garantiert werde ich nicht zulassen, dass du jetzt nach Föhr fährst«, holte Ludger sie aus ihren Grübeleien.

»Jetzt siehst du aus wie Bert«, sagte Kyra nur und deutete auf seine Augenbrauen, die eine Linie bildeten.

»Hä?«

»Hast du nie ›Sesamstraße‹ geguckt? Ernie und Bert?«

»Du machst mich echt fertig, Zwerg ... Hast du keine Angst?«

Kyra spürte der Frage nach und strich sich eine der kastanienbraunen Locken hinter das Ohr. »Merkwürdigerweise nicht. Es ist eher so, dass ich leer bin. In mir ist keine Angst, aber auch nichts Schönes, keine Freude. Innen drin bin ich gerade irgendwie ... tot.« Sie stand auf. »Und ich werde jetzt packen und fahren. Auf meine Insel. Komm mit oder bleib hier.«

Es war später Nachmittag, als Kyra sich dem Rhythmus der Nordseewellen hingab – auf dem Rücken paddelnd, die heißen Sonnenstrahlen genießend. Mit geschlossenen Augen spürte sie, wie ihr Körper sich entspannte. Das Kreischen und Lachen der Kinder am Spülsaum beruhigte ihre Nerven. Die Normalität des Föhrer Strandlebens, verbunden mit dem Gefühl des Nachhausekommens, löste die Blockaden in ihr.

Als sie am frühen Nachmittag die warmen Arme ihrer Mutter um sich gespürt hatte, war sie kurz davor gewesen, haltlos in Tränen auszubrechen. Aber sie hatte sich zusammengerissen. Jetzt – im kühlen Nordseewasser schwimmend – musste sie sich nichts auferlegen. Das Salz ihrer Tränen, denen sie freien Lauf ließ, vermischte sich mit dem des Meeres. Alles würde gut werden. Doro würde schon klarkommen. Und sie selbst würde einfach weitermachen. Tag für Tag. Nacht für Nacht die Meldungen lesen. Und in der nächsten Woche würde sie ihre Teilnahme an den Rettungsmaßnahmen wieder aufnehmen, um den Grübelattacken zu entfliehen.

Ihr Blick schweifte zum Strand, der ein gutes Stück entfernt war, weil das Wasser seinen Höchststand noch nicht erreicht hatte. Dort saß ihre Mutter in einem der Strandkörbe und strickte. Kyra versuchte, den weißen Korb auszumachen, aber die Strömung hatte sie ein Stückchen fortgetrieben, sodass es ihr nicht sofort gelang. Dafür entdeckte sie Ludger, der am Spülsaum den Kindern beim Buddeln einer Sandburg zuschaute. Als er aufsah und ihr zuwinkte, winkte sie zurück. Dann drehte sie sich um und schwamm mit kräftigen Zügen durch die Nordsee.

Es tat gut, sich körperlich zu verausgaben. Um Ludger nicht unnötig aufzuregen, verzichtete sie allerdings darauf, weit hinauszuschwimmen, sondern bewegte sich parallel zum Strand im tiefen Wasser. Erschöpft ließ sie sich irgendwann wieder treiben, den Blick auf ein Pärchen gerichtet, das etliche Meter von ihr entfernt mit einem Wasserball spielte.

Abrupt wandte sie den Blick schließlich ab. Sams Bild erschien vor ihrem Auge. Wie oft hatte sie mit ihm hier ebenso im Wasser herumgetobt! Sie hatten so viel Spaß miteinander gehabt. Wobei Sam, wie Kyra jetzt in der Erinnerung klar wurde, einem Körperkontakt immer ausgewichen war. Sie selbst hatte oft versucht, ihn unter das Wasser zu drücken. Mit allem Körpereinsatz. Das hatte er jedes Mal lachend zur Kenntnis genommen und sich zumeist erfolgreich gewehrt, aber niemals hatte er versucht, sie zu packen und auf Tauchstation zu schicken.

Der Plastikball des Pärchens holte sie aus ihren Gedanken, als er neben ihrem Kopf aufprallte und das Wasser ihr ins Gesicht spritzte. Kyra nahm den Ball, um ihn zurückzuwerfen, aber der Mann war bereits neben ihr. Kyra blickte in ein ernstes Gesicht. Ein bekanntes Gesicht, das sie aber nicht gleich einordnen konnte. Er schien zu ihr herübergetaucht zu sein, denn sein kurzes kastanienfarbenes Haar klebte an seinem Kopf.

»Hallo!« Ein einfaches Wort, dessen Betonung allerdings ausreichte, um Kyra in Alarmbereitschaft zu versetzen. Gleichzeitig wusste sie, wen sie vor sich hatte. Die Stimme gehörte Bernd Wagner, ihrem ehemaligen Kollegen bei der Werbeagentur. Dass sie ihn nicht sofort erkannt hatte, lag an seinem veränderten Äußeren. Sein Kinnbart war verschwunden, und das ehemals zum Zopf gebundene rote Haar war jetzt kurz und durch die Nässe dunkler gefärbt.

Kyra war wie erstarrt, als er sie mit der rechten Hand am Rücken packte, seine Linke brutal in ihr Bikinioberteil griff und er heiser ausstieß: »Ich liebe deine herrlichen Brüste, Kyra. Ich habe an ihnen geleckt, während du schliefst. Sie schmecken köstlich.« Ein irres Kichern folgte. »Er weiß nicht, dass ich vor ihm bei dir war. Nicht nur einmal. Noch bevor wir wussten, dass du die Jungfrau bist. Es war einfach zu verlockend, mit deinem Schlüssel in meiner Tasche.«

Bevor sie den Mund zum Schrei öffnen konnte, löste er seine Hand von ihrer Brust und presste sie über ihre Lippen. »Dies ist ein kleiner Vorgeschmack dessen, was dich erwartet, wenn du uns das Buch nicht aushändigst, Kyra Althoff!«

Er packte Kyras Schultern und drückte sie unter Wasser. Salzwasser drang in ihre Kehle, bevor sich ihr Mund automatisch schloss. Panik und Würgereiz ließen sie ihren Mund wieder öffnen und beschleunigten die Atemnot, als erneut das Meerwasser in ihren Mund lief. Kyras Kopf begann zu sirren, und sie schlug wie wild um sich, um dem eisernen Griff Bernd Wagners zu entkommen. Der Nachteil, dass sie keinen Grund unter den Füßen hatte, entpuppte sich Sekunden später als Vorteil, denn auch er hatte keinen Halt, sondern musste mit den Füßen rudern und konnte den Druck auf ihre Schultern nicht halten. Ihre unkontrollierten, im Wasser schwerfälligen Schlagbewegungen führten schließlich zum Erfolg. Ihr Handballen traf sein Gesicht, und sein Griff löste sich für einen Moment.

Gurgelnd schnappte Kyra nach Luft, als ihr Kopf endlich die Wasseroberfläche durchbrach. Wie aus weiter Ferne hörte sie die Stimme der Frau, die mit Bernd im Wasser gespielt hatte: »Bist du wahnsinnig? Lass sie sofort los! Hörst du?«

Kyra versuchte zu schreien, aber das Salzwasser in ihrer Kehle ließ sie nur husten und würgen. Erst als sie die Hand Bernd Wagners an ihrem Oberschenkel spürte, löste sich der Schrei. Gellend schrie sie um Hilfe, als er an ihrem Bikinihöschen zerrte.

Die Frau war mittlerweile hektisch herangeschwommen und zerrte an Bernds Arm, während Kyra schreiend um sich schlug.

»Ihr Wachhund kommt«, stieß die Frau hektisch aus. »Lass uns verschwinden, du Schwachkopf! Der Großmeister bringt uns um, wenn er rausfindet, was du hier machst. Ich bitte dich!« Sie weinte, während sie Bernd Wagner in größter Panik losließ, um sich selbst vor Ludger Baltrusch in Sicherheit zu bringen, der das Wasser durchpflügte, als sei er Neptun persönlich.

Bernd Wagners Blick glitt zu dem Hünen, der sie gleich erreicht haben würde, und er ließ Kyra endlich los. »Ich werde in dich reinstoßen, Kyra Althoff! Irgendwann. Und dann wirst du wieder schreien. Vor Lust.« Mit diesen Worten kraulte er mit weit ausholenden Armbewegungen von ihr und Ludger fort.

»Balu«, wimmerte Kyra, als Ludger mit einem letzten kräftigen Schwimmstoß neben ihr war und sie packte. Zitternd schlang sie die Arme um ihn und barg ihren Kopf an seinem Hals.

»Alles in Ordnung, Leute«, rief Ludger zwei Männern zu, die

sich auf Kyras Schreie hin ebenfalls in Bewegung gesetzt hatten, um zu Hilfe zu eilen. »'n kleiner Scherz vom Kumpel, der ausm Ruder gelaufen ist. Sorry!« Er zog Kyra mit sich.

»Alles klar, Zwerg?« Angst und Wut mischten sich in seiner Stimme. Als sie Land unter den Füßen hatte, stellte er Kyra vor sich hin. »Ist alles gut?«

»Wo ist er?« Kyras Blick irrte panisch umher. »Wo ist Bernd Wagner?«

»Du kanntest ihn?«, stieß Ludger aus. »Wer …?«

»Er … er arbeitet bei meiner ehemaligen Werbeagentur.« Kyra krallte ihre Hand in Ludgers Arm. »Er gehört zu ihnen. Zu den Anderen! Er … er hat gesagt, dass er … dass er in mich reinstoßen will.« Sie brach in haltloses Schluchzen aus.

Ludgers Blick suchte den Strand ab, während er Kyras Arm tätschelte. Von Bernd Wagner und der Frau war keine Spur zu entdecken. »Ist ja alles gut, Zwerg. Wir verschwinden hier auf der Stelle. Dass er hier war, zeigt, dass sie uns folgen konnten.«

Energisch schob er Kyra durch das Wasser vor sich her Richtung Strand. »Und dieses Mal tun wir, was ich sage! Ohne weitere Wächter kann ich für deine Sicherheit nicht mehr garantieren.«

★★★

Sechs Tage später blickte Kyra gähnend aus einem winzigen Fenster in einen sonnenüberfluteten Garten, in dem eine Nonne mit einer Gießkanne versuchte, ein trockenes Kräuterbeet zu retten. Kyra hatte so ruhig und tief geschlafen wie lange nicht mehr und krabbelte noch einmal unter das dünne Laken in dem schmalen Bett zurück. Die dicken Klostermauern hielten die Hitze ab, und so war es angenehm kühl in dem kleinen Zimmer, das sie seit zwei Tagen bewohnte.

Ludger hatte sie in den vergangenen Tagen durch drei Staaten Europas gescheucht, um eventuelle Verfolger abzuschütteln. Hier, in diesem Benediktinerkloster in der Toskana, hatten sie gestern einer Novizin das Leben gerettet, die von herabstürzenden Steinen einer in Renovierung befindlichen Mauer erschlagen worden wäre. Ludger war von den italienischen Bauarbeitern übel beschimpft worden, als er im Vorfeld auf die mangelhafte fachliche Ausführung der Arbeiten hingewiesen hatte. Als die Mauer schließlich einstürzte, hatte Kyra dafür gesorgt, dass die beiden Novizinnen des Klosters nicht in deren Nähe waren.

Sie hatte Ludger gebeten, eine weitere Nacht in dem Kloster verbringen zu können. Die dicken Mauern schienen alles Böse abzuhalten. Die Vorstellung, dass Bernd Wagner an ihrem Bett gestanden hatte, während sie schlief, dass er sie mit seiner Zunge berührt hatte, war so grauenhaft unerträglich und gleichzeitig so abstrakt, dass sie zwischen Verdrängung und übersteigerten Ablenkungsversuchen pendelte.

Die Ruhe in der kleinen Kapelle und die freundlichen Nonnen waren Labsal für Kyras gehetzte Seele. Nach einem einfachen Frühstück verbrachte sie den Vormittag bei der Nonne im Garten. Sie half, die Pflanzen zu wässern, Beeren zu pflücken und Netze zu spannen, um zu verhindern, dass die Vögel den ohnehin kargen Ertrag weiter dezimierten. Die Anwesenheit der Nonne und die Lieder, die sie sang, ließen bei Kyra die Tränen fließen. Und sie fühlte sich gut dabei. Es war, als ob mit den Tränen die Ängste davonflössen.

Als die Nonne die Hacke beiseitelegte, vor Kyra trat und einfach die Arme öffnete, ohne ein Wort zu sagen, schmiegte Kyra sich hinein. Eine lange Zeit hielt die Benediktinerin Kyra so. Sie sprachen beide kein Wort. Nicht weil sie keine gemeinsame Sprache beherrschten, sondern weil Worte hier überflüssig waren. Kyra fühlte sich auch so verstanden und getröstet.

Die Kraft dieser Begegnung spürte Kyra noch am nächsten Tag, als sie vor Jonathans Haus aus dem Wagen stieg, mit dem ein Firmenmitglied sie und Ludger vom Londoner Flughafen abgeholt hatte. Ihr Blick glitt die Fassade empor. Die bevorstehende Begegnung mit Evelyn bereitete ihr seit einem höchst interessanten Telefonat vor dem Abflug nicht mehr ganz so viel Sorge. Trotzdem verweigerten ihre Beine den Dienst. Der Frieden der vergangenen beiden Tage schmolz dahin.

»Geh ruhig schon rein«, sagte Ludger und schob sie Richtung Hausaufgang. »Ich kümmere mich um das Gepäck.«

Kyra straffte die Schultern, ging die Stufen hinauf und betätigte zweimal den Löwenkopf-Türklopfer.

Nigel schien direkt hinter der Tür gestanden zu haben, denn es dauerte nur Sekunden, bis er die Tür öffnete. »Miss Althoff, ich freue mich, Sie wieder in London begrüßen zu dürfen.« Er deutete in seinem Rollstuhl eine leichte Verbeugung an. Dann setzte er ein Stück von der Tür zurück, damit Kyra das Harker-Mall'sche Anwesen betreten konnte. »Ich hoffe, Sie hatten eine angenehme Zeit?«

Kyra zog die Augenbrauen zusammen. »Hallo, Nigel. Sie wissen doch genau, dass ich eine Scheiß-Zeit hatte, also tun Sie nicht so, als ob ich gerade von einem Samba-Kurs aus Rio zurückkomme. Oder trauen Sie sich nicht, weil *sie* …«, Kyra blickte sich in der Halle um, »hier schon irgendwo lauert, um mich in Grund und Boden zu stampfen?«

Der Butler verzog keine Miene. »Sollten Sie mit ›sie‹ Miss Kessow meinen, so kann ich Ihnen mitteilen, dass Miss Kessow Sie in der Bibliothek erwartet, Miss Althoff.«

Kyra warf einen Blick zurück zum Wagen vor dem Haus. Die Versuchung, einfach wieder einzusteigen und davonzufahren, war groß, aber irgendwann musste sie der Hexe schließlich gegenübertreten.

»Evelyn erwartet uns in der Bibliothek«, sagte sie, als Ludger die Taschen in der Halle abstellte. Sie ignorierte Nigels hochgezogene Augenbraue, griff nach Ludgers Arm und zerrte ihn mit sich. Mit Ludger an ihrer Seite fühlte es sich eindeutig besser an, vor die Inquisition zu treten.

Vor den Bücherregalen auf und ab gehend, hielt Evelyn Kessow ihr Handy ans Ohr gepresst, als Kyra und Ludger die Bibliothek betraten.

Als ihr Blick die beiden erfasste, blieb sie abrupt stehen. »Ich melde mich wieder. Sie ist da«, beendete sie das Gespräch ohne ein weiteres Wort und warf das Handy auf den großen Ledersessel. Das blutrote Kleid unterstrich die Blässe ihres Gesichts, als sie langsam auf Kyra zuschritt.

Kyra sagte kein Wort. Sollte die Hexe doch losgiften! Als sie schließlich vor ihr stand, musste Kyra dennoch schlucken. Tränen brannten in Evelyns dunklen Augen, und ihre Stimme brach, als sie zu reden begann.

»Macht ... macht es Ihnen Spaß, uns mit Füßen zu treten, Frau Althoff? Verschafft es Ihnen irgendeinen kranken Kick, unser über zwei Jahrtausende bewahrtes Geheimnis zu verraten? An Menschen, die damit hausieren gehen werden? Die das Buch und seine Möglichkeiten preisgeben werden und damit das Weiterleben künftiger Todgeweihter gefährden?«

Kyra hatte Evelyn noch nie so aufgewühlt gesehen. Die zusammengepressten fahlen Lippen bebten, und eine Träne löste sich und lief die Wange hinab.

»Ich würde Ihnen so gern ins Gesicht schlagen, Frau Althoff! Nicht nur einmal. Aber ...« Evelyns Stimme brach erneut.

»Warum tun Sie's nicht einfach?«, blaffte Kyra los. Laut, um ihr schlechtes Gewissen zum Schweigen zu bringen. »Davon träumen Sie doch schon lange. Sie hassen mich, seit Sie mich das erste Mal gesehen haben.«

»Ach herrje«, Evelyns Stöhnen kam aus tiefster Seele, »ich könnte Sie niemals hassen, Frau Althoff. Sie sind die Jungfrau. Aber was Sie da getan haben ...« Evelyn verschränkte die Arme fest ineinander. Anscheinend war die Lust, Kyra zu schlagen, ungebrochen.

Ihr Blick wanderte zu Ludger. »Und du hast das alles zugelassen, Balu! Soll ich dich auch abziehen? Ich hätte nicht wenig Lust dazu, aber vermutlich ist es egal, wen ich als Wächter bestimme, denn ...«, ihre Augen suchten wieder Kyra, »Sie bezirzen sie alle, Frau Althoff. Mit Ihrem Unschuldsblick und dem klebrig-süßen Honig-Lächeln.«

Ludger zog es vor, zu schweigen.

Kyra ging zu dem kleinen Beistelltisch neben dem Ledersofa und schenkte sich ein Glas Wasser aus der Kristallkaraffe ein. »Sie können sich wieder abregen«, sagte sie mit dem Rücken zu Evelyn, bevor sie das Glas in einem Zug austrank und zu ihrem Lieblingssessel ging. »Ich habe darauf verzichtet, Doro von dem Buch und der Firma zu erzählen. Das wird Balu Ihnen doch bereits berichtet haben. Und dass ich Markus Weltinger eingeweiht habe, war eine Instinkthandlung.«

Sie versuchte zu lächeln. »Warum vertrauen Sie mir nicht

einfach mal, Frau Kessow? Ich bin die Jungfrau, vom Schicksal auserkoren. Vielleicht hat dieses Schicksal mir ja auch die Fähigkeit verliehen, die Situation mit Weltinger richtig einzuschätzen?« Sie ließ sich in den Sessel plumpsen.

»Sie sitzen auf meinem Handy!«, fauchte Evelyn sie an und war mit drei Schritten bei ihr.

Kyra zog das Telefon hervor und wollte es Evelyn reichen, aber sie verharrte in der Bewegung und starrte auf die Nummer, die das leuchtende Display anzeigte. »Sam … Sie haben gerade mit Sam gesprochen?«

»Ja.« Evelyn riss ihr das Handy aus der Hand. »Er hat versucht, etwas über Bernd Wagner in Erfahrung zu bringen.«

»Und?« Kyra sah gespannt auf.

»Wagner ist seit dem Übergriff auf Sie nicht wieder bei der Agentur in Itzehoe aufgetaucht. Und – wie es aussieht – auch nicht in seiner Wohnung.«

Kyra verkniff sich weitere Fragen, obwohl sie darauf brannte, mehr von Sam zu hören. Von Ludger wusste Kyra, dass Sam jetzt wieder in Deutschland wohnte und von dort aus die Koordination der Rettungsmaßnahmen unterstützte. Aber … wie ging es ihm? Wie fühlte er sich? Diese Fragen beschäftigten Kyra öfter, als ihr lieb war. Mehr als einmal hatte sie bereits den Finger auf der Handy-Taste gehabt, um seine Stimme zu hören. Um zu erfragen, ob er ihr Lachen genauso vermisste wie sie seines. Ob er sich auch wünschte, sich einfach nur in ihre Arme zu kuscheln, der Wärme und Geborgenheit nachzuspüren, die ihre Freundschaft ausgemacht hatte.

Wenn es so wäre, hätte er den Kontakt gesucht. Aber das tat er nicht. Und Kyra hatte nicht vor, den ersten Schritt zu tun. Zu tief saß die Verletzung über Sams Lügengespinst. Sie verdrängte den Gedanken an ihn.

»Markus Weltinger hat mich gestern Abend angerufen«, verkündete sie Evelyn, und auch Ludger sah überrascht auf, denn Kyra hatte ihm nichts von dem Gespräch berichtet. »Das, was ich erreichen wollte, ist mir gelungen«, fuhr sie fort. »Ich habe seine Neugierde geweckt. Er ist zwar nach wie vor skeptisch, aber er will bei einer Rettungsaktion dabei sein.«

Evelyn sackte mit einem Aufschrei auf dem Sofa zusammen. »Er will was? Was … was haben Sie ihm nur alles …?«

Unbeeindruckt ignorierte Kyra Evelyns erneute Tränen. »Ich beteilige mich ab sofort wieder an den Rettungsaktionen und reise darum morgen nach Rom ab. Mit Markus Weltinger treffe ich mich, sobald das Buch einen Artikel bringt, der zeitlich und örtlich in seinen Terminkalender passt. Er kann dann hautnah die Rettungsmaßnahmen erleben. Und ich finde, Sie sollten uns dann begleiten, Frau Kessow. Sie sind eloquent, rational und verstehen so viel Spaß wie ein Gefrierschrank. Das wird er schätzen, und wir punkten in Sachen Glaubwürdigkeit.«

★★★

Er spürte die Kälte der rauen Fliesen längst nicht mehr. Die Wärme seines Körpers hatte sich in den vergangenen Stunden auf das Material übertragen. Als die Haupttür des Raumes sich öffnete, strich ein Lufthauch über ihn hinweg.

Er hatte sie kommen hören, ihre Stimmen waren nicht zu überhören gewesen, als sie in den Keller hinabgestiegen waren. Erregt diskutierend. Weil er zu diesem außerordentlichen Opfer-Gottesdienst gerufen hatte. Ihre Stimmen waren leiser geworden, als sie im Nebenraum ihre Masken und Umhänge angezogen hatten.

Jetzt, wo sie einer nach dem anderen den Altarraum betraten, verstummten ihre Stimmen. Sie hatten nicht damit gerechnet, dass er schon da sein würde, denn sein Umhang und seine Maske lagen noch im Schrank des Nebenraumes. Er hatte sich dafür nicht die Zeit genommen. Erregt war er sofort in den Altarraum gegangen.

Obwohl seine Augen weiter geschlossen waren und er sich nicht rührte, sah er ihre verwirrten Gesichter vor sich. Spürte, wie sie auf seinen Körper hinunterstarrten, der barfuß, in Anzughose und weißem Hemd, bäuchlings vor dem Altar lag. Die Arme rechts und links gerade von sich gestreckt, mit den Füßen zum Altar. Ein schwarz-weißes umgedrehtes Kreuz.

»Setzt euch«, sagte er, während er seine Arme an den Körper

zog. Seine Schultern schmerzten dabei. Mehr als zwei Stunden hatte er in dieser Position, dem Lichtbringer ergeben, verharrt, hatte sich Luzifer mitgeteilt, hatte Kraft und Weisheit erbeten.

Obwohl sein Körper schmerzte, als er sich langsam erhob, fühlte er sich stark und gesättigt. Er sah zu, wie sie sich setzten. Eine der Frauen stellte einen Korb hinter sich ab. Die schwarze Katze darin drehte sich unruhig hin und her.

Er sah die siebzehn Personen, die sich schweigend an ihre Plätze begeben hatten, einen nach dem anderen an. Nicht alle hielten seinem brennenden Blick stand.

»Die drei Grundpfeiler, um unserem Herrn den Weg zu ebnen, damit er den Dreck auslesen, die Erde säubern kann, sind Ergebenheit, Gehorsam und Klugheit.« Er sprach mit ruhiger Stimme, während er langsam auf nackten Füßen hinter den Stühlen den Tisch umkreiste. »Dass ich keine Dummköpfe erwählt hatte, dessen war ich mir sicher.«

Er stoppte hinter einem der Stühle und taxierte die Männer und Frauen auf der gegenüberliegenden Seite des Tisches. Als er langsam weiterging, strichen die Finger seiner rechten Hand über die Schultern der vor ihm Sitzenden. »Ergebenheit ist der Wegbereiter des Gehorsams. Folglich fehlt dem Ungehorsamen also die Ergebenheit, *und das* …«, er schrie die letzten beiden Worte in den Raum hinein, sodass die Menschen am Tisch unwillkürlich zusammenzuckten, »fordert ein Opfer.«

Mit drei Schritten war er am Altar und nahm einen Gegenstand auf, der neben dem Leuchter gelegen hatte. Unruhe breitete sich aus, als er langsam an den Tisch zurückkehrte. Alle Blicke waren auf den silbernen Dolch in seinen Händen gerichtet.

Er nahm seinen Gang um den Tisch wieder auf. Mit dem Dolch fuhr er dabei über die ledernen Rückenlehnen der Stühle. »Ich bin nur ein winziges Rädchen am Streitwagen, der unserem Herrn den Weg in diese Welt ebnen wird. Ich habe mich über mir Stehenden zu verantworten. *Aber* …«, er schrie wieder, »für euch, die ihr nur die Nieten am Rad seid, bin *ich* das Alpha und das Omega in dieser Gemeinschaft!«

Der Dolch in seiner Hand blinkte im Licht der Wandkerzen, während er hinter einem leeren Stuhl stehen blieb und auf die Lehne klopfte. »Ihr vermisst unseren Bruder bestimmt? Er scheint der Einzige zu sein, dem bewusst ist, welche Bedeutung unser Tun hat ... Er wird dafür gerade belohnt. Er ist zurzeit nicht nur beruflich außer Landes, wie ihr glaubt. Nein, wenn er wiederkommt, wird er ebenfalls den Rang eines Großmeisters innehaben. Ein neues, wunderbares Rad am Streitwagen! Und weil unsere Achse auf all ihre Räder ein äußerst kritisches Auge hat, sind wir nicht bereit, Dummheit und Ungehorsam weiterhin ungestraft zu lassen ... Luzifer verlangt nach einem Blutopfer. Wir wollen es ihm bereiten.«

»Nein«, sprach er die Frau auf der gegenüberliegenden Seite des Tisches an, die aufstand und nach dem Korb mit der schwarzen Katze griff. »Wir brauchen die Katze nicht.«

VIERZEHN

Kyra zupfte das kurze Sommerkleid um ihre Beine zurecht und strahlte in die Kamera, die sie Ludger in die Hand gedrückt hatte, um den Moment festzuhalten. Auf diesen Stufen hatte sie sitzen wollen, seit sie sechs Jahre alt war. Seit ihr Vater ihr von Rom vorgeschwärmt hatte. Das Völkchen, das gemeinsam mit ihr auf der Spanischen Treppe vor der Piazza di Spagna hockte, war bunt gemischt. So bunt wie die Blumenpracht in den Kübeln auf dem grauen Gestein.

Entspannt lauschte Kyra den italienischen, englischen und japanischen Stimmfetzen. Die Rettungsaktion am Vormittag auf dem Platz vor dem Kolosseum war reibungslos verlaufen. Sie und Ludger waren dabei tatenlos geblieben, denn zwei andere der insgesamt zwölf eingesetzten Firmenmitglieder hatten das angekündigte Unglück verhindert, indem sie bei einem vor eine Touristenkutsche gespannten scheuenden Pferd in das Zaumzeug greifen und das Tier beruhigen konnten. So war es nicht dazu gekommen, dass eine Frau zwischen zwei der diversen Kutschen so unglücklich eingeklemmt wurde, dass sie ihren schweren Verletzungen im Krankenhaus erlegen wäre.

»Ist Rom nicht unglaublich schön?«, strahlte Kyra Ludger an, als er sich neben sie setzte.

»Ist halt 'ne Stadt. Mit viel Statuen-Gedöns und überflüssigen Gebäuden.« Sein Blick glitt nach links zum Keats-Shelley-Haus, in das Kyra ihn mitgeschleift hatte.

Ihre Begeisterung für das Andenken an die beiden weltberühmten Schriftsteller aus dem 19. Jahrhundert hatte er nicht teilen können. Dennoch hatte er drei Stunden in dem Literaturmuseum an ihrer Seite ausgeharrt, bevor sie sich – nach Morddrohungen seinerseits – endlich von den Liebesbriefen gelöst hatte.

Kyra schluckte die aufsteigenden Tränen hinunter. Ludger konnte ja nichts dafür, dass sie hier schwärmerischen Gedanken nachhing. Dass sie Rom so gern mit einem Mann an ihrer Seite erkundet hätte, einem Mann, der sie liebte und an ihren Gedanken teilhaben wollte.

»Ich würde gern noch zwei Tage bleiben«, sagte sie stattdessen und stand auf. »Wer weiß, ob und wann ich noch einmal hierher zurückkomme.« Sie zog Ludger an seiner Pranke hoch. »Lass uns zur Piazza Navona gehen. Und wenn du dann noch so tust, als hättest du Freude daran, spendiere ich dir den größten Eisbecher Roms.«

Dass sie in einem der unzähligen Straßencafés schließlich nicht den größten, aber mit Sicherheit den teuersten Eisbecher der Stadt gegessen hatten, verdarb Kyra die Laune nicht. Fröhlich spazierte sie an Ludgers Seite durch die Ewige Stadt und ihre Touristenscharen, fotografierte mit Blumen geschmückte Balkone in engen Gassen und staunte über die unzähligen, abenteuerlich die Straßen bevölkernden Vespa-Fahrer. Als Ludger sie schließlich Richtung Hotel führte, protestierte sie.

»Den Trevi-Brunnen schaffen wir heute noch, Balu. Bitte.«

»Das können wir morgen machen, Zwerg. Meine Füße sind wund und —«

»Bitte, bitte, bitte!«

»Evelyn hatte recht mit deinem Honig-Lächeln«, grummelte er, als er Kyra Sekunden später folgte.

Die Touristen standen dicht gedrängt um den weltberühmten Brunnen, darauf wartend, dass diejenigen, die direkt am Rand des Brunnens standen, Platz machten. Hunderte Geldstücke schimmerten in dem klaren Wasser, als Kyra Ludger am Brunnenrand platzierte und ihm drei Eurostücke in die Hand drückte.

»Du drehst dich jetzt um und wirfst die Geldstücke nacheinander mit der linken Hand über deine rechte Schulter. Eine Münze bedeutet, dass du wieder nach Rom zurückkehren wirst. Zwei Münzen sorgen dafür, dass du dich in eine der schönen Römerinnen verliebst, und bei drei Münzen wirst du sie sogar heiraten. Also überleg dir gut, wie viele Münzen du werfen möchtest.« Grinsend ging sie ein paar Schritte rückwärts durch die Menschenmenge, um den Moment für Ludger mit dem Fotoapparat festzuhalten.

»Ich werf fünfzig Euro«, kam es brummig über Ludgers Lippen,

»wenn ich dann die Gewähr hab, dass ich nie wieder hierher zurückmuss.«

»Und jetzt ich«, lachte Kyra, als Ludger die Münzen alle drei auf einmal in den Brunnen befördert hatte. Sie stellte sich in Position und warf die Geldstücke gewissenhaft, eines nach dem anderen, über ihre Schulter.

»Zeig her«, sagte sie schließlich und nahm Ludger die Kamera ab, um sicherzustellen, dass er diesen magischen Moment – es ging schließlich um eine eventuelle Heirat mit einem dieser heißblütigen schwarzhaarigen Römer – auch richtig dokumentiert hatte. Sie scrollte sich durch die digitalen Aufnahmen, die er von ihr gemacht hatte.

»Was …! Mein Gott …« Ihr Herz begann zu rasen. Hektisch versuchte sie, das Foto, das sie gerade anschaute, zu vergrößern.

»Was ist los, Zwerg?« Ludger klang alarmiert. »Du wirst ganz blass.«

Kyra starrte auf den jetzt vergrößerten Ausschnitt des Bildes. »Er ist es«, stieß sie aus. »Das … das ist Ryan Farlow!«

Ihr Kopf ruckte herum. Sie starrte in die Menschenmenge. Zu der Stelle, wo er auf der Fotografie festgehalten war. Ihr Blick glitt über die Männer, suchte den dunkelblonden Haarschopf, aber sie konnte ihn nicht ausmachen.

Ludger hatte ihr die Kamera aus der Hand gerissen und starrte auf das Foto. »Das ist tatsächlich Farlow.« Er griff nach Kyras Arm und schob sie vor sich her. »Lass uns hier sofort verschwinden, Zwerg.«

Kyras Herzschlag beruhigte sich erst, als sie im Taxi saßen und zum Hotel fuhren.

»Wie konnten sie uns hierher folgen?«, flüsterte sie Ludger zu. »Woher wissen sie, dass wir hier sind? Sind sie uns von London aus gefolgt? Haben sie die Adresse von Jonathans Haus herausgefunden? … Oh Gott!«

»Das sind viele Fragen auf einmal, Zwerg.« Er sprach ebenfalls leise und griff nach ihrer zitternden Hand. »Und ich kann dir keine beantworten.« Er zoomte noch einmal das Bild auf der Kamera hoch. Schweigend starrten sie beide darauf.

»Er schaut nicht zu uns«, sagte Ludger plötzlich und pochte

mit dem Finger auf dem Display herum. »Siehst du? Er guckt zu den Brunnenfiguren.«

»Ja, und?« Kyra sah ihn verwirrt an.

»Ich frage mich … Aber so einen Zufall kann es nicht geben, oder?«

Kyra lachte hart auf. »Dass er zufällig hier ist? Ohne von uns zu wissen? Niemals! Er hat uns in der Menschenmenge wahrscheinlich nur aus den Augen verloren.«

»Und sucht uns im Wasser bei den Brunnenfiguren?« Ludger starrte noch immer auf das Bild.

Kyra nahm ihm die Kamera aus der Hand. Ryan sah unverändert gut aus, soweit die Perspektive diese Feststellung zuließ. Sein markantes Profil erschien ihr vertraut, obwohl sie ihn all die Jahre nicht gesehen hatte. Ein schmerzhafter Stich durchfuhr ihren Magen. Er sah so unschuldig aus. So gelöst.

»Ich informiere umgehend die Firma, wenn wir im Hotel sind«, holte Ludger sie aus ihrer Betrachtung. »Und dann wird gepackt. Wir nehmen morgen früh den ersten Flieger.«

Als Kyra in dem kleinen Hotel die wenigen Kleidungsstücke aus dem Schrank in ihren Koffer einsortierte, bebten ihre Finger immer noch. Was hätte Ryan getan, wenn er sie entdeckt oder plötzlich vor ihr gestanden hätte? In all den Jahren war sie sich nie wirklich sicher gewesen, ob er zu den Anderen gehörte. Seine Bekanntschaft mit Christian Thorkind hätte tatsächlich rein beruflich entstanden sein können. Ryans auffälliges Geburtsdatum hatte sie bei diesen Gedanken ausgeklammert. Ein Zufall. Aber jetzt …

Dass er hier in Rom war, war eindeutig zu viel Zufall. Kyra schüttelte sich und griff nach einer Bluse, als ein Klopfen an ihrer Zimmertür sie zusammenzucken ließ. Automatisch hob sie die Bluse auf, die ihr aus den Fingern geglitten war, und wartete ein paar Sekunden. Es war nicht Ludger, der an ihre Tür geklopft hatte, denn der fügte immer ein »Ich bin's« hinzu.

Langsam ging sie zur Tür. »Ja?«

»Ich bin's.«

Kyra atmete scharf ein. Der Wortlaut stimmte zwar, aber die

Stimme gehörte eindeutig nicht Ludger. Sie drehte den Schlüssel und zog die Tür auf. Schweigend musterte sie den Mann davor, genauso wie sein Blick sie umfasste.

Dann drehte sie sich um, ging zum Bett zurück und begann, die Bluse zusammenzulegen. »Was willst du, Sam?«

Die Tür fiel ins Schloss. Der Duft seines herben Aftershaves stieg ihr in die Nase, als er sich neben ihr über das Bett bückte und ihr die Bluse aus der Hand nahm. »Wie oft willst du sie noch falten? Sie passt schon in eine Zigarettenschachtel.«

»Meine Packtechnik ...«, sie stellte sich kerzengerade auf und riss ihm die Bluse aus der Hand, »geht dich einen Scheißdreck an!« Sie knüllte das leichte Stück mit beiden Händen zusammen und stopfte es in eine Ecke des Koffers.

»Kyra.« Sam nahm ihre Hände in seine und drehte sie zu sich herum. Sein Blick umfing sie. »Es tut mir einfach unendlich leid. Wenn ich könnte, würde ich die Lügen, würde ich alles rückgängig machen, aber das ist nun mal nicht möglich. Ich kann dich nur um Verzeihung bitten. Und ich wünsche mir nichts sehnlicher, als dass du sie gewährst.«

Kyra schluckte. So deutlich spürte sie die Wärme seiner Finger um ihre Hände. Ihr Blick hing an seinem Hals, an der pochenden Stelle, an die sie ihren Kopf geschmiegt hatte. Alles in ihr schrie danach, ihn wieder dort zu deponieren, um Sams Duft einzuatmen.

Aber seine Worte hallten in ihr nach und brannten in ihrer Brust. Wie konnte dieser wunderbare Kuss ihm leidtun? Sie entzog ihm abrupt ihre Hände. »Dir tut alles leid? ... Ja, mir auch, Sam. Du hast unsere Freundschaft zerstört, hast alles Vertraute zerstochen mit deinem Messer aus Lügen!« Tränen schossen ihr in die Augen.

Er setzte zu einer Antwort an, aber ein Pochen an der Tür ließ ihn innehalten. »Alles klar bei dir, Zwerg? Wer ist bei dir?«, erklang Ludgers Stimme auf dem Flur.

Kyra öffnete die Tür. »Sam ist hier. Möchtest du auch reinkommen?«

Der nicht einladende Ton veranlasste Ludger zu einem »Nee, alles klar«.

»Guck einfach noch mal bei mir rein, bevor du verschwindest, Sam«, sprach er ihn über Kyras Schulter hinweg an.

Kyra schloss die Tür wieder und drehte sich um. Mit dem Rücken an der Tür musterte sie Sam. »Wie… wieso bist du eigentlich hier? Balu hat doch gerade erst die Nachricht durchgegeben.«

»Welche Nachricht?«

»Ryan. Ryan Farlow ist hier. Wir haben ihn vor einer Stunde an der Fontana di Trevi entdeckt und –«

»Wie bitte?« Sam sah sie verblüfft an. »Farlow? Aber …«

»Was, aber?«, fauchte Kyra zurück, als er nicht weitersprach, sondern ans Fenster trat und hinaussah.

»Darum bist du so aufgeregt«, stieß er aus, als er sich wieder umdrehte. Seine Wangenknochen traten hervor. »Ryan Farlow schafft es also immer noch, dich aus der Fassung zu bringen.«

»Spinnst du? Er bringt mich nicht aus der Fassung, er macht mir Angst. Eine Scheiß-Angst! Wenn sie uns sogar hierher folgen konnten, kennen sie vermutlich auch unseren Unterschlupf in London.«

Sam schwieg einen Moment. Schließlich sagte er: »Ihr solltet trotzdem erst einmal zurück nach London fliegen. Ich spreche gleich mit Balu. Am besten hältst du dich einige Wochen aus den Rettungsmaßnahmen heraus und verlässt das Haus nicht.«

»Einige Wochen?« Kyras Stimme wurde hoch. »Warum sperrt ihr mich nicht gleich einige Jahre, am besten bis zum 7. Februar 2007, weg?«

»Herrje!« Sam fuhr herum. »Niemand will dich wegsperren. Aber ich möchte dich in Sicherheit wissen.« Mit zwei Schritten war er bei ihr, drückte sie neben den Koffer auf das Bett und ging in die Knie, um ihr in die Augen sehen zu können. »Ich sollte eigentlich gar nicht hier sein, Kyra. Der innere Kreis samt Evelyn ist der Meinung, dass es besser ist, wenn du es nicht erfährst, aber ich denke, du solltest es wissen … Es gibt einen Toten.«

Angst breitete sich in Kyras Brustkorb aus wie ätzende Säure. Sie krallte ihre Finger in die dünne Bettdecke. »Ei… einen Toten? Was heißt das? Wer ist tot, Sam?«

»Bernd Wagner.«

»Mein Gott!« Kyras Mund wurde trocken. Die Szene in der

Nordsee erwachte zum Leben. Deutlich sah sie das Gesicht ihres ehemaligen Kollegen vor sich, spürte seine brutalen Hände auf ihrer Haut, hörte die Worte, die er ausgespien hatte.

Und jetzt war er tot?

»Wie ist er gestorben?« Sie hörte ihre eigene Stimme, als wäre sie in einem engen Tunnel.

Sam erhob sich, schob den Koffer nach hinten und setzte sich neben Kyra. So, dass ihre Beine sich nicht berührten. »Sein Leichnam wurde vorgestern auf einer Mülldeponie außerhalb Hamburgs gefunden. Wir haben es auch erst durch die Presse erfahren. Ich habe sofort meine alte Dienststelle aufgesucht, einen Besuch bei den Kollegen von der Mordkommission vorgetäuscht und die Sprache darauf gebracht. Vor der Presse hält die Polizei sich bezüglich der genauen Todesart noch bedeckt, aber ... ihm wurde die Kehle durchgeschnitten, Kyra.«

Kyra schnellte hoch, wie vom Katapult geschossen. »Ihr ... ihr habt ihn umgebracht?« Sie wich zurück, bis der Kleiderschrank sie stoppte.

Sam wurde blass. »Du glaubst, *wir* waren das? Bist du wahnsinnig?«

»Haltet ihr mich für blöde?« Kyras Stimme wurde wieder schrill. »Schließlich habe ich Eriks Waffe gesehen. Und auch Balu trägt eine bei sich. Auch wenn er ständig versucht, sie vor mir zu verbergen.«

Sam stand auf und trat auf Kyra zu, aber sie wich vor ihm zurück. »Das sind Waffen für den Notfall, Kyra. Zur Verteidigung. Zu deiner Verteidigung. Niemals würde einer von uns vorsätzlich einen Menschen töten. Leben ist uns heilig, wie du am besten wissen solltest.«

»So heilig, dass ihr einen Mann im Auto verbluten lasst, um die Anwärter durch eigene Anschauung überzeugen zu können? Erzähl mir nicht, dass euch Leben heilig ist!«

Sam zuckte zusammen. »Wenn du es so betrachten willst, hast du wohl recht. Aber glaub nicht, dass es leicht für uns ist, mit dieser Schuld zu leben. Der Unterschied zwischen uns und dir, Kyra, ist, dass unser Innerstes für das Heilige Buch brennt. Wir leben dafür, dass seine Möglichkeiten weitere Jahrhunderte bewahrt werden, um die vielen Menschenleben zu retten ... Eines haben wir dafür geopfert, und das wird uns immer verfolgen. Aber ich schwöre dir: Wir haben Bernd Wagner nicht getötet.«

Kyra presste beide Handflächen gegen die Schläfen. Der Druck in ihrem Kopf stieg trotzdem weiter. »Aber wer dann? Und warum?«

»Wir gehen davon aus, dass die Anderen ... nun, dass seine eigenen Leute ihn ermordet haben.«

»Was?« Kyra schüttelte entsetzt den Kopf. »Warum, bitte, sollten sie das getan haben?«

»Er hat dich angegriffen, und er hätte dich dabei töten können. Vielleicht war das sogar seine Absicht. Und *das* liegt hundertprozentig nicht im Interesse der Anderen. Tot bist du für sie – und ich wähle diesen Ausdruck jetzt bewusst – wertlos. Du hast selbst gesagt, dass seine Begleiterin über sein Tun entsetzt war. Sie wollen das Buch oder wenigstens jede Information darüber. Und sie werden den Teufel tun und diese Chance vor Ablauf der neun Jahre vergeben.«

»Wertlos ...« Das Wort schlüpfte gequält über Kyras Lippen. Sie starrte Sam an. »Genau das werde ich auch für euch sein, wenn Tag X gekommen ist und das Buch verschwindet. Weißt du, was ich gerade überlege?« Ihre Augen funkelten, während ihre Hand zum Fenster wies. »Dass ich da rausgehe, in diese brodelnde Stadt, und mich Ryan Farlow anbiete! Dann ist Schluss mit dem Erscheinen der Artikel. Und vorher übergebe ich ihm das verdammte Buch. Dann muss niemals wieder eine Frau oder ein Mädchen dieses grässliche Leben leben, so wie ich es muss.«

Sie zuckte leicht zusammen, als Sams Hand vorschnellte. Schmerzhaft fühlte sie seine Finger um ihren Oberarm.

»Farlow! Das oder, besser gesagt, *er* ist es doch, was du eigentlich willst«, presste er hervor, während seine Augen sich an ihrem Gesicht festsogen. »Dann geh doch zu ihm. Wirf dich ihm an den Hals! Dann hast du endlich deine Ruhe. Vor dem Buch, das du so hasst. Vor der Firma. Vor Evelyn. Vor mir ... Los, geh raus und such ihn! Ein so ... so billiges Angebot kann er nicht abschlagen.«

Kyras Hand klatschte auf seine Wange. Wie breite Narben

zeichnete sich der Abdruck ihrer Finger auf seiner blassen Haut ab. »Ich hasse dich, Sam!« Mit einem Aufweinen riss sie die Hotelzimmertür auf und stürmte hinaus.

Kyra verlangsamte ihren Schritt erst, als ein Vespa-Fahrer in einer kleinen Gasse so dicht an ihr vorbeifuhr, dass er ihren Arm streifte. Konditionsmäßig hätte der Adrenalinschub sie noch weitere Kilometer laufen lassen. Ohne auf die Richtung zu achten, hatte sie ihr Hotel hinter sich gelassen. Und damit auch Sam und Balu. Balu war vermutlich außer sich vor Sorge. Hoffentlich machte er Sam dafür die Hölle heiß!

Kyra ließ zwei weitere Vespas an sich vorbeifahren, bog schließlich in eine größere Straße ab und suchte ein Straßenschild zur Orientierung. Das Schild mit der Aufschrift »Via Annia« half ihr aber nicht wirklich weiter. Sie seufzte. Ihr Orientierungssinn war der Zwilling ihres Ordnungssinnes. Aber gefühlsmäßig musste sie irgendwo in der Nähe des Kolosseums sein.

Kerzen und andere Lichtquellen begannen in den Lokalen und Cafés aufzuleuchten, denn die Dämmerung fiel abrupt über die Straßen her. Ohne dass sie es hätte steuern können, liefen Kyra erneut die Tränen herab. Sams Auftauchen, seine Worte, dazu der Schrecken, den Ryan Farlow ihr bereitet hatte … Das Gefühl maßloser Überforderung verursachte ihr Übelkeit. Vor einem kleinen Straßencafé ließ sie sich auf einen Korbstuhl sinken. Die musternden Blicke einiger Touristen am Nebentisch versuchte sie zu ignorieren. Mit dem Handrücken wischte sie die Tränenspuren von ihren Wangen und atmete bewusst tief ein und aus, um die Anspannung zu mildern.

»*Per favore, signora?*« Ein kleiner Kellner im Rentenalter, dessen weiße Oberjacke ihm viel zu groß war, sah sie an, während er die Kerze in dem kleinen Windlicht auf dem Tisch anzündete. Sein Lächeln war ihm zweifellos über den langen Tag abhandengekommen.

Auch Kyra war nicht nach Höflichkeit. Sie brachte nur ein kurzes »Grappa« über die Lippen. Und weil sie wusste, dass ein Schnaps zu wenig war, um Leben in ihren Körper zu bringen, der sich seltsam hohl anfühlte, fügte sie ein »*Due!*« hinzu.

Als der Alte die beiden Gläser mit dem italienischen Tresterbrand brachte, setzte sie das erste umgehend an die Lippen und trank es in einem Zug aus. Das Brennen in der Kehle war so angenehm heiß, dass der zweite Grappa dem ersten ohne Pause folgte. Was noch folgte, war der Entschluss, heute Nacht nicht ins Hotel zurückzugehen. Sollten sie doch alle in Panik geraten! Sollten sie doch auch einmal spüren, wie es war, immer in Angst und Schrecken zu leben.

Kyra hob die Hand, um einen weiteren Grappa zu ordern, als ihr einfiel, dass sie kein Geld bei sich hatte. Ihr Portemonnaie lag in ihrer Tasche im Hotel. Genau wie ihr Handy. Und mit dieser Erkenntnis kam auch die Furcht zurück. Schärfer als der Grappa fraß sie sich langsam in ihren Bauch. Bernd Wagner war tot. War er wirklich ermordet worden? Diese Vorstellung war so grauenhaft, dass Kyras Armhärchen sich aufstellten.

Sie ließ ihren Blick über die Touristen wandern, die die Straßen an diesem herrlich lauen Abend immer noch zahlreich bevölkerten. War Ryan Farlow hier irgendwo? Oder Christian Thorkind?

»*Signora?*«

Kyra fuhr zusammen, als der kleine Kellner sie ansprach. Er hatte anscheinend gesehen, dass sie kurz ihre Hand gehoben hatte.

»Ich ... äh ...« Kyra schluckte. »Es tut mir sehr leid. Ich habe kein Geld bei mir. Ich müsste es Ihnen morgen vorbeibringen.«

»*Scusi?*«

»Hab ich mir fast gedacht, dass Sie kein Wort Deutsch sprechen«, murmelte Kyra. Sie versuchte ein Lächeln und deutete auf sich und schüttelte dabei den Kopf. »Ich nix Euro.«

Dass die Botschaft diesmal angekommen war, bezeugten die wütend blitzenden Augen und vor allem der italienische Wortschwall, der über die Lippen des Alten kam.

»Nehmen Sie Ihre Hände weg«, fauchte Kyra den Ober an, als er ihren Arm packte und mit der anderen Hand auf die leeren Grappagläser deutete.

Die Gruppe am Nebentisch begann zu tuscheln, und Kyra hörte heraus, dass es Deutsche waren. Sie stand auf. »Können Sie mir bitte ein paar Euro leihen? Ich habe meine Geldbörse im Hotel vergessen«, sprach sie eine der Frauen an. »Ich erstatte es Ihnen morgen.«

»Nee, Beste, deinen Rausch musste schon selbst bezahlen«, antwortete einer der Männer am Tisch und lachte gehässig.

Verzweifelt sah Kyra sich um. Ihre rot verweinten Augen schienen die Leute um sie herum denken zu lassen, dass sie sturzbetrunken war. Einen Moment lang geriet sie in Versuchung, einfach davonzulaufen. Allerdings schien der Ober ihr diese Absicht an der Nasenspitze abzulesen, denn er baute sich vor ihr auf.

Im selben Moment stand eine junge Italienerin, die hinter Kyra saß, auf und ließ eine Wortkaskade auf den Kellner niederprasseln. Kyra verstand kein Wort, aber zweifellos beschimpfte sie ihn. Schließlich griff die Italienerin nach ihrer Tasche, die über der Lehne des Stuhls hing, und holte ein Portemonnaie heraus. Sie drückte dem Mann einen Zwanzig-Euro-Schein in die Hand. Mit einem verächtlichen Blick für beide Frauen griff er nach dem Geldschein und verschwand damit nach drinnen.

»Haben Sie gerade meine Getränke bezahlt?«, fragte Kyra mit einem vorsichtigen Lächeln in der Erwartung, einen fragenden Blick zu ernten, weil die junge Frau sie kaum verstehen würde. Aber sie sah sich getäuscht.

Die Antwort kam auf Deutsch, versehen mit einem schweren italienischen Akzent. »Ja, das habe ich. Und ich habe diesem kleinen, giftigen Zwerg gesagt, dass er sich schämen und zurück in sein Erdloch gehen soll. Schließlich sehen Sie nicht aus, als wären Sie eine Betrugerin.«

»Betrügerin«, verbesserte Kyra automatisch mit einem Lächeln. »Ich … ich danke Ihnen von Herzen. Sie bekommen das Geld selbstverständlich zurück.«

Die Frau winkte ab. Wie Perlen schimmerten ihre perfekten Zähne zwischen den kirschrot geschminkten Lippen, als sie Kyra anlachte. »Ich bin zwar nur eine Studentin, aber verhungern werde ich nicht.« Ihr Blick wurde ernst. »Ich hatte in Deutschland ein wunderbares Au-pair-Jahr, in dem viele Deutsche mich auf so viele unterschiedliche Arten unterstützt haben. Betrachten Sie sich als eingeladen.«

Sie hängte sich ihre kunterbunte Stofftasche über die Schulter und blickte in das Innere des kleinen Cafés. »Allerdings warte ich noch auf mein Wechselgeld. Dieser kleine Mafioso hat ein Trinkgeld nicht verdient.«

Eine Minute später drückte der Kellner ihr wortlos das Wechselgeld in die Hand. Hinter seinem Rücken machte die Italienerin eine lange Nase, zwinkerte Kyra zu und hielt ihr die Hand hin. »Ich bin Cindy.«

Kyra drückte die Hand dankbar. »Kyra.«

»Schöner Name. Soll ich dich zu deinem Hotel fahren, Kyra?«, fragte sie, während sie Kyra folgte, die sich beeilte, den Ort so schnell wie möglich zu verlassen.

»Ich ... nein ... oder doch ...« Kyra drehte sich um, um zu sehen, ob ihr jemand folgte. Im selben Moment stolperte sie und fiel. Den brennenden Schmerz an ihrem Knie nahm sie kaum wahr, als sie sich wieder aufrappelte. »Ich will nicht in mein Hotel zurück«, murmelte sie mit Blick auf die aufgeschürften Handinnenflächen. »Ich ... ich weiß selbst nicht, was ich will.«

Die junge Frau sah sie prüfend an. »Hast du Streit mit deinem Mann?«

Kyra schüttelte den Kopf. »Mit *einem* Mann. Aber nicht mit *meinem*.«

»Er scheint dich sehr verletzt zu haben.« Die Italienerin blieb vor einer an einer Hausmauer abgestellten Vespa stehen. Dann stieß sie ein »Oje!« aus und deutete auf Kyras Knie. »Du blutest sehr. Das muss doch Schmerz bereiten.«

Kyra blieb stehen. Im Licht einer Straßenlaterne sah man deutlich zwei dunkelrote Rinnsale aus der Schürfwunde an ihrem Knie die Wade entlanglaufen. »Eigentlich tut es kaum weh«, sagte sie und fügte mit einem schiefen Grinsen hinzu: »Der Grappa scheint eine betäubende Wirkung zu haben.«

»Hier.« Cindy hatte bereits ein Päckchen Papiertaschentücher aus ihrer Tasche gezogen und hielt es Kyra hin. »Und wenn du wirklich nicht in dein Hotel zurückmöchtest, kann ich dir das Sofa in meiner Wohnung anbieten.«

Kyra sah die Italienerin überrascht an. Die legendäre Gastfreundschaft des antiken Roms hatte sich anscheinend in die

Neuzeit gerettet. Trotzdem zögerte sie mit der Antwort. Sie nahm ein Tuch aus der Verpackung und wischte die blutige Spur auf ihrer Wade von unten nach oben auf, während sie überlegte. Balu würde umkommen vor Sorge. Aber die Firma hatte eine Strafe verdient – und insbesondere Sam. Ihr Wunsch nach Rache siegte schließlich über das Mitleid für Ludger.

Sie musterte das Gesicht der Studentin im Licht der Laterne. Cindy war das Sinnbild der rassigen Römerin. Die dunklen Augen dominierten in dem makellosen Gesicht mit den hohen Wangenknochen. Ihr schwarz glänzendes Haar fiel in weichen Locken über ihre nackten Schultern. Feste Brüste hielten ein glitzerndes Korsagenshirt über einem Minirock aus Jeans. Einzig ein Muttermal über der linken Brust störte die Perfektion, wobei seine ungewöhnliche Form – es hatte die Form eines kleinen Katzenkopfes – schon fast wieder an ein Tattoo denken ließ.

»Wenn es wirklich kein Problem ist, Cindy, würde ich die Nacht tatsächlich gern bei dir verbringen.«

Die Nachtaugen der Italienerin blitzten auf. »Es ist überhaupt kein Problem. Ich will nur kurz meinen Mitbewohner informieren, dass ich jemanden mitbringe. Dann kann er seine dreckige Unterwäsche aus dem Bad entfernen. Er ist ein kleines *porco*.« Sie zwinkerte Kyra zu. »Ein Schwein.« Dann deutete sie auf die Vespa. »Einen Helm habe ich nicht für dich. Ich benutze selbst keinen. Lieber zahle ich die Strafe, als mein Haar einzusperren.«

»*Tigre mio*«, sprach sie Sekunden später in das Handy. Die einzigen beiden Worte, die Kyra aus dem italienischen Wasserfall aus Cindys Mund verstand. Mein Tiger? Cindys Mitbewohner schien doch mehr zu dürfen, als nur mit ihr zu wohnen.

Kyra genoss die Fahrt auf der Vespa durch die Straßen Roms. Und sie verstand, was Cindy gemeint hatte: Es war herrlich, den erfrischenden Fahrtwind durch die Haare hindurch zu spüren.

Fünfzehn Minuten später hielt Cindy vor einem dreistöckigen Wohnhaus. Sie deutete die Fassade hinauf, als sie abgestiegen waren. »Ich wohne im ersten Stock. Der Balkon mit den vertrockneten Blumen in den Kästen ist meiner.«

Kyra sah hinauf. Viel war in der Dunkelheit nicht zu erkennen. Hinter den Fenstern der ersten Etage war alles dunkel. »Dein

Mitbewohner scheint gar nicht da zu sein«, sagte sie und sah Cindy an. »Ich dachte, du hast gerade mit ihm gesprochen.«

»*Si.*« Cindy nickte und schloss die hölzerne Eingangstür auf. »Er wollte noch Wein und Zigaretten besorgen. Ein schöner Rotwein wird dir bestimmt guttun.« Sie ließ Kyra den Vortritt, nachdem sie den Lichtschalter betätigt und damit einen gediegen getäfelten Flur mit gedimmtem Licht erhellt hatte.

Kyras Knie brannte, als sie Cindy die schmale Treppe hinauf in den ersten Stock folgte. Die Stufen knarzten bei jedem Schritt. Vorsichtig löste sie das Papiertaschentuch von ihrem Knie, das sie während der Fahrt daraufgepresst hatte und das jetzt auf der nicht mehr blutenden Wunde klebte.

»Wir machen gleich einen Verband«, sagte Cindy mit Blick auf das feucht-rote Papierstück in Kyras Hand und schloss ihre Wohnung auf.

Edles dunkles Parkett führte von dem langen Flur in verschiedene Räume. Die Wände des Flurs waren mit Bildern gepflastert, zum Teil schlicht hinter Glas, zum Teil in schweren dunklen Rahmen, die antik wirkten. Ein Großteil der Bilder waren Porträts verschiedener Personen, dazwischen einige wenige surreale Zeichnungen.

»Wunderschön«, sagte Kyra und betrachtete die Motive, während sie über die Verzierung eines Rahmens strich. »Mir gefällt die Mischung.«

»*Grazie mille.*« Cindy deutete eine Verbeugung an. »Die Porträts sind von mir. Verwandte, Freunde … ich male sie alle.« Sie betrat die Küche und rief Kyra zu: »Kaffee? Cappuccino?«

»Gern einen Kaffee.« Kyra folgte ihr. »Wo ist dein Mülleimer?« Sie deutete auf das blutige Papiertuch in ihrer Hand.

Cindy öffnete einen edelmetallenen Behälter, für den das Wort »Eimer« eine Beleidigung war. »Ich hole dir sofort das Verbandsmaterial.«

Kyra ging zurück auf den Flur, um Cindys Werke zu betrachten. Ihr Blick blieb an einer Lücke an der Bilderwand haften. Ein einsamer Nagel bewies, dass dort auch ein Bild gehangen hatte. »Wen hast du hier entfernt?«, rief sie in die Küche. »Das schwarze Schaf der Familie?«

Cindy lachte. »Ab und zu verschenke ich meine Werke, um Platz zu schaffen für Neues.«

Von Kyra kam keine Antwort. Ihr Blick war auf die Signatur in der rechten unteren Ecke eines der Gemälde gefallen. Ruckartig wandte sie sich dem benachbarten Bild zu. Auch dort stand ein feines »Lucinda« geschrieben. Kyras Hals wurde schlagartig trocken. Wie aus dem Nichts kam die Assoziation zum Namen Luzifer angeflogen.

Ihr Kopf ruckte zu dem kleinen venezianischen Spiegel neben einem der Gemälde. Ein kleiner Teil der Küche war darin einsehbar. Die Italienerin hantierte an der Kaffeemaschine herum. Gehörte Cindy zu den Anderen? Kyras Herz schlug noch schneller, als Cindy sich zu dem Müllbehälter bückte und ihre Hand hineinsteckte. Was nahm sie dort aus dem Müll? Doch nicht …?

Kyra hatte das Gefühl, sich von ihrem Körper zu entfernen, der wie von selbst einen kleinen Schritt vor den anderen setzte. Richtung Tür. Noch vor ihrem Verstand schien er erfasst zu haben, dass sie hier wegmusste. Sofort!

»Der Kaffee ist gleich fertig«, erklang es aus der Küche, während Kyra die Wohnungstür so leise wie möglich öffnete. Aufatmend ging sie in dem dunklen Treppenhaus die wenigen Schritte zur Treppe, als ein Knarzen auf den Stufen sie abrupt innehalten ließ. Jemand kam die Treppe hinauf.

Kyras Gedanken und Ahnungen mischten sich mit nackter Angst. Mit wem hatte Cindy telefoniert? Es gab mit Sicherheit keinen Mitbewohner! Ohne weitere Überlegung stürzte Kyra in die Wohnung zurück, riss eine der Türen auf und stürmte in das dahinterliegende Zimmer. Sie schloss die Tür, stemmte sich dagegen und versuchte verzweifelt, in der Dunkelheit des Raumes etwas zu erkennen. Etwas auszumachen, mit dem sie sich verteidigen konnte.

»Kyra? Wo bist du?« Cindys Stimme klang nah. Sie musste direkt vor der Tür stehen.

Die dunkelgrauen Schatten im Raum gaben in diesem Moment etwas frei, was Kyra wie ein Geschenk des Himmels erschien. Sie stieß sich von der Tür ab und rannte auf die gegenüberliegende Seite des Raumes. Zu der Balkontür, die sich schemenhaft abzeichnete. Den Schmerz an ihrer Wade, als sie an den Couchtisch stieß, ignorierte sie, als sie am Griff der schmalen Tür zerrte, hinter der das Gitter des Balkons jetzt zu erkennen war.

Kyra begann vor Erleichterung zu weinen, als sie die Tür öffnen konnte. Gleichzeitig erklangen Stimmen auf dem Wohnungsflur. Ohne auch nur einen Blick nach unten auf die Straße zu werfen, schwang Kyra ein Bein über das Balkongitter. Ihr Fuß streifte dabei einen der beiden Blumenkästen, der sich löste und auf dem Asphalt aufschlug.

Kyra schrie auf, als das Licht im Wohnzimmer anging. Hastig zog sie das zweite Bein hinterher und versuchte, sich ein Stückchen am Gitter – beide Hände um die senkrechten Gitterstäbe gepresst – hinabgleiten zu lassen, um die Fallhöhe zu mindern, aber ihre Finger schnitten in das rostige Material und konnten ihr Körpergewicht nicht mehr halten. Sie ließ die eisernen Stäbe los. Hart landete sie mit den Füßen zuerst auf dem Asphalt. Der Schmerz zog brachial bis in den Rücken, während sie zur Seite fiel. Das Gefühl, nicht atmen zu können, währte einige Sekunden, und bunte Kreise begannen vor ihren Augen zu tanzen. Panisch nach Luft schnappend, rappelte sie sich schließlich auf. Sie rannte los, ohne darauf zu achten, wohin. Einfach nur weg.

Sam lief, leise in sein Handy sprechend, im Foyer des Hotels auf und ab, als Kyra eintrat. Das Bedürfnis, sich einfach in seine Arme zu werfen, war übermächtig, aber ihre Beine machten ihr einen Strich durch die Rechnung. Sie zitterten so stark, dass sie sich am Tresen der Rezeption festhalten musste. Im selben Moment nahm Sam sie wahr.

»Kyra!« Er stürzte zu ihr und griff zu, als sie zusammenzusacken drohte. »Was ist passiert? Wo warst du bloß?« Er hob sie kurzerhand auf seine Arme und setzte sie auf einem der kleinen Kunstlederstühle im Foyer ab.

»Das Taxi …« Kyras Stimme zitterte wie ihr gesamter Körper, während sie nach draußen deutete. »… du musst es für mich bezahlen.« Nie im Leben war sie so froh gewesen, ein Taxi zu sehen, wie in dem Moment, als sie auf ihrer Flucht aus Lucindas

Wohnung irgendwann dem Fahrer quasi vor seinen Wagen gelaufen war.

Sam stellte keine Fragen, sondern nickte und sprang auf, weil der Taxifahrer bereits im Eingangsbereich des Hotels auftauchte und wild gestikulierend auf den Concierge einsprach. Sam bugsierte ihn – sein Portemonnaie zückend – nach draußen. Kyra spürte die Augen des Portiers wie Röntgenstrahlen auf ihrer Haut und zwang sich, aufzustehen.

»Wir reden in deinem Zimmer«, presste Sam nur hervor, als er wieder neben ihr auftauchte, sie unterhakte und die Treppe hinaufzog.

In ihrem Zimmer drückte er sie wortlos auf das Bett und nahm sein Handy. »Balu?«, sagte er nach wenigen Sekunden. »Komm zurück ins Hotel. Sie ist wieder hier. Und gib Entwarnung bei unseren Leuten.«

Sam drückte Ludger einfach weg, obwohl Kyra dessen aufgebrachte Stimme noch hören konnte. Sie schluckte. Anscheinend hatte sich ein Großteil der Firma in Bewegung gesetzt, um nach Rom zu eilen und die entlaufene Jungfrau zu finden.

»Und jetzt erzähl um Gottes willen, was los ist«, sagte Sam und ging vor ihr in die Hocke. War ... ich meine ... hast du Farlow getroffen?«

Kyra schüttelte den Kopf und brach in Tränen aus. Stockend berichtete sie Sam von ihrem Zusammentreffen mit Lucinda, ihrer Vermutung und schließlich ihrer Flucht durch das nächtliche Rom.

»Sie hat dein blutiges Taschentuch aus dem Müll herausgesucht?« Sams Gesicht drückte Ekel aus, aber in seinen Augen glomm gleichzeitig etwas auf, was Kyra nicht gefiel.

»Was sonst sollte sie dort gesucht haben?«, fauchte sie ihn an. »Diese Frau gehört zu den Anderen! Sie hat mir aufgelauert. Sie ... sie wollen mein Blut.«

»Aber dann muss sie dich verfolgt haben, seit du aus dem Hotel gestürmt bist«, hielt Sam dagegen. »Und sie muss nach dir das Straßencafé betreten haben, sonst ergibt es keinen Sinn.«

Kyra hob die Schultern. »Sie saß an dem Tisch hinter mir, aber ich kann nicht sagen, ob sie nach mir kam oder nicht. Sie sagte, sie sei Studentin, aber ihre Wohnung war dafür viel zu edel eingerichtet. Und mit dem Telefonat hat sie einen ihrer Leute informiert, dass ich bei ihr bin und sie mich in ihre Wohnung bringt. Und ihr Name! Lucinda! Zusammen mit Buchstaben ihres Nachnamens ergibt sich bestimmt das Wort Luzifer. Vielleicht wird es im Italienischen sogar mit C geschrieben.« Ihr Blick suchte Bestätigung bei Sam.

»Ach, Kleine.« Er hockte sich neben sie und zog sie in seine Arme. »Wir werden das überprüfen, aber du hast keinen Nachnamen und keine Straße. Das wird schwierig.«

»Ich will hier weg.«

»Morgen früh fliegst du mit Balu nach England. Er wird jeden Moment hier sein. Er ist stinksauer, also bereite dich auf eine saftige Predigt vor. Darum erspare ich sie dir, aber versprich mir eines, Kyra ...« Er löste sie von seiner Brust und hielt sie auf Armeslänge von sich. »Lauf nie wieder fort. Bitte. Tu mir ... uns das nie wieder an.« Er zog sie mit einer harten Bewegung wieder an sich. »Es waren grässliche Stunden«, flüsterte er in ihr Haar.

Kyra wurde steif in seinen Armen. »Du hattest grässliche Stunden? Ein paar Stunden Angst um die kostbare Jungfrau? Ich habe grässliche Jahre! Ich werde von irren Satanisten gesucht und bedroht und irgendwann abgeschlachtet, wenn sie mich kriegen.« Sie wand sich aus Sams Armen und stand auf.

Sam folgte ihr ans Fenster, durch das sie in die Nacht hinausstierte. »Niemand kriegt dich, solange du uns vertraust.« Sams Stimme klang jetzt auch hart. »Aber wenn du davonläufst wie ein bockiges kleines Mädchen, wird es schwierig für uns, dich zu schützen.«

Kyra blickte weiter aus dem Fenster. »Ich kann nicht mehr denken. In mir ist nur Chaos. Angst und Leere und wirre Gedanken ... Meine Kraft löst sich auf.«

»Du kannst viel mehr, als du denkst, Kyra.« Sanft drehte Sam sie zu sich herum und zog sie in die Arme. »Gib jetzt nicht auf. Du kannst noch so vielen Menschen helfen. Dein Name sagt es doch: Kyra. ›Die Herrin‹. Du bist die Herrin über das Schicksal anderer. Du –«

»Hör auf!«, fiel Kyra ihm hart ins Wort und schob ihn von sich.

»Ich kann dieses Schicksalsgefasel nicht mehr hören. Ist es nicht egal, ob ich diese wenigen Menschen rette oder nicht? Wenn das Schicksal oder, wie du sagen würdest, *Gott* so gnädig ist, mir diese Macht zu verleihen, warum schenkt er mir dann nicht die Gelegenheit, sehr viel mehr Menschen zu retten? Warum mussten zweihunderttausend Menschen bei dem Tsunami verrecken? Da hätte ein kleiner Artikel Sinn gemacht, oder? Aber nein, ich darf Kiffer retten, die zugedröhnt in Gleisbetten fallen, oder Tattergreise, die das Autofahren nicht mehr beherrschen.«

»Es geht in dem Buch immer um menschliches Versagen, Kyra. Das weißt du. Warum das so ist, wissen wir nicht. Aber wir hinterfragen es auch nicht. Weil für uns jedes Leben wertvoll ist, das durch das Buch und dich gerettet wird. Auch wenn es nur eines ist.«

Von Kyra kam keine Antwort. Sie ging zurück zum Bett, ließ sich einfach hineinfallen und zog die Decke über sich. »Lasst mich einfach alle in Ruhe«, erklang ihre erschöpfte Stimme durch die Decke über ihrem Kopf. »Ich will keinen von euch mehr sehen … Am liebsten nie mehr.«

Als die Zimmertür leise ins Schloss fiel, presste sie ihre abgeschürften Handflächen gegen die Augen und weinte hemmungslos.

★★★

»Ich kann nicht glauben, dass ich das hier tatsächlich tue.« Markus Weltinger presste die Worte über die Lippen, ohne Kyra anzublicken, die neben ihm auf dem Waldweg herlief. Trotzdem wanderte sein Blick wie ein Uhrpendel kontinuierlich hin und her, um in dem diffusen Licht des Mischwaldes den Holzfäller zu entdecken, nach dem sie seit drei Stunden Ausschau hielten.

»Warum ist dieser verdammte Wald auch so riesig?«, stieß Kyra aus und starrte auf die Karte in ihren Händen, auf der die verschiedenen Planquadrate, die die Bruderschaft abgraste, verzeichnet waren. Ihre Nervosität steigerte sich von Minute zu Minute. »Und wieso hört keiner von uns seine Motorsäge?«

Vereinzeltes Vogelgezwitscher und ab und an ein Knacken im

Unterholz waren die einzigen Geräusche. Ihre eigenen Schritte dämpfte der weiche Waldboden.

In dem vor zwei Tagen erschienenen Artikel ging es um einen privaten Holzfäller, der – unerlaubt – im Forst bei Creglingen in Baden-Württemberg einen Baum fällen und dabei unter den stürzenden Stamm geraten und verbluten würde.

»Wir hätten noch mehr unserer Leute akquirieren müssen«, sagte sie und warf dabei zum wiederholten Mal einen Blick auf ihr Handy. Niemand gab Entwarnung. Keiner hatte den Mann bisher entdeckt. Sie nahm ihr Käppi mit dem Aufdruck »Wandereulen« ab und wischte sich mit dem Unterarm über die schweißnasse Stirn.

Kyra spürte Markus Weltingers skeptischen Blick und traute sich nicht, ihn anzusehen. Ausgerechnet bei dieser Aktion war er dabei …

Er bückte sich nach einem dicken toten Ast, hob ihn auf und begann, kleine überstehende Zweigreste abzubrechen.

Kyra blieb stehen. »Sie brauchen keinen Totschläger, um sich gegen uns zu wehren, Markus.«

Als seine Wangen sich röteten, fuhr sie mit einem kleinen Lächeln fort: »Ich sehe es in Ihren Augen, dass Sie mich und unsere Leute für nicht zurechnungsfähig halten, aber ich versichere Ihnen, dass –« Sie brach ab, weil wie aus dem Nichts ein mechanisches Aufheulen die natürlichen Geräusche des Waldes überdeckte.

Markus Weltinger riss die Augen auf und starrte in die Richtung, aus der jetzt lautes Sägenkreischen zu ihnen herüberdrang.

»Herrje, das muss er sein.« Aufgeregt fingerte Kyra ihr Handy aus der Hosentasche, tippte hektisch die Nachricht von dem ersehnten Sägegeräusch und die Koordinaten der Karte ein und versandte die SMS an die übrigen Firmenmitglieder, die – alle getarnt als Wanderclub – durch das Waldgebiet strichen. Dann packte sie Markus am Arm. »Los! Wir folgen dem Geräusch.«

Kyras Wadenschmerz nahm unaufhörlich zu, während sie den Waldhang so schnell wie möglich hinaufkletterte. Ihre norddeutschen Flachlandbeine waren die steilen Hänge nicht gewohnt. Sie hörte, dass Markus dicht hinter ihr war. Auch er ächzte.

Das Geräusch der Motorsäge wurde kontinuierlich lauter. Ein Umstand, der Kyra Hoffnung schöpfen ließ. Sie würden nicht zu spät kommen.

»Wenn das ... wirklich alles ... so stimmt«, Markus konnte kaum noch sprechen, so schnell kraxelten sie den Hang hinauf, »was macht Sie dann ... so sicher, dass es *dieser* Holzfäller ist?«

»Gar nichts ... macht mich sicher.« Kyras Stimme klang nicht besser. »Aber diese Säge ... ist der einzige ... Anhaltspunkt.« Sie blieb stehen, um einen Moment Atem zu holen, als das Kreischen des Motors verstummte. Die einkehrende Stille erschreckte Kyra, es fehlte die Orientierung. Aber der Moment der Ruhe war kurz, denn er wurde von einem fürchterlichen Schmerzensschrei abgelöst.

»Oh Scheiße, wir kommen zu spät!« Kyra nahm keine Rücksicht mehr auf Gestrüpp und Unterholz, während sie sich so schnell sie konnte mit Händen und Füßen weiter nach oben bewegte, nun den Schreien folgend.

Markus Weltinger stieß sich seinen Kopf an ihrem Körper, als sie plötzlich stehen blieb. Der Anblick, der sich ihnen bot, ließ den Jungen blass werden, während Kyra ihren Schrecken niederkämpfte und zu dem Mann eilte, der die grausigen Schreie ausstieß.

»Alles ist gut. ... Alles ist gut«, keuchte Kyra, als sie – mit dem Gefühl, dass überhaupt nichts gut war – neben ihm niederkniete. Übelkeit überkam sie, als ihr Blick auf sein rechtes Bein fiel, das unter einem Stamm gefangen war. Bis über das Knie hinaus war sein Bein eingequetscht. Weitaus schlimmer als die zerquetschte Wade erschien Kyra allerdings der Oberschenkel, durch den sich ein Aststück gebohrt hatte. Wie Quellwasser aus dem Boden kam unaufhörlich das Blut dunkelrot aus der Wunde gelaufen. Seine zerrissene Hose war bereits durchtränkt davon.

Der Mann starrte sie aus weit aufgerissenen Augen an, während er unaufhörlich weiterschrie, zwischendurch immer wieder ausstoßend: »Der Baum muss weg ... Der Baum muss weg ... Nehmen Sie den Baum weg! Weg!«

»Oh Gott«, kam es wimmernd von Markus Weltinger, der sich noch keinen Millimeter bewegt hatte.

»Hol dein Handy raus und ruf den Rettungsdienst, Markus. Nenne ihnen das Planquadrat, in dem wir sind.« In der Aufregung begann Kyra ihn zu duzen. Sie warf ihm die Karte mit den Markierungen zu und riss sich den Rucksack vom Rücken. Ihre Hände zitterten, als sie den Verbandskasten herauszerrte, während Markus blass, aber mit erstaunlich sicherer Stimme den Notruf absetzte.

»Jetzt hilf mir«, rief sie Markus zu, nachdem sie das Material für einen Druckverband zusammenhatte. Der Stamm und der in das Fleisch gebohrte Ast machten allerdings jeden Versuch zunichte, irgendwie einen Verband anzulegen.

»Scheiße! Gib mir deinen Gürtel«, schrie Kyra Markus an. »Schnell! Wir müssen seinen Oberschenkel abbinden. Sonst … sonst …«

Der Junge zerrte seinen Gürtel aus der Jeans.

»Es tut mir leid … Das wird jetzt noch mehr wehtun«, wimmerte Kyra dem Schreienden zu, als sie gemeinsam mit Markus das schwierige Unterfangen, den Gürtel unter dem verletzten Bein hindurchzuführen, begann. Als es schließlich gelungen war, zog sie den Gürtel so fest sie nur konnte ein gutes Stück über der klaffenden Wunde zusammen.

Es war der Moment, in dem das Gesicht des Verletzten weiß wurde, dann erstarb sein Schreien.

Markus Weltinger starrte auf seine blutigen Hände, dann zu Kyra. »Ist er … ist er …?«

Kyra tastete nach dem Puls des Mannes. Erleichtert schüttelte sie schließlich den Kopf. »Er ist bewusstlos, aber … Ich hoffe, die Rettungsmannschaft ist schnell hier.« Mit bebenden Fingern unterrichtete sie schließlich per Handy die übrigen Firmenmitglieder und gab ihnen ihre Position durch.

Sie hielt die Hand des Mannes noch, als vier Bruderschaftsmitglieder gleichzeitig eintrafen. Einer der Männer löste Kyras Hand aus der des Verletzten und deutete den Hang hinunter. »Die Rettungsmannschaft kommt. Du solltest besser gehen, Kyra. Und er auch.« Er nickte Richtung Markus. »Wir wollen keine unnötige Aufmerksamkeit auf euch lenken. Schlagt euch nach rechts zum Waldweg durch. Wir übernehmen hier alles Weitere.«

Kyra atmete auf, als sie den Trupp erblickte, der sich langsam näherte. Zeitgleich erklang das Geräusch eines Rettungshubschraubers in der Nähe.

»Komm«, sagte sie ohne ein Widerwort und griff mit ihren blutigen Fingern nach der ebenso schmierigen Hand von Markus, der froh schien, der grausigen Szenerie entkommen zu können.

Mit dem Mineralwasser aus Kyras Rucksack spülten sie und Markus sich die Hände ab, bevor sie sich an den Abstieg zum Parkplatz machten, auf dem einer der Busse stand, mit dem sie angereist waren. Kyra war völlig erschlagen, als sie aus dem Wald heraus waren. Erschöpft ließ sie sich auf dem Parkplatz auf eine Bank sinken und klopfte mit der linken Hand auf den Platz neben sich.

Markus ließ sich neben ihr nieder. »Unglaublich«, sagte er.

Kyra saß mit geschlossenen Augen da und musste trotz ihrer Erschöpfung lächeln. Dieses Wort hatte er auf dem Rückweg an die hundertmal benutzt.

»Und? Konnte unsere Aktion Sie überzeugen, Herr Weltinger?«, erklang im selben Moment eine ernste Stimme hinter ihnen. Kyra und Markus wandten sich zeitgleich um.

Die dunklen Augen Evelyn Kessows musterten Markus unter leicht gehobenen Augenbrauen. Ihr schwarzes Haar steckte, zu einem Pferdeschwanz gebunden, unter einem weißen Käppi. Mit der engen weißen Hose und dem roséfarbenen Poloshirt sah sie allerdings eher aus wie frisch vom Golfplatz gebeamt und nicht wie eine Wandereule, wie die Aufschrift der Kappe weismachen sollte.

»Sind Sie …?« Markus sah Evelyn fragend an.

»Ja, das ist sie. Die Frau, die mein Leben zur Hölle macht«, stieß Kyra aus, bevor Evelyn auch nur den Mund öffnen konnte.

»Da Höflichkeit Frau Althoff so fremd ist wie einem Skunk Rosenwasser, stelle ich mich gern selbst vor. Evelyn Kessow …« Sie kam um die Bank herum und reichte Markus die Hand. »Ich würde mich sehr gern mit Ihnen über das Buch unterhalten, Herr Weltinger.« Als von ihm nicht sofort eine Antwort kam, fügte sie hinzu: »Natürlich darf Frau Althoff auch an dem Gespräch teilnehmen.« Das Lächeln für Kyra fiel dabei bescheiden aus.

Kyra war der Mund nach dem Stinktiervergleich aufgeklappt, aber sie zwang einen schnippischen Kommentar hinunter. Jetzt galt es, Markus nicht zu verschrecken. Und da musste sie mit der Hexe an einem Strang ziehen.

Kyra nickte ihm zu. »Sprich ruhig allein mit ihr, Markus. Ich denke, es ist sinnvoll, wenn du alles noch einmal von einer anderen Warte aus hörst. Vorrangig wird es Frau Kessow allerdings um deine Verschwiegenheit gehen.«

Sie stand auf und ging zu einer schäbigen Holzbank am anderen Ende des Parkplatzes. Evelyn sprach bereits ununterbrochen auf Markus ein. Sie würde zweifellos versuchen, ihn für die Bruderschaft zu gewinnen. Die Tatsache, dass jemand außerhalb der Firma um das Geheimnis des Buches wusste, würde die Hexe ansonsten an den Rand des Wahnsinns treiben.

Kyra war sich sicher, dass er zustimmen würde. Er hatte Blut geleckt. Sie hatte es an seinen Augen gesehen, nachdem der vorhergesagte Unfall des Holzfällers tatsächlich eingetreten war. Ein Gefühl der Gelassenheit breitete sich in ihr aus. Markus Weltinger auf ihrer Seite zu wissen, war beruhigend.

Erschöpft ließ sie sich schließlich auf die Bank fallen. Ihre Ängste hatten abgenommen, seit sie Rom vor drei Wochen abrupt verlassen hatten, obwohl die Firma nichts über Cindy herausgefunden hatte. Kyra hatte keinerlei Angaben über ihren Nachnamen oder wenigstens die Straße machen können, in der sie wohnte. Die Fahrten mit Roller und Taxi in der fremden Stadt waren einfach zu verwirrend gewesen.

Das Einzige, was ihr die Nachtruhe raubte, waren ihre Träume. Träume, in denen hungrige Lippen sie küssten und sie sich lustvoll hingab. Erschreckend war die Tatsache, dass es Sam und Ryan Farlow zugleich waren, die diese Träume beherrschten. Und niemals fürchtete sie sich in ihren Träumen vor Ryan.

»Alles klar, Zwerg? Geht's dir gut?«, holte Ludger sie aus ihren Grübeleien. Er kam über den Parkplatz auf sie zu.

»Ja.« Sie schenkte ihm ein selten gewordenes Lächeln.

Heute war alles gut. Sie hatten die Blutung des Mannes gestoppt, und er würde den Unfall überleben. Da war sie sich sicher. Ein weiteres Tagwerk war vollbracht. Noch ein Jahr und zweihundertfünf Tage. Dann war es vorbei. Was dann kommen würde, stand in den Sternen. Aber alles war besser als dieses nervenaufreibende, unstete Leben.

FÜNFZEHN

»Gut, dass du da bist, Sam.« Erik Holmgren klopfte seinem Bruderschaftsmitglied auf die Schulter, als er ihn am Wyker Fähranleger in Empfang nahm.

Samuel Bach registrierte die Erleichterung in Eriks Stimme mit Unwohlsein. Erik schien zu hoffen, dass mit ihm die Lösung für das Problem kam, das sich am Vortag aufgetan hatte.

»Wir stehen total unter Strom, Sam«, fuhr Erik aufgeregt fort. »Wir brauchen hier mehr Leute. Ansonsten kann ich für die Sicherheit von Ellen Althoff nicht garantieren.«

Sam nickte. »Heute Nachmittag trifft Verstärkung ein.« Er folgte Erik zum Parkplatz, auf dem der seinen Wagen abgestellt hatte. »Und jetzt sag mir, was es Neues gibt. Sind Christian Thorkind und die anderen beiden noch auf der Insel?«

Erik nickte. »Allerdings.« Er startete den Wagen und fädelte sich in den Verkehr Richtung Nieblum ein. »Ich dachte, ich guck nicht richtig, als ich Thorkind gestern am Strand vor Ellen Althoffs Haus in der Linse meines Fernglases hatte. Ganz ungeniert haben er und die anderen beiden die Gegend observiert.« Er sah Sam an. »Was haben die vor? Die müssen doch wissen, dass wir hier sind. Die sind doch nicht dumm.« Kopfschüttelnd brach er ab.

»Ich habe ehrlich gesagt keine Ahnung«, musste Sam zugeben. »Aber wir müssen mit allem rechnen. Ihnen läuft die Zeit davon. Sie haben bisher nicht herausgefunden, wo Kyra lebt. Vielleicht wollen sie es jetzt auf die harte Tour versuchen. Wenn sie Ellen in ihre Gewalt bringen, würde Kyra alles tun, um sie zu retten.«

»Aber eine Entführung wäre viel zu riskant«, sagte Erik. »Ellens Mann würde sofort die Polizei einschalten. Und die Anderen würden – genau wie wir – niemals wagen, durch öffentliche Aufmerksamkeit die Existenz ihrer Bruderschaft, geschweige denn des Buches, aufzudecken. Und damit müssten sie bei kriminalpolizeilichen Ermittlungen rechnen.«

»Vielleicht dürfen wir uns da nicht mehr so sicher sein«, murmelte Sam. »Auf jeden Fall ist es beunruhigend, dass sie plötzlich offen operieren.« Er blickte auf die Felder, während sie Wyk hinter sich ließen. »Vielleicht wollen sie uns nur verunsichern. Sie wollen, dass *wir* einen Fehler machen.« Er wandte sich Erik wieder zu. »Ich werde versuchen, über die Fotos, die ihr von den anderen beiden gemacht habt, herauszufinden, wer sie sind. Je mehr wir von ihren Leuten kennen, desto besser.«

Minuten später hielt Erik in Nieblum an der Ecke Poststrat, wo er sich mit weiteren Bruderschaftsmitgliedern in einer Ferienwohnung einquartiert hatte. Im Schichtbetrieb wechselten sie sich als – für Ellen Althoff unsichtbare – Leibwächter ab.

»Thorkind und seine Leute haben sich im Wyker Kurhotel niedergelassen. Mike lässt die drei nicht aus den Augen.« Erik sprach leise, während er die Wohnungstür schloss. Er deutete zu einer Zimmertür. »Zwei von uns schlafen, während die anderen beiden den Babysitter für Kyras Mutter machen. Mike fällt ja momentan weg. Es wird Zeit, dass nicht nur Verstärkung, sondern auch Ablösung kommt, Sam. Irgendwann merkt Ellen Althoff sonst, dass immer dieselben Gesichter um sie sind.«

»Ich weiß«, murmelte Sam und starrte aus dem Fenster zu dem reetgedeckten Eis- und Waffelhaus, das Kyra liebte. Er drehte sich zu Erik um. »Aber es ist nicht so leicht, in der Firma die richtigen Leute für diesen Job zu finden.« Er stockte. »Im Ernstfall müssten sie bereit sein, einen Angriff auf Ellen Althoff *erfolgreich* abzuwehren.« Er verzog spöttisch die Augenbrauen. »Und du weißt selbst am besten, Erik, dass wir nicht genügend Leute als Wächter ausgebildet haben. Ein fataler Fehler.«

»Was wollen wir jetzt tun?« Erik stellte die Kaffeemaschine an. »Einfach abwarten, was sie weiterhin treiben? Thorkind weiß, dass wir hier sind und sofort eingreifen, wenn sie Ellen Althoff oder ihrem Mann zu nahe kommen. Also werden sie kaum –« Er brach ab, weil sein Handy klingelte. Er nahm das Gespräch an.

»Mike«, klärte er Sam auf, während er weiter zuhörte. »Thorkind hat das Kurhotel verlassen. Allein, aber mit Gepäck. Er ist auf dem Weg zur Fähre.«

Sam sah auf seine Armbanduhr. »Er nimmt die Zwölf-Uhr-Fähre.« Er griff nach seiner Jacke, die er gerade erst ausgezogen hatte. »Fahr mich zurück zum Hafen, Erik. Schnell.«

Sam schaffte es auf die Minute genau. Er war noch auf der Treppe zum Gastraum, als die Fähre ablegte. Es waren kaum Autos an Deck. Thorkind schien – genau wie er – seinen Wagen auf dem Parkplatz in Dagebüll abgestellt zu haben.

Sam musste nicht lange suchen, als er das Restaurant betrat. Christian Thorkind saß mit dem Rücken zu ihm an einem Fensterplatz. Allerdings genoss er nicht die Aussicht, sondern war mit seinem Handy beschäftigt. Sam trat neben ihn. »Eine Erfolgsmeldung wird es kaum sein, was Sie da gerade weitergeben.«

Christian Thorkind zuckte nicht zusammen, aber seine Augen verrieten Überraschung, als sein Blick an Sam hochglitt. »Sieh mal an, Samuel Bach persönlich.« Er steckte das Handy in die Jackeninnentasche und deutete mit einem geschäftsmäßigen Lächeln auf die Sitzbank gegenüber. »Warum setzen Sie sich nicht und erzählen etwas von Kyra. Unserer gemeinsamen Freundin.«

Sam ließ sich auf das Polster nieder. Er bewunderte Thorkind für dessen Gelassenheit. Ihm selbst schlug das Herz gegen die Rippen, aber auch seine Stimme klang ruhig. »Ich frage mich, wie groß Ihr Frust ist, Thorkind. Er muss unermesslich sein. Nicht zu wissen, wo das ist, was das Herz am allermeisten begehrt. Und die Zeit rennt davon. Ticktack, ticktack …«

Thorkind lächelte weiter. »Meinen Sie jetzt das Buch oder das Weib? Das eine begehre ich tatsächlich mit dem Herzen, das andere lediglich mit dem Schwanz. Holla!« Er wehrte Sams Hand ab, die nach seinen Worten vorzuckte, um ihn am Hemd zu packen. Er deutete mit dem Kopf zur Seite. »Es sind zwar nicht viele Fahrgäste an Bord, Bach. Aber auch die wenigen wollen wir doch nicht auf uns aufmerksam machen.«

Sam zog seine Hand abrupt zurück. »Sie werden sie niemals finden«, presste er hervor, »niemals!«

»Alles Vorhaben unter dem Himmel hat seine Stunde, sagt Ihr Gott, Bach. Es würde mich freuen, wenn er recht hat.« Christian Thorkind griff nach seiner Reisetasche. »Und jetzt entschuldigen

Sie mich für den Rest der Überfahrt. Mir wird übel. Und dabei ist gar kein Wellengang ...«

★★★

»Was ... was ist das denn?«

Kyra las den Artikel gleich noch einmal. Kopfschüttelnd öffnete sie die Hotelzimmertür für den bereits wartenden Ludger. Sie hatten den vorigen Tag in Bonn verbracht, wo sie am Vormittag den Tod einer Radfahrerin verhindert hatten. »Komm rein, Balu. Heute gibt es einen sehr eigenartigen Artikel.«

»Über Weltinger?« Gespannt folgte er Kyra zu ihrem Bett, auf dem das Buch lag.

»Nein. Es ist ein Artikel über merkwürdige Eruptionen in den USA. Genauer gesagt: in einem dünn besiedelten Gebiet in Neumexiko. Unabhängig voneinander haben Bewohner von zwanzig Meilen auseinanderliegenden Dörfern von Bewegungen der Erde gesprochen. Es gab aber kein Erdbeben im herkömmlichen Sinne. Experten sind vor Ort, um dem Phänomen auf den Grund zu gehen.«

»Keine Toten?« Ludger sah sie erstaunt an.

Kyra schüttelte den Kopf. »Nein. Hör zu.« Sie las ihm den Artikel Wort für Wort vor, sprach ihn dann noch einmal auf das Diktiergerät.

Nachdem sie die Tür hinter Ludger geschlossen hatte, krabbelte sie zurück unter die Bettdecke. An Schlaf war nicht zu denken. Waren diese Erdbewegungen vielleicht die Vorankündigung für ein großes Beben, bei dem es viele Tote geben würde? Wollte das Buch genügend Zeit für eine Evakuierung der dort lebenden Menschen verschaffen?

Kyra saß im Flugzeug neben Ludger, als sie sechs Tage später von Clovis in Neumexiko zur Rückreise nach England aufbrachen. Evelyn und einige weitere Mitglieder der Firma waren ebenfalls an Bord. Ludger war gleich nach dem Start eingeschlafen und schnarchte jetzt neben ihr. Kyra betrachtete sein entspanntes Gesicht.

Die Recherchen vor Ort bezüglich des Bebens an der Grenze zu Texas hatten zu keinem Ergebnis geführt, und die Presse in den USA schien schnell ihr Interesse an den Erdbewegungen verloren zu haben.

Evelyn, die zwei Sitzreihen vor ihr auf der anderen Seite des Flugzeugs saß, hatte eine schwarzseidene Schlafmaske aufgesetzt. Ihre auf die Armlehne trommelnden Finger verrieten allerdings, dass sie nicht schlief. Kyra wusste, was Evelyn wach hielt. Sie glaubte an einen Zusammenhang dieses Artikels mit Markus Weltinger, der in den vergangenen Monaten mehrfach in die USA gereist, aber nicht bereit gewesen war, über die Gründe zu sprechen. War er an geheimen militärischen Aktionen beteiligt, wie Evelyn glaubte?

Markus hatte nach der Rettung des Holzfällers noch an zwei weiteren – weitaus unspektakuläreren – Aktionen teilgenommen. Sie hatten den Frontalzusammenstoß zweier Züge und den Tod eines Betrunkenen in seinem Bett, verursacht durch eine brennende Zigarette, verhindert. Markus war seither definitiv von der Existenz des Buches überzeugt, doch entgegen Kyras Annahme war sein weiteres Interesse verhalten geblieben. Es musste die aberwitzige Faktenlage sein, die ihn als Naturwissenschaftler verstörte. Nicht nachweisbare Materie zersetzte sein Weltbild, anstatt es zu erweitern.

Kyra seufzte und lehnte ihren Kopf an Ludgers Schulter. Sie wollte nicht mehr über Markus nachdenken, über den ominösen Artikel oder Evelyn. In einer Woche begann die Adventszeit, und sie freute sich unendlich auf zwei besondere Tage darin. Sie waren quasi die Belohnung für die Tatsache, dass sie dieses Jahr Weihnachten ohne ihre Mutter feiern musste. Aus nicht genau definierten Sicherheitsgründen hatte die Firma ihr dringlichst ans Herz gelegt, in England zu bleiben.

★★★

»Evelyn, ich bin's, Sam.« Mit der gleichen Hektik, die in seiner Stimme lag, riss Sam eine Schublade der Kommode in seinem Schlafzimmer auf, das Telefon unter das Kinn geklemmt. »Wo ist Kyra? Sie geht nicht an ihr Handy.« Er stopfte Unterwäsche und Socken in den Rucksack auf dem Bett, während er lauschte.

»Es ist mir momentan scheißegal, dass du willst, dass ich mich von ihr fernhalte«, unterbrach er Evelyns Redeschwall mit lauter Stimme. »Ich will, dass du in ihr Zimmer gehst und nachsiehst, ob sie sich wirklich nur hingelegt hat. ... Was mit mir los ist? Gerade hat mich Doro Niclas' Wächter angerufen. Sie hat eben im Flughafen Hamburg eingecheckt. Für einen Flug nach London.«

Er knüllte ein Oberhemd in den Rucksack. »Ja, es muss nicht bedeuten, dass es etwas mit Kyra zu tun hat, aber ich bin beunruhigt, weil morgen Doros Geburtstag ist. Und ich traue Kyra Althoff verdammt noch mal zu, dass sie sich mit Doro in Verbindung gesetzt und sie nach London eingeladen hat. Ich weiß, dass die beiden immer von einem gemeinsamen London-Trip träumten. Und du kennst Kyras Vorliebe für infantile«, unverhohlene Wut klang durch seine Stimme, »dumme, gefährliche Alleingänge! Ich traue ihr zu, dass sie sich ohne Balu absetzt, weil sie sich in London sicher wähnt. Also hab jetzt bitte die Güte und sieh nach, ob sie in ihrem Zimmer ist.«

Sam ging ins Bad und warf Zahnbürste und Rasierer in den Rucksack. Minuten später, nachdem er Evelyns aufgeregte Fragen an Ludger und Nigel am Telefon mitverfolgt hatte – wie erwartet, war Kyra nicht in ihrem Zimmer –, unterbrach er Evelyn erneut.

»Schick alle Leute, die du vor Ort zur Verfügung hast, zu den Sehenswürdigkeiten Londons. Sie sollen Ausschau nach den beiden halten. ... Ja, ich weiß, dass du kaum Leute dahast. Aber es ist das Einzige, was wir tun können. Ich habe einfach nur Angst. Es war ein Fehler, Dorothea Niclas nicht einzuweihen. Sie hat sich zwar von Christian Thorkind getrennt, aber das heißt nicht, dass er nicht nach wie vor mit ihr spricht oder telefoniert und dabei beiläufig nach Kyra fragt. Es könnte also durchaus sein, dass die Anderen wissen, dass Doro sich heute in London mit Kyra trifft. Sie müssen sich nur an Doros Fersen heften, sobald sie den Flughafen in Heathrow verlässt. Und ihr schafft es aus der Glendale Road nicht rechtzeitig zum Flughafen. Der Flieger braucht nur fünfundvierzig Minuten. ... Ja, ich nehme das erstbeste Flugzeug nach London.«

Er warf den Hörer auf das Bett und griff den Rucksack. »Ich bring dich um, Kyra Althoff«, murmelte er, während er zum Auto rannte. »Wenn es die Anderen nicht tun, tu ich es.«

★★★

»Harrods! In der Adventszeit. Und jetzt fängt es auch noch zu schneien an.« Doro streckte die behandschuhten Hände aus, um eines der winzigen Schneeflöckchen einzufangen. »Oh Kyra, davon haben wir immer geträumt. Ich danke dir. Dieser London-Trip ist das beste vorzeitige Geburtstagsgeschenk, das ich jemals bekommen habe.« Sie war stehen geblieben und starrte auf die Fassade des weihnachtlich beleuchteten Nobelkaufhauses an der Londoner Brompton Road. Tausende kleine Lichter erstrahlten um die Fenster der altehrwürdigen Front.

Doro scherte sich nicht um die Menschenmassen, die mit ihnen aus dem U-Bahnhof an der Station Knightsbridge nach oben geströmt waren und sich an ihnen vorbeidrängeln mussten. Herzhaft drückte sie Kyra einen Kuss auf die Wange. »Du bist meine Beste. Obwohl du dich so rarmachst.«

Kyra zog Doro ein Stück vom Aufgang weg und umarmte sie lange. »Nächstes Jahr wird es besser. Das verspreche ich dir«, murmelte sie an Doros kühler Wange. Sie drängte die aufsteigenden Tränen zurück. Der Nachmittag mit Doro war so unglaublich schön gewesen. Frei von allen Zwängen, von Bewachung, von besorgten Blicken. Kyra konnte sich kaum erinnern, wann sie sich das letzte Mal so wohlgefühlt hatte. Hier, mit Doro, war sie einfach nur Kyra. Nicht die Jungfrau. Und dieses Gefühl würde sie bis morgen auskosten. Sie hatte für sich und Doro ein Hotelzimmer gebucht. Diese Nachricht würde sie allerdings erst in einigen Stunden an Ludger durchgeben. Noch wollte sie die kostbare Zeit der Unabhängigkeit genießen.

»Komm«, sagte sie und griff nach Doros Hand. »Ich habe einen Mordshunger. Harrods Food Hall wartet auf uns.«

Einander untergehakt, reihten sie sich in die Touristenmasse ein, die dem Kaufhaus entgegeneilte. Als sie stehen blieben, um einem Japaner nicht in die gezückte Kamera zu laufen, fiel Kyras

Blick auf eine Frau, die am Eingang des Kaufhauses stand und – zweifellos frierend, weil sie sich die Arme rieb – die Hinein- und Hinausgehenden beobachtete.

»Scheiße«, murmelte Kyra. Das war eindeutig Firmenmitglied Mary. Hatten Evelyn oder Balu bemerkt, dass sie sich abgesetzt hatte? Aber sie konnten doch unmöglich wissen, dass sie hier auftauchen würden.

»Was ist Scheiße?«, hakte Doro nach.

Kyra zog die Kapuze ihrer Steppjacke tief ins Gesicht. »Ach, dahinten steht jemand, den ich kenne und mit dem ich auf keinen Fall sprechen möchte. Wir nehmen einen anderen Eingang.« Sie schob die irritierte Doro vor sich her, hoffend, dass nicht alle Eingänge von Firmenmitgliedern überwacht wurden.

Sie hatten Glück. Eingehüllt in die Wärme des Kaufhauses, zog Kyra die Freundin erleichtert durch das Erdgeschoss. »Ich habe Hunger, Doro. Gucken kannst du später.«

Kyra entspannte sich erst, als sie auf Barhockern an einem der blank polierten tresenartigen Tische saßen, vor sich einen Teller mit Hummerschwänzen und Salat. Sie waren Mary entwischt.

Doros Blick wanderte über die Intarsien der gewölbten Decke. In ihren glänzenden Augen spiegelten sich die Lichter der Weihnachtsgirlanden. »Christian hatte recht«, sagte sie. »Ich habe noch niemals so viel Prunk in einem Kaufhaus gesehen.«

Hustend stellte Kyra das Weißweinglas ab, an dem sie gerade genippt hatte. »Christian?« Sie starrte Doro an. »Christian Thorkind? Du hast mit ihm gesprochen?«

Doro stopfte sich ein Salatblatt in den Mund. Kauend sagte sie: »Stimmt, das weißt du ja noch gar nicht. Unsere Funkstille ist beendet. Ab und zu telefonieren wir miteinander. Er rief letzte Woche an, um zu erfragen, wie ich meinen Geburtstag verbringe. Ob ich mit Freunden feiere.« Sie lachte auf. »Ob er gedacht hat, ich lade ihn ein? Der soll sich nur keine Schwachheiten einbilden. Das mit uns ist ein für alle Mal beendet. Ich treffe mich nämlich seit zwei Wochen mit Nick. Kannst du dich an ihn erinnern, Kyra? Vor zehn Jahren war ich doch schon mal mit dem zusammen. Kyra? Was ist denn?« Doro ließ die Gabel sinken.

Kyras Herz klopfte bis in den Hals. »Hast ... hast du Christian erzählt, dass du dich hier mit mir triffst?«

»Ja, wieso? Ich hab ihm erzählt, dass wir einen London-Bummel machen.«

Kyras Nackenhärchen stellten sich auf. Ihr Blick wanderte gehetzt über die Menschen an den Tischen und gläsernen Auslagen. »Hast du ihm auch gesagt, in welchem Hotel ich für uns beide ein Zimmer reserviert habe?«, fragte sie.

»Nein«, sagte Doro verwirrt. »Wieso ist das wichtig? Irgendwie wirst du immer schrulliger, Kyra. Und ich kann nicht behaupten, dass mir das gefällt.«

Kyra schob den Teller weg und stand auf. »Wir müssen gehen, Doro. Sofort. Und ich verspreche dir, dass ich dich aufkläre, sobald wir im Hotel sind.«

Die Angst trieb Kyra zu dem Eingang, an dem sie Mary gesehen hatte, aber als sie in die Kälte traten, war von ihr nichts mehr zu sehen. »Wir nehmen ein Taxi, nicht die U-Bahn«, entschied Kyra vor der Tür.

Als der Taxifahrer sich erkundigte, wohin er fahren sollte, fragte Kyra Doro noch einmal: »Und du hast Christian wirklich nicht gesagt, in welchem Hotel wir absteigen?«

»Nein!«

»Century Hotel, New King's Road«, sagte Kyra dem Fahrer. Es war sinnvoller, Ludger oder Evelyn vom Hotel aus anzurufen, denn wenn sie jetzt direkt zu Jonathans Haus fahren würden, würde Evelyn sie zweifellos umbringen, weil Doro dann das Versteck kannte.

Kyras Herzschlag beruhigte sich, als sie die Hotelzimmertür hinter sich schloss. »Du kriegst gleich deine Erklärung«, wehrte sie Doro ab. »Lass mich schnell telefonieren.« Sie ging in das kleine Bad und wählte Ludgers Nummer auf ihrem Handy. Es war besetzt. »Mist!«, stöhnte Kyra, und zugleich hörte sie Doros »Ja, Moment bitte«.

Kyra riss die Badezimmertür auf. »Nein, Doro, nicht aufmachen!«

»Ist nur der Zimmerservice«, sagte Doro kopfschüttelnd und öffnete die Tür, bevor Kyra bei ihr war.

Die Tür war kaum einen Spalt offen, als sie nach innen aufgestoßen wurde. Mit einem Aufschrei prallte Doro gegen Kyra, die mit schreckgeweiteten Augen auf Christian Thorkind und eine Frau starrte, die die Tür umgehend schloss. Kyra kam die Frau vage bekannt vor, doch zum Grübeln war keine Zeit. Die Pistole in Christians Hand trieb ihr den Angstschweiß aus den Poren. Eine Pistole mit Schalldämpfer.

»Christian!«, stieß Doro aus. Ihre Stimme klang hölzern. »Was hat das zu bedeu–« Weiter kam sie nicht. Ohne ein Wort rammte Christian Thorkind ihr den Pistolenknauf an die Schläfe.

»Doro!«, schrie Kyra auf, als die Freundin vor ihr zusammensackte und reglos liegen blieb.

»Das habt ihr mir einfach gemacht. Enttäuschend einfach, Kyra. Ich musste Doro heute Mittag nur vom Flughafen aus folgen und schauen, in welchem hübschen Hotel sie ihre Reisetasche abstellt.« Thorkind hielt Kyra mit der Waffe in Schach, während die Frau das kleine Bad checkte. Als sie ihm zunickte, wusste Kyra wieder, woher sie sie kannte. Es war die Frau, die mit Bernd Wagner am Föhrer Strand gewesen war.

»Ich hab doch gesagt, wir sehen uns wieder.« Christian Thorkind lächelte, während er auf Kyra zuschritt. Kyra ging rückwärts, bis der Kleiderschrank ihr den Weg versperrte. Sie konnte seinen Tabakatem riechen, als er vor ihr stehen blieb, die Pistole auf ihr Herz gerichtet. »Ein Schrei, Kyra, oder eine falsche Bewegung, und deine geliebte Doro tut ihren letzten Atemzug.« Er nickte der Frau zu, die neben Doro in die Knie ging. Silbern blitzte ein Messer in ihrer Hand.

»Bitte nicht. ... Bitte, ich ...« Kyras Stimme zitterte.

»Bitte *was*?« Christian Thorkind presste sich an Kyra, während er ihr den Lauf der Pistole in den Schritt bohrte. »Bitte erlöse mich von meiner Macht? Bitte mach's mir, weil es mir noch nie einer gemacht hat? Also, *was* bitte?« Der Druck auf den Lauf wurde noch fester.

»Doro ... lasst sie«, stieß Kyra aus.

»Natürlich lassen wir sie. Wenn du lieb bist.« Christian Thorkind ließ von ihr ab, ging zu Doro und stellte seinen Fuß auf ihren Hals. »Du musst nur gehen und das Buch holen. Oder hast du es sogar bei dir? Und dann kommst du mit uns und liest *uns* vor, was das Buch preisgibt. Wir hätscheln und tätscheln dich. Und am 7. Februar darfst du dann gehen. Einfach so. Weil wir dich lassen. Weil du dann ein wertloses Stück Dreck bist.«

Aus Doros Mund kam ein leichtes Stöhnen. Sie erwachte aus ihrer Bewusstlosigkeit und versuchte, ihren Kopf zu drehen.

»Ich mach es«, schrie Kyra auf, »ich mach es!«, als Christian seinen Fuß hob, um zuzutreten.

»Brave Jungfr–« Sein Grinsen erstarb mit dem berstenden Geräusch, als die Hotelzimmertür aus den Angeln flog und Ludger ins Zimmer stolperte. Die Frau neben Doro schrie, als er sie rammte. Sie sprang auf.

Ludger fing sich augenblicklich und nutzte das Überraschungsmoment und die Sekunden, die Christian Thorkind brauchte, um sich umzudrehen. Er richtete seine Waffe auf Ludger. »Lass die Waffe fallen und nimm deine Dreckshände hoch, Thorkind!«

Der zögerte nur kurz, dann ließ er die Waffe fallen. Kyra stürzte zu Doro, die versuchte, sich aufzurappeln.

»Nimm sie und verschwindet nach unten«, fauchte Ludger, ohne Kyra anzublicken. Er durfte Thorkind und die Frau, die seitlich zu ihm stand, nicht aus den Augen lassen.

Kyra zerrte verzweifelt an Doro. »Komm, Doro, komm hoch. Wir müssen hier raus.« Sie packte die Freundin unter den Armen und half ihr beim Aufstehen. Einen Arm von Doro über ihre Schulter gelegt, schleppte sie sie zur Tür. Als sie bereits auf dem Flur waren, schrie Kyra auf: »Balu!«

Aber es war zu spät. Die Frau rammte Ludger das bis dahin hinter ihrem Rücken verborgene Messer in den Arm.

Aus Kyras Kehle löste sich ein brachialer Hilfeschrei, während die Frau einfach an ihr vorbei auf den Flur stürzte und im Treppenhaus verschwand.

»Wir brauchen Hilfe«, schrie Kyra, als sich eine Hotelzimmertür langsam neben ihr öffnete. Als der Hotelgast auf den Flur trat, kam Thorkind aus dem Zimmer gestürmt. Er stieß die Frauen beiseite und rannte ebenfalls Richtung Treppenhaus, stoppte aber abrupt, als sich auf dem Flur die Fahrstuhltür öffnete. Er drängte die Heraustretenden zur Seite und verschwand im Fahrstuhl.

Ludger kam, seinen blutenden rechten Arm an den Bauch gepresst, aus dem Zimmer gestolpert. »Nehmen Sie die Frauen in Ihr Zimmer«, blaffte er den erschrockenen Hotelgast an. »Ich rufe die Polizei. Wir … äh … wurden überfallen.« Er sah Kyra an. »Wo sind sie hin?«

»Bleib hier, Balu, bitte!« Weinend drückte Kyra dem Hotelgast Doro in die Arme. Sie zerrte an Ludgers gesundem Arm. »Bleib hier! Er ist weg. Du kannst nichts mehr tun.«

Ludger riss seinen Arm los und packte Kyras Handgelenk. »Tu das nie wieder, hörst du!« Seine Stimme zitterte vor Wut und vor Schmerzen. »Du bringst uns alle in Gefahr.«

Sam hämmerte auf den Knopf vor dem Fahrstuhl im Erdgeschoss des Century Hotels. Evelyn hatte ihm die Zimmernummer durchgegeben, nachdem sie mit mehr Glück als Verstand das Hotel gefunden hatte, in dem unter Doros Namen ein Doppelzimmer gebucht worden war. Evelyn hatte aus lauter Verzweiflung einfach zum Telefonbuch gegriffen und bei A angefangen. Balu war auch auf dem Weg. Vielleicht war er sogar schon oben.

Sam wollte sich gerade vom Fahrstuhl abwenden, um die Treppe zu nehmen, als die Tür sich öffnete. Der Mann, der aus dem Fahrstuhl treten wollte, blieb abrupt stehen. »Bach!« Christian Thorkinds Hand schoss vor.

Sam war zu überrascht, als dass er rechtzeitig reagieren konnte. Thorkind hatte ihn bereits an der Jacke gepackt und zog ihn in den Fahrstuhl. Die Tür schloss sich in dem Moment, als Sam den Lauf einer Waffe an seinem Bauch spürte. »Ich hab euch so satt«, zischte Christian Thorkind an Sams Ohr. Dann drückte er ab.

★★★

»Oh, Sie sprechen wieder mit mir, Frau Kessow. Womit habe ich das verdient?« Kyra hoffte, ironisch zu klingen, aber sie hörte selbst, dass es misslungen war. Es klang so, wie es sich für sie anfühlte. Erleichtert.

Evelyn hatte seit zwei Wochen kein Wort mit ihr gewechselt. Seit dem Drama mit Doro, die jetzt notgedrungen eingeweiht und seit zehn Tagen wieder in Itzehoe war. Geschockt und nicht bereit, einen Schritt ohne Bewacher vor die Tür zu machen. Kyra telefonierte jeden Tag mit ihr.

Doro war über den Sachverhalt informiert worden, allerdings hatte Evelyn ihr verschwiegen, dass die Firma und Kyra schon von Anfang an Zweifel gegen Christian gehegt hatten. Doro glaubte, dass das Misstrauen erst bei dem Besuch in Itzehoe entstanden war. Kyra war Evelyn unendlich dankbar dafür. Sie wusste, dass sie Doro für immer verloren hätte, wenn sie die Wahrheit erfuhr.

»Ich spreche mit Ihnen, weil ich wissen möchte, wie Sie Weihnachten zu feiern gedenken, Frau Althoff. Dass Sie noch einmal Alleingänge starten, müssen wir nicht befürchten?«

»Ich kann Ihre Wut gut verstehen, Frau Kessow.« Kyra meinte, was sie sagte. »Meinetwegen wurde Balu verletzt, und ich habe die Firma und das Buch gefährdet. Aber ... jetzt muss es doch auch mal gut sein, oder? Ich habe mich hundertmal entschuldigt. Und Balu geht es wieder gut.«

Evelyns dunkle Augen waren unergründlich. »Ja, *Balu* geht es gut.«

Kyra sah, dass Evelyn noch etwas auf der Zunge brannte.

Und sie war sich sicher, dass es etwas anderes war als das, was sie schließlich sagte.

»Wir werden am Heiligabend Gänsebraten essen, Frau Althoff. Ich hoffe, das ist Ihnen recht.«

SECHZEHN

Drei Uhr dreiunddreißig zeigte der Wecker an, als Kyra auf die Zeilen starrte, die sich langsam aus der fließenden Tinte formten. Sie wusste selbst nicht genau, was sie erwartete. Als sich der Artikel schließlich herausgebildet hatte und sie las, dass es galt, einen Betrunkenen zu retten, der von einem Zug erfasst werden würde, spürte sie Enttäuschung. Tief in ihrem Innersten hatte sie gehofft, heute die Antwort zu erhalten, warum Markus Weltinger zweimal auf so merkwürdige Weise im Buch aufgetaucht war.

Denn heute war die letzte Chance dazu. Heute, am Mittwoch, dem 7. Februar 2007.

Kyra hatte darauf bestanden, allein zu sein, wenn der letzte Artikel erschien. Hier, in diesem kleinen Münchner Hotel. Evelyn und Ludger hatten protestiert, aber an Kyra waren alle Überredungsversuche abgeprallt. Das Alleinsein hatte ihr Leben in den vergangenen sieben Jahren bestimmt, trotz der vielen Menschen, die sie stets umgeben hatten. Und genauso sollte diese Phase ihres Lebens enden. Allein.

Ihre Finger strichen über die Seite mit dem letzten Artikel. Aus der Tiefe ihrer Brust kam ein Seufzer über ihre Lippen. Morgen würde ihr neues Leben beginnen.

Konzentriert las sie schließlich den Artikel in das Diktiergerät. Sie selbst würde dabei sein, wenn der Mann sich in achtundvierzig Stunden auf den Schienen in die tödliche Gefahr begab. Ein letztes Mal würde sie einen Menschen retten.

Ein leises Klopfen an der Hotelzimmertür kündigte Ludger an, der auf die Nachricht wartete.

Kyra sprang aus dem Bett und tappte zur Tür. Sie verzog das Gesicht, als sie sein leises »*Wir* sind's« hörte.

»Ich wollte kein Tamtam«, sagte sie, nachdem sie die Tür geöffnet hatte und in die lächelnden Gesichter von Ludger und Evelyn Kessow blickte. »Was soll das also?«, stieß sie aus, als die beiden ungefragt ihr Zimmer betraten und die Tür hinter sich schlossen.

Kyras Tonfall war nach wie vor schroff, aber die langstielige weiße Rose in Evelyns Hand und der in drei Kelchen perlende Sekt auf dem kleinen Tablett in Ludgers Händen erweichte einen Stein in ihrer Brust, von dem sie gar nicht gewusst hatte, dass es ihn gab.

Evelyn, die Frau, die sie in den vergangenen Jahren genervt, wütend oder verzweifelt ertragen hatte, deren Leben nur dem Buch und seiner Mission galt, genau diese Frau schien sich jetzt mit ihr zu freuen, dass es vorbei war.

»Danke, Frau Althoff. Für Ihre Kraft, für Ihr enormes Durchhaltevermögen, für Ihre Liebe zu den Menschen … Was auch immer jetzt kommt. Die Firma wird Sie unterstützen, bis Sie wieder Fuß gefasst haben in Ihrem Leben.«

Und ihre Worte – warm gesprochen wie nie – lösten den Stein in Kyras Brust.

Sie wurde nicht fallen gelassen! Diese in den letzten Winkel ihrer Brust zurückgedrängte Angst war in den letzten Wochen unterschwellig immer präsent gewesen. Der 7. Februar 2007 war die Deadline gewesen, das Ziel ihrer Träume. Aber Kyra war nicht in der Lage gewesen, ihr zukünftiges Leben vorzubereiten, Pläne zu schmieden, berufliche Perspektiven auszuloten. Zu hören, dass sie auch nach dem Verschwinden des Buches Unterstützung haben würde, war befreiend.

Trotzdem konnte sie sich den Spott nicht verkneifen, als sie die Rose aus Evelyns Hand in Empfang nahm. »Sie werden doch jetzt hoffentlich nicht gefühlsduselig, Frau Kessow? Das würde das Bild, das ich von Ihnen habe, verzerren.«

»Da sieht man mal wieder, wie berechenbar Sie sind, Frau Althoff. Ein läppischer emotionaler Satz, und Sie schmelzen dahin.«

»Seid friedlich, Ladys«, ging Ludger dazwischen, nachdem er seinen Sektkelch leicht an die Gläser der Frauen gestoßen und in einem Zug leer getrunken hatte.

Evelyn stellte ihr Glas unangerührt auf Kyras Nachttisch ab. »Und?« Spannung lag in ihrer Stimme.

Kyra schüttelte den Kopf. »Nichts über Markus.« Sie wusste, dass Evelyn genau das auch gehofft hatte.

»Ja, dann …« Die Enttäuschung war Evelyn deutlich anzuhören, nachdem Kyra den Artikel vorgelesen hatte.

Ludger nahm Kyra das Diktiergerät ab. »Ich geb das gleich mal weiter. Aber vorher …« Er breitete seine Arme aus und drückte Kyra an sich, die Pranken fest um sie geschlungen. »Ich freu mich für dich, Zwerg. Ich freu mich. Endlich kannst du tun und lassen, was du willst.«

»Noch nicht ganz«, mahnte Evelyn.

Kyras Blick wanderte zu dem Buch, das auf ihrem Bett lag, halb verborgen von der Decke. Keine vierundzwanzig Stunden mehr, dann war es auch für sie unsichtbar. Und in den verbleibenden Stunden musste sie das Buch gut verwahrt deponieren. Für die Jungfrau, für die es in ferner Zukunft wieder sichtbar werden würde.

»Ist das Schweriner Schloss wirklich die beste Idee?« Kyra spürte wieder das Kribbeln zwischen den Schulterblättern, das bei den Diskussionen der letzten Woche, wo das Buch am besten verwahrt sein würde, immer wieder aufgetaucht war. Allerdings musste sie zugeben, dass sie sich bei allen Gebäuden, die in Frage kamen, unwohl gefühlt hatte.

»Die Wahrscheinlichkeit, dass es in dreihundertdreiunddreißig Jahren noch steht, Zwerg, ist ziemlich groß«, nickte Ludger die Entscheidung der Firma ab. »Wenn nicht grad der dritte Weltkrieg dazwischenkommt und uns alles um die Ohren haut, was geht. Und dann wär's auch egal, weil dann alle platt sind. Auch die Jungfrauen.«

»Vielen Dank, Balu, für dieses differenzierte Worst-Case-Szenario.« Evelyn packte Ludgers Arm und schob ihn zur Tür. »Unsere Leute warten auf den Artikel.«

Grinsend zwinkerte Ludger Kyra zu und verschwand.

»Sie haben oft genug mitgeteilt, dass Sie andere Orte favorisieren, Frau Althoff. Aber festlegen mochten Sie sich schließlich auf keinen. Natürlich hätten wir auch lieber den Kölner Dom gewählt, aber Sie kennen doch die Gründe, warum wir uns für ein eher nicht so populäres Gebäude entschieden haben.«

Widerstrebend nickend gab Kyra ihr recht. Die Wahl des Aufbewahrungsortes für das Buch war heikel. Es musste ein denkmalgeschützter Ort sein, bei dem man davon ausgehen konnte, dass er die Jahre bis zum erneuten Erscheinen des Buches überdauern würde. Die Firma hatte sich mit Bedacht gegen eine Kirche entschieden, weil die Befürchtung groß war, dass die Satanisten genau davon ausgingen und um die Zeit herum, in der das Buch verschwinden sollte, in vielen der in Frage kommenden Gebäude Späher postiert hatten. Die Wahrscheinlichkeit, dass das Schloss in Schwerin auch in den Observierungsbereich fallen würde, war eher gering, zumal die Anderen nicht davon ausgehen konnten, dass der von der Bruderschaft gewählte Ort in Deutschland lag.

Kyra musste Evelyn zustimmen: Eine Alternative hatte sie nicht anzubieten. Und eine Gewähr, dass das Buch im Jahr 2331 gefunden werden würde, gab es sowieso nicht. Um eventuelle Verfolger abzuschütteln, war sie mit Ludger in den vergangenen vierzehn Tagen um die ganze Welt gereist. Mehr konnte sie jetzt nicht tun.

»Ich wäre ja immer noch dafür, das Buch einfach in einem sicheren Behältnis zu vergraben. An einem Ort, der nur der Bruderschaft bekannt ist. Punkt. Dann können es die Evelyns des Jahres 2331 einfach wieder ausbuddeln und einer auserwählten Firmen-Jungfrau überreichen. Dann sind alle glücklich, inklusive der Jungfrau, die darauf vorbereitet wurde.«

Schweigend musterte Evelyn Kyra einen Moment. »Sie sind tatsächlich niemals wirklich glücklich gewesen in all den Jahren, obwohl Sie so vielen Kindern, Männern und Frauen das Leben gerettet haben ... Unglaublich.«

Kyra wollte widersprechen, aufbegehren, aber im Grunde hatte Evelyn recht. Das, was sie empfunden hatte, wenn ein Mensch durch ihre Hilfe weiterlebte, war wilde Freude und allergrößte Dankbarkeit gewesen. Glück in seiner ganzen Tiefe aber musste sich doch anders anfühlen! Und wenn es in ihr war, irgendwann, dann würde sie es genau so wahrnehmen. Es würde tiefer gehen als Dankbarkeit, es würde nicht wild, sondern warm in jeder Zelle ihres Körpers zu spüren sein, es würde sie ausfüllen und satt machen und denken lassen, dass ihr Leben sich allein für dieses Gefühl gelohnt hatte. Egal, wie lange es dauerte.

»Wir dürfen es nicht in einem Behältnis verwahren, Frau

Althoff. Das habe ich Ihnen mehrfach erklärt«, fuhr Evelyn fort. »Die Gefahr, dass die Anderen dieses Behältnisses habhaft werden könnten, wäre gegeben. Es ist natürlich ein minimales Risiko, aber in über dreihundert Jahren kann eine Menge passieren. Das können wir nicht abschätzen. Unsere Bruderschaft könnte infiltriert werden, und dann wäre es ein Leichtes für die Satanisten, diesen Behälter und damit das Buch an sich zu bringen.« Sie tätschelte Kyras Arm. »Entspannen Sie noch ein wenig, bevor Sie zum Flughafen müssen. Sie haben einen aufregenden Tag vor sich.«

An Entspannung war nicht zu denken, als Evelyn aus dem Raum war. Hektisch legte Kyra ein paar Kleinigkeiten in den ledernen Rucksack. Das Buch stopfte sie zum Schluss hinein. Kurz nach sechs heute Morgen würde sie mit Ludger nach Schwerin abreisen.

Als Kyra um die Mittagszeit mit Ludger an ihrer Seite über die Brücke zur Schlossinsel schritt, war der Himmel grau mit Wolken verhangen, und Feuchtigkeit hing in der kühlen Luft. Das helle märchenhafte Schloss mit seinen Türmchen und der Kuppel wirkte so verspielt, dass es als Aufbewahrungsstätte für das Buch fast zu unwirklich schien.

Kyra war froh, als sie im Inneren des Schlosses anlangten. Trotz der Wärme dort zitterte sie weiter. Zu groß war die Aufregung. Sie schloss sich mit Ludger der Führung an, und gemeinsam gingen sie mit der kleinen Gruppe von Raum zu Raum. Den Ausführungen und Anekdoten über die mecklenburgischen Herzöge folgte sie dabei kaum.

Sie griff nach Ludgers Hand, als die redegewandte Führerin den Thronsaal ankündigte, denn genau in diesem Raum – so hatte es die Firma beschlossen – sollte sie das Buch auf dem Tafelparkett vor dem Thronsessel deponieren.

Kyras Mund wurde ganz trocken, als sie den hohen Raum betraten. Als sie sich unauffällig umsah, klopfte ihr das Herz bis zum Hals. Der Prunk des gesamten Schlosses erreichte hier seinen Höhepunkt. Marmorne Säulen, eine prächtige Fensterfront und die vorherrschenden Farben Rot, Weiß und Gold ließen das pompöse Leben alter Zeiten vor dem inneren Auge auferstehen. Das Intarsienparkett in seinen satten Brauntönen war blank poliert. Dort, wo die Besucher des Schlosses entlanggeführt wurden, war es mit einem schlichten Laufteppich abgedeckt. Zusätzlich war der Bereich um den kitschigen rot-goldenen Thronsessel und das kostbare Parkett mit einem Seil von der Laufzone abgetrennt, damit kein Unbefugter diesen Teil des Raumes betreten konnte.

Ludger drückte Kyras Hand und nickte ihr aufmunternd zu. Der Moment war gekommen. Sie musste jetzt handeln, damit sie mit der Gruppe gemeinsam den Raum wieder verlassen konnten. Mit bebenden Fingern öffnete sie ihren Rucksack. Sie bohrte dabei ihren Unterarm ganz hinein. Ihre Finger griffen nach einem Päckchen Taschentücher auf dem Boden des Rucksackes, dann nach dem Buch. Kyra zog beides gemeinsam heraus und ließ das Buch sofort fallen. Es landete mit einem dumpfen, nur für sie hörbaren Geräusch vor ihren Wildlederstiefeletten auf dem grauen Teppichbelag.

Mit angehaltenem Atem blickte sie sich um, aber niemand nahm von ihr, der Frau mit dem Taschentuchpäckchen, Notiz. Alle hingen an den Lippen der Schlossführerin. Mit einer leichten Bewegung ihres Fußes schob Kyra das Buch vom Teppich auf das Parkett hinter dem Seil. Sie spürte Ludgers Blick auf sich gerichtet und nickte ihm leicht zu. Und dann tat sie, was die Firma ihr aufgetragen hatte: Sie holte mit dem rechten Bein aus und kickte das Buch kraftvoll Richtung Thron.

Sie konnte ein erleichtertes Aufstöhnen nicht unterdrücken, als es fast perfekt in der Mitte des Raumes zum Stillstand kam.

Es war ein eigenartiges Gefühl, das Buch dort liegen zu sehen. Kyras Blick wanderte zu den beiden prächtigen Gemälden, die den Thron umrahmten. Großherzog Friedrich Franz II. von Mecklenburg-Schwerin und seine Gattin Auguste starrten auf sie herunter. Vielleicht war das Buch ein Störfaktor in ihrer toten Welt? Kyra rief sich selbst zur Ordnung, aber das Buch dort einfach liegen zu lassen hinterließ ein merkwürdiges Gefühl.

»Und?«, zischte Ludger leise und zweifellos nervös durch die Lippen.

Kyra sollte sich vereinbarungsgemäß einfach nur bei ihm

einhaken, aber sie konnte sich ein leises »Der Adler ist gelandet« nicht verkneifen.

Grinsend und ihre Hand fest und beruhigend drückend, führte Ludger sie weiter, der Gruppe hinterher, die langsam weiterzog.

Erst als sie wieder draußen und allein waren, nahm Ludger sie in seine Arme und presste sie an sich. »Du warst wundervoll, Kyra. All die Jahre. Danke.« Er hatte Tränen in den Augen, als er sie wieder losließ.

Kyra griff nach seiner Hand. Erleichterung wollte sich noch nicht einstellen. Dafür war es einfach noch zu früh, aber das Wissen, dass ihr Leben jetzt wieder ihr gehörte, lockte ein befreites Lachen hervor.

★★★

Seine Finger bebten, als er die schwarzen Kerzen anzündete. Sein Blick verharrte in einer Flamme. Sie konnte nicht heißer brennen als die Tränen auf seinen Wangen.

Er hatte versagt. Der 7. Februar 2007 war verstrichen, und er stand genau dort, wo er vor vier Jahren gestanden hatte, als Kyra Althoff von einem Tag auf den anderen verschwunden war. Er war bar jeder Ahnung, wo sich die Jungfrau aufhielt und wo sich das Buch befand. Alle Mühen, sie zu finden, waren umsonst gewesen.

Die Marienbruderschaft hatte gegen alle Erwartungen perfekte Arbeit geleistet und die Jungfrau all die Jahre verborgen. In alle Welt hatte er seine Leute entsandt, zu den Orten ungewöhnlicher Rettungsaktionen, über die die Presse berichtet hatte. Genaueste Erkundigungen hatten sie eingeholt über die jeweiligen Retter, immer in der Hoffnung, Hinweise auf die Marienbruderschaftsmitglieder zu erhalten. Aber niemals hatte sich ein Verdacht bestätigt. Entweder hatten sie nichts mit dem Fall zu tun gehabt, oder sie waren nach der Rettungsaktion schnellstens von der Bildfläche verschwunden.

Er grunzte widerwillig. Er hätte es nicht anders gemacht.

»Herr, warum?«, schrie er gegen den Altar und riss den schwarzen Samt mit beiden Händen herunter. Das Wachs der stürzenden

Leuchter ergoss sich auf seine Handflächen, aber er nahm den Schmerz nicht als solchen wahr.

Sein Blick wanderte zu dem Tisch, an dem die anderen gleich Platz nehmen würden. Die Unwürdigen, die nur darauf erpicht gewesen waren, Geld mit der Macht des Buches zu verdienen. Die die Jungfrau um der reinen Lust willen schänden und ermorden wollten. Jetzt hatten sie das Interesse an Kyra Althoff verloren. Jetzt war sie wieder ein Weib wie jedes andere. Aber ihn würden sie mit verächtlichen Blicken betrachten. Versteckt natürlich, weil sie feige Hyänen waren und den Schwanz einkniffen, wenn er auch nur den Blick auf sie richtete. Ihre Häme war ihm egal. Aber den Oberhäuptern in Rom hatte er das Heilige Buch versprochen. Ihnen hatte er es zu Füßen legen wollen.

Durchatmend versuchte er, sich zu beruhigen, während er mit dem Fuß die Flamme einer der umgekippten Kerzen auf den Fliesen löschte. Eine Chance der Wiedergutmachung gab es noch: Kyra Althoff würde irgendwann wieder auftauchen, würde ihr altes Leben wieder aufnehmen. Und dann würde er dafür sorgen, dass sie das Versteck des Buches preisgab. So würde Luzifers Jungfrau vor der Marien-Jungfrau zur Stelle sein, wenn das Buch in drei Jahrhunderten wieder erschien.

★★★

Am 8. Februar stand Kyra erneut vor dem Schweriner Schloss. Dieses Mal in Begleitung von Evelyn, die nervös an einer Zigarette sog.

»Versprechen Sie mir, dass Sie mich nach dieser Aktion endlich in Ruhe lassen?«, grummelte Kyra.

Die Firma hatte darauf bestanden, dass Kyra sich davon überzeugte, dass das Buch verschwunden war. Sie hatte zwar protestiert, aber innerlich war auch sie darauf erpicht, das Buch endlich fort zu wissen.

Evelyn warf die halb geraucht Zigarette auf den Boden und tippte mit ihrem hochhackigen Stiefel die Glut aus. »*Das* Versprechen gebe ich Ihnen nur zu ger–« Sie brach ab.

Kyra folgte ihrem Blick zu der Touristengruppe vor dem

Schloss, die dort gerade von der Führerin in Empfang genommen wurde. Sie konnte nichts Außergewöhnliches ausmachen. »Was ist los?«, fragte sie.

»Nichts.« Evelyn schüttelte den Kopf. »Es ist nur Ludger, der dort hinten steht. Er schaut sich ein wenig um und fotografiert die Besucher unauffällig. Wir gehen natürlich nicht davon aus, dass die Anderen hier sind, aber Vorsicht kann nicht schaden. Kommen Sie. Die Gruppe wird gleich hineingehen.«

Vor dem Haupteingang nickte Evelyn Kyra zu, als die Führung begann. »Gehen Sie schon vor, Frau Althoff. Ich schließe mich Ihnen sofort an. Ich werde nur schnell Ludger mitteilen, wo er uns nach der Führung treffen kann.«

Tief durchatmend betrat Kyra als Letzte der Gruppe das Schloss.

Evelyn lief – an Ludger Baltrusch vorbei, ohne ein Wort mit ihm zu wechseln – zur Südseite des Schlosses. Zu dem Mann, den sie während des Gesprächs mit Kyra entdeckt hatte und der dorthin verschwunden war.

»Sag mal, was soll das? Da können wir ja gleich ein Schild für die Anderen aufstellen: Das Buch liegt hier im Schweriner Schloss.«

Auf Sams blassen Wangen bildete sich ein Hauch von Röte, während er die langstielige Baccararose von der einen in die andere Hand wandern ließ. »Ich will ihr endlich sagen, was sie mir bedeutet. Ich werde keinen Tag länger warten. Das Buch ist weg, und ab sofort beginnt für Kyra ein neues Leben. Und ich möchte wieder ein Teil davon sein.«

»Verschwinde hier auf der Stelle mit deinem kitschigen Amor-Kraut, Samuel Bach! Auffälliger geht es kaum noch. Ich kann nur hoffen, dass die Anderen uns hier nicht wirklich beobachten. Denn ansonsten werde ich dir höchstpersönlich den Hals umdrehen.«

Sam verzog keine Miene. »Ich warte hier. Punkt.«

»Wo waren Sie denn so lange?«, flüsterte Kyra Evelyn zu, als die sich im Schloss wieder zu ihr gesellte.

»Das Gespräch mit Ludger hat länger gedauert als vermutet, und dann muss ich in einem Raum falsch abgebogen sein. Mir fehlte ein wenig die Orientierung.«

»Tragisch«, murmelte Kyra und deutete nach vorn. »Dort kommt der Thronsaal.«

Kyra und Evelyn gingen als Letzte der Besuchergruppe hinein. Kyras Kopf ruckte sofort nach rechts, und was sie sah, ließ sie aufschreien. Es war ein wimmernder Schrei, geboren aus Schreck und Unglauben. Ihr sackten die Knie weg.

Evelyn fing sie auf. »Was ... was ist los?« Sie musste Kyra langsam zu Boden sinken lassen, weil der Körper zu schwer in ihren Armen wurde.

Während die Menschen um sie herum zu Hilfe eilten, sagte Kyra nur: »Es ist noch da.« Dann wurde es schwarz um sie herum.

Als sie die Augen wieder aufschlug, blickte sie in weit aufgerissene Augenpaare. Die Schlossführerin fragte Evelyn gerade, ob sie einen Rettungswagen rufen solle, was umgehend abgelehnt wurde.

»Wir kennen das schon«, sagte Evelyn mit einem Lächeln. »Meine Schwester hat einen niedrigen Blutdruck. Sie ist gleich wieder auf den Beinen. Vielen Dank.«

»Hier ist ein Stuhl.« Einer der Besucher schob ihn herüber.

»Danke.« Evelyn lächelte weiter. »Es ist im Sinne meiner Schwester, wenn Sie alle einfach mit der Führung weitermachen. Es ist ihr immer so peinlich, wenn das passiert. Ich kümmere mich um sie. Komm, Liebes.« Sie packte Kyra unter den Armen und zog sie zu dem Stuhl.

Die Führerin sah skeptisch von Kyra zu Evelyn und zurück. Da beide Frauen blass geworden waren, schien sie den Worten Evelyns nicht wirklich zu trauen. Aber schließlich nickte sie. »Ich lasse Ihnen ein Glas Wasser bringen.«

»Es ist noch da«, stieß Kyra wieder aus und deutete mit dem Finger auf das Parkett. »Da liegt —«

»Seien Sie ruhig«, fuhr Evelyn ihr über den Mund, lächelnd, weil die Mitglieder der Gruppe sich immer noch vereinzelt umdrehten.

Als sie schließlich allein waren, packte Evelyn die starre Kyra an den Schultern. »Das kann nicht sein, Frau Althoff. Das Buch muss weg sein!« Sie starrte auf das Parkett. »Schauen Sie noch mal genau hin. Vielleicht denken Sie nur, dass es da liegt, haben noch das gestrige Bild vor Augen.«

Kyra riss sich los und sprang auf, was mit erneutem Schwindel bestraft wurde. Schnell stützte sie sich auf der Stuhllehne ab. »Halten Sie mich für blöde, Frau Kessow? Dieses … dieses verdammte Buch liegt da!« Und dann stürzten die Tränen aus ihren Augen. »Ich will das nicht mehr. Sie haben gesagt, dass es vorbei ist. Und jetzt … jetzt …« Weinend brach sie erneut zusammen.

Evelyns Blick verharrte auf dem Parkett. »Ich verstehe das nicht.« Sie presste die Finger an die Stirn. Mit geschlossenen Augen murmelte sie: »Ich verstehe das einfach nicht. Das kann gar nicht sein. Es muss weg sein. Die Daten waren korrekt.«

Blass bis an die Lippen packte sie Kyra und zog sie hoch. »Holen Sie das Buch, Frau Althoff, und dann verschwinden wir hier. Wir haben schon genug Aufmerksamkeit auf uns gezogen.«

»Nein! Nein, ich werde dieses Buch nicht –«

Grob packte Evelyn Kyras Arm und schob sie Richtung Parkett. »Sie holen es sofort, verstanden? Und dann werden wir überlegen, was zu tun ist.«

Kraftlos bückte sich Kyra unter der Absperrleine hindurch, die Evelyn für sie hochhielt. Als sie nach dem Buch griff und es in ihren Händen spürte, überkam sie Übelkeit. Warum war es noch da?

Vor dem Schloss drückte Evelyn die apathische Kyra in Ludgers Arme, der sie erschrocken musterte. »Was ist passiert?«

Evelyn winkte ab. »Gleich.« Sie eilte um die Ecke des Schlosses, wo Sam wie ein Panther im Käfig auf und ab lief.

Als er sie sah, leuchteten seine Augen auf. »Endlich. Warum hat das so lange gedau…« Alarmiert sah er sie an. »Was ist los? Du bist weiß wie ein Laken.«

»Das Buch ist nicht verschwunden, Sam.«

»Was? Aber …« Er starrte in die Richtung, aus der jetzt Kyras Weinen zu hören war. »Ich muss zu ihr.«

»Du …«, Evelyn packte ihn am Handgelenk, »… du musst

hier gar nichts. Du bist raus aus der Sache, erinnerst du dich?«
Ihre Stimme hatte wieder die alte Strenge. »Solange das Buch da ist, hältst du dich von ihr fern. Das hast du versprochen. Dein Auftritt in Rom hat schon genug Chaos ausgelöst. Und an das Desaster in London muss ich dich doch wohl nicht erinnern. Du wärst fast gestorben. Ihretwegen! Also halt dich jetzt an die Abmachung ... Überleg lieber, was wir jetzt machen. Was kann das zu bedeuten haben? Ich bin völlig verwirrt. Ich muss sofort den inneren Kreis benachrichtigen.«

★★★

Kyra trank den letzten Schluck Fencheltee, obwohl er nur noch lauwarm war, und stellte den leeren Becher auf den Küchentisch zurück. Auf dem Weg zur Haustür stopfte sie im Vorübergehen einen Apfel aus der Obstschale in die Tasche ihrer dick gefütterten braunen Steppjacke.

Wie jeden Morgen seit zwei Wochen machte sie sich vom Haus ihrer Mutter auf den Weg nach Utersum. Immer am Strand entlang, den Kopf der kalten Föhrer Nordseeluft entgegengestreckt.

Und wie jeden Tag seit zwei Wochen versuchte sie dabei, die Mitglieder der Firma zu ignorieren, die sie auf Abstand nach wie vor auf Schritt und Tritt bewachten. Allerdings hatte sich die Situation verändert. Kyra hatte jede Kommunikation mit den Firmenmitgliedern abgebrochen. Seit sie am 8. Februar aus Schwerin abgereist waren, verweigerte Kyra jede Zusammenarbeit.

Sie hatte das Buch am Abend desselben Tages in einen Karton gelegt und Evelyn in die Hand gedrückt. »Machen Sie damit, was Sie wollen, Frau Kessow«, hatte sie gesagt. »Am besten, Sie nehmen ihn, deponieren ihn dort, wo Sie das Buch haben wollen, und verbrennen den Karton. Dann ist alles perfekt für die nächsten dreihundertdreiunddreißig Jahre. Niemand kann Ihnen Ihr Buch nehmen. Aber wagen Sie es nicht, mich noch einmal zu bitten, das Buch zu öffnen. Ich habe meine Pflicht erfüllt. Ich kann nicht den Rest meines Lebens in Angst und Schrecken und Verzicht weiterleben wie bisher. Ich bin kein Märtyrer. Ich möchte endlich leben.«

Natürlich hatten Evelyn und Ludger sie mit flehenden Bitten umstimmen wollen. Als Kyra nicht reagierte, hatten sie es mit Erpressung versucht, indem sie ihr Fotos geretteter Kinder zuspielten. Doch auch das hatte dieses Mal nicht funktioniert, und sie hatten sich tatsächlich zurückgezogen. Ludger war zwar nach wie vor bei den Wächtern dabei, aber auch ihn sah sie nur aus der Ferne.

Je mehr Tage vergingen, umso erstaunter war Kyra, dass sie aufgegeben hatten. Sie selbst versuchte, nicht daran zu denken, dass Tag für Tag neue Artikel in dem Buch erschienen. Denn davon ging sie aus, ohne sicher sein zu können. Sie hatte das Buch nicht aufgeschlagen, nachdem sie es im Schweriner Schloss wieder in Händen gehalten hatte. Aus Selbstschutz, denn nur so blieben die Personen in den erscheinenden Artikeln Schatten. Sie hatten kein Gesicht, kein Leben. Und damit war auch ihr Tod imaginär.

Erst Stunden später kehrte Kyra aus Utersum zurück. Sie hatte in dem kleinen Inseldorf nichts zu erledigen gehabt. Es war einfach ein Ziel gewesen, ein Punkt, an dem sie umgekehrt war, um wieder zurückzulaufen.

Das Haus ihrer Mutter empfing sie mit Wärme, aber trotzdem fühlte Kyra sich unwohl, als sie in der Küche Teewasser in dem alten Kessel aufsetzte. Die Ruhe, die sie zu Beginn genossen hatte – ihre Mutter und Hermann überwinterten auf Mallorca –, begann auf ihr zu lasten. Stetig schien die Stille im Haus zuzunehmen. Zusätzlich drehte sich das Gedankenkarussell von Nacht zu Nacht immer schneller, um halb vier, wenn sie automatisch erwachte, obwohl sie um diese Uhrzeit keine Aufgabe mehr zu erledigen hatte.

Seufzend drehte Kyra den Herdschalter auf null, ging aus der Küche und griff erneut nach ihrer Jacke. Sie musste raus hier. Die Stille im Haus war einfach zu laut. Mit dem Fahrrad fuhr sie in das Zentrum Wyks hinein. Vorbei am Flughafen und am Pfannkuchenhaus, das unweigerlich die Erinnerung an Sam heraufbeschwor, mit dem sie dort über die Jahre Unmengen an

Pfannkuchen verputzt hatte. Beim anschließenden Minigolfspiel am Wyker Schwimmbad hatten sie sich eingeredet, die Kalorien wieder abzuarbeiten.

Kyra schob ihr Rad, als sie die Fußgängerzone erreichte, obwohl die Straßen menschenleer waren. Als sie den Glockenturm passierte, wandte sie den Blick ab, denn mit dem Weinkontor neben dem Turm waren ebenfalls Erinnerungen an Sam verbunden. So manchen edlen Wein hatten sie im Laufe der vergangenen Jahre dort verköstigt und kistenweise auf das Festland geschleppt.

Die meisten der Bistros und Restaurants waren um diese Jahreszeit geschlossen, aber »Die Insel« an der Strandpromenade hatte geöffnet. Kyra setzte sich an einen Fensterplatz des Cafés und orderte eine Tote Tante. Der heiße Kakao mit Rum würde ihre Angespanntheit vielleicht lösen. Dazu bestellte sie ein Schwarzbrot mit Lachs. Ein kleines Lächeln stahl sich auf ihre Lippen. Sam hätte sich bei dieser Kombination geschüttelt.

Damit beschäftigt, die immer wiederkehrenden Gedanken an Sam zu bändigen, sah sie aus dem Fenster zu der weißen Fähre. Die »Rungholt« durchpflügte das graue Meer von Amrum kommend und nahm Kurs auf den Wyker Hafen. Im selben Moment erstarrte sie. Draußen vor dem Fenster stand, wie aus dem Nichts erschienen, Markus Weltinger, in dicker Winterjacke und mit einem Rucksack auf dem Rücken, und winkte ihr – wie es schien, ein wenig unsicher – zu. Dann öffnete er die Cafétür und trat ein.

»Markus!«, stieß Kyra verblüfft aus, als er sich mit einem lockeren »Hallo« ihr gegenüber an den Tisch setzte. Mit allem hätte sie gerechnet, aber nicht mit ihm. Und genau das sagte sie ihm.

»Ich habe Ihnen etwas mitgebracht«, entgegnete er nur und zog den Rucksack auf seinen Schoß. Er sah sich kurz nach der Bedienung um, die am Tresen werkelte, dann zog er einen Schuhkarton aus dem Rucksack und stellte ihn vor Kyra auf den Tisch.

Kyra wurde blass. Das war der Karton, den sie, mit dem Buch darin, Evelyn übergeben hatte. Mehr erstaunt als wütend stieß sie aus: »Sie hat dir das Buch anvertraut? Hat *dich* hergeschickt, damit du mich bequatschst, weiterzumachen? Diese Frau ist unglaublich.«

Markus zog den Deckel vom Karton. Er sah sie gespannt an. »Ist es noch da? Diese Frage interessiert Ihre Leute am meisten.«

»Allerdings«, sagte Kyra nach einem kurzen Blick in die Pappe. »Und es sind nicht *meine* Leute. Sie waren es nie. Ich gehöre nicht wirklich zu ihnen.«

Er nickte. »Genau wie ich. Das haben wir gemeinsam. Auch mich konnte die Bruderschaft nicht wirklich für sich gewinnen.«

Kyra sah ihn an. Das stimmte wohl. Entgegen ihrer Annahme hatte Markus sich geweigert, der Bruderschaft beizutreten. Er hatte zwar seine Verschwiegenheit zugesichert, aber nichts weiter mit der Firma zu tun haben wollen. Dass er jetzt hier saß – noch dazu mit dem Heiligtum der Bruderschaft –, musste also einen besonderen Grund haben.

»Frau Kessow hat mich besucht, und das, was sie gesagt hat, hat mich bewogen, den Versuch zu starten. Ich möchte Sie überzeugen, weiterzumachen.«

Als Kyra aufbegehren wollte, lehnte er sich über den Tisch und wedelte mit dem Zeigefinger vor ihrem Gesicht herum. »*Sie* haben *mich* damals angesprochen, in dem kleinen Café. Nicht umgekehrt. Also müssen Sie mir jetzt auch zuhören.« Er zog die Hand zurück.

Seufzend nickte Kyra. »Was also hat die Hexe gesagt?«

»Evelyn Kessow ist davon überzeugt, dass das Buch noch genau sechshundertsiebenundsiebzig Tage sichtbar und dann verschwunden sein wird. Und sie bittet Sie inständig, noch genau diese Anzahl an Tagen die Artikel weiterzulesen.«

»Wie bitte? Wie … wie kommt die Frau auf diese Zahl?« Kyra starrte in den Karton. »Es wird wahrscheinlich niemals wieder verschwinden. Es wird mich … es wird meine Seele auffressen. Und darum kann ich einfach nicht weitermachen. Es –«

Sie brach ab, weil die Bedienung ihr Getränk brachte und Markus nach seinen Wünschen befragte. Dass sie dabei einen neugierigen Blick in den Karton warf, ignorierte Kyra. Schließlich war er für die junge Frau leer. Als sie wieder außer Hörweite war, übernahm Markus das Wort.

»Ich denke, dass Frau Kessow vielleicht recht hat. Das Buch erschien am 8. Februar 1998. Sie haben die erste Seite des Buches aber erst am 1. Januar 2000 aufgeschlagen und hatten somit auch erst dann die Chance, mit der Rettung der Menschenleben zu beginnen. Sie sagte mir, dass das Buch sich den Umständen der Jahrhunderte anpasst, warum also nicht auch daran? Vielleicht bleibt es über den eigentlichen Termin hinaus für die Anzahl der Tage sichtbar, die es ungeöffnet blieb. Und das wären dann genau sechshunderteinundneunzig Tage.«

Kyra sah ihn mit zusammengezogenen Augenbrauen an. »Eben sagtest du noch, es seien sechshundertsiebenundsiebzig Tage.«

»Ja, da sind die vierzehn Tage bereits abgezogen, seit Sie die Artikel nicht mehr lesen.« Er schluckte. »Aber sie erscheinen natürlich.«

Trotzig reckte Kyra den Hals. »Das ist mir bewusst. Ein Grund mehr, das Buch niemals wieder zu öffnen. Vierzehn Seiten, auf denen mir präsentiert wird, dass ich eine Bestie bin.«

Er rückte ein Stück vom Tisch ab und fuhr sich durch das Haar. »Ich kann und will dazu nichts sagen. Damit will ich nichts zu tun haben. Aber ich denke, es ist Ihr gutes Recht, Nein zu sagen. Ich bin eher aus egoistischen Gründen hier. Ich möchte, dass Sie weiterlesen, weil ich unbedingt wissen will, ob es noch weitere Artikel über mich geben wird. Und was das Ganze zu bedeuten hat. Evelyn Kessow denkt, dass das vielleicht auch ein Grund sein könnte, warum das Buch noch sichtbar ist. Es will unbedingt noch etwas mitteilen.«

Kyra überlief es kalt. Die Härchen auf ihren Armen richteten sich auf. Als die Bedienung in diesem Moment den Lachs und Markus' Getränk brachte, schob Kyra den Teller zur Seite. Der Appetit war ihr vergangen.

»Du bist neugierig, ja, aber zu Auskünften bist du selbst auch nicht bereit, Markus. Auf Fragen zu deinem Job reagierst du sehr verhalten. Und in der Firma wird davon ausgegangen, dass es damit zu tun haben wird. Was auch immer es ist. Es macht uns Angst, Markus, wenn sehr kluge Menschen wie du mit Teilchenbeschleunigern arbeiten, um die Entstehung des Universums zu erforschen. Ich verstehe nichts von Quarks und Fermionen und dergleichen, aber die Firma hat sich mit der Thematik befasst, wie du weißt, und ist nicht glücklich darüber, dass du so wenig auskunftsfreudig bist.«

Sein Lächeln wurde überheblich. »Es sollte euch eher in Sicherheit wiegen, dass sich *kluge* Menschen mit Teilchenbeschleunigung auseinandersetzen. Angst müsstet ihr vor dummen Menschen haben.«

Kyra schürzte die Lippen. »Dummheit hat keine Atombombe erschaffen, Markus. Und Dummheit schafft auch keine laborgezüchteten Viren, die die Menschheit ausrotten könnten … Ich weiß, dass ihr die Menschen belächelt, die behaupten, ihr könntet mit euren Versuchen künstlich schwarze Löcher erschaffen, die alles irdische Leben vernichten.«

»Ich versichere Ihnen, dass CALU nicht in der Lage ist, ein schwarzes Loch zu schaffen.«

Kyras »Na dann …« klang einen Hauch spöttisch.

»Was ist jetzt mit dem Buch?«, fragte er, während er seinen Rucksack nahm. »Draußen stehen etliche eurer Leute, die mich oder wohl eher das Buch hierher begleitet haben. Was soll ich ihnen sagen?«

Kyra betrachtete sein Gesicht, aus dem das Lächeln verschwunden war. Sie griff in den Karton und nahm das Buch heraus. »Sag Evelyn Kessow, dass sie ein allerletztes Mal gewonnen hat.«

SIEBZEHN

»Wie viele Kinder haben wir eigentlich im Laufe der Jahre von Gleisen vertrieben? Gefühlt waren es Hunderte.« Kyra sah den beiden Zehnjährigen hinterher, die von zwei weiteren Firmenmitgliedern gerade aus dem im Artikel angegebenen Gefahrenbereich verscheucht worden waren. Sie und Ludger hefteten sich an die Fersen der Kinder, damit sie nicht wieder zu den Gleisen zurückkehrten.

Kyra sah auf ihre Uhr, deren Armband sich allmählich aufzulösen begann. Aber sie wollte es ihrer Schwester Agnes zu Ehren tragen, bis es auseinanderfiel.

»Guck dir die Gören an.« Ludger griente, weil die Jungen sich – nicht zum ersten Mal – umdrehten und ihnen Grimassen schnitten.« »Wissen nicht, dass sie genau jetzt«, er hob die Stimme gegen den Lärm, den der gerade vorbeirasende Zug verursachte, »dieses wundervolle Leben verloren hätten.«

Kyra stimmte nicht in Ludgers Lachen mit ein, als die beiden davonsprinteten und dabei »Arschlöcher! Arschlöcher!« riefen. Sie zog ihre Wollmütze fester über die Ohren. Es war die Woche vor Weihnachten 2008, und trotz eines strahlend blauen Himmels und Sonne war es kalt.

»Bei diesen beiden Scheißern frage ich mich wieder, ob die Rettungsaktionen ... ob sie wirklich richtig sind. Wir greifen in etwas ein, was wir eigentlich nicht können sollten. Einer dieser beiden da wird in der Zukunft vielleicht ein Mörder sein. Ein Terrorist. Ein Kinderschänder. Oder er konstruiert Schiffe, die irgendwann mit Mann und Maus untergehen.«

Sie rubbelte sich mit ihren behandschuhten Händen über die Oberarme, während sie Ludger ansah. »Stell dir vor, jemand hätte vor hundert Jahren die Möglichkeit gehabt, die wir jetzt haben, und er hätte Hitler gerettet, der ansonsten von einem Zug überfahren worden wäre ...« Sie sah noch einmal zu der Stelle, an der die Jungen verschwunden waren. »Wir haben möglicherweise den dritten Weltkrieg zu verantworten.«

Ludger lachte laut heraus. »So schlimm waren die Kids nun auch nicht.« Dann wurde er ernst. »Das haben wir doch schon so oft besprochen: Es gibt keine Erkenntnisse aus den anderen Jahrhunderten, dass die Geretteten in irgendeiner Weise Böses in ihrem weiteren Leben getan hätten. Und glaub mir, darauf wurde geachtet. So wie wir es jetzt auch tun. Du weißt doch, dass alle dokumentiert sind und Firmenmitglieder ihr Leben überwachen.«

»Hast ja recht«, sagte Kyra und hakte sich bei Ludger ein. »Ich bin einfach gereizt in den letzten Tagen.«

Er tätschelte ihre Hand. »Das darfst du ruhig mal sein, Zwerg. Ist ja auch kein leichtes Leben für dich. Noch sechs Wochen, dann bist du erlöst.«

»Allerdings. Und das gilt auch für den Fall, dass das Buch dann nicht verschwindet.«

Ludger griente. »Ja, das hast du jetzt in den vergangenen beiden Jahren oft genug gesagt.«

»Damit keine Missverständnisse aufkommen.«

Allerdings hatte sogar Evelyn Kessow ihr ohne Widerworte zugesichert, sie nicht mehr zu bedrängen, sollte das Buch entgegen aller Erwartung auch nach Ablauf der zweiten Frist sichtbar bleiben. Die Hoffnung, etwas über Markus Weltinger zu erfahren, hatte sich bisher nicht erfüllt. Die Presse brachte zwar nach wie vor Artikel über ihn und seine Forschungen, für die er mit Preisen und Auszeichnungen überhäuft wurde, aber in dem Buch erschien keiner dieser Artikel.

Schweigend gingen sie nebeneinander her. Ohne Ludger anzusehen, durchbrach Kyra die Stille schließlich mit einer Frage, die unbeteiligt klingen sollte: »Hast ... hast du eigentlich mal etwas von Sam gehört? Geht es ihm gut? Hat er mittlerweile eine Freundin gefunden? Seine Schwulenrolle muss er der dämlichen Jungfrau gegenüber schließlich nicht mehr spielen, und in der Firma gibt es ja ein paar sehr hübsche Frauen. Nicht dass es mich etwas anginge, aber ... ich meine ... ich würde es ihm gönnen. Er ist schließlich ein netter Mensch und ...«

Ludger musterte sie von der Seite. »Er hat letzte Woche geheiratet.«

Kyra sackte das Blut in die Beine. »Er ... er hat ...« Ihre Stimme versagte, während sie die Finger in Ludgers Arm krallte. Heiß schossen ihr die Tränen in die Augen.

Ludger löste ihre Hand und packte Kyra an den Schultern. »Das war ein Scherz, du Dummkopf ... Warum macht ihr beide euch das Leben eigentlich so schwer? Ruf ihn doch einfach an.«

Kyra boxte ihm mit voller Kraft – soweit es ihre in seine Pranken geschraubten Schultern zuließen – in den Bauch. »Balu, du ... du Ekel!« Mit weit ausholenden Schritten lief sie weiter, als Ludger sie losgelassen hatte.

»Er lebt nun mal für das Buch, Zwerg. Aber das heißt nicht, dass –«

Abrupt blieb Kyra stehen und fuhr ihm über den Mund. »Genau, Balu. Das ist der Punkt: Er lebt für das Buch. Und für die Firma, und was die Hexe sagt, ist ihm Befehl. Warum ruft *er* mich nicht an? Wenn ihm wirklich etwas an mir liegen würde, hätte er sich gemeldet. Seit Rom, seit mehr als drei Jahren, habe ich nichts mehr von ihm gehört. Ich existiere nicht mehr in seinem Leben.«

Ludger schüttelte nur den Kopf. »Wir, also die Firma, sind seine Familie, seit er aus der Schule raus ist, Zwerg. In ihm brennt das gleiche Feuer für das Buch wie in uns allen. Du kannst und wirst das nie verstehen, weil du unfreiwillig in die Geschehnisse hineingeraten bist.«

»Das stimmt!« Kyra nickte heftig. »Ich will es auch nicht verstehen. Und ich will auch keinen Mann, für den ich erst an zweiter Stelle komme.«

»Kyra, er ist für dich fast ...«

Kyra sah Ludger an, als er nicht weitersprach. »Was?«

Ludger seufzte. »Ach, nichts.«

Die Ereignisse und Gedanken des Tages beschäftigten Kyra auch in der Nacht. Schweißgebadet erwachte sie, als der Wecker um kurz vor halb vier klingelte. Am Waschbecken verscheuchte sie mit einem Schwall kalten Wassers in ihr erhitztes Gesicht das Traumbild, in dem Sam und Evelyn vor dem Traualtar standen, während daneben in offenen Särgen blutverschmiert die beiden Jungen von den Gleisen lagen.

Kyra fühlte sich elend, als sie das Buch aufschlug. Die Alpträume häuften sich in den letzten Wochen. Sie blickte aus dem Fenster in die Dunkelheit, als sie die ersten fünfzehn Seiten lautlos zählend umblätterte. Fünfzehnmal Schuld, die sie nicht schwarz auf weiß ansehen konnte.

Der Artikel auf der sechzehnten Seite war bereits dabei, sich aufzulösen. Sie folgte den Tintenadern, die sich zu neuen Worten formten. Als Erstes wurde die Überschrift des Artikels lesbar:

DAS ENDE DER ZEIT NAHT

»Oh nein, nicht schon wieder so etwas Merkwürdiges!« Als die Seite vollständig war, las sie verwirrt die Zeilen.

Ludger wurde umgehend ins Zimmer gezogen, kaum dass er sich vor der Tür bemerkbar gemacht hatte. »Es gibt einen neuen, sehr irritierenden Artikel, Balu. Dieses Mal handelt er von einem Kalender der Maya, der das Ende der Welt voraussagt. In vier Jahren soll es angeblich so weit sein.«

Sie las Ludger die wenigen Zeilen vor, in denen Bezug auf den für Dezember 2012 angekündigten Weltuntergang genommen wurde. Der Artikel endete mit spaßigen Tipps, was man in den verbleibenden vier Jahren unbedingt noch tun sollte.

Ludger nickte verstört. »Der Maya-Kalender ist weltberühmt. Wenn ich mich richtig erinnere, umfasst er einen Zeitraum von über fünftausend Jahren und enthält viele Weissagungen.«

Kyra sah Ludger mit großen Augen an. »Die Maya haben das Ende der Welt vorhergesagt? Für 2012?«

»So würde ich es nicht ausdrücken. Aber ihr Kalender endet zu diesem Zeitpunkt. Und das lässt einige Leute vermuten, dass der Grund dafür der Weltuntergang ist. Spinnereien, Zwerg.« Er griff nach dem Diktiergerät auf Kyras Nachttisch. »Eigenartig ist es aber schon, dass dieser Schwachsinn im Buch erscheint. Sprich es drauf, Kyra. Wir schauen mal, was die anderen davon halten.«

Kyra las den Wortlaut noch einmal. Trotz des spaßigen Tons

des Textes lief ihr dabei ein Schauer über den Rücken. Das Buch war bisher absolut scherzfrei gewesen. Das Wort »Weltuntergang« in ihm zu lesen, war alles andere als witzig.

Ludger drehte sich an der Tür noch einmal um. »Schlaf noch ein bisschen, Zwerg. Siehst schlecht um die Nase aus. Unser Flug geht erst am Nachmittag.«

An Schlaf war natürlich nicht zu denken. Unruhig warf Kyra sich hin und her, während sie nachgrübelte. Was hatten diese merkwürdigen Artikel zu bedeuten? Zuerst das Beben in Neumexiko, das keinerlei Auswirkungen gezeigt hatte, jetzt dieser neue Artikel über den Maya-Kalender. Hatten diese beiden Artikel irgendetwas miteinander zu tun? Oder hatten sie sogar etwas mit Markus Weltinger zu tun, der im vergangenen Jahr vergleichsweise häufig in die USA gereist war und sich weiterhin ausschwieg?

Genau diese Fragen stellte Kyra am Abend Evelyn Kessow, nachdem sie unabhängig voneinander nach London in Jonathans Haus zurückgekehrt waren, in dem es von Firmenmitgliedern wimmelte. Eine weitere Tatsache, die Kyra nicht gerade beruhigte. Die Bruderschaft war nervös.

»Der innere Kreis kommt morgen hier zusammen, Frau Althoff. Die ersten Mitglieder sind bereits eingetroffen, wie Sie gesehen haben«, erklärte Evelyn ihr in der Bibliothek. Sie schenkte zwei Gläser Sherry ein und gab eines Kyra. »Wir sind ratlos und, zugegeben, einigermaßen beunruhigt über den neuen Artikel.« Sie trank einen kleinen Schluck der goldenen Flüssigkeit.

»Und genau die Fragen, die Sie sich gestellt haben, stellen wir uns natürlich auch. Wir werden versuchen, Markus Weltinger zu erreichen. Er hält sich momentan wieder in Texas auf. Zumindest war sein Zielflughafen Amarillo. Amarillo liegt nur sechzig Kilometer von der Grenze zu Neumexiko entfernt, wo dieses undefinierbare Beben gemeldet wurde. Und Sie kennen ja unsere Vermutung bezüglich des amerikanischen Militärs.«

Kyra sah sie mit großen Augen an. »Sie glauben immer noch, dass Markus an geheimen unterirdischen Experimenten beteiligt sein könnte?«

Evelyn hob die Schultern. »Vielleicht waren es einfach nur Erdstöße natürlicher Art, aber die Geologen haben das eigentlich ausgeschlossen, weil nur dieses kleine Gebiet betroffen war.« Sie spielte mit dem Stiel des geschliffenen Glases. »Präsident Bush scheidet in wenigen Wochen aus dem Amt. Vielleicht versuchen sie, etwas zu erproben, dem der Nachfolger seine Zustimmung verweigern würde? Wir wissen gar nichts, Frau Althoff, und das ist beunruhigend.«

Sie deutete auf das Sofa im Regency-Stil und nahm gemeinsam mit Kyra Platz. »Ich werde Ihnen sagen, was ich denke, Frau Althoff: Das Buch zeigt uns diese merkwürdigen Artikel, um uns auf etwas aufmerksam zu machen, was in der Zukunft liegt. In der Zeit, in der das Buch nicht mehr da sein wird. Ja, ich denke, es wird genau am 8. Februar verschwinden, und weil danach, irgendwann in der Zukunft, etwas Schreckliches passieren wird, versucht es, unsere Aufmerksamkeit darauf zu lenken. Es muss sich dazu der Artikel bedienen, die jetzt erscheinen. Es ist also eine Art Rätsel, das wir lösen müssen. Aber vielleicht haben wir bereits die Puzzleteile, die wir brauchen. Wir müssen sie nur richtig zusammensetzen.«

»Sie ... Sie glauben wirklich, dass dieser Weltuntergang, den die Maya vorhergesagt haben, eintreten könnte? Das ist doch Blödsinn. Ich habe mich durch jede Menge Informationen gegoogelt seit letzter Nacht, und die Experten halten das Weltuntergangsszenario der Maya für Humbug. Ich möchte ihnen da gern zustimmen. Es beginnt nur ein neuer Kalenderzyklus.«

Evelyn stand auf und stellte das Glas auf dem Servierwagen ab. »Obwohl es das Heilige Buch gibt, und das ist auch für mich immer noch eine unglaubliche Tatsache, bin ich trotzdem ein rationaler Mensch geblieben. Darum würde ich Ihnen gern zustimmen, aber ... Haben Sie einmal auf das Datum geschaut, das der Kalender der Maya angibt? Der Tag des Weltuntergangs ist auf den 21.12.12 datiert.«

»Ja, ich weiß.« Kyra verstand nicht, worauf Evelyn hinauswollte. »Was ist mit diesem Datum?«

»Wenn Sie die Quersumme der jeweiligen drei Datumszahlen nehmen, erhalten Sie jedes Mal die Drei. Dreimal die Drei. Die magische Zahl des Buches.« Sie sah Kyra an. »Ein bisschen viel Zufall, wenn Sie mich fragen. Ich denke, dass an diesem Tag etwas Schreckliches passieren wird, etwas, was die Menschheit oder einen großen Teil davon vernichten wird. Und genau das werde ich morgen dem inneren Kreis vortragen.«

Sie kam zum Sofa zurück und nahm Kyras Hände. »Sie müssen mit Markus Weltinger reden, Frau Althoff! Sie haben den besten Draht zu ihm. Versuchen Sie, etwas von ihm zu erfahren.«

Ihre Berührung war so ungewöhnlich, dass Kyra bewusst wurde, wie viel Angst Evelyn davor hatte, mit ihren Vermutungen richtigliegen zu können. Und das war nicht gerade beruhigend. »Sie glauben ernsthaft, dass das Schicksal mir, Kyra Althoff von der kleinen Insel Föhr, die Gelegenheit bietet, die Menschheit zu retten?« Kyra konnte nicht anders. Sie begann zu lachen. Diese Vorstellung war einfach nur absurd.

Evelyn war nicht zum Lachen. »Sie haben sich doch einmal gewünscht, dass Gott Ihnen die Möglichkeit gäbe, eine größere Anzahl von Menschen zu retten. Man sollte immer vorsichtig sein mit seinen Wünschen, Frau Althoff. Manchmal erfüllen sie sich.«

★★★

Kyra verharrte auf den Stufen vor der Eingangstür des Hauses in der hannoverschen Kaiserstraße. Sollte sie wirklich …? Sie sah sich nach Ludger um, der im Auto sitzen geblieben war und ihr jetzt aufmunternd zunickte.

»Ja, ja«, brummte sie und legte den Finger auf den Klingelknopf. Warum durfte sie nicht im Auto sitzen bleiben? Warum musste sie am Mittag des Heiligabends bei fremden Menschen klingeln, um den megagenialen Junior zu bitten, nicht den Globus in den Orbit zu jagen?

Aber ungewöhnliche Artikel rechtfertigten schließlich ungewöhnliche Maßnahmen. Kyra drückte auf den Knopf und lauschte dem melodischen Gong. Als die Tür aufgezogen wurde, war sie dankbar, dass Markus Weltinger persönlich öffnete.

»Sie?« Der Tonfall und sein hektischer Blick über die Schulter in das Innere des Hauses zeigten deutlich, was er von ihrer Anwesenheit hielt.

Auch Kyra hielt sich nicht mit Höflichkeiten auf. »Ich muss dich dringend sprechen, Markus. Jetzt und hier oder jetzt und woanders, das kannst du dir aussuchen. Da du auf unsere Anrufe und SMS nicht reagierst, blieb uns keine andere Wahl, als dich zu Hause aufzusuchen.«

»Spinnen Sie?«, zischte er leise. »Wir haben das ganze Haus voller Gäste. Wollen Sie jetzt meinen Großeltern vielleicht auch noch von Ihrem irren Buch berichten?«

In Kyra begann es zu brodeln. »Ich kann mir auch was Schöneres vorstellen, als am Heiligabend einer auskunftsscheuen, Protonen schleudernden Intelligenzbestie Aufmerksamkeit abzuringen.«

»Ist ja gut«, fauchte er, zog die Tür hinter sich ins Schloss und lief voran in den seitlichen Teil des Gartens. »Aber nur zehn Minuten.«

»Sag uns, was wir wissen wollen, und ich bin in drei Minuten weg«, blaffte Kyra zurück und folgte ihm in einen kleinen Schuppen, in dem er sich vor den Augen seiner Familie anscheinend sicher wähnte.

»Diese Frage wurde dir bereits von Bruderschaftsmitgliedern gestellt, Markus, mehrfach: Gibt es irgendwelche geheimen militärischen Experimente, an denen du beteiligt bist? In unterirdischen Anlagen in Neumexiko?«

»Meine Antwort bleibt die gleiche«, sagte er gelangweilt. »Selbst wenn es so wäre, würde ich es Ihnen nicht erzählen. Meine Firma hat mich zur Verschwiegenheit verpflichtet.« Auf seinen Lippen erschien ein spöttisches Lächeln. »Genau wie Ihre Firma Sie zum Schweigen verdammt hat.«

»Ich bringe aber auch niemanden in Lebensgefahr. Ganz im Gegenteil.«

»Was soll das heißen?« Seine Stimme wurde hart.

»Es gibt einen neuen Artikel, Markus. Einen, in dem das Datum 21. Dezember 2012 eine große Rolle spielt.« Wort für Wort wiederholte sie den Text des Artikels für ihn.

Tief im Inneren war Kyra davon überzeugt gewesen, dass er sie auslachen würde, wenn sie ihm von dem Weltuntergangsartikel berichtete, aber – und das versetzte sie in Alarmbereitschaft – er schluckte, bevor er ein kleines unechtes Auflachen hören ließ und zögerlich fragte: »Das stand im Buch? Das mit dem Maya-Kalender?«

»Allerdings. Und ich hatte – ehrlich gesagt – von dir eine andere Reaktion darauf erwartet.« Sie packte seinen Oberarm. »Was weißt du, Markus? Kannst du zu dem Datum irgendetwas sagen? Wenn es so ist, dann musst du es mir sagen. Wir glauben, dass das Buch uns warnen will. Und ihm bleibt nicht mehr viel Zeit, weil es am 8. Februar wieder verschwindet.«

Sein Gesichtsausdruck veränderte sich erneut. Abweisend sah er sie an. »Was soll schon sein? Das ... das ist doch Unsinn.«

Kyra ließ ihn los und lehnte sich gegen die Werkbank. »Ich habe meine ganz eigene Theorie, Markus.« Ihn genau im Auge behaltend, sprach sie weiter: »Ich denke, es ist gar nichts Militärisches, mit dem du beschäftigt bist. Ich glaube, dass die Anlage der Firma CALU in Luxemburg quasi ein Modell ist. Eine Miniatur dessen, was in Neumexiko unterirdisch existiert. Nämlich eine Anlage, in der in ganz anderen Dimensionen Teilchenforschung betrieben wird.«

Kein Wort kam über seine zusammengepressten Lippen.

Kyra stieß sich von der Werkbank ab und griff nach seinen Händen. »Keine Antwort ist auch eine Antwort, Markus. Ich weiß, dass ich recht habe, vielleicht nur andeutungsweise, aber irgendetwas passiert da in Neumexiko. Und du weißt davon. Bitte! Dein Name stand nicht umsonst im Buch. Ich weiß nicht, ob du dafür verantwortlich sein wirst, was in vier Jahren voraussichtlich geschehen wird. Aber selbst wenn ... du weißt jetzt Bescheid. Du kannst verhindern, dass am 21. Dezember 2012 etwas Schreckliches geschieht!«

Er entzog ihr seine Hände, aber nur zögerlich. »Das ist ... Ich kann dazu nichts sagen. Ich ... ich gehe jetzt rein. Meine Familie wartet auf mich.« Er drängte sich an ihr vorbei und stieß die Schuppentür auf.

Kyra folgte ihm nach draußen. »Markus?«

»Ja?« Er blieb stehen, drehte sich aber nicht zu ihr um.

»Wir werden dich nicht weiter bedrängen. Du kannst deine Firmengeheimnisse für dich behalten. Wir verstehen von der Materie sowieso nicht genug, um Erklärungen und Rechtfertigungen widerlegen zu können. Aber versprich mir, dass du dir bei allem, was du tun wirst, was du erforschst oder entdeckst, deiner Verantwortung bewusst bist. Vielleicht liegt unser aller Leben in deiner Hand.«

Der Hauch eines Nickens war seine Antwort.

★★★

Kyras Hände waren ruhig, als sie am 7. Februar 2009 das Buch aufschlug und bis zur sechzehnten Seite blätterte. Konzentriert las sie den Text in das Diktiergerät. Ein Arbeiter würde von einer Eisenplatte begraben werden, die sich von einem Kran gelöst hatte. Ohne jedes Zögern klappte sie den Deckel des Buches langsam zu.

Es war so weit. Nie wieder würde sie es aufschlagen. Auch wenn es nicht verschwinden würde.

Die letzten Monate hatte sie funktioniert wie immer, aber sie hatte sich bei sämtlichen Rettungsaktionen, an denen sie beteiligt gewesen war, seltsam blutleer gefühlt. In den letzten zwei Wochen hatte sie sich gänzlich ausgeklinkt und sich in ihrem Zimmer in Jonathans Haus eingeigelt. Auch an dieser letzten Aktion, der Rettung des Bauarbeiters, würde sie nicht teilnehmen. Sie musste nur noch eines tun: Heute Morgen würde sie mit Ludger nach Deutschland fliegen und im Schweriner Schloss noch einmal die gleiche Prozedur durchführen wie vor zwei Jahren.

Sie zog den Rucksack, den sie schon bereitgelegt hatte, auf ihren Schoß. Als ihre Hand nach dem Buch griff, um es hineinzulegen, löste sich die Uhr, mit der sie am Abend eingeschlafen war, von ihrem Handgelenk. Die Tränen traten ihr in die Augen, als sie das schäbig-poröse rote Lederarmband vom Boden aufhob. Agnes' letztes Geschenk. Sie hielt es in der Hand und betrachtete es unter Tränen. War das ein Zeichen? Ein gutes Zeichen vielleicht? Dass ein neues Kapitel begann, in dem der Fokus nicht auf Tod lag?

Seltsam erleichtert stand Kyra auf und nahm Agnes' Perlenkarton aus dem Kleiderschrank. Vorsichtig legte sie das kaputte Armband zu den anderen Andenken an ihre Schwester. Ab heute würde sie tun, was sie wollte, und nicht, was die Firma und allen voran Evelyn Kessow von ihr wollten.

Jawohl!

Das leise Gefühl von Leichtigkeit hielt an, als sie am Mittag mit Ludger das Schloss in Schwerin verließ.

»Alles klar, Zwerg?« Er sah sie von der Seite an, während sie zügig zum Parkplatz gingen.

»Ich weiß es nicht, ehrlich gesagt.« Kyras Stimme klang brüchig. »Morgen kann ich dir sagen, ob alles klar ist.«

»Du hast das Buch deponiert. Niemand hat etwas bemerkt.« Er griff nach ihrer Hand. »Jetzt muss es nur noch verschwinden. Und ich wünsche mir für dich, dass es wirklich passiert. Morgen hast du die Gewissheit, Zwerg.«

Kyra sah ihn nicht an, während sie nickte. Wenn doch erst morgen wäre!

Als Kyra am nächsten Tag an der Seite von Evelyn Kessow durch das Schloss Richtung Thronsaal ging, verflog das Déjà-vu so schnell, wie es gekommen war. Alles war wie vor zwei Jahren, und doch war alles anders.

»Sie scheinen guter Hoffnung zu sein«, zischte Evelyn leise, während die Schlossführerin – es war dieselbe Frau, der sie 2007 gefolgt waren – der Gruppe eine Anekdote aus dem Leben des Großherzogs Friedrich Franz II. erzählte. »Oder wie darf ich Ihre Ruhe deuten?« Evelyns Gesicht zeigte im Gegensatz zu Kyras deutliche Anspannung.

Kyra sah sie an. »Für mich ist so oder so der Tag der Erlösung gekommen, Frau Kessow.«

Beide Frauen schwiegen, als die Gruppe den Thronsaal betrat. Kyras Kopf ruckte zum Thron herum.

Der Blick des Großherzogs aus seinem Gemälde wirkte freundlich. Es gab nichts Ungewöhnliches, an dem er sich stören konnte.

»Und?« Evelyn hatte ihre Stimme kaum unter Kontrolle. Ihr Blick klebte auf Kyras Gesicht, und in dem Moment, in dem Kyras ausdruckslose Miene sich änderte, stieß sie ein erleichtertes »Oh Gott, es … es ist weg?« aus.

Lächelnd nickte Kyra. »Ja.« Aus dem Lächeln wurde ein Strahlen. »Ja, verdammt. Es ist weg.«

Mit Tränen in den Augen verharrte Evelyns Blick auf dem Parkett vor dem Thron. »Mit Gottes Gnade wird es in ferner Zukunft gefunden werden und erneut vielen Familien Segen spenden.« Sie räusperte sich und strich mit einem zarten Lächeln über Kyras Arm. »Danke, Frau Althoff. Für alles.«

Kyra nickte nur. Es war vorbei.

Evelyn sah Kyra nicht an, als sie nachsetzte: »Es gäbe allerdings noch einen kleinen Gefallen, den Sie uns tun könnten, Frau Althoff.«

»Ich halluziniere gerade, Frau Kessow. Ich habe eben tatsächlich zu hören geglaubt, dass Sie die unglaubliche Frechheit besitzen, mich um einen weiteren Gefallen zu bitten.« Kyra drehte sich um und lief schnurstracks aus dem Schloss.

Evelyn folgte ihr über die Treppen in den Schlosshof und packte sie am Arm, als Kyra einfach immer weiterlief. »Markus Weltinger bittet Sie um ein Gespräch, Frau Althoff. Er hat mich gestern angerufen, weil Sie Ihr Handy ausgeschaltet hatten.«

Kyra blieb stehen. Markus wollte sie sprechen? Sie hatte seit dem Gespräch am Heiligabend nichts mehr von ihm gehört. Und das Handy hatte sie in der Tat seit drei Tagen ausgeschaltet, weil sie von nichts und niemandem gestört werden wollte. Sie drehte sich zu Evelyn um. »Was will er?«

Evelyn hob die Schultern. »Er will es *Ihnen* sagen. Er bittet Sie, nach Amerika zu kommen. Er ist anscheinend beruflich in Texas und wird in nächster Zeit nicht nach Deutschland zurückkehren.« Sie griff nach Kyras Hand. »Sie wissen, wie wichtig dieses Gespräch für uns ist, Frau Althoff. Jetzt erfahren wir vielleicht, was es mit den Artikeln, die ihn betreffen, auf sich hat. Sie müssen nach Amerika fliegen.«

Kyras erbosten Blick richtig deutend, schwächte sie ab: »Sie *müssen* natürlich nicht, aber … aber …« Ihre Stimme wurde lauter. »Ich bitte Sie, Frau Althoff: Es kann Ihnen doch nicht egal sein, was er zu sagen hat. Sie werden doch wohl fliegen?«

Kyra wandte sich von ihr ab. »Den Flug zahlt aber die Firma.«

★★★

»Möchten Sie etwas trinken?« Markus Weltinger deutete auf den Wasserkrug auf dem Tisch seines Hotelzimmers, in das er Kyra gebeten hatte.

»Gern.«

Eiswürfel und Limettenstücke wirbelten in dem Krug umher, als er zwei Gläser füllte.

Kyra hatte sich nach der Ankunft im texanischen Amarillo nur kurz in ihrem Hotel frisch gemacht und war gleich zu dem Treffen mit Markus, das sie noch am Flughafen telefonisch vereinbart hatten, aufgebrochen. Sie trank einen Schluck von dem kühlen Wasser und stellte das Glas auf dem Tisch ab.

»Evelyns Nachricht hat mich überrascht, Markus«, begann sie das Gespräch. »Und meine Neugierde hat sie natürlich geweckt. Allein die Tatsache, dass du mich hierhergebeten hast, verwundert mich. Schließlich hast du sehr deutlich gesagt, dass deine berufliche Zukunft in Europa liegt. Also …« Sie lächelte ihm aufmunternd zu. »Was hast du auf dem Herzen?«

Er stützte seine Unterarme auf die Oberschenkel und nahm sie gleich wieder herunter. Der lederne Cocktailsessel war viel zu niedrig für seine langen Beine. »Der Artikel … der mit dem Maya-Kalender … hat mich, ehrlich gesagt, schockiert. Ich meine … warum taucht er in dem Buch auf, wenn er nicht eine Bedeutung hat?«

Kyra sagte nichts, sondern wartete ruhig ab, bis er weitersprach.

»Dieses Datum und sogar dieser Kalender waren Bestandteil eines der diversen Gespräche, die die Vertreter der amerikanischen Firma, die mich unbedingt für ihr … ihr Projekt einspannen wollen, mit mir führten.«

Kyra störte sich nicht daran, dass er auch heute keinen Firmennamen oder projektbezogene Einzelheiten nannte. Verschwiegenheit war auch in seiner Welt das A und O. Wichtig war nur die Frage, ob ihm das Datum 21.12.12 irgendetwas sagte.

»Diese Firma forscht an ... etwas ... was in einigen Jahren seinen Abschluss in einem, nun, nennen wir es mal Experiment finden wird. Wenn dieses Experiment gelingt, wird es bahnbrechende Ergebnisse in der Protonen-Forschung liefern.« Er griff nach seinem Glas, ohne davon zu trinken. »Und die ... die Kollegen haben beschlossen, die praktische Versuchsreihe am 21. Dezember 2012 zu starten. Zum einen, weil es als realistisch gilt, die theoretische Forschung bis Ende 2012 abgeschlossen zu haben, und zum anderen ...«

»Ja?«

»Zum anderen halten es die Kollegen für einen richtig guten Gag, genau das Maya-Kalender-Datum für den Start in eine neue Ära der Protonen-Forschung zu wählen. Schließlich geht es darum, die Entstehung unserer Welt, deren Untergang der Kalender angeblich prophezeit, zu enträtseln.«

»Gag?« Kyra bekam eine Gänsehaut. »Frei nach dem Motto: ›Wenn wir die Menschheit schon paralysieren, dann hatten wenigstens die Maya recht‹?«

Markus verzog keine Miene. »Natürlich geht keiner dieser Experten davon aus, dass dieses Szenario eintritt. Das ist geradezu lächerlich in ihren Augen. Und in meinen Augen war es das auch, bis Sie vor mir standen und den Artikel vorgelesen haben.«

Er stand auf und sah aus dem Fenster, das den Blick auf ein College-Gelände bot. »Ich habe gesehen und erlebt, was dieses Buch preisgibt. Ich hatte das Blut des Holzfällers an meinen Händen.« Er drehte sich abrupt zu ihr um und spreizte seine Finger vor ihrem Gesicht. »All das Blut ... Ich sehe ihn noch genau vor mir. Er wäre gestorben, wenn wir nicht dort gewesen wären! Und die Menschen in dem Zug ... Und all die anderen, die Sie täglich retten.« Er schluckte. »Das Buch ist ein Wunder. Ein durch Buchstaben zu uns sprechendes Wunder. Und darum glaube ich, dass es *lebens*wichtig ist, dass dieses Experiment nicht stattfindet.«

Kyras Mund war trocken. »Dieses Experiment, wie du es

nennst, könnte also tatsächlich ein Weltuntergangsszenario heraufbeschwören?«

Er fuhr sich mit den Händen durch sein ohnehin verwuscheltes Haar. »Ich weiß es doch auch nicht! Auf jeden Fall stimmt der Ort des Geschehens – nämlich Neumexiko – mit dem anderen merkwürdigen Artikel überein. Also, was wollen wir glauben?«

Kyra strich sich über die Oberarme, auf denen sich Gänsehaut gebildet hatte. »Die Frage lautet vor allem: Was wollen wir tun? Was ich höre, beruhigt mich nicht gerade. Und es scheint mir auch sehr zweifelhaft, dass wir ein Höllenszenario verhindern, indem das Datum des Experiments verschoben wird.«

Markus nickte. »Wenn dieses Experiment der Welt am 21. Dezember schadet, dann tut es das auch einen Tag, einen Monat oder ein Jahr später. Nein, was wir, oder wohl besser gesagt: was *ich* tun kann, ist, dafür zu sorgen, dass eine Gruppe hoch qualifizierter Wissenschaftler nicht Gott spielt, wenn das Ergebnis nicht absolut kalkulierbar ist.«

»Und du kriegst das hin?«

Sein Gesicht nahm den arroganten Ausdruck an, den sie bereits aus anderen Gesprächen kannte, wenn sie seine überragende Intelligenz nicht ausreichend gewürdigt hatte.

»Ich werde dafür sorgen, dass ich es *hinkriege*.« Er hockte sich auf die Fensterbank und sah wie ein kleiner Schuljunge aus, als er weitersprach: »Ich möchte eigentlich viel lieber in Europa bleiben und arbeiten. Ich … ich hänge an meiner Familie, aber diese Artikel in dem Buch … Das ist kein Zufall. Und darum möchte ich mich meiner Verantwortung stellen. Ich werde an dem Projekt der Amerikaner mitarbeiten. Übermorgen unterschreibe ich den Vertrag. Jetzt, wo ich durch die Artikel gewarnt bin, werde ich auf alle Begebenheiten, Ergebnisse und Berechnungen ein Augenmerk haben.« Er hob die Schultern. »Das wollte ich Ihnen nur sagen. Mehr kann ich nicht tun.«

Kyra traten die Tränen in die Augen. Sie stand auf. »Niemand versteht besser als ich, was du auf dich nimmst, Markus. Zum Wohle anderer Menschen verzichtest du auf das, was *du* möchtest, auf die Nähe deiner Familie. Und niemand wird es dir jemals danken.« Mit einem Lächeln wischte sie die Tränen fort. »Außer der Bruderschaft. Und mir.«

Sie machte einen Schritt, sodass sie direkt vor ihm stand. »Danke, Markus. Ich habe so großes Vertrauen zu dir und deinen Fähigkeiten. Und das Buch hat das auch. Darum hat es dich erwählt ... Ob ich dich wohl mal kräftig umarmen darf?«

Sein Gesicht färbte sich rot. Bevor er antworten konnte, hatte Kyra ihre Arme schon um ihn geschlungen. »Ich bin froh, dass es dich gibt, Markus. Und bitte, hör endlich auf, mich zu siezen.«

Als sie ihn wieder losließ, lächelte er. Mit noch roteren Wangen. »Okay, Kyra.«

Kyra bekam eine Ahnung davon, wie Markus sich in dem Moment ihrer Umarmung gefühlt hatte, als Evelyn Kessow sie eine Stunde später mit einem freudigen Aufschrei an sich presste. »Frau Althoff, Sie sind wunderbar!«

»Äh, nein. Nicht ich, sondern Markus, Frau Kessow«, murmelte Kyra in Evelyns Haar. »Sie dürfen mich jetzt wieder loslassen.«

Evelyn löste ihre Arme von Kyra. »Im alten Rom wurden die Überbringer schlechter Nachrichten getötet. Als Überbringerin so hervorragender Nachrichten bekamen Sie darum eine Umarmung.«

»Hätte ich nicht als Überbringerin guter Nachrichten etwas Schönes verdient gehabt?«

Evelyn lächelte künstlich. »Schön, dass Sie wieder zu Ihren wenig bis gar nicht komischen Kommentaren aufgelegt sind, Frau Althoff. Das lässt hoffen, dass Sie das Tal des Selbstmitleids durchschritten haben. Und vielleicht sind Sie sogar in der Stimmung für eine Überraschung, die Sie hoffentlich als schön empfinden?«

Kyra zog misstrauisch die Augenbrauen zusammen. Evelyns Überraschungen waren mit Skepsis zu betrachten. »Und das wäre?«

»Es gibt da jemanden, der darauf brennt, Sie zu treffen. Sie zu sehen.«

»Ach ja? Und wer soll das sein?« Kyra war voller Abwehr, weil sie die Antwort ahnte – und das Kribbeln unter ihrer Bauchdecke sie erschreckte.

»Sam.«

»So. Sam.« Kyra schluckte. »Er hat sich lange Zeit gelassen, mich brennend sehen zu wollen.«

Evelyn verzog die Mundwinkel. »Sam hat zwei Wochen um sein Leben gekämpft, weil Christian Thorkind ihn mit einem Bauchschuss lebensgefährlich verletzte. Weil Sie ohne Schutz mit Dorothea Niclas bei Harrods Touristin spielen mussten. Ohne Sam hätten wir uns nicht auf die Suche nach Ihnen gemacht. Sie und Dorothea wären jetzt tot, Frau Althoff. Sie verdanken Sam ihr Leben.«

»Was? Aber …« Kyra wurde blass. »Wieso erfahre ich das erst jetzt?«

»Weil wir Sie nicht damit belasten wollten. Hier«, sie zog einen Brief aus ihrer Handtasche, »er bat mich, Ihnen dies zu geben.«

Kyra öffnete den Brief erst, als sie wieder in ihrem Hotelzimmer war.

Kyra, es gibt etwas, was ich dir sagen und zeigen muss. Etwas, das wichtig für dich ist. Für deine Zukunft. Ich habe in der Vergangenheit so viele Fehler gemacht. Jetzt möchte ich einmal etwas richtig machen. Triff mich bitte übermorgen um 17 Uhr im Central Park in New York. Nimm den Eingang am Columbus Circle und halt dich rechts, bis du mich siehst. Bitte, und vertrau mir dieses eine Mal. Sam

»Was hast du erwartet, Kyra Althoff?«, murmelte sie und las die Nachricht, die so schnörkellos wie Sams steile Handschrift war, noch einmal. Sie ließ die Hand mit dem Brief auf ihren Schoß sinken. Was war das, was da in ihrer Brust tobte? Wut? Hoffnung?

»Na schön, Samuel Bach. Ich stehe in deiner Schuld, aber wenn das, was du mir zu sagen hast, genauso emotionslos ist wie dein Brief, ist es unser letztes Treffen!«

★★★

Kyra erreichte den Treffpunkt im Central Park pünktlich. Als sie sich dem sanften Hügel näherte, hörte sie Sam, bevor sie ihn sah.

Er führte eine heftige Diskussion. Der Umstand, dass es nicht nur Sam war, der sie dort erwartete, irritierte sie gänzlich; als sie dann allerdings die Frau neben Sam erkannte, stockte ihr Schritt. Sprachlos blieb sie stehen.

»Kyra!« Sam ging ihr entgegen. Sein Blick umfasste sie mit einer Intensität, die ihr bis in die Brust drang. Für einen kurzen Moment gab es nur sie beide. Ihre Blicke taxierten einander, wollten ergründen, was in dem anderen vorging.

Kyras Blick glitt über seine vertrauten Züge. Kleine Fältchen, die vorher nicht da gewesen waren, hatten sich um seine Augen herum gebildet. Sein Lächeln war zaghaft, als er nach ihrer Hand griff. »Danke, Kyra. Danke, dass du da bist. Ich war nicht sicher, ob du kommen würdest. Ich hätte verstehen können, wenn du es nicht getan hättest.«

Kyra löste sich von seinem Anblick und sah über seine Schulter. »Was, in aller Welt, wird das hier, Sam?« Sie starrte Evelyn Kessow an.

»Ich habe Evelyn nicht hierher eingeladen.« Sams Stimme klang mehr als gereizt. »Ich hätte ihr einfach nicht sagen sollen, was ich vorhabe.«

»Ich weiß nicht, was dieser elende Zirkus soll, Sam«, fauchte Evelyn und kam näher. Sie sah Kyra an. »Hätte ich das hier geahnt, hätte ich den Brief an Sie zerrissen.«

Sam sah Evelyn nicht an, sondern zog Kyra auf die andere Seite des Hügels. Neben dem Stamm einer riesigen Kastanie blieb er stehen und deutete auf einen entfernt liegenden kleinen Fitness-Parcours, den die Jogger nutzen konnten. Kyra starrte auf die Klimmzugstation und das Reck.

»Ja, und?« Verwirrt musterte sie Sam. Er sah blass aus.

»Er muss jeden Moment hier sein. Er joggt jeden Tag diese Runde. Seine Wohnung liegt in der Nähe.« Seine Stimme war rau.

»Wer denn, verdammt?«, stieß Kyra aus.

Sam sah sie an. Dann deutete er den breiten Sandweg entlang, auf dem sich ein Jogger näherte.

Kyras Herz begann zu rasen, als sie den Mann erkannte. »Ryan Farlow!« Automatisch ging sie hinter der Kastanie in Deckung.

Sie hatte ihn sofort erkannt, obwohl er so weit entfernt war. Entsetzt blickte sie von Sam wieder den Hügel hinunter zu dem Mann, der mit langen Schritten angelaufen kam und an der Trimmstation haltmachte. Er trank einen Schluck aus einer Wasserflasche, die er in der Hand bei sich trug. Dann stellte er sie auf einer Bank ab und hangelte sich durch den Ringe-Parcours.

»Was soll das, Sam?« Kyra versuchte, das Zittern in ihrer Stimme zu unterdrücken. »Was, verdammt, soll das?«

Sam wandte seinen Blick von Ryan Farlow ab und sah Kyra in die Augen. »Ich liebe dich, Kyra. Ich habe dich vom ersten Moment an geliebt. Ich will, dass du das weißt. Aber genau aus dem Grund will ich auch, dass du weißt, dass ...«

Er schluckte und sah kurz zu Evelyn, die ausstieß: »Lass es doch einfach, Sam. Ich weiß nicht, welchen Sinn das haben soll.«

Kyra starrte von einem zum anderen. Sams Worte wirbelten durch ihren Kopf. Er liebte sie?

»Ryan Farlow ist kein Satanist, Kyra.« Sam klang ganz ruhig.

Kyra starrte ihn an. »Was ... was sagst du da?«

»Es gibt nicht einen einzigen Hinweis darauf, dass er zu den Anderen gehört, Kyra. Er ist auch kein Kaiserschnitt-Kind, wie wir dir erzählt haben, um deine Angst zu schüren. Er ist einfach nur ein Ingenieur, der zufällig am 6.6.1960 geboren wurde. Wie Tausende andere Männer auch. Er ist ein Kollege von Christian Thorkind, ja, aber es gibt keinen Anhaltspunkt, dass er mehr als das ist. Als du ihn in Rom gesehen hast, war er beruflich dort, genau wie Christian Thorkind. Wir ... nein *ich* wollte, dass die Angst dich von ihm fernhält. Ich würde gern behaupten, dass ich es für die Bruderschaft getan habe, für die Menschen, die du retten solltest, aber ich habe es aus Eifersucht getan. Aus brennender Eifersucht. Im Krieg und in der Liebe ist alles erlaubt, heißt es ... Ich habe gelogen, um dich nicht zu verlieren.«

»Das hast du getan, Sam?« Kyras Stimme klang piepsig. Sie konnte kaum sprechen, weil Enttäuschung und Wut von innen über sie herfielen. Und Sie«, Kyra drehte sich zu Evelyn um, »Sie haben sich gefreut, dass die Gefahr, die Jungfrau zu verlieren, gebannt war?«

Kyras flammender Blick traf erneut Sam. »Krieg und Liebe,

Sam?« Sie lachte höhnisch auf. »Dann ist jetzt Krieg. Sprich mich nie wieder an. Niemals, hörst du?« Ihre Stimme wurde schrill. »Und ich will keinen Aufpasser mehr! Keinen Balu, keinen Niemand. Ich will endlich, endlich meine Ruhe! Lasst mir meinen Frieden. Ich will endlich wieder ich sein. Ohne euch.«

Schluchzend stürmte sie den Hügel hinunter. Fort von dem Lügner Sam, fort von der Hexe, fort von Ryan Farlow, der sie längst vergessen hatte.

Am nächsten Tag lehnte Kyra wieder an der Kastanie.

Um siebzehn Uhr zwanzig joggte Ryan in knapp hundert Metern Entfernung an ihr vorbei. An der Fitness-Station stoppte er. Kyras Hand krampfte sich um ihren Hals, um den gutturalen Laut zu ersticken, der sich in ihrer Kehle quälte. Es gelang. Dafür rannen Tränen aus ihren Augen. Unaufhörlich. Störend. Hektisch versuchte sie, sie wegzublinzeln, um ihn einfach nur anschauen zu können. Den witzigen, liebevollen Ryan, den sie behandelt hatte wie Dreck.

Er stand mit dem Rücken zu ihr und blickte über den glitzernden See, während er mit einem kleinen Jungen sprach, der Steine über die Wasseroberfläche flitschen ließ. Kyra spürte eine ungeheure Sehnsucht. Dieses harmonische Bild vor ihren Augen, Ryan vor dem gleißenden See, ein Kind an seiner Seite, schien aus einem Film zu stammen. Aus einem kitschigen Film. Aus einem Film, in dem sie hätte mitspielen sollen. *Das hätte meine Familie sein können!*

Kyras Herz setzte einen Schlag aus, als Ryan sich plötzlich umdrehte und sein Gesicht in die Sonne hielt. Sie atmete erst aus, als sie sah, dass er die Augen geschlossen hielt. Diese wundervollen blauen Augen mit dem Sternenfunkeln.

Kyra drückte sich noch ein Stückchen mehr an den rauen Kastanienstamm, obwohl sie wusste, dass er sie nicht erkennen würde, selbst wenn er die Augen jetzt öffnete. Dafür stand die blendende Sonne zu tief, die sein Gesicht für sie umso deutlicher machte.

Wie ein trockener Schwamm das Wasser sog sie seinen Anblick in sich hinein. Er wirkte völlig entspannt, obwohl er schnell atmete. Sein dunkelblondes Haar war von Grau durchzogen, aber der Schnitt war noch der gleiche wie vor acht Jahren. Kyra lächelte. Wie von selbst hob sich ihre Hand, als wollte sie über seine Wange streichen.

Sie blieb so lange, bis Ryan seine Übungen beendet hatte und den Weg zurückjoggte.

Er nahm keine Notiz von der Frau, die am Fuß der alten Kastanie stand und ihm hinterherblickte.

Kyra irrte durch New York. Manchmal aß sie. Nicht oft. Warum auch sollte sie Pappe essen? Manchmal schlief sie. Nicht oft. Wer nicht lebte, brauchte auch keinen Schlaf.

Sie war nur noch Hülle, gefüllt mit weniger als Luft. Manchmal streifte das Bruchstück eines Gedankens – ... *lachende Kinder ... ein ledernes Buch ... verletzte Menschen ... Rom ... Sams Gesicht, das sich in Ryans verwandelt ...* – schwerelos durch ihr Hirn, touchierte mal hier, mal dort die Wände ihres Bewusstseins, um dann wieder in einem wattigen Nebel zu verschwinden.

»Meinen Schlüssel ... bitte ... Zimmer 411«, hörte sie sich irgendwann zu ihrem Hotelportier sagen. Ihren Blick konnte sie dabei nicht von der Frau hinter ihm lösen. Frau? Eine Kreatur war es. Eine verwahrloste Kreatur mit einem vor Dreck starrenden leichenweißen Gesicht, umgeben von verfilzten Haarsträhnen. Emotionslose Augen blickten sie an.

»Ich mag das Bild nicht«, flüsterte Kyra.

Der junge Portier starrte sie mit weit aufgerissenen Augen an, drehte sich kurz um und stammelte: »Bild? Ma'am, das ist ein Spiegel.«

Seine Worte »Mein Gott, Ma'am! Was ist passiert? Wir haben Sie als vermisst gemeldet« nahm Kyra mit in eine tiefe Bewusstlosigkeit.

»Und Sie sind ganz sicher, Mrs. Althoff, dass wir nicht die Polizei benachrichtigen müssen?«

Kyra sah den Arzt ruhig an. »Ganz sicher, Doktor ...«, sie blickte kurz auf sein Namensschild am Revers des weißen Kittels, »... Hewitt! Mir geht es gut. Und ich kann Ihnen versichern, dass ich nicht Opfer eines Raubüberfalls oder von irgendetwas anderem geworden bin. Ich … ich hatte einfach ein paar schwierige Tage. Okay?«

Dr. Hewitt sah sie zweifelnd an. »Laut Ihrem Hotelportier waren Sie drei Tage wie vom Erdboden verschluckt. Und so, wie Sie aussahen, als Sie hier eingeliefert wurden, haben Sie in diesen Tagen in einem Rattennest gehaust.«

Kyra lächelte ihn zuckersüß an. »Wenn Sie New York so nennen wollen, bitte sehr.«

»Hören Sie«, hakte der Arzt noch einmal nach, »wir haben hier ein paar wirklich phantastische Psychologen. Vielleicht –«

»Vielleicht gehen Sie jetzt einfach, Doc«, unterbrach Kyra ihr Gegenüber scharf, dann fuhr sie etwas milder fort: »Das Einzige, was mir fehlt, ist ein Flugticket nach Deutschland.«

Dr. Hewitt verließ den Raum ohne ein weiteres Wort. Als die Tür hinter ihm ins Schloss fiel, sank Kyra matt in ihr Kissen zurück. So entschlossen, wie ihre Worte geklungen hatten, fühlte sie sich in keiner Weise.

Ich bin drei Tage durch die Stadt geirrt. Ohne eine wirkliche Erinnerung daran!

Nur Bruchstücke drängten sich zeitweise in ihre Gedanken. Eine Parkbank, auf der sie geschlafen hatte, fremde Menschen, die anscheinend mit ihr gesprochen hatten … Es erschien ihr unglaublich. Und auch wieder nicht. Sie hatte sich in einem Schockzustand befunden. Nach neun Jahren, die sie nur für das Buch und die Firma gelebt hatte, hatte Sams Offenbarung sie in eine völlige Leere gestürzt.

Sam. So viele Jahre war er ihr Vertrauter gewesen, ihre Familie, ihr einziger wahrer Freund. Dann war er verschwunden aus ihrem Leben. Schließlich war sein Brief gekommen. Und die leise Hoffnung, die auf dem Weg nach New York in ihrer Brust gekeimt hatte, war von seinem Geständnis im Park wie von einem Granateneinschlag zerstört worden. All dieser Lug und Betrug.

Der Hass auf Sam brannte noch in ihr. Ein wenig schwächer vielleicht, aber heftig genug, um ihn niemals wiedersehen zu wollen.

Und das, so abstrakt es auch war, war das Schlimmste, das Erschreckendste an ihrer Situation.

Sie war allein.

Allein.

Das Tagebuch war verschwunden, aber sie empfand, entgegen aller Erwartung und Vorbereitung darauf, keinerlei Erleichterung. Im Gegenteil. Ihr Leben hatte seinen Wert verloren. Die Firma brauchte sie nicht mehr. Sie war nutzlos. Und zweifellos war die Firma ihrem Wunsch, sie endlich in Ruhe zu lassen, nur zu gern nachgekommen. Schließlich hatte sie tagelang unbehelligt durch die Stadt irren können.

Kyra schloss die Augen. Sie dachte an den Mann, der einmal dabei gewesen war, sich in sie zu verlieben. *Ach, Ryan, was wäre gewesen, wenn ...?*

Kyra verbannte die mögliche Antwort in die hinterste Ecke ihres Hirns. Sie tat nur weh.

Sie blickte sich noch einmal in dem Hotelzimmer um. Alles war gepackt. Sie nahm die Tasche und den neuen Mantel, den sie am Vormittag auf die Schnelle gekauft hatte. Die verdreckten Kleidungsstücke, die sie zuletzt getragen hatte, hatte sie in eine Mülltonne gestopft. Mit dem Wunsch, auch die letzten neun Jahre ihres Lebens hineinzustopfen.

Unten bat sie den Portier, ihr ein Taxi zu rufen. Ihr Blick weilte dabei auf dem Spiegel hinter ihm. Eine blasse und hohlwangige, aber gepflegte Frau sah ihr diesmal mit klarem Blick ernst entgegen.

»Zum Flughafen, Ma'am?«, fragte der indische Taxifahrer mit Blick auf ihr Gepäck.

»Nein«, antwortete Kyra, »Central Park, Columbus Circle.«

Sie konnte nicht fliegen, ohne ihn noch einmal zu sehen. Ein letztes Mal.

Dass der Frühling nahte, ließ sich nicht mehr übersehen. Die Sonne schien in Kyras Nacken, während sie neben der alten Kastanie wartete. Würde er kommen? Joggte er wirklich jeden Tag um die gleiche Zeit? Jetzt war es siebzehn Uhr zehn. Immer wieder starrte Kyra auf ihre Armbanduhr, die sie heute erst gekauft hatte, dann wieder auf den Weg am See. Ihr Flugzeug ging erst in vier Stunden, sie hatte Zeit.

Die Minuten schlichen quälend langsam dahin. Bis zu dem Moment, den sie herbeigesehnt und zugleich gefürchtet hatte. Er kam.

Kyra sog seinen Anblick in sich auf. Er sah phantastisch aus. Soweit sie das aus der Entfernung beurteilen konnte. »Ryan«, flüsterte sie.

Er machte etliche Klimmzüge, danach seine Dehnübungen, dann setzte er sich wieder in Bewegung.

Bleib noch!

Als hätte er ihren stummen Schrei gehört, blieb er plötzlich stehen. Er trank einen Schluck Wasser. Kyra nutzte die verbleibenden Sekunden und nahm seine Gestalt in sich auf.

Denkst du manchmal noch an mich? ... Wohl kaum. Du bist ohne mich glücklich geworden, bist bestimmt verheiratet ... Leb wohl, Ryan.

★★★

»Leben Sie wohl, Ryan«, verabschiedete Sam sich mit rauer Stimme von Ryan Farlow an dessen Wohnungstür. Das Gespräch, das er mit dem Amerikaner geführt hatte, hatte ihn erschöpft, obwohl es nur kurz gewesen war.

»Ich danke Ihnen, Samuel«, antwortete Ryan ihm. »Sie haben mich überrascht mit dem, was Sie mir erzählt haben. Ich verstehe nur nicht, warum Sie das tun. Jetzt, nach all diesen Jahren.«

Sam schüttelte den Kopf. »Ich verstehe mich selbst nicht. Kennen Sie den Film ›Cast Away‹ mit Tom Hanks?«

»Äh ...?«

»Dort lieben zwei Männer dieselbe Frau. Und Kyra hat einmal gesagt: Drei sind einer zu viel. Darum war ich hier, Ryan. Auch wenn Sie es vielleicht nicht verstehen. Sie hatten damals kaum Gelegenheit, sie kennenzulernen, aber es ist mir wichtig, dass Sie wissen, dass Kyra in Sie verliebt war. Ich –« Sam brach ab, weil ein kleiner Junge die Treppe hinaufgetappt kam und »Daddy!« rief, als er Ryan an der Tür sah. Eine Frau mittleren Alters folgte dem Kleinen lächelnd, der sich an Ryans Beine klammerte.

»Sie haben einen Sohn«, stieß Sam aus.

»Das habe ich, Samuel«, nickte Ryan und hob den Kleinen, der höchstens drei Jahre alt war, auf den Arm. »Danke für die Betreuung, Mrs. Brewster«, nickte er der Frau zu, die sich mit einem Winken verabschiedete.

»Das wusste ich nicht.« Sam starrte den Jungen an.

»Ich lebe nicht mit seiner Mutter zusammen. Daniel ist zu Besuch hier.« Er setzte den Kleinen ab. »Geh schon rein, Dan, ich komme gleich.« Dann lächelte er Sam an. »Ich habe die richtige Frau bisher nicht gefunden.«

ACHTZEHN

Kyra legte den Kopf in den Nacken, um mit ihrem Blick der Möwe zu folgen, die kreischend ihre Runden über dem Watt drehte. Es tat gut, an diesem milden Märztag auf der Bank im Garten ihrer Mutter zu hocken. Die harte Lehne im Rücken vermittelte ein Gefühl von Halt. Und dieses Gefühl brauchte sie.

Seit einer Woche war sie aus Amerika zurück, und sie war mehr als dankbar, dass ihre Mutter noch mit Hermann auf Mallorca war. Sie blickte auf ihre Armbanduhr. Sie saß tatsächlich schon zehn Minuten auf der Bank. Das war gut. Ihre innere Unruhe trieb sie sonst bereits nach zwei, drei Minuten wieder hoch.

Dieses verdammte Buch! Neun Jahre ihres Lebens hatte es sie gezwungen, ein Leben zu leben, das sie sich nie gewünscht hatte. Und jetzt, wo es weg war, bestimmte es trotzdem ihr Dasein. Denn die Leere, die entstanden war, quälte Kyra. Trieb sie vom Haus in den Garten, vom Garten ans Wasser, dann wieder ins Haus. Sie konnte einfach mit der Zeit nichts anfangen. Nicht weil sie es nicht wollte. Wie gern hätte sie mehr als drei Seiten in dem Roman gelesen, der auf der alten Ofenbank lag. Wie gern hätte sie die kleine Decke für das antike Nähtischchen ihrer Mutter zu Ende gehäkelt. Wie entspannend wäre es, einen Film im Fernsehen länger als fünf Minuten anzuschauen. Aber ihr Geist ließ sie nicht zur Ruhe kommen, ließ sie kaum schlafen. Er trieb ihren Körper, der nach Ruhe geradezu schrie, immer wieder an. Als sie sich heute Morgen im Spiegel angeschaut hatte, hatte ihr ein blasses Wesen mit gräulichen Ringen unter den gehetzten Augen entgegengeblickt.

Kyras Beine kribbelten. Sie zwang sich, sitzen zu bleiben. *Du bist ein Wrack, Kyra Althoff! Komm endlich zur Ruhe. Sonst landest du doch noch in der Psychiatrie.*

Sie griff nach der Thermosflasche, die neben ihr auf der Bank stand, und nahm einen kräftigen Schluck. Föhrs Bestand an Beruhigungstee musste aufgebraucht sein, so viel, wie sie davon in der letzten Woche geschluckt hatte.

Kyra freute sich, als sie feststellte, dass ihre Finger kaum noch zitterten, während sie den Verschluss auf die Flasche drehte. Mit einem Lächeln zog sie ihre alte braune Wolljacke enger um den Körper und schloss die Augen. Der leicht brackige Wattgeruch war angenehm realistisch. Keine Mystik. Kein Schicksal, das etwas von ihr wollte.

»Sorry, ich bin auf der Suche nach einem Ingenieur. Einem hervorragenden. Sein Name ist Daniel Düsentrieb. Kennen Sie ihn?«

Kyra schnellte herum, noch während die mit starkem amerikanischen Akzent gesprochenen Worte aus dem Mund des hochgewachsenen Mannes hinter ihr kamen.

Kyra starrte Ryan Farlow an. Kein Wort kam über ihre Lippen. Sie konnte nicht sprechen, konnte ihn nur anblicken. Nur die grau melierten Schläfen und ein paar tiefere Falten zeugten davon, dass auch er älter geworden war, denn er lächelte noch immer sein jungenhaftes Lächeln, und in seinen Augen blinkten Sterne. Kyra konnte immer noch nichts sagen. Sie stand langsam auf, ging um die Bank herum und blieb vor ihm stehen.

Ryan schlang die Arme um sie und hielt sie.

»Du bist da«, sagte Kyra irgendwann, ohne den Kopf von seiner Brust zu lösen.

»Ja, ich bin da«, kam die Antwort mit einem Hauch Spott, »weil ich nicht so ein verdammter Feigling bin wie du. Warum bist du in New York nicht zu mir gekommen?«

Kyra löste sich aus seiner Umarmung. Sie nahm seine Hand und zog ihn neben sich auf die Bank. »Du weißt, dass ich in New York war? Im Park?«

Ryan lächelte sie an. »Ein sehr netter Mann mit Namen Samuel war bei mir.«

»Sam?«, stieß Kyra ungläubig aus.

»Ja, Sam«, fuhr Ryan fort. »Er hat mir eine unglaubliche Geschichte erzählt. Eine unfassbare Geschichte. Die Geschichte einer Jungfrau, die mittels eines sehr merkwürdigen Buches unzählige Menschenleben rettet.«

»Er hat es dir erzählt? Aber du kannst diese Geschichte doch nicht geglaubt haben«, kam es fast anklagend über Kyras Lippen.

»Niemand würde das tun. Niemand glaubt etwas so Absurdes. Ich selbst würde es nicht tun. Warum du?«

Ryan lächelte. »Nun, ganz so schnell ging es bei mir auch nicht. Spätestens als er mir erzählte, was Christian Thorkind getan haben soll, hielt ich ihn für einen Spinner. Christian ein Satanist! Aber seine Worte gingen mir nicht aus dem Sinn. Alles passte irgendwie. Dein Verhalten, deine Worte damals. Deine Verzweiflung! Und Christian konnte manchmal geschäftliche Abendtermine nicht wahrnehmen, weil er, wie er sagte, gesellschaftliche Treffen hatte, die er nicht aufschieben konnte. Und ich habe nie eine zufriedenstellende Antwort bekommen, wenn ich nachfragte. All das ergab mit dieser unglaublichen Geschichte einen Sinn.«

Ryan machte eine kleine Pause. Mit seinem intensiven Blick musterte er ihr Gesicht. »Und wahrscheinlich wollte ich es einfach glauben. Denn ich habe nie wieder eine Frau getroffen, in die ich mich so Hals über Kopf verliebt habe wie in dich. Warum, Kyra, bist du in Amerika nicht zu mir gekommen? Hattest du Angst, dass ich dich fortjagen würde?«

Kyras Hand streichelte über seine Wange. »Angst, dass du mich fortjagen würdest? Sicher hatte ich die. Aber ich hätte damit leben können, weil du im Recht gewesen wärst. Nein, mich hat die Scham fortgetrieben. Ich hätte nie an dir zweifeln dürfen. Du hast nichts getan, außer mich zu ... wollen. Und wie habe ich es dir gedankt? Ich konnte in New York nicht einfach zu dir gehen, Ryan.« Kyra sah ihn ernst an und flüsterte: »Du hast völlig recht. Ich bin ein Feigling.«

Ryan nahm ihre kalten Hände in seine und küsste sie nacheinander. »Ich habe dich nie vergessen, Kyra. Ich hatte Beziehungen, ja, aber sie waren nicht von Dauer. Allerdings habe ich einen kleinen Sohn, den ich sehr liebe. Er lebt bei seiner Mutter, aber er besucht mich oft. Er ... er würde dich mögen. Vielleicht ...«, er strich mit dem Zeigefinger über ihre Lippen, »... können wir noch einmal ganz von vorn anfangen? Uns Zeit geben? Und was immer es mit dieser merkwürdigen Geschichte um das Buch auf sich hat: Du hast den Rest deines Lebens Zeit, es mir zu erzählen. Ich kann dir jetzt nur eines sagen: Wenn auch nur ein Bruchteil dieser Story stimmt, hattest du jedes Recht, mir zu misstrauen. Mein Gott, ich darf gar nicht daran denken, was du in den letzten Jahren durchgemacht hast.«

Als Kyra etwas erwidern wollte, drückte Ryan mit einem leisen »Pst« leicht seinen Zeigefinger auf ihren Mund. »Ich will jetzt nichts mehr hören. Vielleicht ein ›Ich liebe dich‹, aber sonst nichts. Reden können wir später. Jetzt, Darling, werde ich dafür sorgen, dass du, für den Fall, dass noch so ein Buch auftaucht, auf jeden Fall nicht in der Lage sein wirst, es zu lesen!«

Als Ryan am nächsten Morgen die Augen aufschlug, blickte er direkt in Kyras braune Augen. »Schon wach?«, flüsterte er.

»Wach?«, wiederholte Kyra verwirrt. »Ich habe noch gar nicht geschlafen. Ich schlafe nicht besonders gut in letzter Zeit. ... Seit ich dich in Amerika wiedersah.«

Ryan küsste ihre Nasenspitze. »Ich werde uns jetzt ein tolles Frühstück zaubern, Darling. Dann geht es dir gleich besser.« Er sprang aus dem Bett und lief nackt Richtung Küche.

Kyra blickte ihm hinterher. Er sah noch immer phantastisch aus. »Komisch«, murmelte sie vor sich hin, während sie ihn in der Küche hantieren hörte. »Ich hätte gedacht, ich würde endlich schlafen können. Jetzt, wo du da bist.«

»Was hast du gesagt, Darling?«, rief Ryan aus der Küche.

»Ach, nichts Wichtiges«, antwortete Kyra laut, zog sich ein langes Shirt über den Kopf und tappte barfuß in die Küche. »Hast du eigentlich ein Foto von deinem Sohn bei dir?«, fragte sie beiläufig, während sie das Küchenfenster weit öffnete, um die klare Morgenluft hereinzulassen. »Sieht er dir ähnlich?«

»Urteile selbst. Ich habe zwei Fotos von ihm dabei.« Er durchwühlte die Innentasche seiner Jacke und zog schließlich zwei Fotografien aus der ledernen Brieftasche. Kyra blickte weg, als er lächelnd auf sie zuschritt. Seine Nacktheit irritierte sie.

»Man merkt, dass du nie einen Mann im Haus hattest«, lachte Ryan und reichte ihr die Bilder.

Mit erhitzten Wangen wandte Kyra sich dem ersten Foto zu. Ein hübscher schwarzhaariger Junge mit blauen Sternenaugen strahlte ihr entgegen. »Er sieht dir sehr ähnlich«, lächelte Kyra.

»Zweifellos haben sich meine Gene durchgesetzt«, meinte Ryan und schob Kyra ein Stückchen Marmeladentoast in den Mund. »Von seiner Mutter hat er so gut wie nichts.«

Kyra nahm das zweite Foto zur Hand.

»Das habe ich erst vor drei Wochen am Venice Beach aufgenommen«, erklärte Ryan. »Und ich kann dir sagen, dass die kleinen Mädchen bereits auf ihn fliegen.«

Kyras Hände zitterten, als sie die Fotos beiseitelegte, um nach dem Becher mit Kaffee zu greifen, den Ryan ihr entgegenhielt.

»Lass uns im Bett frühstücken, Darling, da ist es gemütlicher.« Er lief mit dem Brotteller voraus, hockte sich in die Mitte des Bettes und klopfte auf den Platz neben sich. Kyra setzte sich auf die Kante am anderen Ende des Bettes. Ihre Hand mit dem Kaffeebecher bebte so stark, dass ein Teil des heißen Getränks auf ihr Shirt und die Bettdecke schwappte.

Lächelnd zog Ryan ein Kissen über seine Blöße. »So besser? Oder ist es gar nicht mein herrlicher Körper, der dich so erzittern lässt?«, scherzte er, während seine Augen sie aufmerksam musterten.

Kyra legte beide Hände um ihren Becher. Ihr Mund war trocken. »Mein … mein Nervenkostüm ist einfach überstrapaziert. Das wird schon wieder. Schließlich hat alles ein gutes Ende gefunden. Das Tagebuch ist gut verwahrt für die nächsten dreihundert Jahre, und … du bist da.«

Ryan biss in seinen Toast und nuschelte kauend vor sich hin: »Hauptsache, ihr habt einen sicheren Platz für dieses komische Buch gefunden. Denn nach allem, was Sam mir da erzählt hat, scheint es doch sehr wichtig zu sein.«

Kyra zögerte einen kleinen Moment, dann sagte sie: »Wir haben es im Schweriner Schloss deponiert. Wobei ›deponiert‹ eigentlich kaum das richtige Wort ist. Ich habe es direkt vor den Thronsessel gekickt.« Sie machte eine kleine Pause und sagte dann ernst: »Wer auch immer die Jungfrau sein wird, die im Jahr 2331 das Buch dort finden wird, ich beneide sie nicht.«

»Keine Sorge«, sagte Ryan mit vibrierender Stimme, »dank deiner überaus nützlichen Information wird der nächsten Jungfrau nicht gelingen, was euch gelungen ist.«

Kyra sah ihn an. Die Sterne in seinen Augen schienen sich verdoppelt zu haben. »Was ... was meinst du damit?«

Ryan fegte mit seiner Linken den Brotteller vom Bett und stand auf. »Bisher waren die Trümpfe bei euch, Kyra Althoff. Aber beim nächsten Mal sind die Karten neu gemischt. Dann werden auch wir an dem Ort sein, an dem das Heilige Buch Luzifers, das Buch unseres Herrn, erneut erscheint. Und dann werden wir sehen, wer schneller ist.«

Kyra war nicht in der Lage, ein Wort herauszubringen. Sie sprang vom Bett auf und wich bis an die Wand zurück.

»Keine Angst«, stieß Ryan gleichgültig aus, während er in seine Jeans stieg. »Ich vergreife mich grundsätzlich nicht an alten Frauen. Nur wenn es sein muss. Zum Beispiel gestern Abend ... Meine unbändige Lust, in dein Fleisch zu stoßen, erstarb mit dem Datum, an dem unser Buch verschwand.«

Kyra rutschte wimmernd an der Wand hinab.

Ryan drückte eine Taste auf seinem Handy. Er blickte Kyra starr in die dunklen, aufgerissenen Augen, während er triumphierend in den Hörer sprach: »Ich bin es, Christian. ... Natürlich hat es geklappt. Das Gefühl, geliebt zu werden, macht alle Weiber willig.« Er lachte gehässig, wurde aber schnell wieder ernst und sagte nur: »Schweriner Schloss. Direkt vor dem Thron.«

Er steckte das Handy in seine Hosentasche zurück und zog sich in aller Seelenruhe weiter an. Sie sprachen beide kein Wort in dieser Zeit.

Für Kyra waren es die längsten Minuten ihres Lebens. Erstarrt verfolgte sie jede seiner Handbewegungen. Sie sah, dass seine Finger zitterten und sein Gesicht immer mehr zur Maske wurde. Als er seine Sachen in seiner ledernen Reisetasche verstaut hatte, kam er auf sie zu. Langsam. Kyra konnte den Blick nicht von seinen leuchtenden Augen wenden. Sie brannten vor Hass. Und dieser Hass troff auch aus seiner Stimme.

»Du bist Dreck, Kyra Althoff, einfach nur Dreck. Und gerade überlege ich, ob ich dich töte oder nicht. Ich könnte es wie einen Unfall aussehen lassen. Dann würde eure Organisation nie davon erfahren, dass wir jetzt wissen, wo das Heilige Buch ist. Aber ... es würde dir eine Wichtigkeit verleihen, derer du nicht würdig bist.« Mit zwei Schritten stand er vor ihr, griff in ihr Haar und zog sie von der Wand weg.

Kyra schrie vor Schmerzen.

Ryan stieß sie von sich. »Und jetzt komm vorgekrochen«, zischte er. »Küss den Boden vor meinen Füßen und sag: ›Danke, Großmeister von Luzifers Gnaden! Danke, dass du mir mein minderwertiges Leben schen–‹«

Er brach ab, weil Kyra aufschrie – ein Schrei voller Erleichterung – und eine dunkle Stimme neben ihm sagte: »Halt dein dreckiges Maul, Farlow!«

Kyras Herz raste. Sie sah zu, wie Sam die silberne Pistole, die er Ryan Farlow an die Schläfe gesetzt hatte, entsicherte. Jedoch verwandelte sich ihre Erleichterung darüber, dass Sam da war, bei seinen nächsten Worten in blankes Entsetzen.

»*Du* bist das Stück Dreck, Farlow. Ein Mörder, ein Sadist, ein Kinderschänder. Nichts wirst du deinen satanischen Brüdern berichten. Nichts. Weil du in genau drei Sekunden vor deinen Herrn trittst, denn die Hölle wartet auf dich.«

Ryan Farlow wurde blass, aber seine Stimme war ohne jede Angst, als er herauspresste: »Euch ist Leben doch heilig, Samuel Bach. ›Liebe deine Feinde‹, predigt euer Herr. Also, wie mutig bist du, dich seinen Worten zu widersetzen? Drück ab, los! Es wird dir ein wahnsinniges Gefühl der Befriedigung verschaffen, mein Blut an deinen Fingern kleben zu sehen. Also vergiss die Worte deines Herrn. Sei kein Feigling! Schieß!«

»Sam, nein!«, schrie Kyra und versuchte aufzustehen, aber ihre Beine weigerten sich, sie zu tragen. »Er ist es nicht wert. Hörst du?« Sie weinte auf. »Und die anderen wissen bereits, wo das Buch ist. Ich habe es ihm gesagt, und er hat es schon weitergegeben. Sein Tod würde nichts ändern. Bitte, tu es nicht, für mich.«

Ryan Farlows Lippen verzogen sich. »Hör auf das wimmernde Weib, Bach. Dann verschwinde ich aus eurem Leben. So wie ich es vorhatte. Denn wir haben jetzt, was wir wollten. Also trau dich oder nimm das Ding runter und lass mich gehen.«

In Kyra keimte die Hoffnung auf, dass Sam nach diesen Worten ruhig bleiben würde, aber Ryan Farlow warf noch einen Satz hinterher.

»Denk daran, was vor dir liegen könnte, Bach: eine Mordanklage oder ein Leben mit der Frau, die du doch so sehr liebst. Ich empfehle dir das Letztere. Für eine vierzigjährige Anfängerin ist sie verdammt gut im Be—«

Kyra schrie auf, als der Knall von zwei aufeinanderfolgenden Schüssen durch das Zimmer peitschte. Sie starrte auf das Blut, das auf den Boden spritzte, hörte einen Schrei und starrte Farlow an, in der Erwartung, ihn fallen zu sehen. Erst in diesem Moment registrierte sie, dass das Blut auf dem Boden Sams Blut war, dass er geschrien hatte und jetzt mit schmerzverzerrtem Gesicht auf Ludger Baltrusch starrte, der im Rahmen der offenen Küchentür stand und die Hand mit der Waffe langsam herunternahm. Er trat ins Zimmer und nahm Sams Pistole, die auf den Boden gefallen war, an sich.

Sam schrie: »Was soll das? Aah ...« Er stöhnte vor Schmerzen. »Bist du wahnsinnig, Balu? Du hast mir ... in die ... Hand geschossen.« Er presste die verletzte Hand mit der anderen auf seinen Oberschenkel. »Deinetwegen ... hab ich ... die Drecksau verfehlt.«

Ludger ignorierte ihn und sah Kyra an. »Alles klar, Zwerg?«

Kyra schüttelte wild den Kopf und weinte. »Nein. Nein, hier ist nichts klar.«

»Aber gleich«, brummte Ludger und hob die Hand mit der Waffe erneut. Er zielte auf Ryan Farlow. »Nimm dein Zeug, Satanistenschwein, und verschwinde zu deinen Irren. Lass dich nie wieder in der Nähe von Kyra Althoff blicken. Keiner von euch. Beim nächsten Mal schieß ich meinen eigenen Leuten nämlich nicht wieder in die Hand, um zu verhindern, dass einer von euch abgeknallt wird. Glaub mir, Farlow, auch mir juckt's im Finger, einfach abzudrücken.«

Er deutete mit der Waffe Richtung Tür. »Und jetzt raus, bevor ich dem Juckreiz nachgebe.« Mit der Waffe in der Hand folgte er Ryan, der seine Tasche griff und, ohne noch einen Blick an Kyra oder Sam zu verschwenden, nach draußen ging.

Sam ging neben Kyra in die Knie und hob den Arm mit der unverletzten Hand. Sie presste sich an seine Brust. Fest lag sein Arm um sie, während sie laut und unkontrolliert weinte. Sam ließ sie gewähren. Unentwegt streichelte er ihren Rücken, ihr Haar und sprach beruhigend auf sie ein. Als ihr Weinen sich allerdings nach einigen Minuten zu einem hysterischen Anfall zu steigern begann, stand Sam auf, zog sie mit der unverletzten Hand hoch und schüttelte sie grob.

»Kyra! … Kyra, hör jetzt auf«, versuchte er, zu ihr durchzudringen. »Es ist vorbei. Hörst du? Er ist weg, und du bist in Sicherheit.« Er bugsierte sie zu dem alten Sessel ihrer Mutter und drückte sie hinein. Der Schmerzenslaut, den er dabei ausstieß, ließ Kyra ruhiger werden.

»Sam, es tut mir leid«, schluchzte sie. »Du musst furchtbare Schmerzen haben. Wir … wir müssen deine Hand verbinden. Du musst ins Krankenhaus.«

In diesem Augenblick kam Ludger zurück. Er legte die Waffen auf das Sideboard und griff nach Sams Unterarm. »Tut mir wahnsinnig leid, Sam. Aber es war das Einzige, was ich tun konnte, um zu verhindern, dass du dein Leben zerstörst. Und nicht nur deines.« Er sah zu Kyra. »Ich mach ihm einen schönen Verband, dann bring ich ihn zum Arzt. Sieht nicht ganz so wild aus. Sie werden die Hand schon nicht abnehmen.«

»Wieso bist du überhaupt hier, Balu?«, fragte Sam.

»Ich war immer in Kyras Nähe. Nur nicht so nah, dass sie's gemerkt hätte. Und als ich dich mit der Knarre ins Haus gehen sah, dacht ich, dass es nicht schaden kann, mal nach dem Rechten zu sehn. Und jetzt komm mit ins Bad, Kumpel, bevor du noch mehr Blut verlierst.« Er packte Sam am Arm und zog ihn mit sich.

Kyra blieb apathisch im Sessel hocken. Erst als ihr jemand einen doppelstöckigen Weinbrand in die Hand drückte, erwachte sie aus der Lethargie. »Sam. Wo … wo ist Balu?«

»Balu ist gegangen, nachdem er mir den Verband verpasst hat.« Er hob die bandagierte Hand. »Er organisiert einen Arzt aus der Firma für mich. Dann gibt es keine dummen Fragen. Und solange halte ich es schon noch aus. Ich hab mir drei Schmerztabletten eingeworfen.«

Kyra nickte nur. »Du hast geschossen. Du hättest ihn getötet, wenn Balu deine Hand nicht getroffen hätte«, murmelte sie.

Sam sagte nichts. Nach einem weiteren Blick auf das Elendshäufchen im Sessel füllte er ihr Glas noch einmal mit der gleichen Menge auf. »Trink!«, sagte er und gab es ihr in die zitternden Hände.

Kyra trank, ohne abzusetzen. Dann fiel ihr Arm wie lahm herunter. Das leere Glas ließ sie einfach auf das Holzparkett fallen. Ohne zu zerbrechen, kollerte es Richtung Tisch und blieb schließlich mit einem dumpfen Klack am Tischbein liegen. »Nicht kaputt«, murmelte sie. Sie ließ ihren Blick durch den Raum gleiten. »Nichts ist hier kaputt, nichts. Nur mein Leben. Gott ist doch ein Mann, Sam. Keine Frau könnte so grausam sein.«

Sam hockte sich vor Kyra, nahm ihre schlaffe Hand und hielt sie in seiner. »Willst du es mir erzählen, Kyra?«

Und dann brach es aus ihr heraus. Sie schilderte alles, von dem Moment an, als Ryan draußen an der Bank aufgetaucht war, bis zu dem Moment, als Sam ihm die Pistole an den Kopf gehalten hatte.

Sams Blässe war nicht nur seinen Schmerzen geschuldet. »Ach, Kyra. Das ist alles meine Schuld. Ich war so ein Idiot! Ich war bei ihm. Ich wollte herausfinden, ob er sich an dich erinnert, ob es noch eine Chance für euch gibt. Ich wollte, dass du endlich glücklich bist. Aber dann habe ich diesen kleinen Jungen in seiner Wohnung gesehen, der ihn Daddy nannte. Und das hat mich stutzig gemacht, denn diese Tatsache war uns bei all unseren Nachforschungen entgangen. Ich habe in der vergangenen Woche versucht, mehr herauszufinden, aber es ist mir nicht gelungen, etwas über die Mutter oder das Kind in Erfahrung zu bringen. Eine Tatsache, die mich erschreckt hat, Kyra. Er konnte das vor uns verheimlichen. Und da habe ich mich natürlich gefragt, was er noch vor uns verbergen konnte … Darum bin ich nach Föhr gekommen. Ich hab Panik bekommen, und wie man sieht, mit voller Berechtigung.«

Kyra starrte ihn an. »Du … du hast ihm gar nichts von dem Buch erzählt?«

»Nein, natürlich nicht.«

»Herrje, *ich* bin die Idiotin! Ich hätte doch wissen müssen, dass du niemals einem Außenstehenden davon erzählt hättest.«

»Dich trifft keine Schuld, Kyra. Nur meinetwegen haben sie letztendlich doch noch einen Sieg errungen. Sie wissen, wo das Tagebuch ist. Ihre Jungfrau wird ebenfalls in dreihundert Jahren zur Stelle sein.« Er griff nach ihrer Hand. »Die Hauptsache ist, dass du lebst, Kyra. Du wirst das alles hier überwinden. Versprich mir, dass du dich nicht aufgibst! Du wirst wieder froh werden, mit deiner Mutter zusammen sein, mit Doro ...«

Kyra nahm seine Worte gar nicht auf. »Ich habe Ryan die Information mit dem Schweriner Schloss gegeben, obwohl ich wusste, dass er einer der Anderen ist, ein Teufelsanhänger.«

Sam sah sie irritiert an. Ungläubig. Seine Augenbrauen wölbten sich Richtung Stirn. »Was willst du damit sagen, Kyra?«

Kyra erhob sich ruckartig aus dem Sessel und ging einen Schritt von Sam weg. »Irgendwie stimmte es von Anfang an nicht. Seine Gegenwart hat mich mit Unruhe erfüllt. ... Ich habe mit ihm geschlafen, ja, aber ... es hat mich nicht glücklich gemacht. Ich habe die ganze Nacht nicht geschlafen, war verwirrt. Als er in der Küche das Frühstück zubereitet hat, hat er mir zwei Fotos von seinem Sohn gezeigt. Eines davon zeigte den Kleinen mit nacktem Oberkörper. Und da wusste ich, wer seine Mutter ist.«

Sam sah sie immer noch verständnislos an.

»Der Junge hat ein Muttermal. Von sehr außergewöhnlicher Form. Hier«, sagte Kyra und deutete auf eine Stelle über ihrer Brust, »und ich wusste sofort, wo ich es schon einmal gesehen hatte. An Lucinda. Der Frau in Rom, die mein blutiges Taschentuch aus dem Müll gezogen hat. Sie hatte dieses Mal in der Form eines Katzenköpfchens an der gleichen Stelle wie das Kind.« Kyra schüttelte sich, in Erinnerungen vertieft.

Sam schluckte. »Und ich wollte dir damals nicht glauben.«

»Es spielt keine Rolle mehr, Sam. In dem Augenblick war mir jedenfalls klar, dass Ryan nicht der war, der er zu sein vorgab. Du kannst dir nicht vorstellen, was für eine Scheißangst ich hatte. Ich habe versucht, mir nichts anmerken zu lassen, und dann hat er nach dem Ort gefragt, wo wir das Buch deponiert haben.«

»Mein Gott, Kyra! Warum um alles in der Welt hast du ihm dann gesagt, dass das Buch im Schweriner Schloss liegt? Warum, wenn dir doch klar war, dass er ein Satansanhänger ist?« Sam fuhr sich mit beiden Händen durchs Haar. »Gott, ich darf gar nicht daran denken, was sich in dreihundert Jahren in Schwerin abspielen wird! Wir können nur beten, dass unsere Jungfrau das Buch zuerst ausfindig macht ... und nicht die Jungfrau der Anderen.«

»Nur die Anderen werden in Schwerin sein, Sam«, sagte Kyra mit fester Stimme. Sie sah, wie Sams Augenbraue wieder nach oben zuckte. Sie blickte ihn nicht an, als sie sagte: »*Wir* werden dort sein, wo das Tagebuch ist.«

Unübersehbar bahnte sich Sams Wut ihren Weg durch seine Augen. »Kyra Althoff! Willst du mir damit sagen, dass das Tagebuch nicht im Schweriner Schloss liegt? Du ... du hast uns angelogen?« Er sprang auf und packte sie mit der unverletzten Hand am Arm. »Ist dir das Schicksal von Abertausenden Menschen wirklich so gleichgültig? Wo ist das Buch, verdammt noch mal? Wo, Kyra?«

»Höre ich dich da wirklich fluchen?«, versuchte Kyra es scherzhaft, aber Sams Miene ließ sie schnell wieder ernst werden. »Sei froh, dass es nicht im Schloss ist«, sagte sie trotzig.

»Das ist unverantwortlich«, kam es frostig über Sams Lippen. »Wenn wir nicht wissen, wo das Buch ist, können wir die nächste Jungfrau nicht schützen.«

Einen Moment schwiegen beide. Jeder versuchte, im Gesicht des anderen zu lesen. »Es tut mir leid«, sagten sie gleichzeitig.

Sam lächelte, und Kyra griff nach seiner unverletzten Hand. »Ich weiß, was dir das Buch bedeutet«, sagte sie leise. »Ich weiß selbst nicht genau, warum ich es nicht wieder im Schloss deponieren wollte. Es fühlte sich einfach nicht gut für mich an. Darum habe ich beim zweiten Mal nur so getan, als hätte ich es vor den Thron gekickt.«

Sie zog Sam zu dem kleinen Nähtischchen ihrer Mutter und öffnete die untere Schublade. »Es ist hier drin«, sagte sie und zog einen flachen Karton heraus. Sam griff danach und öffnete den Deckel. Skeptisch blickte er in den leeren Karton.

»Großes Indianerehrenwort«, fügte Kyra ihrer Erklärung mit Dackelblick hinzu. »Darin liegt das Buch. Ich verbrenne den Karton an der Stelle, an der ich das Buch hinterlege. Dann ist es für niemanden greifbar, bis es wieder erscheint.«

Sam schüttelte den Kopf. »Bitte, bring es zu Ende, Kyra, und such einen sicheren Platz. Und habe die große Güte, es uns danach mitzuteilen.«

Kyra betrachtete ihre Finger, die sie ineinanderknetete. »Begleite mich, Sam. Ich meine … nur wenn du willst, natürlich. Ich denke, ich weiß einen sicheren Ort für das Buch.«

***

Sam blickte aus dem Flugzeugfenster. Die Sonne ging gerade unter. Kyra beobachtete ihn eine Weile – wie ernst er aussah.

»Hältst du meine Entscheidung für falsch?«, fragte sie und suchte seinen Blick, als er sich zu ihr umdrehte.

Er antwortete leise: »Es ist eine wirklich gute Idee, Kyra. Das Kloster in Italien wird die nächsten dreihundert Jahre überdauern … Dort wimmelt es von Jungfrauen, die nur darauf warten, Gutes zu tun«, fügte er lächelnd hinzu.

Kyra musterte sein Gesicht. Sein Blick war undefinierbar. »Glaubst du, wir können wieder Freunde sein, Sam? Mit ein bisschen Zeit?«

Seine Augen wanderten über jedes Detail ihres Gesichts. »Freund werde ich immer für dich sein, Kyra.«

Mit einem tiefen Seufzer hob sie seinen Arm hoch und kuschelte sich an seine Seite. »Ach, Sam, ich hab dich so vermisst.« Mit geschlossenen Augen rückte sie noch ein Stückchen dichter an ihn heran und legte ihren Kopf an seinen Hals. »Mmh«, flüsterte sie, »du riechst so gut. Du hast schon immer so gut gerochen. Wie heißt der Duft?«

»Sam.«

»Sam«, wiederholte sie wohlig schläfrig seine Antwort, »Sam.«

Innerhalb von Sekunden schlief sie in seinen Armen. Sam presste seine Lippen auf ihren Scheitel.

Eine Flugbegleiterin blieb neben der Sitzreihe stehen. »Haben Sie oder Ihre Frau noch einen Wunsch?«

Sam lächelte. »Mein Wunsch ist in Ihrer Frage enthalten.«

Epilog

»Der arme Jonathan! Kein Wunder, dass er schreit«, sagte Doro, während ihr Blick an der schwarzhaarigen Frau haftete, die im Schatten eines Apfelbaums auf Sam einredete. »Hätte Sam nicht irgendeine entfernte Cousine oder einen Großonkel auftreiben können?«

Kyra lachte leise und küsste das Baby in Doros Armen auf den Flaum des kleinen Köpfchens. »Ich gebe zu, Daisy ist ihrem Bruder gegenüber im Vorteil, aber es war Sams großer Wunsch, und den konnte ich ihm nicht abschlagen.« Ihr Blick wanderte zu Sam, der hektisch im Kinderwagen herumfummelte. Einhändig, weil er im anderen Arm ein schreiendes Baby hielt.

Doro schlang den freien Arm um Kyras Hüfte. »Du bist verrückt nach ihm. Genauso wie er nach dir.«

»Ich bin endlich im Leben angekommen, Doro. Ganz geworden. Durch ihn.« Kyra blinzelte das Wasser in ihren Augen weg und knuffte die Freundin in die Seite. »Und er küsst einfach perfekt. Ich könnte den ganzen Tag an ihm kleben, um ihn zu riechen, zu spüren, zu halten.«

»Ich übersetze das mal für dich, Daisy.« Doro neigte ihren Kopf dem Baby zu. »Dein Vater ist ein Burner im Bett!«

»Doro!« Kyra schlug ihr lachend auf den Arm. »Und jetzt komm. Wir gehen zu ihnen.«

Auf dem Weg durch den Garten streifte Kyras Blick das übrige Dutzend Gäste. Ihre Mutter und Hermann unterhielten sich mit Händen und Füßen mit Nigel und James, da keiner von ihnen die Sprache des anderen perfekt beherrschte. Kyra lächelte. Sie betrachtete es als große Ehre, dass Nigel mit James' Hilfe die Reise nach Föhr unternommen hatte. Ihre begeisterten Erzählungen von dem Haus am Strand, das jetzt ihr und Sam gehörte, nachdem ihre Mutter zu Hermann nach Wyk gezogen war, und von dem kleinen Antiquariat, das Sam in Nieblum eingerichtet hatte, mussten ihn hergelockt haben.

Ludger stand mit einigen weiteren Firmenmitgliedern an

dem kleinen Büfett, das im Pavillon aufgebaut war, und stapelte Hähnchenschenkel auf seinen Kuchenteller. Kyra atmete tief den Fliederduft ein, der den üppig blühenden Garten erfüllte. Es war ein Tag wie aus dem Film – mit seinem kitschigen Bilderbuchwetter, den kreischenden Möwen über dem Meer und der gelösten Stimmung nach dem Gottesdienst in der St.-Johannis-Kirche. Aber dies war kein Film. Dies war ihr Leben. Wunderbarerweise.

Als ihr Blick sich mit dem des jungen Mannes kreuzte, der nahe der Düne auf einer Bank saß und cremige Torte löffelte, strich Kyra Doro über den Arm und sagte: »Geh schon vor mit Daisy, ich bin gleich wieder da.« Lächelnd ging sie zu der Bank. »Es ist so schön, dass du gekommen bist, Markus.«

»Eine solche Einladung konnte ich unmöglich ablehnen.« Ein zaghaftes Lächeln glitt über sein ernstes Gesicht. »Du und Sam habt gleich doppelt bewiesen, wie groß euer Vertrauen in die Zukunft ist, die ich für euch retten soll.«

Kyra streichelte über seine Hand, in der er die Kuchengabel hielt. »Du hast recht. Wir glauben so fest daran, dass der 21. Dezember 2012 ein ganz normaler Tag sein wird. Das Buch hat dich ausgewählt, Markus. Nicht nur weil du ein so überaus kluger Mensch bist, sondern weil du auch mit dem Herzen denkst.«

»Ich denke auch mit dem Herzen«, erklang Ludgers Stimme neben ihnen. Die Bank ächzte, als er sich mit seinem Teller neben Markus setzte. Er grinste Kyra an. »Und mein Herz hat gerade Mitleid mit Sam, der neben einem schreienden Baby auch noch Evelynchen und deine Freundin Doro an der Backe hat.«

»Ich geh ja schon«, lachte Kyra.

»Brauchst du vielleicht Hilfe?«, fragte sie Sam grinsend, als sie die kleine Gruppe erreichte.

Erleichtert, weil er endlich gefunden hatte, was er suchte, steckte er dem schreienden Etwas auf seinem Arm einen hellblauen Schnuller in den Mund. Zärtlich strich er dem Baby über die kleine Nase, während es heftig zu nuckeln begann.

»Ich habe alles im Griff, Liebling«, strahlte er Kyra an und küsste sie. »Aber ich glaube, Jonathan hasst sein Taufkleid«, sagte er, als er sich von ihr löste. Er begann, an der weißen Seide zu

zerren, die zerknüllt um seinen Arm und die Beinchen des Babys lag.
»Ich glaube, er hasst seine Patentante«, murmelte Doro im Hintergrund.
»Komm mal her, mein kleiner Schatz.« Kyra nahm Sam das Baby ab, zupfte das Kleidchen zurecht und legte Evelyn das Kind ohne zu fragen in den Arm. »Ich möchte so gern noch ein gemeinsames Foto von den Kindern mit den beiden Patentanten. Vielleicht stellen Sie sich mit Jonathan neben Doro und Daisy vor den Flieder, Frau Kessow?«
»Wie könnte ich nicht?« Evelyn lächelte. »Ihr Wort war doch immer Befehl.«
Doro schenkte Evelyn ein falsches Lächeln, als sie neben sie trat, während sie dem Baby auf ihrem Arm über die rosige Wange strich. »Ich hoffe, es stört Sie nicht, Frau Kessow, dass ich die Patin der Erstgeborenen bin? Daisy Agnes ist immerhin acht Minuten älter als Jonathan.«
»Ganz im Gegenteil, Frau Niclas, denn *mein* Patenkind trägt glücklicherweise nicht den Namen einer Comic-Ente.«
Sam verdrehte die Augen, während er die Digitalkamera hob und den Auslöser mehrfach drückte. »Vielleicht könnten wir jetzt alle friedlich miteinander die Taufe feiern? Und wollt ihr beide«, er blickte von Kyra zu Evelyn, »euch nicht endlich duzen?«
Die beiden Frauen sahen sich an.
»Ich könnte mich vielleicht dazu überwinden«, sagte Kyra, »wenn ihr mir versprecht, die Kinder in Bezug auf die Bruderschaft nicht zu beeinflussen, solange sie nicht volljährig sind. Sie sollen frei sein in ihrer Entscheidung, der Firma anzugehören oder nicht.«
»Natürlich«, nickte Sam. Er schob seine Brille hoch.
»Ich möchte für mein Patenkind nur das Beste ...« Evelyn schenkte Kyra ein strahlendes Lächeln. »... Frau Bach.«

Danke sagen möchte ich …

… dem gesamten Team des Emons Verlages für die jederzeit angenehme Zusammenarbeit.
… Hilla Czinczoll für das mittlerweile vierte unkomplizierte Lektorat.
… meinem Agenten Dirk Meynecke.
… meiner Regensburger Verlagskollegin Sonja Silberhorn für das Probelesen, die motivierenden Anmerkungen und die dringend notwendig gewesene Nachhilfe in Bairisch.
… meinen weiteren Probelesern für die konstruktive Kritik und die Begeisterung.
… und natürlich meiner Familie, die meine sporadische Geistesabwesenheit mittlerweile mit Gelassenheit erträgt.

Heike Denzau
MARSCHFEUER
Broschur, 240 Seiten
ISBN 978-3-89705-919-1

»Denzau ist es wieder gelungen, die Spannung bis zum überraschenden Ende zu halten. Kein Geplänkel stört, keine Ungereimtheit verdirbt den Spaß. Wie schon im Debüt steht die Geschichte im Vordergrund und ist nicht bloßes Alibi für Land-und-Leute-Anekdoten aus Norddeutschland.« taz Nord

»Urlaubskrimi mit Atmosphäre!« Radio Berlin

www.emons-verlag.de

Heike Denzau
DIE TOTE AM DEICH
Broschur, 240 Seiten
ISBN 978-3-89705-826-2

»Der Roman lebt auch vom nordischen Flair: Der Leser sieht Landschaft und Einheimische durch Lyns Augen und nimmt so deren besonderen Charme wahr.« Frankfurter Rundschau

»Heike Denzau schreibt nicht nur spannend, wobei sie auf blutrünstige und reißerische Szenen verzichtet. Sie schreibt auch liebevoll und höchst amüsant über die Marsch und die angenehmen Schrulligkeiten der Menschen, die dort leben. Die detailreichen Kenntnisse der Polizeiarbeit erhielt die Autorin von ihrem Bruder, der selbst Kommissar in Itzehoe ist.« Norddeutsche Rundschau

www.emons-verlag.de

Heike Denzau
TOD IN WACKEN
Broschur, 256 Seiten
ISBN 978-3-95451-064-1

»Es ist ihr hervorragend gelungen, die Atmosphäre des Festivals einzufangen. Absolut empfehlenswert – auch für Nicht-Metal-Fans.«
SHZ

»Der dritte Krimi mit Oberkommissarin Lyn Harms ist nicht nur spannend, sondern auch witzig.«   Norddeutsche Rundschau

»Der Krimi rockt! Ein schlüssiger Krimi mit viel Lokalkolorit – ein Muss für Metalheads.«   Lübecker Nachrichten

www.emons-verlag.de